O MUNDO DA ESCRITA

MARTIN PUCHNER

O mundo da escrita
Como a literatura transformou a civilização

Tradução
Pedro Maia Soares

5ª reimpressão

Copyright © 2017 by Martin Puchner
Publicado mediante acordo com Baror International, Inc., Armonk, Nova York,
Estados Unidos.

*Grafia atualizada segundo o Acordo Ortográfico da Língua Portuguesa de 1990,
que entrou em vigor no Brasil em 2009.*

Título original
The Written World: The Power of Stories to Shape People, History, Civilization

Capa
Victor Burton

Preparação
Leny Cordeiro

Índice remissivo
Luciano Marchiori

Revisão
Angela das Neves
Carmen T. S. Costa

Dados Internacionais de Catalogação na Publicação (CIP)
(Câmara Brasileira do Livro, SP, Brasil)

Puchner, Martin
  O mundo da escrita : como a literatura transformou a civiliza-
ção / Martin Puchner; tradução Pedro Maia Soares. — 1ª ed. — São
Paulo : Companhia das Letras, 2019.

  Título original: The Written World : The Power of Stories to Shape
People, History, Civilization.
  ISBN 978-85-359-3222-5

  1. Comunicação escrita — História 2. Literatura — História e crítica
3. Literatura e sociedade I. Título.

19-24643   CDD-809.93

Índice para catálogo sistemático:
1. Escrita : Literatura : História e crítica   809.93

Iolanda Rodrigues Biode – Bibliotecária – CRB-8/10014

Todos os direitos desta edição reservados à
EDITORA SCHWARCZ S.A.
Rua Bandeira Paulista, 702, cj. 32
04532-002 — São Paulo — SP
Telefone: (11) 3707-3500
www.companhiadasletras.com.br
www.blogdacompanhia.com.br
facebook.com/companhiadasletras
instagram.com/companhiadasletras
twitter.com/cialetras

Para Amanda Claybaugh

Sumário

Introdução — O nascer da Terra 9
Mapa e linha do tempo do mundo da escrita 22

1. O livro de cabeceira de Alexandre 25
2. Rei do universo: A respeito de Gilgamesh e Assurbanípal .. 48
3. Esdras e a criação da escritura sagrada 71
4. Aprendendo com Buda, Confúcio, Sócrates e Jesus 89
5. Murasaki e o *Romance de Genji*: O primeiro grande romance da história universal 128
6. Mil e uma noites com Sherazade 153
7. Gutenberg, Lutero e o novo público da imprensa 179
8. O *Popol Vuh* e a cultura maia: Uma segunda tradição literária independente 207
9. Dom Quixote e os piratas 230
10. Benjamin Franklin: Empresário dos meios de comunicação na República das Letras 251
11. Literatura universal: Goethe na Sicília 273

12. Marx, Engels, Lênin, Mao: Leitores do *Manifesto do Partido Comunista*, uni-vos! 294
13. Akhmátova e Soljenítsin: Escrevendo contra o Estado soviético 316
14. A *Epopeia de Sundiata* e os artífices da palavra da África Ocidental 334
15. Literatura pós-colonial: Derek Walcott, poeta do Caribe .. 351
16. De Hogwarts à Índia 372

Agradecimentos 387
Notas 389
Créditos das imagens 429
Índice remissivo 435

Introdução

O nascer da Terra

Às vezes tento imaginar o mundo sem literatura. Eu sentiria falta dos livros nos aviões. Livrarias e bibliotecas teriam espaço de sobra nas estantes (e as minhas não estariam transbordando). A indústria editorial não existiria como a conhecemos, nem a Amazon, e não haveria nada em minha mesa de cabeceira quando não consigo dormir à noite.

Tudo isso seria lamentável, mas mal arranha a superfície do que seria perdido se a literatura nunca tivesse existido, se as histórias só fossem contadas oralmente e nunca tivessem sido escritas. Um mundo assim é quase impossível de imaginar. Nosso sentido de história, da ascensão e queda de impérios e nações, seria completamente diferente. A maior parte das ideias filosóficas e políticas nunca teria existido, ou teria sido esquecida, porque a literatura que deu origem a elas não teria sido escrita. Quase todas as crenças religiosas desapareceriam junto com as escrituras nas quais foram expressas.

A literatura não é apenas para os amantes dos livros. Desde

que surgiu, há 4 mil anos, ela moldou a vida da maioria dos seres humanos que vivem no planeta Terra.

Como descobririam os três astronautas a bordo da Apollo 8.

"Tudo bem, Apollo 8. Vocês estão indo para a TLI. Câmbio."[1]

"Roger. Compreendemos que estamos indo para a TLI."

No final de 1968, circundar a Terra já não era uma novidade. A Apollo 8, a mais recente missão americana, tinha acabado de passar duas horas e 27 minutos em órbita terrestre. Não houve grandes incidentes. Mas Frank Frederick Borman II, James Arthur Lovell Jr. e William Alison Anders estavam no limite. A nave se preparava para tentar uma nova manobra, a injeção translunar (TLI). Eles estavam se afastando da Terra, prontos para zarpar espaço afora. Com destino à Lua. A qualquer momento acelerariam para 38 950 quilômetros por hora, mais rápido do que qualquer ser humano tivesse viajado até então.[2]

A missão da Apollo 8 era relativamente simples. Eles não pousariam na Lua; nem sequer tinham a bordo um veículo de pouso. Deveriam observar como era a Lua, identificar um local de pouso apropriado para uma futura missão Apollo e trazer de volta fotos e material filmado que os especialistas pudessem examinar e estudar.

A injeção translunar que propulsionaria o voo prosseguiu como planejado. A Apollo 8 acelerou e mergulhou no espaço. Quanto mais avançavam, melhor podiam ver o que ninguém jamais vira antes: a Terra.

Borman interrompeu os procedimentos para identificar as massas de terra que giravam abaixo dele: a Flórida, o cabo da Boa Esperança, a África. Podia avistá-las todas ao mesmo tempo.[3] Era o primeiro homem a ver a Terra como um único globo. Anders tirou a foto que captaria essa nova visão, a Terra se elevando acima da superfície da Lua.

À medida que a Terra ia ficando menor, e a Lua cada vez

Fotografia da Terra tirada a partir da órbita lunar por Bill Anders, membro da tripulação da Apollo 8, em 24 de dezembro de 1968, conhecida como "Nascer da Terra".

maior, os astronautas tiveram dificuldade para captar tudo com a câmera. O controle em terra se deu conta de que os viajantes precisavam confiar numa tecnologia mais simples: a palavra falada. "Gostaríamos que, se possível, fizessem uma descrição tão detalhada quanto vocês, poetas, são capazes de fazer."[4]

Ser poeta era uma tarefa para a qual o treinamento de astronauta não os havia preparado e para a qual não tinham nenhuma habilidade em particular. Eles haviam sido aprovados pelo implacável processo de seleção da Nasa porque eram os melhores pilotos de caça e sabiam alguma coisa sobre a ciência dos foguetes. Anders frequentara a Academia Naval e depois ingressara na Força Aérea, onde serviu como piloto de interceptadores no Comando de Defesa Aérea, na Califórnia e na Islândia. Mas agora precisava encontrar palavras — as palavras certas.

Ele destacou as "alvoradas e os poentes lunares". "Estes, em particular, ressaltam a natureza árida do terreno", disse, "e as longas sombras ressaltam realmente o relevo que há aqui, e que é difícil de ver nessa superfície tão clara pela qual estamos passando agora."[5] Anders pintava um quadro desolado da luz brilhante que atingia a dura superfície lunar, criando sombras precisas — seu trabalho como piloto de combate talvez o tenha ajudado. Ele estava se tornando um poeta na grande tradição americana do imagismo, adequado à perfeição para algo árido e brilhante como a Lua.

Lovell também havia frequentado a Academia Naval e depois ingressara na Marinha; como seus companheiros, passou a maior parte da vida em bases aéreas. No espaço, mostrou predileção por outra escola de poesia: a sublime. "A vasta solidão da Lua é assombrosa", arriscou.[6] Os filósofos haviam refletido sobre o assombro que a natureza podia inspirar; cachoeiras, tempestades, qualquer coisa grande, grande demais para ser bem captada e enquadrada, serviria. Mas eles não poderiam imaginar como seria estar lá fora, no espaço. Era o sublime supremo, a experiência assombrosa da vastidão que com certeza os esmagaria e faria com que se sentissem minúsculos. Tal como os filósofos previram, essa experiência fez com que Lovell valorizasse a segurança do lar. "Isso faz a gente perceber exatamente o que se tem lá na Terra. Daqui, a Terra é um oásis grandioso na grande vastidão do espaço."[7] O dr. Wernher von Braun, que construíra o foguete para a Apollo 8, deve ter compreendido: ele gostava de dizer que "um cientista do espaço é um engenheiro que ama a poesia".[8]

Por fim, lá estava Borman, o comandante. Borman formara-se pela Academia Militar dos Estados Unidos, em West Point; entrara para a Força Aérea e se tornara piloto de caça. A bordo da Apollo 8, passou a ser eloquente: "É um tipo de existência vasta, solitária, intimidante, ou vastidão do nada".[9] Solitária, intimidante, existência, nada: era quase como se Borman tivesse frequentado a margem esquerda do Sena, em Paris, lendo Jean-Paul Sartre.

Depois de se tornarem poetas do espaço, os três astronautas chegaram ao seu destino final: estavam dando voltas na Lua. A cada rotação, a Apollo 8 desaparecia atrás do satélite, onde ninguém nunca estivera antes, e a cada vez perdiam o contato por rádio com a Terra. Durante a primeira ausência de cinquenta minutos, houve muito roer de unhas em Houston, no Texas, o quartel-general de controle da missão. "Apollo 8, Houston. Câmbio." "Apollo 8, Houston. Câmbio." O controle da missão continuou chamando, enviando ondas de rádio para o espaço, mas sem resposta. Uma, duas, três, quatro, cinco, seis vezes. Passaram-se segundos, minutos. Então, na sétima tentativa, receberam uma resposta: "Vá em frente, Houston. Aqui é Apollo 8. Combustão completa". O controle ficou aliviado e exclamou: "Que bom ouvir a voz de vocês!".[10]

Durante as quinze horas seguintes, os astronautas continuaram a desaparecer e reaparecer, mudaram de posição, manobraram a cápsula, tentaram dormir um pouco e prepararam o caminho de volta à Terra. Para tanto, eles precisariam disparar o foguete no lado escuro do satélite, sem contato de rádio, a fim de escapar da atração da Lua e ganhar impulso suficiente para voltar à Terra. Dispunham apenas de uma tentativa para isso — se falhassem, ficariam girando em torno da Lua pelo resto de suas vidas.

Antes dessa manobra, eles queriam enviar uma mensagem especial à Terra. Borman a escrevera num pedaço de papel à prova de fogo e até os fizera ensaiar. Nem todos pareciam partilhar o mesmo entusiasmo pela ideia. Antes da transmissão, Anders perguntou: "Posso ver aquela sinopse — aquela... coisa?".[11] "O quê, Bill?", perguntou Borman, um tanto passivo-agressivo. Não era o que esperava que falassem sobre a próxima apresentação. "A coisa que devemos ler?", respondeu Anders, com mais cuidado. Borman deixou passar. Tudo o que importava agora era a leitura em si.

Eles retornaram do lado escuro da Lua e anunciaram a Houston: "Para todas as pessoas na Terra, a tripulação da Apollo 8 tem uma mensagem que gostaríamos de enviar".[12] E então eles leram a mensagem, embora estivessem atrasados e ainda tivessem pela frente o perigoso disparo final do foguete e a viagem de regresso à Terra, onde todos estavam comemorando o Natal. Anders, o imagista espacial, começou:

No princípio, Deus criou o céu e a terra. Ora, a terra estava vazia e vaga, as trevas cobriam o abismo, e um sopro de Deus agitava a superfície das águas. Deus disse: "Haja luz", e houve luz. Deus viu que a luz era boa, e Deus separou a luz e as trevas.

Depois Lovell leu:

Deus chamou à luz "dia" e às trevas "noite". Houve uma tarde e uma manhã: primeiro dia. Deus disse: "Haja um firmamento no meio das águas e que ele separe as águas das águas", e assim se fez. Deus fez o firmamento, que separou as águas que estão sob o firmamento das águas que estão acima do firmamento, e Deus chamou ao firmamento "céu". Houve uma tarde e uma manhã: segundo dia.[13]

Então foi a vez de Borman, mas ele estava com as mãos ocupadas. "Você pode segurar esta câmera?", perguntou a Lovell. Agora com as mãos livres, Borman segurou o pedaço de papel:

Deus disse: "Que as águas que estão sob o céu se reúnam num só lugar e que apareça o continente", e assim se fez. Deus chamou ao continente "terra" e à massa das águas "mares", e Deus viu que isso era bom.

Na Terra, uma audiência de 500 milhões de pessoas ouvia fascinada. Foi a transmissão ao vivo mais popular na história do mundo.

Havia dúvidas sobre a necessidade de enviar homens à Lua. Para muitos propósitos, uma sonda não tripulada equipada com câmeras e outros instrumentos científicos teria sido suficiente. Ou a Nasa poderia ter usado um chimpanzé, como fizera em missões anteriores. O primeiro americano no espaço tinha sido Ham, um chimpanzé de Camarões, capturado e vendido para a Força Aérea dos Estados Unidos. Entre os russos e os americanos, um zoológico inteiro fora enviado lá para cima, como se numa Arca de Noé condenada: chimpanzés, cães, tartarugas.

A tripulação humana da Apollo talvez não tenha contribuído muito para a ciência, mas contribuiu para a literatura. Ham, o chimpanzé, não teria compartilhado suas impressões sobre o espaço. Não teria se aventurado na poesia. Não teria pensado em ler aqueles trechos da Bíblia que expressavam como era ter deixado a órbita da Terra e mergulhado no espaço. Ver a Terra nascer ao longe era a posição perfeita para ler o mito da criação mais influente concebido pelos seres humanos.

O mais emocionante na leitura da Apollo 8 é que foi feita por pessoas sem formação literária que se viram numa situação incomum e usaram suas próprias palavras, bem como as palavras de um texto antigo, para expressar aquela experiência. Os três astronautas me fizeram lembrar que os protagonistas mais importantes da história da literatura não são necessariamente autores profissionais. Em vez disso, encontro um elenco de personagens inesperados, de contadores da Mesopotâmia e soldados espanhóis analfabetos, até um advogado na Bagdá medieval, um rebelde maia no sul do México e os piratas das baías pantanosas da Louisiana, no golfo do México.

Mas a lição mais importante da Apollo 8 diz respeito à influência de textos fundamentais como a Bíblia, textos que acumulam poder e significado ao longo do tempo, de tal modo que se tornam códigos-fonte para culturas inteiras, contando aos povos de onde eles vieram e como deveriam levar suas vidas. No início, esses textos eram frequentemente repetidos e transmitidos por sacerdotes, que os reverenciavam e os preservavam no centro dos impérios e nações. Os reis promoviam esses textos porque percebiam que uma história poderia justificar conquistas e proporcionar coesão cultural. Textos fundamentais primeiro floresceram em bem poucos lugares, mas à medida que sua influência se disseminava e surgiam novos textos, o mundo se assemelhava cada vez mais a um mapa organizado pela literatura — pelos textos fundamentais que dominavam determinada região.

O crescente poder desses textos pôs a literatura no centro de muitos conflitos, inclusive da maioria das guerras religiosas. Mesmo na era moderna, quando retornaram à Terra, Frank Borman, James Lovell e William Anders foram recebidos por uma ação judicial impetrada por Madalyn Murray O'Hair, uma ateia sem papas na língua que pedia aos tribunais que impedissem a Nasa de fazer no futuro qualquer "leitura da Bíblia da religião cristã sectária [...] no espaço e em relação a toda a futura atividade de voos espaciais".[14] O'Hair estava ciente da força modeladora desse texto fundamental, e não gostava disso.

Mas ela não foi a única a contestar a leitura da Bíblia. Enquanto circundava a Lua, Borman recebia do controle de comando em Houston atualizações periódicas das notícias, o Interstellar Times, como o chamavam. Foi assim que ele soube dos soldados libertados no Camboja e acompanhou o destino do *Pueblo*, um navio da Marinha americana capturado no início daquele ano pela Coreia do Norte.

O *Pueblo* foi notícia de primeira página do Interstellar Times todos os dias, de modo a lembrar Borman que estava lá em cima para que o mundo livre ganhasse a corrida à Lua contra a União

Soviética e o comunismo. A missão da Apollo 8 fazia parte da Guerra Fria, e a Guerra Fria tinha muito de uma guerra entre textos fundamentais.

A União Soviética havia sido fundada com base nas ideias articuladas num texto muito mais recente do que a Bíblia. O *Manifesto do Partido Comunista*, escrito por Karl Marx e Friedrich Engels e avidamente lido por Lênin, Mao Tsé-tung, Ho Chi Minh e Fidel Castro, tinha apenas 120 anos, mas procurava competir com textos fundamentais mais antigos, como a Bíblia. Ao planejar a leitura da Bíblia, Borman deve ter pensado no soviético Iúri Gagárin, o primeiro homem no espaço. O cosmonauta não pensara em levar o *Manifesto do Partido Comunista* para o espaço, mas, inspirado em suas ideias, declarou em seu triunfante retorno à Terra: "Olhei e olhei, mas não vi Deus".[15] Lá no espaço, travava-se uma batalha de ideias e livros. Gagárin derrotou Borman na corrida ao espaço, mas Borman prevaleceu com um poderoso texto fundamental.

A leitura que a Apollo 8 fez do Gênesis também ressaltou a importância das tecnologias criativas por trás da literatura, inventadas em diferentes partes do mundo e reunidas apenas de forma gradual. Borman escreveu os versículos do Gênesis usando um alfabeto, o código escrito mais eficiente, criado na Grécia. Ele registrou as frases em papel, um material conveniente que se originou na China e foi para a Europa e a América através do mundo árabe. Ele copiou as palavras de uma Bíblia encadernada como um livro, uma útil invenção romana. As páginas estavam impressas, uma invenção chinesa que depois foi aperfeiçoada no norte da Europa.

Foi apenas quando a narração cruzou com a escrita que a literatura nasceu. Antes, o relato de histórias existira em culturas orais, com diferentes regras e objetivos. Mas, depois que a narração se ligou à escrita, a literatura despontou como uma força nova. Tudo o que se seguiu, toda a história da literatura, começou com esse momento de interseção, o que significava que, para contar a história da literatura, eu teria de tratar tanto da narrativa quanto da evolução das tecnologias criativas, como o alfabeto, o papel, o livro e a impressão.

As tecnologias de contar e escrever histórias não seguiram um caminho linear. A própria escrita foi inventada pelo menos duas vezes, primeiro na Mesopotâmia e depois nas Américas. Os sacerdotes indianos se recusavam a escrever as histórias sagradas por medo de perder o controle sobre elas, sentimento compartilhado pelos bardos da África Ocidental, que viveram 2 mil anos depois, quase do outro lado do mundo. Os escribas egípcios adotaram a escrita, mas tentaram mantê-la em segredo, com a esperança de reservar o poder da literatura para si mesmos. Professores carismáticos como Sócrates se recusaram a escrever, rebelando-se contra a ideia de que os textos fundamentais tivessem autoridade e contra as tecnologias da escrita que os tornaram possíveis. Algumas invenções posteriores foram adotadas somente de forma seletiva, como quando os eruditos árabes usaram o papel chinês, mas não demonstraram nenhum interesse por outra invenção chinesa, a impressão.

As invenções relacionadas à escrita tinham muitas vezes efeitos colaterais inesperados. Preservar textos antigos significava manter vivas artificialmente suas línguas. Desde então, estudam-se línguas mortas. Alguns textos acabaram sendo declarados sagrados, o que provocou rivalidades e guerras encarniçadas entre leitores de diferentes escrituras. As novas tecnologias levavam às vezes a guerras de formato, como a batalha entre o rolo tradicional e o livro nos primeiros séculos da era cristã, quando os cristãos promoveram seus livros sagrados contra os rolos hebraicos, ou quando aventureiros espanhóis usaram suas Bíblias impressas contra a escritura feita à mão dos maias.

Enquanto uma grande história da literatura ia tomando forma em minha mente, eu a via se desdobrando em quatro etapas. A etapa inicial foi a dos pequenos grupos de escribas que dominaram sozinhos os primeiros e difíceis sistemas de escrita e, portanto, controlavam os textos que compilavam de contadores de histórias, como a *Epopeia de Gilgamesh*, a Bíblia hebraica e a *Ilíada* e a *Odisseia* de Homero. À medida que cresceu sua influência, esses textos fundamentais foram contestados, numa segunda etapa, por professores carismáticos como Buda, Sócrates e Jesus, que denunciaram a influência de sacerdotes e escribas e cujos seguidores desenvolveram novos estilos de escrita. Comecei a pensar nesses textos vívidos como literatura de professor.

Numa terceira etapa da literatura, começaram a surgir autores individuais, auxiliados por inovações que facilitaram o acesso à escrita. Embora esses autores imitassem textos mais antigos, escritores mais ousados, como a sra. Murasaki no Japão e Cervantes na Espanha, logo criaram novos tipos de literatura, sobretudo romances. Por fim, numa quarta etapa, o uso generalizado do papel e da imprensa deu início à era da produção em massa e da alfabetização em massa, com jornais e folhetos, bem como a novos textos, como a *Autobiografia de Benjamin Franklin* ou o *Manifesto do Partido Comunista*.

Juntas, essas quatro etapas e as histórias e invenções que as tornaram possíveis criaram um mundo moldado pela literatura. É um mundo no qual esperamos que as religiões se baseiem em livros e que nações se fundem em textos, um mundo em que conversamos rotineiramente com vozes do passado e imaginamos que podemos nos dirigir aos leitores do futuro.

Borman e sua tripulação travaram uma guerra fria literária empunhando um texto antigo, e também fizeram uso de tecnologias antigas: livro, papel e impressão. Mas no cone de sua nave espacial havia ferramentas novas, computadores que tiveram seu tamanho reduzido para caber na cápsula da Apollo 8. Em breve, esses computadores inaugurariam uma revolução da escrita sob cujos efeitos estamos vivendo hoje.

Neste livro, a história da literatura é escrita muito à luz dessa última revolução em tecnologias da escrita. Revoluções dessa magnitude não acontecem com frequência. A revolução do alfabeto, iniciada no Oriente Médio e na Grécia, facilitou o domínio da escrita e ajudou a aumentar as taxas de alfabetização. A revolução do papel, iniciada na China e prosseguida no Oriente Médio, reduziu o custo da literatura e, assim, mudou sua natureza. Também preparou o cenário para a revolução da impressão, que começou no Leste Asiático e, centenas de anos depois, se espalhou para o norte da Europa. Houve revoluções menores, como a invenção do pergaminho, na Ásia Menor, e do códice, em Roma. Nos últimos 4 mil anos, houve alguns momentos em que as novas tecnologias transformaram radicalmente a literatura.

Até agora. Está claro que nossa atual revolução tecnológica está lançando para nós, a cada ano, novas formas de escrever, de e-mails e e-readers a blogs e tuítes, mudando não só o modo como a literatura é distribuída e lida, mas também como é escrita, à medida que os autores se ajustam a essas novas realidades. Ao mesmo tempo, alguns dos termos que começamos a usar recentemente parecem momentos anteriores da longa história da literatura: como os antigos escribas, estamos mais uma vez desenrolando textos e sentando curvados sobre tabuletas. Como compreender essa combinação de velho e novo?

Quando eu estava examinando a história da literatura, fiquei inquieto. Era estranho pensar sobre o modo como a literatura moldou nossa história e a história de nosso planeta enquanto permanecia sentado à minha escrivaninha. Eu precisava ir aos lugares onde surgiram os grandes textos e invenções.

Escriba grego escrevendo numa tabuleta, tal como representado numa taça dos séculos IV a VI a.C. Os escribas gregos usavam tabuletas de cera que podiam ser apagadas e reutilizadas.

E assim fui de Beirute a Beijing e de Jaipur ao Círculo Ártico. Pesquisei ruínas literárias em Troia e Chiapas e conversei com arqueólogos, tradutores e escritores, procurando Derek Walcott, no Caribe, e Orhan Pamuk, em Istambul. Fui a lugares onde a literatura foi enterrada ou queimada e onde foi redescoberta e ressuscitada. Percorrendo as ruínas da grande Biblioteca de Pérgamo, na Turquia, refleti sobre como o pergaminho havia sido inventado ali e fiquei maravilhado com as bibliotecas de pedra da China, onde os imperadores queriam tornar permanente o seu cânone de literatura. Segui as pegadas dos autores de narrativas de viagens e refiz os passos de Goethe na Sicília, para onde ele tinha ido a fim de descobrir a literatura universal, e também procurei o líder do movimento zapatista no sul do México, porque ele usara a antiga epopeia maia *Popol Vuh* como arma de resistência e insurreição.

Nessas viagens, foi quase impossível dar um único passo sem encontrar alguma forma de história escrita. Em seguida, tentei transmitir essa experiência contando a história da literatura e como ela transformou nosso planeta em um mundo escrito.

MAPA do

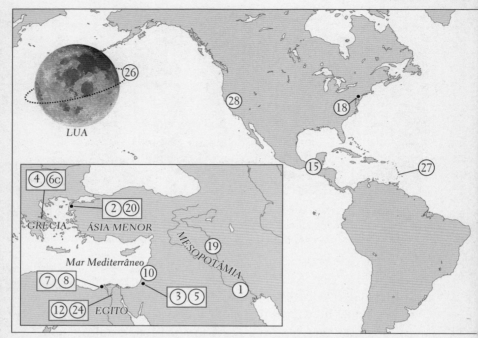

LINHA do TEMPO do MUNDO da ESCRITA

① ①
c. 2100 a.C.
Primeiras histórias de Gilgamesh, em escrita cuneiforme
ATUAL IRAQUE

②
c. 1200 a.C.
Troia destruída pelos gregos
ÁSIA MENOR, ATUAL TURQUIA

③
c. 1000 a.C.
Fontes mais antigas da Bíblia hebraica
JERUSALÉM

④
c. 800 a.C.
Histórias homéricas da Guerra de Troia em alfabeto grego
GRÉCIA

⑤
c. 458 a.C.
Esdras declara sagrados escritos hebraicos
JERUSALÉM

⑪
868
Sutra do diamante, a mais antiga obra impressa existente
DUNHUANG, CHINA OCIDENTAL

⑫
879
Mais antigo fragmento em papel das Mil e uma noites
EGITO

⑬
c. 1000
Sra. Murasaki escreve o Romance de Genji, primeiro romance
KYOTO, JAPÃO

⑭
Década de 1440
Gutenberg reinventa a imprensa inspirado provavelmente em modelos asiáticos
MAINZ, ALEMANHA

⑮
Década de 1550
Popol Vuh escrito em alfabeto latino
CHIAPAS, MÉXICO

㉑
1827
Goethe anuncia a "era da literatura universal"
WEIMAR, ALEMANHA

㉒
1848
Publicação do Manifesto do Partido Comunista
LONDRES

㉓
Década de 1930
Akhmátova escreve poesia secreta e depois queima
SÃO PETERSBURGO, RÚSSIA

㉔
1947
Descobre-se um fragmento das Mil e uma noites
EGITO

㉕
1960
Epopeia de Sundiata ganha versão escrita
GUINÉ, ÁFRICA OCIDENTAL

MUNDO *da* ESCRITA

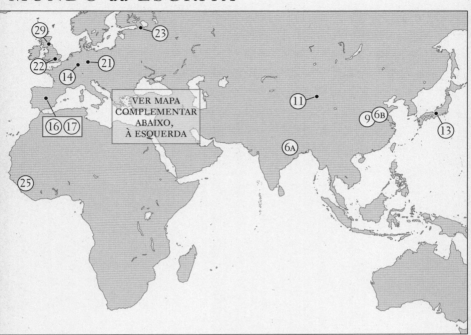

⑥
Século V a.C.
Buda, Confúcio e Sócrates vivem e ensinam
(A) NORDESTE DA ÍNDIA
(B) LESTE DA CHINA
(C) ATENAS, GRÉCIA

⑦
c. 290 a.C.
Construção da Biblioteca de Alexandria, destruída em parte em 48 a.C.
ALEXANDRIA, EGITO

⑧
c. 270 a.C.
Bíblia hebraica é traduzida para o grego
ALEXANDRIA, EGITO

⑨
c. 200 a.C.
Invenção do papel
PROVÍNCIA DE HENAN, CHINA

⑩
c. 30
Jesus vive e ensina
MAR DA GALILEIA, ISRAEL

⑯
1605
Miguel de Cervantes publica Dom Quixote, *1ª parte*
MADRI, ESPANHA

⑰
1614
Publicação da 2ª parte não autorizada de Dom Quixote; Cervantes escreve sua continuação um ano depois
MADRI, ESPANHA

⑱
1776
Franklin assina a Declaração de Independência
FILADÉLFIA, PENSILVÂNIA

⑲
1849
Epopeia de Gilgamesh é desenterrada nas ruínas de Nínive
PERTO DE MOSSUL, IRAQUE

⑳
1871
Começa a escavação de Troia
TURQUIA

㉖
1968
Tripulação da Apollo 8 lê o início do Gênesis
ÓRBITA LUNAR

㉗
1990
Derek Walcott publica Omeros
SANTA LÚCIA

㉘
Década de 1990
Navegadores da web iniciam a revolução da internet
ESTADOS UNIDOS / CIBERESPAÇO

㉙
Década de 2000
Harry Potter torna-se best-seller mundial e franquia
EDIMBURGO, REINO UNIDO

1. O livro de cabeceira de Alexandre

336 A.C., MACEDÔNIA

Alexandre da Macedônia é chamado de Grande porque conseguiu unificar as orgulhosas cidades-Estados gregas, conquistar todos os reinos entre a Grécia e o Egito, derrotar o poderoso exército persa e criar um império que se estendeu até a Índia — em menos de treze anos. Pergunta-se desde então como um governante de um reino grego menor foi capaz de realizar essa façanha. Mas sempre houve uma segunda pergunta, mais atraente para mim: antes de mais nada, por que Alexandre quis conquistar a Ásia?

Ao pensar sobre essa questão, acabei por me concentrar em três objetos que Alexandre levava consigo em suas campanhas militares e que punha embaixo de seu travesseiro todas as noites, três objetos que resumiam o modo como ele via sua campanha. O primeiro era um punhal.[1] Ao lado dessa arma, Alexandre guardava uma caixa. E dentro da caixa estava o mais precioso dos três objetos: uma cópia de seu texto favorito, a *Ilíada*.[2]

Como ele escolheu esses três objetos, e o que significavam para ele?

Alexandre dormia sobre um punhal porque queria escapar ao destino de ser assassinado como seu pai. A caixa ele a tomara de Dario, seu adversário persa. E a *Ilíada*, ele a levou para a Ásia porque era a história através da qual via sua campanha e sua vida, um texto fundamental que se assenhorou da mente de um príncipe que viria a conquistar grande parte do mundo então conhecido.

A epopeia de Homero já era um texto fundamental para os gregos havia muitas gerações. Para Alexandre, adquirira a importância de um texto quase sagrado, e é por isso que sempre o levava consigo em sua campanha. É o que fazem os textos, sobretudo os fundamentais: eles alteram a maneira como vemos o mundo e também como atuamos nele. Esse era decerto o caso de Alexandre. Ele foi induzido não só a ler e estudar esse texto, mas também a reencená-lo. Alexandre, o leitor, se pôs dentro da narrativa, vendo sua própria vida e sua trajetória à luz do Aquiles de Homero. Alexandre, o Grande, é bem conhecido por ser um rei extraordinário. Acontece que era também um leitor extraordinário.

UM AQUILES JOVEM

Alexandre aprendeu a lição do punhal quando ainda era príncipe, num momento decisivo de sua vida.[3] Seu pai, o rei Filipe II da Macedônia, estava casando uma filha e ninguém poderia se permitir a recusar o convite para a celebração. Emissários das cidades-Estados gregas teriam sido enviados, junto com visitantes de terras recentemente conquistadas na Trácia, onde o Danúbio desemboca no mar Negro. Talvez estivessem presentes até alguns persas, atraídos pelos sucessos militares de Filipe. O pai de Alexandre em breve realizaria um grande ataque à Ásia Menor e provocava medo em Dario III, rei da Pérsia. Em Egas, antiga capital da Macedônia, a animação era grande, porque Filipe se notabilizava por suas festas suntuosas. Todos se reuniram no grande teatro, ansiosos pelo início das comemorações.

Alexandre deve ter observado os preparativos com ambivalência. Desde cedo ele fora preparado para ser o sucessor de Filipe, com marchas forçadas e treinamento em artes marciais. Tornara-se um cavaleiro famoso, surpreendendo o pai ao domar um cavalo incontrolável ainda em sua pré-adolescência.[4] Filipe também cuidara para que Alexandre frequentasse aulas de como falar em público e fizera questão de que o filho aprendesse bem o grego, além do dialeto montanhês falado na Macedônia. (Ao longo de sua vida, Alexandre voltaria ao dialeto macedônio sempre que estivesse enraivecido.[5]) Mas agora parecia que Filipe, que tanto investira em Alexandre, poderia alterar seus planos de sucessão, pois estava casando a filha com seu cunhado, que poderia muito bem vir a ser rival de Alexandre.[6] Se o casamento produzisse um filho, Alexandre talvez fosse substituído.[7] Filipe era mestre em tricotar novas alianças, de preferência via casamento. Alexandre sabia que o pai não hesitaria em quebrar uma promessa se isso lhe fosse conveniente.

Não havia mais tempo para conjecturas: Filipe estava entrando no teatro. Chegou sozinho, sem seus guardas habituais, para mostrar confiança e controle. Nunca a Macedônia fora tão poderosa e respeitada. Se a campanha na Ásia Menor tivesse êxito, ele seria conhecido como o líder grego que atacara e derrotara o Império Persa em seu próprio território.

De repente, um homem correu na direção de Filipe. Um punhal se ergueu, e o rei tombou por terra. As pessoas apressaram-se para acudi-lo. Onde estava o agressor? Conseguira escapar. Alguns guarda-costas o viram e o perseguiram. Ele corria em direção a um cavalo, mas seu pé enredou-se em plantas rasteiras, e ele tropeçou e caiu. Os perseguidores o alcançaram e, depois de uma breve luta, ele foi passado na espada. No teatro, o rei jazia sobre o próprio sangue, morto. A Macedônia, a aliança grega e o exército montado para atacar a Pérsia estavam sem chefe.

Pelo resto da vida Alexandre levaria consigo um punhal, mesmo à noite, para evitar o destino do pai.

Teria Dario da Pérsia enviado o assassino para impedir o ataque de Filipe à Ásia Menor? Se foi ele mesmo o responsável, errou o cálculo.[8] Alexandre usou o assassinato como pretexto para se livrar de seus potenciais rivais, tomou o trono e lançou uma expedição para garantir as fronteiras da Macedônia ao norte e a lealdade das cidades-Estados gregas ao sul.[9] E então estava pronto para enfrentar Dario. Cruzou o Helesponto com grande força militar, invertendo o caminho que o exército persa havia tomado quando invadira a Grécia gerações antes. Alexandre iniciava a conquista da Pérsia.

Antes de enfrentar o exército inimigo, ele fez um desvio para passar por Troia. Mas não o fez por razões militares. Apesar de bem situada, perto da estreita via navegável entre a Ásia e a Europa, Troia havia perdido toda a importância que um dia tivera. Alexandre tampouco foi lá para capturar Dario. Ao fazer da cidade seu primeiro destino, ele explicitou uma outra motivação para conquistar a Ásia, encerrada no texto que ele nunca largava: a *Ilíada* de Homero.

Homero era o meio pelo qual muitas pessoas haviam se aproximado de Troia desde que as histórias da Guerra de Troia se tornaram um texto fundamental. Com certeza, foi o que me fez ir a Troia. Na infância, eu tinha lido uma versão para crianças da *Ilíada*, antes de me habilitar para traduções mais fiéis. Quando estudei grego na faculdade, cheguei a ler trechos no original, com a ajuda de um dicionário. As famosas cenas e personagens desse poema épico jamais me abandonaram desde então, inclusive seu início, que abre com o exército grego sitiando Troia há nove anos e Aquiles se retirando da batalha porque Agamêmnon tomou para si sua cativa, Briseís. Sem seu melhor combatente, os gregos são pressionados pelos troianos. Mas então Aquiles retorna à batalha e mata Heitor, o troiano mais importante, e arrasta seu corpo ao redor das muralhas da cidade. (De acordo com outras fontes, Páris se vinga e mata Aquiles com uma flechada no calcanhar.) Também me lembrava da guerra entre os deuses, com Atena lutando ao lado dos gregos e Afrodite ao lado dos troianos. E a estranha história anterior de Páris, que coroa Afrodite como a mais bela deusa e recebe Helena, a esposa de Menelau, como recompensa, o que desencadeia a guerra. A imagem mais impressionante de todas era, é claro, o Cavalo de Troia com soldados gregos escondidos em seu interior, embora eu tenha me dado conta, para minha surpresa, depois de ler traduções mais exatas, de que a última parte da guerra não constava da *Ilíada*, mas apenas brevemente da *Odisseia*.

Quando penso na história de Troia na *Ilíada*, há uma cena que se sobrepõe a todas as outras em minha memória. Heitor volta da batalha que está sendo travada mais abaixo na cidade e procura a mulher, Andrômaca. Ela não está em casa porque saíra em busca de notícias dele. Heitor enfim a encontra perto do portão da cidade. Andrômaca lhe implora que não arrisque a vida, mas ele explica que precisa lutar para mantê-la em segurança. Durante essa conversa sobre questões tão importantes, uma ama traz o filho deles.

Assim falando, o glorioso Heitor foi para abraçar o seu filho,
mas o menino voltou para o regaço da ama de bela cintura
gritando em voz alta, assarapantado pelo aspecto de seu pai amado
e assustado por causa do bronze e da crista de crinas de cavalo,
que se agitava de modo medonho da parte de cima do elmo.

Então se riram o pai amado e a excelsa mãe:
e logo da cabeça tirou o elmo o glorioso Heitor,
e deitou-o, todo ele coruscante, no chão da casa.
Em seguida beijou e abraçou o seu filho amado*[10]

No meio de uma guerra brutal que se trava do outro lado do portão, e de uma discussão acalorada entre marido e mulher sobre o significado da guerra, de repente o humor muda quando o pai, rindo, tira o elmo que assusta a criança. É um momento de reconciliação doméstica — no lugar do elmo, o rosto risonho de Heitor antes de beijar o filho. Mas o elmo ainda está lá, no chão, cintilante, e talvez a criança ainda soluce, um lembrete de que a cena é apenas um breve alívio da guerra que terminará com a morte de Heitor e a destruição da grande cidade de Troia.

Trazia tudo isso comigo quando me aproximei das ruínas de Troia, situadas no alto de uma colina. Outrora a cidadela se localizava perto do mar, mas desde sua queda, por volta do ano 1200 a.C., o mar recuou devido aos sedimentos que trouxe o rio Escamandro (hoje Karamenderes). Onde, em tempos antigos, dominara a passagem entre a Ásia e a Europa, a cidade agora simplesmente se erguia no meio de uma grande planície separada do mar, que eu mal podia ver no horizonte.

Ainda mais decepcionante do que a posição da cidade na paisagem foi seu tamanho. Troia era minúscula. Consegui atravessar em cinco minutos o que eu havia imaginado como uma gigantesca e imponente fortaleza e cidade. Era difícil entender como aquela minifortaleza resistira ao poderoso exército grego durante tanto tempo. Era isto que a literatura épica fazia? Pegava uma pequena fortaleza e exagerava sua proporção?

---

* A tradução das citações da *Ilíada*, de Homero, é de Frederico Lourenço. São Paulo: Companhia das Letras, 2013.

Enquanto refletia sobre meu desapontamento, ocorreu-me que Alexandre reagiu exatamente de modo oposto: ele amou Troia. Como eu, ele sonhara com a epopeia desde a infância, quando foi apresentado ao mundo homérico. Aprendeu a ler e a escrever estudando Homero.[11] Satisfeito com o feito do filho, o rei Filipe encontrou o filósofo vivo mais famoso, Aristóteles, e o convenceu a ir para a Macedônia. Acontece que Aristóteles era o maior comentarista de Homero e o considerava a fonte da cultura e do pensamento gregos. Sob sua tutela, Alexandre passou a considerar a *Ilíada* não só a história mais importante da cultura grega, mas também um ideal ao qual ele aspirava, uma razão para invadir a Ásia. A cópia da *Ilíada* que Alexandre punha sob o travesseiro todas as noites tinha anotações de seu professor Aristóteles.[12]

A primeira coisa que Alexandre fez ao chegar à Ásia foi prestar homenagem diante da sepultura de Protesilau, elogiado na *Ilíada* por ser o primeiro a saltar para a terra quando os navios gregos atracaram.[13] Esse seria apenas o início da reencenação homérica de Alexandre. Uma vez em Troia, Alexandre e seu amigo Heféstion depositaram coroas de flores nos túmulos de Aquiles e Pátroclo, mostrando ao mundo que estavam seguindo os passos daquela famosa dupla de guerreiros e amantes gregos.[14] Eles e seus companheiros correram nus em torno das muralhas da cidade, à maneira homérica.[15] Quando Alexandre recebeu a suposta lira de Páris, queixou-se de que teria preferido a de Aquiles;[16] e vestiu uma armadura preservada da Guerra de Troia.[17] Conquistaria a Ásia numa armadura homérica.

Embora não tivesse nenhum significado estratégico direto, Troia trouxe à tona as fontes secretas da campanha de Alexandre: ele fora para a Ásia a fim de reviver os relatos da Guerra de Troia. Homero moldara a forma como Alexandre via o mundo e agora, durante a campanha, ele estava munido dessa visão. Quando chegou a Troia, ele decidiu dar continuidade à epopeia, para além do que Homero poderia ter imaginado. Alexandre exaltou Homero ao reencenar a conquista da Ásia numa escala maior. (Ele também parecia preferir trechos diferentes dos meus: eu me emocionava com a cena doméstica de Heitor, Andrômaca e seu filho, ao passo que Alexandre se identificava com Aquiles e suas proezas em batalha.)

Enquanto Alexandre estava em Troia, Dario enviou um exército que tinha comandantes persas e mercenários gregos. O primeiro choque entre Alexandre e os persas, às margens do rio Grânico, resultou numa derrota desses últimos, e Dario percebeu que aquele jovem macedônio era uma ameaça maior do que ele pensava. Precisava assumir o controle da situação e começou a montar um grande exército para dar cabo daquele agitador.[18]

A força macedônica e grega de Alexandre era menor do que o exército persa, porém mais bem treinada, e os gregos tinham desenvolvido táticas de batalha extraordinárias. O pai de Alexandre herdara a falange grega, fileiras de soldados de infantaria integrados que empunhavam escudo e lança, protegendo-se e apoiando-se mutuamente. Ao reforçar a disciplina de seus soldados, Filipe conseguira aumentar o alcance de suas lanças, transformando as fileiras de soldados numa parede móvel impenetrável.[19] Quando ascendeu ao trono, Alexandre associou à falange aperfeiçoada uma cavalaria ligeira capaz de circundar um exército e atacar pela retaguarda. Seu próprio estilo de luta era calculado para inspirar seus soldados. Enquanto seu adversário costumava ficar na retaguarda da luta, Alexandre liderava o ataque, lançando-se à batalha sempre que podia. Uma vez, ao sitiar uma cidade, escalou a muralha à frente de seus homens, saltou para dentro sem eles, com apenas dois guardas, e viu-se diante de um enxame de defensores. Quando seus homens o alcançaram, encontraram-no cercado por todos os lados e ferido, mas ainda se defendendo com vigor.[20]

Os dois exércitos afinal se confrontaram no final do ano de 333 a.C. em Isso, perto da atual fronteira entre Turquia e Síria. Nesse ponto, a costa era rapidamente substituída por montanhas, deixando relativamente pouco espaço para o grande exército de Dario. Confiante em sua superioridade numérica, o persa atacou a falange grega, que estava guardando a ala esquerda, com um assalto em massa. Mas o melhor treinamento acabou por prevalecer. A falange não se rompeu e os gregos até conseguiram avançar sobre os adversários. Quando Alexandre, no comando da ala direita, vislumbrou uma abertura na guarda em torno do rei persa, avançou diretamente na direção dele; Dario entrou em pânico e fugiu em vez de enfrentar seu adversário, enquanto Alexandre o perseguia.[21]

A Batalha de Isso não saiu da minha memória desde o momento em que, ainda criança, me deparei com uma cena do renascentista Albrecht Altdorfer. Na pintura, o sol está se pondo e ilumina um céu impressionante de nuvens e luz, que é espelhado pelo matagal de lanças, armaduras e cavalos no campo de batalha abaixo. No meio do caos está Dario, de pé sobre uma carruagem puxada por três cavalos, e Alexandre, que cavalga sozinho em seu encalço. Sempre adorei o detalhismo e a textura desse quadro. Eu examinava a pintura, que encontrara num livro ilustrado, inspecionando as cenas de batalha ou o acampamento, e as ruínas de um castelo à distância. (Quando conheci o quadro original, ele também era muito menor do que eu imaginava, apenas 1,5 metro por 1,20 metro.)

Mesmo que a pintura dê a entender que a qualquer momento Alexandre poderá alcançar Dario, este, na verdade, consegue escapar de novo. Em todos os outros aspectos, no entanto, foi uma vitória decisiva. Alexandre capturou um grande tesouro, bem como a mãe, as filhas e a mulher de Dario. Estaria ele imaginando a mãe de Dario como Andrômaca, mulher do Heitor troiano?

Foi nessa batalha que Alexandre se apossou da caixa de Dario, na qual guardaria sua cópia da *Ilíada*, um lembrete de que até então não havia derrotado esse inimigo de um modo propriamente homérico.

Alexandre ainda não havia encerrado sua representação de Aquiles.[22] Por um tempo ignorou Dario, que o ameaçava com cartas e exigia sua família de volta. Em vez de dar trela ao persa, desceu pela costa, certificando-se de que a poderosa marinha do adversário não pudesse atacá-lo do mar. Seguiu até o Levante, forçando as cidades a se render, e saqueando-as quando se negavam. Quando conquistou Gaza, matou seu líder recalcitrante, Batis, que resistira à sua oferta de rendição pacífica, e arrastou seu corpo ao redor da cidade, tal como Aquiles arrastara Heitor.[23] Era como se Alexandre tivesse decidido que a reencenação fiel de cenas de Homero fosse o caminho para a vitória.

Para a mente homérica de Alexandre, no entanto, o verdadeiro Heitor não era esse comandante menor de Gaza, mas Dario. Assim que assegurou sua posse do Egito, Alexandre entrou na Mesopotâmia, onde encontrou o rei persa à sua espera. Dario, que não subestimava Alexandre, reunira todo o poderio do Império Persa. Os exércitos se encontraram no coração da Mesopotâmia, perto de onde fica hoje Mossul, no Iraque.[24] Primeiro Alexandre ordenou à sua falange que marchasse em direção às forças persas, e então foi hábil ao combinar esse ataque com uma manobra ousada. Sua cavalaria atraiu os persas para o lado direito, depois virou inesperadamente e aplicou um golpe decisivo no centro. E assim ele alcançou seu objetivo: o Império Persa era seu.[25]

Dario, porém, conseguiu fugir mais uma vez, o que frustrou o triunfo de Alexandre. Ainda que o rei persa já não representasse uma ameaça, Alexandre foi atrás dele. Esperava vingar o assassinato do pai? Ele não se comportara de modo vingativo com a mãe, a mulher e as filhas de Dario, tendo-as tratado com o maior respeito.[26] Não, Alexandre continuava a encenar sua epopeia e queria enfrentar o adversário numa batalha tradicional, tal como Aquiles enfrentara Heitor, e derrotá-lo em duelo. Infelizmente esse desejo nunca foi satisfeito. Dario foi morto por um de seus comandantes e seu cadáver foi deixado para trás, para Alexandre —[27] que lamentou a morte desse oponente digno e perseguiu furioso o assassino que o privara dessa vitória homérica.[28]

OS SONS DE HOMERO — 800 A.C., GRÉCIA

A *Ilíada* não surgiu como literatura, mas como tradição narrativa oral. A história se passava na Idade do Bronze, por volta de 1200 a.C., num mundo anterior à guerra moderna praticada por Alexandre — e antes da escrita.[29] É verdade que a civilização minoica da ilha grega de Creta havia desenvolvido um sistema primitivo de escrita semelhante ao dos hieróglifos egípcios, mas que não foi decifrado. Em Micenas, surgira um sistema de escrita aparentado, o Linear B, empregado sobretudo para transações econômicas.[30] Ninguém pensou em escrever as histórias da Guerra de Troia. Essas histórias eram cantadas por bardos especializados, para plateias grandes e pequenas.[31]

Por volta de 800 a.C., viajantes da Fenícia — o Líbano de hoje — trouxeram notícias de um sistema de escrita que era fundamentalmente diferente de todos os outros, tão diferente que, no início, era difícil entender como funcionaria. Sistemas de escrita mais antigos, como o cretense, surgiram a partir de sinais que representavam objetos, como vacas, casas, grãos. Ao longo do tempo, esses sinais também passaram a representar as sílabas que constituíam os nomes desses objetos, ou mesmo sons individuais, mas todos eram, em sua origem, significativos, ligados pela forma a um objeto ou ideia, facilitando sua memorização.

Tabuleta de argila com escrita Linear B encontrada em Micenas, na Grécia. A Linear B deriva da escrita linear minoica mais antiga, que ainda não foi decifrada.

Valendo-se de experiências anteriores do Egito, os fenícios reconheceram que a força desses sistemas de escrita era também a sua fraqueza. Enquanto se baseassem no significado, os sinais seriam infinitos. Em resposta, apresentaram uma solução radical: a escrita precisava cortar seus laços com o mundo dos objetos e significados, deveria representar apenas a linguagem e, mais especificamente, os sons. Cada sinal representaria um som, e então os sinais poderiam ser combinados para compor palavras significativas. Abandonar os objetos, desistir do significado, era uma coisa difícil de fazer, mas tinha uma enorme vantagem: o número de sinais seria reduzido de centenas ou milhares para algumas dezenas, tornando a leitura e a escrita infinitamente mais simples.[32] O ato de escrever estaria ligado de forma muito mais direta à fala.[33] (A ideia dos fenícios espalhou-se pela região: o hebraico se baseia no mesmo conceito.)

Os fenícios aplicaram essa ideia sistematicamente à sua língua, mas não a levaram até sua conclusão lógica. Apenas as consoantes eram representadas. Era como se, em inglês, *rg* pudesse significar *rug* [tapete] ou *rig* [vela], ou *rage* [cólera]. Os leitores precisavam adivinhar a partir do contexto qual era a palavra, complementando com as vogais. Foi onde os gregos viram espaço para melhoria, adicionando as vogais ao sistema fenício. Não seria mais necessário adivinhar que palavra *rg* significava. A palavra inteira, sua sequência completa de sons, seria escrita: *r-a-g-e* [cólera].

O novo sistema era particularmente adequado ao metro empregado para cantar as histórias da Guerra de Troia, o hexâmetro, composto de seis pés (cada um deles consistindo em geral de uma sílaba longa e duas mais curtas, ou duas longas). Esse padrão de som não podia ser captado muito bem pelo sistema fenício; estaria faltando a parte mais importante, o som longo e acentuado — o *a* de *rage*. A modificação grega forneceu as vogais longas e acentuadas. O novo alfabeto fonético era perfeito para as histórias da Guerra de Troia — e praticamente a primeira coisa que os escribas fizeram com o novo alfabeto foi escrever essas histórias.[34] É mesmo possível que o alfabeto grego tenha sido inventado justo para captar o hexâmetro desses bardos.[35] De qualquer modo, o novo sistema garantiu que os leitores não pensassem na *vela* [*rig*] do veleiro de Aquiles, nem no *tapete* [*rug*] em que ele dormiu durante a noite, mas na *cólera* [*rage*] que sentiu quando Agamêmnon o privou de seu bem merecido prêmio depois de uma luta renhida, tal como narra a famosa primeira linha da epopeia: "Canta, ó deusa, a cólera de Aquiles, o Pelida (mortífera!, que tantas dores trouxe aos Aqueus)".

O nome de um cantor, Homero, tornou-se famoso (embora nem tenhamos certeza de que tenha existido um cantor com esse nome), mas desconhecemos o nome do talentoso escriba que registrou no papiro a história da Guerra de Troia. E, no entanto, foi sua colaboração que tornou a versão de Homero excepcional. Uma vez que o escriba anônimo anotou a versão de um cantor, uma vez que a *Ilíada* não foi montada por diferentes escribas e diferentes cantores ao longo de muitas gerações, o resultado foi muito mais coerente que o de outras escrituras, como a Bíblia hebraica. Ressalte-se que, no mundo da *Ilíada*, com uma única exceção, não há descrição da escrita: a epopeia apresenta-se como sendo cantada, em vez de escrita. A *Ilíada* e o alfabeto grego, um alfabeto baseado no puro som, constituíam uma combinação poderosa, e juntos teriam consequências de longo alcance. Em algumas centenas de anos, a Grécia tornou-se a sociedade mais letrada que o mundo já conhecera, testemunhando uma extraordinária explosão de literatura, teatro e filosofia.

HELENIZANDO A ÁSIA

O alfabeto grego e Homero haviam precedido Alexandre na Ásia Menor, mas depois que Alexandre chegou, eles foram muito mais longe do que poderiam ter ido sem ele. Por sua vez, o poder do novo alfabeto e a cultura da alfabetização que dele derivou ajudaram a missão de Alexandre.[36] Após conquistar a Ásia Menor e derrotar Dario na Mesopotâmia e na Pérsia, Alexandre foi ao Afeganistão atravessando a cordilheira do Hindu Kush na primavera e cruzando o rio Indo durante a monção, lutando com formidáveis elefantes de guerra no caminho. Nem o adversário armado, nem a natureza foram capazes de detê-lo. A cada nova batalha ganha, a cada novo território subjugado, ficava claro que o mundo era muito maior do que aquele outrora conhecido pelos gregos.

À medida que seu reino se expandia, Alexandre começou a acreditar que era um semideus como Aquiles, o filho de uma deusa.[37] Exigiu que as cidades-Estados gregas lhe concedessem oficialmente esse status divino, e muitas se conformaram.[38] Apenas Esparta, que sempre o manteve afastado, enviou uma resposta tipicamente lacônica. "Uma vez que Alexandre deseja ser um deus, que seja um deus", sugerindo que a divindade estava toda na cabeça de Alexandre.[39]

Quanto mais territórios conquistava, mais dificuldade ele tinha para mantê-los. Os arredores a oeste e sul da esfera de influência persa, regiões como a Anatólia ou o Egito, estavam felizes por aceitar Alexandre, pois ele costumava manter os governantes e as estruturas de governo locais. Mas a tarefa de segurar as terras ocupadas era mais difícil quanto mais ele se distanciava para o leste da Grécia, depois que se viu no controle do coração da Pérsia, e mais difícil ainda depois que adentrou os remotos Afeganistão e Índia.

Para manter a posse desses territórios, Alexandre tomou uma decisão contrária ao que haviam lhe ensinado, a saber, que os não gregos eram inferiores.[40] Passou a usar roupas estrangeiras. Admitiu estrangeiros no exército grego.[41] Casou com uma princesa do Afeganistão numa vistosa cerimônia bactriana. Rendeu homenagens a deuses estrangeiros. E deixou que seus vassalos orientais o adorassem caindo no chão, de bruços.[42]

Os camaradas gregos e macedônios de Alexandre, que o seguiam com lealdade, ficaram chocados.[43] Sentiram-se substituídos por rivais estrangeiros e não mais reconheceram seu rei. Seus ressentimentos emergiram quando Alexandre convidou seus antigos camaradas para um jantar privado. Cada um deveria seguir o protocolo oriental e prostrar-se perante o rei. Como recompensa, Alexandre os beijaria e os deixaria levantar-se. Os guerreiros curtidos pelas batalhas não precisavam ser democratas atenienses para repelir esse costume. E, no entanto, sob pressão, eles lhe obedeceram, um a um, de má vontade. Somente um deles não se submeteu, Calístenes, o sobrinho-neto de Aristóteles, que Alexandre contratara para ser seu cronista. "Pois então vou-me embora com um beijo a menos",* declarou, atraindo a ira de Alexandre, com consequências de longo alcance, como veremos. Ele já não pensava em si mesmo como rei da Macedônia.[44] De posse da Babilônia, passou a se intitular "Rei da Ásia".[45]

Tão concentrados estavam seus comandantes nas vestes e costumes estrangeiros de Alexandre que não conseguiram ver que, sob seu domínio, os quatro quadrantes do mundo de Alexandre estavam se tornando gregos. O rei havia deixado um rastro de guarnições gregas e macedônias para manter os governantes locais sob controle. Logo, toda uma rede de assentamentos gregos, alguns com o nome dele, pontilhava seu império.[46] O império compreendia dezenas de línguas e culturas, e os gregos eram famosos por relutar em aprender línguas estrangeiras, para não falar dos sistemas de escrita estrangeiros.[47] Seu desprezo pela maioria dos povos não gregos estava intimamente ligado à linguagem e à escrita; chamavam-nos de bárbaros precisamente porque sua fala era incompreensível para eles, soando a seus ouvidos como *barbarbar*. Por esse motivo, nunca houve a menor dúvida sobre qual língua os colonizadores gregos e macedônios iriam falar: obviamente falariam grego. Até mesmo Alexandre, apesar de seus novos amigos e novos trajes estrangeiros, nunca se preocupou em aprender qualquer outra língua.

---

* A tradução das citações de *Vidas paralelas*, de Plutarco, é de Gilson César Cardoso. São Paulo: Paumape, 1992.

Homero desempenhou um papel central nessa conquista linguística, e não somente porque Alexandre o promovia. A *Ilíada* era o texto por meio do qual todos aprendiam a ler e a escrever, o veículo principal para a difusão do grego e do alfabeto grego.[48] Tornou-se um texto fundamental por excelência. Isso também propiciou o aparecimento de intérpretes profissionais, não só filósofos como Aristóteles, mas críticos que escreveram extensos comentários sobre esse texto.

Os soldados e colonos gregos de Alexandre falavam um tipo especial de grego. Não era o grego culto de Atenas, nem o dialeto macedônio de Alexandre: era uma forma um tanto simplificada de grego falado chamada grego comum (*koiné*). Tratava-se da língua que se originara no império comercial grego de séculos anteriores e que se tornou a linguagem comum do reino de Alexandre, a língua em que suas diferentes partes podiam falar umas com as outras.[49] Os governantes locais continuaram a usar idiomas e sistemas de escrita nativos, mas o grego comum e seu sistema fonético eram um meio de comunicação através das fronteiras que a conquista de Alexandre havia destruído.[50] Ele também instituiu uma moeda comum, a moeda ática (tetradracma), que trazia sua efígie e era escrita em grego.[51] Alexandre não era apenas o fiel leitor de um texto: ele criou a infraestrutura necessária para a sobrevivência desse texto.

Como o grego se tornou uma língua universal, as pessoas que o falavam se sentiam cidadãos do mundo. Alexandre, menos que um traidor da cultura macedônia e grega, foi a personificação de uma nova identidade que se estendia através de culturas e territórios, da Grécia ao Egito e da Mesopotâmia à Índia. Uma nova palavra ganhou terreno, a qual descrevia essa nova identidade, não mais firmemente amarrada a uma tribo ou nação em particular. Não é preciso dizer que também era grega: *cosmopolita*, ou "cidadão do mundo". A exportação que Alexandre fez da *Ilíada* mostrou que um texto fundamental podia ser levado para muito

A moeda de tetradracma levava aos confins de seu império a imagem de Alexandre, o Grande, e a escrita grega.

longe de seu lugar de origem e ainda reter seu poder, tornando-se um verdadeiro texto cosmopolita.

O grego lucrava com as conquistas de Alexandre, mas também com o poder do alfabeto. A revolução do alfabeto estava ocorrendo e, em breve, apagaria os sistemas de escrita não alfabéticos, como os hieróglifos egípcios (e bem mais tarde, os glifos maias). É uma revolução ainda em andamento. Hoje, apenas o Leste Asiático resiste ao alfabeto e, mesmo lá, os sistemas de escrita fonética e os silabários têm avançado.

Na Ásia Menor, outras culturas e línguas também estavam em recuo. O lídio, na Anatólia, acabou morrendo, enquanto a Pártia (hoje nordeste do Irã) e a Báctria (hoje Afeganistão), terra da mulher de Alexandre, se familiarizavam cada vez mais com o grego.[52] Até mesmo na Fenícia, de onde partiu a ideia de alfabeto, o grego estava avançando. Os efeitos dessa exportação de língua sem precedentes podiam ser sentidos em lugares tão longínquos quanto a Índia, onde o alfabeto fonético grego influenciou vários sistemas de escrita.[53] No século III a.C., quando se tornou imperador indiano, Asoka ordenou que as inscrições fossem feitas em grego.[54]

UM HOMERO PRÓPRIO

Alexandre continuou avançando, com sua *Ilíada* e suas moedas, sua língua e seu alfabeto, cada vez mais para o leste. Se dependesse dele, teria ido até a China. Mas o descontentamento crescia em suas fileiras. Divididos entre comandantes gregos e macedônios cada vez mais ressentidos e uma variedade de legiões estrangeiras, os soldados queriam voltar para casa. Seu próprio exército conseguiu finalmente o que nenhum exército estrangeiro havia logrado: fazer Alexandre voltar.[55] No entanto, contrariado, antes de conduzir os soldados de volta à Babilônia, que se tornara o centro de seu reino, ele os puniu com uma marcha forçada pelo deserto que deixou muitos mortos. Mas a Babilônia deveria ser apenas uma escala temporária. Alexandre começou a tramar planos para invadir a Arábia e até mesmo todo o continente africano. Será que essas culturas teriam adotado o sistema fonético grego e a cultura grega? Nunca saberemos, porque depois de uma noite de bebedeira Alexandre adoeceu, vindo a falecer poucos dias depois, de causas desconhecidas. Talvez tenha sido assassinado como seu pai. Tinha 32 anos.

Alexandre morreu com um desgosto: a história de sua vida ainda não fora escrita. Embora tenha feito mais por Homero do que qualquer outro antes ou depois, havia algo de trágico em sua dedicação ao poeta, porque o que ele queria de fato não era tanto seguir o exemplo dos heróis do bardo, mas ter um Homero que o seguisse. Essa ideia o siderava desde que pisou pela primeira vez na Ásia, perto de Troia. Prevendo que seus feitos ofuscariam aqueles dos semideuses de Homero, lamentava publicamente não dispor de um Homero para celebrá-los.[56]

Não era da natureza de Alexandre queixar-se da ausência de um Homero e não fazer nada a respeito. Ele contratou Calístenes, sobrinho de seu mestre Aristóteles, para narrar suas façanhas, mas as coisas não funcionaram como planejado. Calístenes, recusando-se a se curvar perante Alexandre à moda persa,[57] envolveu-se numa revolta contra o rei e morreu na prisão.[58]

Comprar uma briga com seu cronista não foi uma atitude sábia por parte de Alexandre: Calístenes chegou a escrever um relato de suas façanhas — o texto se perdeu, mas suas duras palavras sobre os novos modos persas do rei entraram na maior parte das biografias posteriores. De qualquer modo, Calístenes não era exatamente o que Alexandre tinha em mente quando pediu um novo Homero. Ele queria um poeta particular — pena que não viveu para ver esse dia.

Calístenes foi apenas o começo. A vida de Alexandre era incrível demais, sem precedentes, para ficar a cargo de um único escritor. Vários contemporâneos escreveram suas lembranças, o que, por sua vez, inspirou outros a tentar narrar a vida de Alexandre, e cada um embelezou como pôde essa história fantástica, na esperança de se tornar o Homero desse novo Aquiles.[59] Em uma das versões, Alexandre procura a vida eterna; em outra, viaja para a terra dos Abençoados. Sua vida, concebida por ele à luz da literatura, se transformava numa história literária.

Esses relatos se fundiram no *Romance de Alexandre*, como essa história passou a ser conhecida. Ela não está associada a um único autor famoso, muito menos a um novo Homero, mas foi o texto mais lido na Antiguidade tardia e no início da Idade Média, sem considerar os textos religiosos.[60] Alguns autores adaptaram atrevidamente a história às circunstâncias locais. A versão grega afirmava que Alexandre não era filho de Filipe, mas do último faraó egípcio.[61] No *Livro dos reis* persa, ele é identificado como filho do rei persa Darab, que tomara uma princesa grega como esposa.[62] A literatura transformou Alexandre no rei cosmopolita do Oriente que ele sempre quis ser.

OS MONUMENTOS LITERÁRIOS DE ALEXANDRE

Quando viajei no encalço de Alexandre, visitando cidades helenísticas como Pérgamo, Éfeso e Perge, onde é hoje a Turquia, descobri que a maioria das edificações daquela época havia desabado. Mas, invariavelmente, as ruínas dos teatros e bibliotecas foram deixadas de pé, pelo menos em parte, sobressaindo nos sítios. A essas construções se destinavam os maiores recursos, testemunho de sua importância. Ambas ligadas à literatura. As bibliotecas eram o lugar onde a literatura era preservada e onde os bibliotecários copiavam textos importantes e os comentavam. Os teatros helenísticos, dedicados a trazer o mundo de Homero para o público contemporâneo, comportavam plateias de até 25 mil pessoas, que se reuniam para ver as velhas histórias homéricas atualizadas pelos trágicos. Alexandre era tão devoto do teatro que, durante sua campanha oriental, mandava emissários em busca de peças e atores para entreter a ele e a seus soldados.[63]

O serviço mais importante que Alexandre prestou à literatura ocorreu no Egito. Depois de conquistar o país no início de sua campanha, ele reverenciou os deuses egípcios e aceitou o título de faraó. Em geral, os gregos admiravam a cultura e o complicado sistema de escrita egípcio — que não entendiam —, tomando-nos como fonte de sabedoria antiga. Mas, mesmo no Egito, a tolerância de Alexandre com a cultura local tinha limites. Seu ato mais importante para helenizar o Egito foi inspirado, como tantas vezes, por Homero: quando planejava fundar uma nova cidade, sonhou com um trecho de Homero que sugeria o local mais adequado.[64]

Em contraste com as antigas cidades egípcias, situadas no interior, Alexandria foi construída junto ao mar e projetada para as viagens e o comércio marítimo. Tinha um grande porto natural de um lado e, do outro, um lago e canais, alimentados pelo

Nilo, com muitos lugares para docas. No centro ficavam os imponentes edifícios que expressavam os ideais da cultura grega. Havia uma escola, onde os alunos aprenderiam grego estudando Homero; ao lado dela, um ginásio, com uma colunata que, acredita-se, media mais de 180 metros, para exercícios e conversação. E, é claro, um grande teatro.

Alexandria exibia todas essas instituições, mas foi uma outra a mais relevante para helenizar o Egito: a biblioteca.[65] A localização estratégica da cidade, que logo se tornou um porto importante, foi crucial para o sucesso da instituição. Quando os navios chegavam para transações mercantis em Alexandria, diziam-lhes que antes de mais nada deviam compartilhar com a biblioteca quaisquer escritos que levassem a bordo. Empregando um exército de copistas para preservar tudo, ela acabou por criar a maior coleção de rolos de papiro do mundo, na esperança de abrigar todos os livros disponíveis — uma ambição recentemente reavivada pelo plano do Google de organizar todas as informações e torná-las acessíveis a todos no mundo.[66] A biblioteca também contava com intelectuais e filósofos que foram pioneiros no estudo de textos literários. Em seu centro ficavam os poemas épicos de Homero, copiados, editados e anotados com uma meticulosidade reservada somente aos textos sagrados. Alexandre não só exportou as epopeias homéricas para todo o seu reino, como seus sucessores criaram as instituições que as transmitiriam para o futuro.

Sob o governo dos sucessores de Alexandre, Alexandria se tornou a maior cidade grega do mundo, transformando a cultura da escrita egípcia. O Egito criara um dos primeiros sistemas de escrita, os hieróglifos, com um enorme significado histórico e cultural. Mas embora tenham sido simplificados ao longo dos séculos e alguns sinais fonéticos tenham logrado uma circulação crescente, eles continuavam difíceis e a maioria dos egípcios precisava contratar escribas mesmo para transações simples.[67] A facilidade do alfabeto fonético grego era uma tentação muito grande, e os egípcios acabaram por adotar letras inspiradas naquele alfabeto para captar os sons de sua língua.[68] O novo sistema, conhecido como escrita copta, logo substituiu os hieróglifos.

Havia uma cultura escrita que era ainda mais antiga do que os hieróglifos egípcios: os caracteres cuneiformes da Suméria. Esse sistema, redescoberto por acaso no século XIX,[69] também foi substituído pela escrita alfabética de Alexandre e logo esquecido por completo. A história dessa descoberta nos leva à própria origem da escrita e ao primeiro grande texto fundamental da história humana.

2. Rei do universo: A respeito de Gilgamesh e Assurbanípal

CERCA DE 1844 A.C. — MESOPOTÂMIA

Certa vez meu pai me contou que, numa escavação arqueológica, ainda estudante, lhe ensinaram a provar o solo para detectar mudanças sutis na composição química.[1] Não gostei da ideia de comer uma terra que estava provavelmente cheia de insetos e tocara ossos de mortos. Será que sua intenção era me provocar asco? Em todo caso, não esqueci essa informação, que ressurgiu muitos anos depois, quando pensava em Austen Henry Layard e na trincheira que ele cavara numa colina perto de Mossul, no Iraque. O que Layard encontrou ali, sem se dar muito bem conta disso, foi a primeira obra-prima da literatura universal, anterior a Homero e à Bíblia.

Inglês criado na Itália e na Suíça, Layard atravessou o Oriente Médio em 1839, teoricamente a caminho do Ceilão, onde assumiria um cargo no serviço público colonial. Viajante nato, ele gostava de se misturar, incorporando alimentos e costumes locais, sempre à procura de encontros e aventuras. Foi para Constantinopla e de lá explorou o Levante e lugares ao leste até a Pérsia, mas nunca chegou à Índia. Conseguiu trabalho com o embaixador britânico em Constantinopla e permaneceu no Oriente Médio, cuja história o atraía de modo especial. Seu interesse se intensificou em 1842, quando o arqueólogo francês Paul-Émile Botta desenterrou as ruínas de um antigo palácio nas proximidades de Mossul, às margens do rio Tigre. Layard sabia que essa era a localização aproximada da antiga cidade de Nínive, cuja destruição era mencionada na Bíblia.

Ele não era arqueólogo e, se alguma vez experimentou o solo, nada disse a respeito. Mas não duvido que tenha feito algo parecido. Infinitamente curioso, não temia privações físicas nem desistia com facilidade. Em 1845, ao abrir uma trincheira numa colina em Mossul, bateu em algo. Ao cavar mais fundo, encontrou paredes, aposentos e alicerces — percebeu que estava prestes a desenterrar uma cidade inteira.

Era uma cidade feita de barro. Os trabalhadores contratados descobriram paredes feitas de tijolos de barro misturados com palha que haviam sido secos ao sol ou queimados num forno. Variados recipientes para armazenar alimentos e até mesmo canos de água eram feitos de barro, material abundante na "terra entre os rios" — "Mesopotâmia" em grego —, numa referência ao Tigre e ao Eufrates. Em escavações subsequentes, Layard encontrou mais maravilhas: baixos-relevos e estátuas de tirar o fôlego que ofereciam vislumbres de uma civilização desconhecida, imagens de cidades assediadas, de exércitos em choque, de cativos em grilhões, leões alados e touros com cabeças humanas. Era evidente que grandes reis haviam governado um grande império.

As paredes, os baixos-relevos e as estátuas estavam coalhados de inscrições em caracteres cuneiformes, um sistema de escrita feito com incisões em forma de cunha na argila ou na pedra. Qualquer tijolo, baixo-relevo ou estátua, enfim, qualquer coisa feita de barro podia ser o suporte de inscrições.

Um desenho do artista britânico Frederick Charles Cooper, que acompanhou a escavação de Layard, em Nínive, de um relevo gravado que representa um touro alado.

Layard logo encontrou pequenos selos de barro com assinaturas, que seriam impressos em argila umedecida. Descobriu até uma inscrição atrás de uma parede que teria sido inacessível aos habitantes daquele palácio e que só se tornou visível quando a parede desmoronou. Aparentemente, os governantes dessa cidade obcecada pela escrita, prevendo que seu império ruiria, deixaram uma mensagem para alguém como Layard, que no futuro escavaria o palácio deles.[2]

A cidade de barro e suas inscrições encerravam a promessa de contar sua história — "Seu significado estava escrito nelas", Layard observou.[3] O problema era que ele só podia decifrar alguns nomes, já revelados em outras fontes. O conhecimento da escrita cuneiforme desaparecera havia quase 2 mil anos e ninguém mais era capaz de interpretá-la.

Um relevo com inscrições cuneiformes encontrado em Nimrud.

À medida que as inscrições surgiam, mais torturante era a pergunta: o que essa civilização antiga estava dizendo? Então, por acaso, descobriram-se novas salas que abrigavam pilhas de tabuletas quebradas.

Esse achado mudou mais uma vez a visão que Layard tinha daquele mundo. Ficava evidente que os governantes não só haviam escrito em todas as superfícies de barro disponíveis, mas também haviam acumulado uma coleção inteira de tabuinhas e construído um prédio para abrigar seus preciosos textos. Layard estava em êxtase. Essa descoberta extraordinária tornava ainda mais urgente decifrar aquela escrita. Isso criaria a possibilidade, como escreveu sôfrego num relato de sua escavação, de "restaurar a linguagem e a história da Assíria, e pesquisar os costumes, as ciências e, talvez até possamos acrescentar, a literatura de seu povo".[4] Ele tinha razão. Tendo em vista o volume de escrita que viu naquele mundo, era provável que esse povo tivesse criado toda

Esta gravura, feita pelo próprio Layard, mostra-o coordenando a escavação de um grande baixo-relevo em Nínive.

uma literatura, permitindo-nos saber não somente seus nomes e histórias, mas também suas imaginosas vidas e crenças.

Parte da argila era frágil, e Layard se deu conta de que desenterrar as tabuletas e expô-las ao sol poderia desintegrar algumas delas. Era preciso apreender essa escrita rapidamente, caso contrário a escavação destruiria uma civilização perdida, ao mesmo tempo que a descobria. Com papel kraft umedecido, ele imprimiu as inscrições mais ameaçadas e enviou as tabuletas mais resistentes para Londres, junto com alguns dos baixos-relevos.[5]

Em Londres, as inscrições não entregaram seu segredo facilmente. Passaram-se anos até que fossem decodificados por sucessivos assiriólogos. A partir de nomes conhecidos de outras fontes, eles foram descobrindo o significado desses sinais cuneiformes.[6] Nínive, pois essa era a cidade que Layard descobrira, poderia afinal se fazer ouvir. E revelou uma obra-prima desconhecida: a *Epopeia de Gilgamesh*.

UM TEXTO FUNDAMENTAL E A INVENÇÃO DA ESCRITA

Os seres humanos fazem narrações orais desde que aprenderam a se comunicar por meio de sons simbólicos e usar esses sons para contar histórias do passado e do futuro, de deuses e demônios, histórias que davam às comunidades um passado compartilhado e um destino comum. As histórias também preservavam a experiência humana, dizendo aos ouvintes como agir em situações difíceis e como evitar armadilhas comuns. Histórias importantes, histórias da criação do mundo ou da fundação de cidades, eram às vezes cantadas por bardos especialmente designados, que haviam aprendido essas narrativas de cor e as apresentavam em ocasiões especiais. Mas ninguém as escrevia, mesmo muito tempo depois da invenção da escrita. Os bardos lembravam-se delas com precisão e, antes de envelhecer, transmitiam-nas a seus discípulos e sucessores.

A escrita foi inventada na Mesopotâmia há 5 mil anos, para outros fins, como transações econômicas e políticas. Uma história sobre a origem da escrita fala de um rei de Úruk que teve a ideia de mandar uma mensagem ameaçadora, impressa em argila, a um rival. Diante dos sinais incompreensíveis que guardavam as palavras ditas pelo rei de Úruk, o rei rival declarou sua lealdade, tão impressionado ficou com esse modo milagroso de fazer a argila falar.[7] A escrita era usada pelos escribas para centralizar o poder nas cidades e controlar o campo.

E contudo, em algum momento, centenas de anos após a invenção da escrita, um desses escribas extremamente treinados usou suas habilidades em aplicações práticas e começou a transformar histórias em uma sequência de marcas escritas. Ele talvez tenha se interessado por uma história que um dos bardos lhe contou e resolveu preservá-la. Ou talvez tenha conhecido um outro que levara uma história para o túmulo, sem passá-la adiante. Ou, erguendo os olhos das tabuletas de contabilidade, esse escriturário tentou se lembrar de uma história que ouvira fazia muito tempo e descobriu que sua memória estava falhando. Ou talvez tenha sido por qualquer outra razão que, munido de bastante paciência e argila suficiente, um escriba percebeu que aquele código complicado usado para gravar vendas ou enviar mensagens também poderia ser empregado para escrever uma história inteira.

Tenha acontecido de um modo ou de outro, a primeira escrita de uma história foi um evento importante. Pela primeira vez, a narração, território oral dos bardos, cruzou com a escrita, campo de diplomatas e contabilistas. Não era exatamente uma combinação natural, mas o resultado dessa aliança improvável se revelou de uma fertilidade inimaginável: ele produziu a primeira grande narrativa escrita.

A *Epopeia de Gilgamesh* ganhou sua forma-padrão por volta de 1200 a.C., mas suas origens remontavam a séculos.[8] A epopeia levava seus leitores a um passado ainda mais longínquo, de volta ao tempo de Gilgamesh, rei de Úruk. A história se vangloriava das paredes, escadas e alicerces de barro de Úruk — todos feitos de "tijolos de forno" — que cercavam jardins luxuriantes, bem como de quase dois quilômetros quadrados de fossos de barro.[9] Úruk, onde a escrita talvez tenha sido inventada, foi uma das primeiras cidades do mundo e nos dá um vislumbre da origem do assentamento urbano.

Mas na história de Gilgamesh nem tudo era um mar de rosas. Teimoso e injusto, o governante, Gilgamesh, precisava ser contido. Para controlá-lo, os deuses criaram Enkídu, um encrenqueiro que vagava pelo campo. Aqui a epopeia guia seus leitores a um lugar que era ao mesmo tempo fascinante e horrível para os citadinos: a selva. Enkídu era uma criatura estranha, um ser humano pouco disposto a conviver com seus pares, preferindo a companhia de animais. Para se transformar num ser totalmente humano, era necessário tirá-lo da natureza e conduzi-lo à cidade. O rei Gilgamesh, que edificara Úruk, assumiu o controle da questão e enviou uma mulher sedutora, Shamhat, para oferecer-se ao selvagem. A estratégia funcionou. Depois de desfrutar de sua companhia por sete dias, o selvagem se transformou. Seus companheiros animais o rejeitaram. Shamhat o convenceu a seguir com ela, e Enkídu se juntou aos seres humanos, tornando-se amigo de Gilgamesh. A cidade vencera.

A lealdade de Enkídu à sua nova vida foi posta à prova quando os dois amigos se aventuraram a ir ao lugar mais selvagem de todos, uma floresta montanhosa remota onde hoje é o Líbano. As florestas eram estranhas à Mesopotâmia, que fora desmatada desde a construção das primeiras cidades. Embora pequenas cabanas pudessem ser erguidas inteiramente de barro, estruturas maiores, como palácios, templos e bibliotecas, careciam de boa madeira, que era difícil de encontrar. Os construtores tinham de ir cada vez mais longe para obter madeira, e acabaram no Líbano. Essa era a realidade subjacente à maior aventura da epopeia.

Quando os dois amigos chegaram à floresta, encontraram o monstro Humbaba, guardião dessa região selvagem. Após matá-lo, puderam catar todas as árvores que queriam, o que prontamente fizeram, completando uma missão que, embora perigosa, era indispensável para os construtores da cidade. A literatura tomava o partido da cidade contra o campo, talvez porque a escrita estivesse tão intimamente ligada à civilização urbana.

Na história, Gilgamesh e Enkídu voltaram para Úruk em triunfo, mas nem tudo estava bem. Descobriu-se que o monstro Humbaba era protegido por um deus, e os demais deuses decidiram punir Gilgamesh com a morte de Enkídu. Quando a punição foi levada a cabo, Gilgamesh ficou tão abalado que só acreditou que o amigo estava de fato morto quando viu um verme sair de seu nariz — uma lição para todos os reis que erguiam cidades com demasiada avidez.

Inconsolável com a morte de Enkídu, Gilgamesh saiu da cidade e perambulou pela selva, tornando-se quase tão selvagem quanto o amigo havia sido. Por fim, foi parar no outro mundo, numa ilha distante. E lá encontrou Uta-napíshti — incrivelmente velho, ele e sua mulher eram os únicos sobreviventes da grande inundação. Tendo sido os únicos a serem avisados do dilúvio, abandonaram suas posses mundanas e construíram um navio para abrigar pares de animais. A inundação veio, as chuvas abrandaram e o navio aportou numa montanha. Uta-napíshti soltou uma pomba, que retornou. Outro pássaro, uma andorinha, foi solto, mas também voltou. Somente quando um corvo retornou com um galho no bico foi que souberam que a terra tinha surgido em algum lugar. Mas, mesmo como sobrevivente do dilúvio, Uta-napíshti não poderia conferir vida eterna a Gilgamesh. Penosamente, Gilgamesh teve de enfrentar sua própria mortalidade, qual um ser humano comum.

Quando a tabuleta com a história do dilúvio foi decifrada, os assiriólogos causaram sensação: a Inglaterra vitoriana teve de aceitar que a narrativa bíblica do dilúvio fora emprestada da *Epopeia de Gilgamesh*, anterior, ou que ambas derivavam de um texto ainda mais antigo.[10]

Para os mesopotâmicos, imaginar o passado remoto como um tempo antes do dilúvio não era incomum: as inundações eram frequentes, e muito bem-vindas. Quando contidas por canais, favoreciam a agricultura intensiva necessária aos principais espaços urbanos. Mas quando o Tigre e o Eufrates inundavam ao mesmo tempo, os canais nem sempre conseguiam conter as águas, e tudo era destruído, especialmente por ser feito de barro. A argila não cozida era ótima para construir e escrever, mas só enquanto seca. Uma inundação aniquilaria tudo aquilo sobre o qual essa civilização da argila se edificara, esmagaria tudo "como uma panela de barro", advertia o texto épico.[11]

Tabuleta encontrada em Nínive com a história do dilúvio, também incorporada à Bíblia hebraica.

A *Epopeia de Gilgamesh* pedia aos leitores que não só admirassem a civilização urbana e se arrepiassem diante de sua destruição: ela também se gabava das tabuletas que registravam a história. Ao contrário de muitas outras epopeias, como as homéricas que se imaginavam cantadas ao vivo, *Gilgamesh* incorporava a escrita. O fato de ser escrita fez de Gilgamesh, o herói, o autor de sua própria história:

Ele que o abismo viu, o fundamento da terra,
   Seus caminhos conheceu, ele sábio em tudo,
Gilgamesh que o abismo viu, o fundamento da terra,
   Seus caminhos conheceu, ele sábio em tudo,

Explorou de todo os tronos,
   De todo o saber, tudo aprendeu,
O que é secreto ele viu, e o coberto descobriu,
   Trouxe isto e ensinou, o que antes do dilúvio era.

De distante rota volveu, cansado e apaziguado,
   Numa estela se pôs então o seu labor por inteiro.[*][12]

Gilgamesh era um rei-escritor, e sua epopeia se vangloriava de uma história escrita como a realização mais importante de sua cultura.

A FORMAÇÃO DE ESCRIBA DE ASSURBANÍPAL

c. 670 a.C. — Mesopotâmia

Layard havia topado com o primeiro texto literário significativo, um texto muito mais antigo que o palácio de Nínive, de onde ele o havia desenterrado. Que tipo de cidade era Nínive, e por que a *Epopeia de Gilgamesh* fora preservada lá? À medida que mais inscrições e fragmentos de argila eram decifrados, surgiu a resposta: tinha a ver com um rei chamado Assurbanípal.

Tendo vivido centenas de anos após a epopeia ter sido escrita, Assurbanípal era um admirador daquele texto. Levara-o a Ní-

---

[*] A tradução do acádio das citações da *Epopeia de Gilgámesh: Ele que o abismo viu* é de Jacyntho Lins Brandão. Belo Horizonte: Autêntica, 2017.

nive, onde foi copiado e preservado em sua grande biblioteca. Numa única escavação, Layard descobriu a primeira obra-prima da literatura escrita e seu leitor mais importante.

Assurbanípal fora criado numa família real, em meio aos magníficos palácios e templos de Nínive.[13] Entre os imponentes edifícios havia jardins, oásis verdes que proporcionavam sombra e abrigo. Ao vagar pelas ruas e jardins, o jovem Assurbanípal via inscrições que falavam dos reis que os construíram.[14] Para quem fosse capaz de ler, toda a cidade de Nínive era uma grande tábua de argila à espera de ser decifrada. Exposto à escrita por toda a parte, Assurbanípal aprenderia o ofício de imprimir palavras sobre a argila, a tal ponto que num hino diria que era órfão e, em outro, que seu verdadeiro pai era Nabu, o deus da escrita.[15]

Na verdade, os pais de Assurbanípal eram poderosos e estavam bem vivos. Seu pai era Assaradão, um dos filhos mais moços do rei que fundara a dinastia. As coisas se complicaram quando ele foi escolhido para príncipe herdeiro, o que despertou o ciúme de seus irmãos degradados, que o forçaram a ir para o exílio. Quando ficou sabendo que seus revoltados irmãos haviam assassinado seu pai, Assaradão voltou a Nínive e os derrotou numa guerra civil que durou seis semanas. No mesmo ano de 681 a.C., tornou-se rei.

Assurbanípal não tinha apenas pais humanos: seu pai era o homem mais poderoso do mundo.

Após se apoderar de Nínive, Assaradão construiu um novo palácio para si. A cidade era o centro de um grande território, o maior império até então conhecido na história humana, que se estendia da costa do Mediterrâneo à Babilônia.[16] Esse controle de território, a concentração do poder em um único lugar, fora possível porque os decretos podiam ser entregues por mensageiros (escritos em tabuletas de argila e colocados em envelopes também de argila) e os registros podiam ser arquivados.

Sendo um dos filhos mais novos, Assurbanípal não estava na linha de sucessão. A fim de prepará-lo para o sacerdócio, enviaram-no para a escola de escribas, esteio de sua admiração posterior pela *Epopeia de Gilgamesh*.

Originalmente, o ofício de escriba era passado de pai para filho. À medida que a escrita ganhava importância, a demanda por esses profissionais extremamente valorizados aumentava, e criaram-se as escolas de escribas. Os alunos precisavam aprender a nivelar a argila úmida para moldar uma tabuleta, e com um junco pontiagudo desenhar linhas e fazer impressões em forma de cunha (disso deriva o nome da escrita cuneiforme: em latim, cunha é *cuneus*). Tabuletas de duas faces ainda subsistentes, com a letra clara do professor de um lado e as tentativas canhestras dos alunos no outro, mostram como era difícil adquirir a destreza exigida.

Quando visitei o Museu Britânico, onde Layard depositou seu tesouro de baixos-relevos e tabuletas de argila, impressionaram-me a habilidade e a simetria da caligrafia do professor, especialmente levando em conta o tamanho das tabuletas. Muitas delas eram bastante pequenas, com cerca de cinco por sete centímetros, cada uma com muitas linhas de minúsculas incisões em forma de cunha. Em um fragmento, um aprendiz, escrevendo em sumério, se queixa das dificuldades de escrever: "Meu mestre disse: 'sua letra não é nada boa!', e bateu em mim".[17] Os professores também se queixavam: "Como você, também fui jovem e tive um mentor. O professor designou-me uma tarefa — era trabalho de homem. Como um junco que brota, levantei de um salto e me pus a trabalhar".[18] Essas queixas sobre professores cruéis e estudantes preguiçosos, tão comuns, talvez tenham sido registradas nessas tabuletas pela primeira vez na história.

Ao olhar para esses minúsculos pedaços de argila, também pude imaginar o orgulho que sentiram aqueles que haviam dominado esse ofício, o orgulho de que algo tão diminuto pudesse ter tamanho poder. Um professor, escrevendo no distante Egito, elogiou a nobre posição de escriba: "Por acaso você não se lembra da condição do trabalhador no campo? Os ratos são numerosos no campo, o gafanhoto desce e o gado come. Mas o escriba, ele é o capataz de todos".[19] Os escribas foram os primeiros burocratas, sentados confortavelmente em casa, a contar grãos, fixar cláusulas de contratos e manter registros, enquanto seus irmãos trabalhavam nos campos.

Os escribas deixaram imagens de si mesmos. Nós os vemos de pé, com uma tabuleta na mão, ou sentados de pernas cruzadas, escrevendo no colo. Ao lado deles pode haver um pote de argila, que precisava estar úmida, senão ficaria dura e inutilizável.[20] Os escribas parecem confiantes, orgulhosos de seu próprio deus, o deus da escrita. Não tinham nada de literário. Eram os primeiros contadores e funcionários, administradores de um império em crescimento, divulgadores de ensinamentos religiosos.[21]

Escola egípcia de escribas. Os alunos se queixavam de professores cruéis, e os professores, de alunos preguiçosos.

Reis e príncipes não costumavam se submeter às torturas da escola de escribas; bastava-lhes contratar sujeitos formados para fazer o trabalho. O próprio Assurbanípal jamais teria de ganhar a vida como escriba: um de seus irmãos seria rei. Mas Assaradão, seu pai, era um soberano incomum — sabia ler e escrever o suficiente para reconhecer o poder e o mistério da tecnologia. (A irmã de Assurbanípal também sabia escrever, e mais tarde redigiu uma carta à mulher de Assurbanípal, aconselhando-a a não desprezar sua prática de escrita.[22])

A ESPADA E O JUNCO

Tudo mudou quando o irmão mais velho de Assurbanípal morreu e ele se viu subitamente nomeado príncipe herdeiro. Tendo em vista os constantes problemas de saúde do pai, agora Assurbanípal precisava ser treinado nas habilidades próprias de um rei. Submeteu-se a um regime rigoroso de equitação, exercícios físicos e arco e flecha. Ainda adolescente, transformava-se em alguém capaz de comandar soldados numa batalha.[23]

Apesar de toda a ênfase na educação marcial, Assurbanípal não abandonou sua formação em literatura. Ao contrário, intensificou-a. O melhor professor de escribas, Balasî, foi contratado para introduzir o herdeiro nas artes superiores da escrita.[24] Enquanto seu pai havia dominado apenas o básico, Assurbanípal sabia que um treinamento mais avançado lhe daria acesso a um novo mundo da alfabetização, muito mais difícil e sofisticado do que simplesmente enviar mensagens a vassalos ou ler inscrições em edifícios. Ele testemunhara a manifestação dessas habilidades literárias superiores. Os escribas mais influentes tinham acesso ao círculo íntimo do poder, e a fonte de seu poder era a capacidade de ler presságios e sinais que anunciavam o futuro. Podiam dizer a seu pai quando ir à guerra, quando lançar o alicerce de uma construção ou quando ficar em casa.[25]

A adivinhação, além de exigir a leitura e a interpretação de calendários especiais e dos comentários sobre esses textos, sobrepujava as palavras escritas. Para os olhos treinados dos escribas, as edificações de Nínive, e também o mundo inteiro, estavam cheias de indícios que podiam ser lidos. Era possível encontrar mensagens nas entranhas dos carneiros e no céu — a escrita secreta dos deuses. Escrever era algo tão poderoso que os homens imaginavam que a escrita estava em toda parte, legível para quem fosse treinado em decodificar seus sinais.[26] A escrita, de início uma técnica de contabilidade, mudara o modo como as pessoas viam o mundo ao redor.

Os escribas recomendavam a Assaradão tratamentos para suas doenças frequentes e controlavam seus movimentos e decisões. Se algo acontecesse ao rei, seriam eles os culpados; então costumavam recomendar extrema cautela. Em Nínive, eles podiam ser mais poderosos do que um rei, até mesmo um rei com conhecimentos rudimentares de leitura e escrita.

Para Assurbanípal, dominar a arte do escriba significava não ficar à mercê de seus intérpretes, pois assim poderia pôr em dúvida os veredito de seus escribas adivinhadores.[27] Seria o primeiro rei capaz de conversar com os sacerdotes de igual para igual, e contestar a interpretação que faziam das estrelas. Teria acesso ao código-fonte do poder. Como alto escriba, estaria no controle de seu próprio destino.

Combinando a espada e o junco, Assurbanípal fez pleno uso de seu treinamento militar e de escriba, assumindo as rédeas em Nínive nos momentos em que o pai estava em campanhas militares. Quando Assaradão morreu a caminho do Egito, ele já estava pronto. Ajudado pela avó, que garantiu a lealdade dos parentes, Assurbanípal foi coroado no ano seguinte, em 668 a.C. Seu longo título incluía o epíteto de "Rei do Universo".[28]

Depois de assumir o poder, Assurbanípal deu continuidade aos sucessos de seu pai e ampliou seu império, garantindo finalmente a posse do Egito (Layard encontrou peças egípcias entre as ruínas de Nínive). Ao contrário do pai, ele não liderava seu exército nas batalhas: controlava-o de longe. Graças à escrita e ao aparato burocrático por ela possibilitado, agora o poder podia ser centralizado como jamais o fora, permitindo a um rei permanecer em casa enquanto expandia seu reino. Para Assurbanípal, essa guerra à distância não significava falta de dedicação. Ele conduzia suas campanhas com brutalidade e força. Se uma cidade se recusasse a se submeter, ele mandaria decapitar os rebeldes e expor as cabeças em estacas.[29]

Assurbanípal não expandiu somente seu território. Consciente do poder da escrita, ampliou também a coleção de tabuletas de seu pai, pagando escribas para copiar textos antigos — a maioria deles não estava em Nínive, e sim mais ao sul, em centros de erudição mais antigos como Úruk e Babilônia. Levar esses tesouros para o norte não era mero capricho de Assurbanípal: ele entendeu que a escrita significava poder, que o poder poderia ser exibido não só pelas cabeças de inimigos enfiadas em estacas, mas também por meio de habilidades de escrita e de uma grande coleção de tabuletas cuneiformes. A escrita desempenhou um papel mais importante na vida de Assurbanípal do que na vida de qualquer rei anterior, talvez porque, como filho de um rei iniciado na escrita, ele tenha sido, excepcionalmente, um rei escriba de segunda geração.

Ao transferir o conhecimento escrito da Babilônia para Nínive, Assurbanípal precisou ficar de olho em seu irmão. Para evitar guerras de sucessão e rivalidades, nomeara-o príncipe herdeiro da Babilônia. Tecnicamente, ele estaria submetido a Assurbanípal, mas teria o controle de sua cidade, a grandiosa cidade da Babilônia. As relações com essa cidade sempre foram difíceis. Seu avô a arrasara e tomara a estátua de Marduk, seu deus mais importante. Desde então a Babilônia se tornara, com relutância, parte do Império Assírio controlado por Nínive e ganharia prestígio adicional ao ser governada de forma quase independente pelo irmão de Assurbanípal.

O plano funcionou por um tempo. Quando Assurbanípal garantiu o trono e enviou seu irmão, cuja mãe viera da Babilônia, para tomar posse daquela cidade, o novo príncipe herdeiro levou consigo a grande estátua de Marduk, em triunfo. Não foi uma viagem fácil, mas, graças a séculos de sistemas de irrigação e canais, uma maravilha inigualável de engenharia, o percurso pôde ser feito de barco. A estátua de Marduk viajou Tigre abaixo e depois, através do canal de Sirtu, chegou ao Eufrates e entrou na Babilônia através do canal de Arahtu (Layard transportou parte de seu butim de maneira similar).[30] O irmão de Assurbanípal tornou-se governante e os dois reis mantiveram relações cordiais, pelo menos na aparência. Mesmo quando o irmão recusou o tratamento de rei a Assurbanípal, este não forçou a questão. Manteve informantes na cidade e usou sua influência para que os escribas copiassem antigas tabuletas da Babilônia e das proximidades de Úruk.[31]

O acordo não durou. Seu irmão, a quem ele elogiava em todas as ocasiões, a quem chamava de seu gêmeo, embora tivessem mães diferentes, conspirou com inimigos do Estado e se rebelou contra Nínive. A história de sucessão sangrenta que o pai deles julgara encerrada só fora adiada, e agora estourava com uma força sem precedentes. Enquanto o pai conseguira acabar com os próprios irmãos em seis semanas, a grande guerra civil da geração seguinte durou quatro anos. O irmão rebelde, a quem Assurbanípal agora chamava seu "não irmão", estava bem guardado entre as famosas e antigas muralhas da Babilônia, a qual se rendeu só depois que Assurbanípal, empregando toda a sua força e determinação, submeteu a cidade à fome ao longo de vários meses.[32]

Apesar da traição do irmão, Assurbanípal não puniu a Babilônia enfiando as cabeças dos rebeldes em estacas. Em vez disso, usou a conquista para ampliar sua coleção de tabuletas de argila antigas: assaltou a coleção do irmão e carregou o que pôde para Nínive.[33] Levou também escribas, alguns com o uso de força, a fim de aumentar sua capacidade de copiar.[34] Assurbanípal percebera que escrever não era útil apenas para a guerra e a administração de longa distância, ou para transações econômicas. Uma vez que eram extensões artificiais das mentes humanas, as tabuletas cuneiformes permitiam que ele acumulasse mais conhecimento do que ninguém. A biblioteca inteira seria como uma memória artificial, transformando-o no ser humano mais instruído e informado da história do mundo.

UMA BIBLIOTECA PARA O FUTURO

A fim de abrir espaço para sua biblioteca, Assurbanípal demoliu seu palácio em Nínive e construiu um novo no lugar.[35] Um dos motivos era técnico: o barro não durava muito, sobretudo quando submetido a chuvas prolongadas ou inundações. Os tijolos de argila costumavam ser secos apenas ao sol — não eram queimados num forno — e tendiam a se degradar após algumas décadas, exigindo constantes reconstruções e restaurações. O outro motivo era o prestígio. Tendo derrotado o irmão, Assurbanípal estava no auge do poder; o Império Assírio nunca estivera tão forte. Esse novo poder se refletiria em palácios novos e mais suntuosos, e no centro daqueles palácios estava sua coleção cada vez maior de tabuletas cuneiformes, que Layard encontraria em meados do século XIX.

A coleção transcendia a mera acumulação de pilhagens de um escriba: era o resultado dos recursos sem precedentes que Assurbanípal despendeu com a escrita. Talvez devido à sua formação inicial de contador — a matemática estava entre as habilidades que havia aprendido —, Assurbanípal também organizou suas tabuletas de uma nova maneira. Cada uma foi cuidadosamente classificada e cada sala tinha um inventário, de tal forma que os documentos históricos e as transações estavam em um lugar, os presságios e os textos de adivinhação em outro, os calendários de dias auspiciosos e os comentários sobre astrologia em um terceiro.[36] Tendo acumulado mais informações do que qualquer pessoa antes dele, Assurbanípal percebeu que seu estoque de conhecimento seria útil somente se fosse organizado. Diante desse desafio, criou o primeiro sistema significativo de gestão da informação.

De todos os textos, seu preferido não era uma tabuleta de contabilidade, tampouco uma de calendário ou presságio, mas a *Epopeia de Gilgamesh*, escrita numa dúzia de tabuletas de argila, maiores do que as pequenas cartas enviadas a vassalos e comandantes militares, mas não maiores do que um de nossos livros de capa dura.

Os primeiros poemas sobre Gilgamesh vieram de escribas sumérios que usavam a língua de Úruk. O Império Sumério não durou muito. Apesar das muralhas da cidade e do poder da escrita, elogiados na *Epopeia de Gilgamesh*, Úruk, Babilônia e as outras cidades sumérias foram tomadas por acádios, falantes nômades de uma língua semítica. Depois que se apoderaram de um império territorial, porém, os acádios sentiram necessidade de um sistema de escrita para manter a burocracia da cidade. Acabaram por adotar a escrita cuneiforme suméria para registrar sua própria língua.[37] Os escribas sumérios não podiam salvar sua civilização, mas podiam transmiti-la a seus invasores ensinando-os a escrever.[38]

Foi em acadiano que a *Epopeia de Gilgamesh* recebeu sua forma final, a qual Assurbanípal encontrou vários impérios mais tarde. Fascinaram-no sua idade e resistência — algo que Layard e seus colegas lentamente entenderam, à medida que mais e mais textos cuneiformes eram decifrados. Numa inscrição autobiográfica incomum, Assurbanípal se gabou: "Eu era corajoso, eu era extremamente trabalhador, li a escrita artística da Suméria e o obscuro acadiano, que é difícil de dominar, sentindo prazer em ler as pedras de antes do dilúvio".[39] Assurbanípal precisou dominar uma versão arcaica de sua língua, o antigo acadiano babilônico, e um sistema de escrita ainda mais antigo, cuneiforme, para decodificar escritos tão velhos que imaginou serem "de antes do dilúvio".

Enquanto eram somente faladas, as línguas morriam quando seus falantes desapareciam. Mas, depois que as histórias foram fixadas na argila, as línguas antigas persistiram. Inadvertidamente, a escrita mantivera viva uma língua que ninguém mais falava (desde Assurbanípal, o número de línguas mortas preservadas tem crescido de modo contínuo).[40]

Graças a Assurbanípal, a *Epopeia de Gilgamesh* foi copiada muitas vezes e levada para longe, até o Líbano e a Judeia, a Pérsia e o Egito, como forma de assegurar território e assimilar culturas estrangeiras.[41] Desse modo, a escrita passou a ser uma ferramenta para construir um império não somente por seus efeitos na administração e na economia, mas também em virtude da literatura. O ato de escrever, a vida urbana centralizada, os impérios territoriais e as histórias escritas eram aliados estreitos e assim permaneceriam por milhares de anos. Assurbanípal tanto percebeu a importância estratégica de ter um texto fundamental, como tomou Gilgamesh por modelo de suas conquistas, adotando seu título: Rei Poderoso, Sem Rivais.[42]

Apreciador da *Epopeia de Gilgamesh*, ele fez o máximo a fim de preservá-la para o futuro. Será que tinha noção de que seu próprio império se desintegraria? Teria construído uma biblioteca e mandado fazer cópias da epopeia porque queria aumentar as chances de seu texto preferido sobreviver a qualquer caos que o futuro reservasse? A própria história do dilúvio era um lembrete da rapidez com que a destruição poderia chegar, uma visão apocalíptica da aniquilação completa de quase toda a vida na Terra. Muitos dos textos copiados por escribas guardados na biblioteca do rei continham uma oração a respeito do futuro: "Eu, Assurbanípal, rei do universo, [...] escrevi em tabuletas a sabedoria de Nabu [...] guardei-os [...] na biblioteca para o futuro".[43] A escrita não só possibilitava ao leitor o acesso ao passado, como também lhe permitia imaginar que sua obra poderia perdurar no futuro e inspirar leitores ainda não nascidos.

Com efeito, logo após a morte do rei, seu império se desintegrou. Nínive foi tomada e destruída, e, lentamente, a *Epopeia de Gilgamesh*, que havia sobrevivido a vários impérios e línguas, começou a perder leitores. Nenhum novo Assurbanípal surgiu para resgatar a epopeia e nenhum aliado poderoso versado em línguas mortas a abraçou. Inventaram-se sistemas de escrita mais modernos e mais simples, mas a epopeia nunca foi transcrita para eles; seu destino estava ligado ao destino da escrita cuneiforme. O futuro que Assurbanípal imaginou para sua biblioteca estava quase morto. Graças à conquista alfabética de Alexandre o mundo estava mudando, e isso sugere uma dolorosa lição a respeito da literatura: a sobrevivência só pode ser garantida pelo uso contínuo. Não deposite sua confiança em argila ou pedra. A literatura precisa ser usada por todas as gerações. Excessivamente impressionado com a resistência da escrita, o mundo esqueceu que tudo estava sujeito ao esquecimento, até mesmo a escrita.

O mundo quase perdeu a *Epopeia de Gilgamesh*. Quando a destruição chegou à biblioteca de Nínive, não foi por um dilúvio, mas pelo fogo. A biblioteca de Assurbanípal foi queimada, com quase tudo o que nela havia: as estantes de madeira, as molduras das tabuletas, bem como os cestos que as continham. Tudo, menos a argila. Uma inundação pode destruir a argila, mas o fogo só a destrói se intenso. Algumas tabuletas borbulharam e derreteram como vidro quente ou magma, mas outras endureceram, como se queimadas num forno.[44] Enterradas sob a biblioteca construída para protegê-las, as tabuletas de argila ali permaneceram por 2 mil anos, à espera de quem as descobrisse.

Aguardaram até o século XIX, quando Layard e Paul-Émile Botta, seu rival francês, começaram a desenterrar Nínive e seus arredores, e quando, nas décadas seguintes, a escrita cuneiforme foi decifrada com muita dificuldade. Pela primeira vez uma literatura foi encontrada depois de ter desaparecido por milhares de anos.

Permitir o acesso ao passado foi a mais profunda consequência da escrita. Enquanto eram contadas oralmente, as histórias passavam por adaptações aos novos públicos e ouvintes, ganhando vida no presente. Uma vez captado na escrita, o passado perdurou. Para os versados nessa tecnologia difícil — gente como Assurbanípal —, ela trouxe de volta as vozes de séculos, até de milênios atrás, vozes tão antigas que poderiam muito bem vir de antes do dilúvio. A escrita criou a história.

Se objetos e construções antigos nos revelam os costumes de nossos antepassados, as histórias, fixadas e preservadas por escrito, nos dão acesso à vida interior deles. Quando Layard percebeu que não entendia a escrita cuneiforme, sua frustração foi imensa. Ele podia admirar relevos e estátuas, mas não podia ouvir suas vozes, sua língua, seu pensamento, sua literatura. A invenção da escrita divide a evolução humana entre um tempo que é quase inacessível para nós e outro em que temos acesso à mente dos outros.

3. Esdras e a criação da escritura sagrada

SÉCULO VI A.C. — BABILÔNIA

Textos fundamentais como a *Epopeia de Gilgamesh* ou as epopeias homéricas sobreviveram e serviram de inspiração a reis poderosos, responsáveis pela criação de instituições que aumentaram sua longevidade.[1] Mas alguns desses textos se transformaram em algo novo: escrituras sagradas. Embora compartilhassem de todas as características dos textos fundamentais, os sagrados fizeram algo mais: estabeleceram um vínculo entre as pessoas, exigindo serviço e obediência. Ao fazê-lo, criaram um mecanismo de sobrevivência independente do patrocínio de grandes reis como Assurbanípal e Alexandre.

A busca pelas origens da escritura sagrada me levou de volta à Babilônia e a um grupo de judeus exilados que lá se estabeleceu depois de 587 a.C., quando o governante babilônico Nabucodonosor II (um sucessor de Assurbanípal) arrasou Jerusalém e obrigou a classe dominante, cerca de 4 mil pessoas, a se exilar. Depois de um período de dificuldades, esses judeus foram autorizados a se instalar em Nippur, ao sul da Babilônia, onde formaram uma comunidade na qual puderam preservar sua língua, seu modo de vida e a memória do antigo reino de Israel e Judeia.[2]

Entre eles estava um escriba, Esdras. Nascido no exílio e vivendo no coração da cultura escrita, com seus reis escribas e bibliotecas, Esdras frequentou a escola de escribas, dominou diferentes sistemas de escrita e teve uma carreira de escriba bem-sucedida. Se tivesse aprendido a escrita cuneiforme, teria sido capaz de ler a *Epopeia de Gilgamesh*, mas se especializou em aramaico e trabalhou como contador imperial, parte da burocracia que mantinha unido esse vasto território.[3]

Mas Esdras e os escribas da Judeia que o antecederam não trabalhavam apenas para seus conquistadores. Eles haviam trazido consigo algumas de suas próprias histórias, escritas durante o período em que Jerusalém foi a capital do reino, governada pela Casa de Davi.[4] Inspirados pela cultura da escrita babilônica, esses exilados não só preservaram seus textos, copiando-os, mas também os reuniram numa narrativa mais coerente, começando com a própria criação do mundo.[5] Em seguida, vinha a história[6] de seus primeiros antepassados, Adão e Eva, a queda e a história de um dilúvio que quase aniquilou a humanidade, surpreendentemente semelhante ao que consta da *Epopeia de Gilgamesh*. Eles continuaram com a história das gerações que vieram após o dilúvio, de Abraão, de origem mesopotâmica, ao êxodo do Egito sob a liderança de Moisés e a reivindicação de uma pátria na Judeia.

Esses escritos apresentavam muitas características da *Epopeia de Gilgamesh* e outros textos fundamentais — contavam uma história de origens; separavam seus leitores de seus vizinhos; afirmavam que o território e a cidade imponente de Jerusalém pertenciam aos leitores desse texto, permitindo-lhes imaginar a terra como sua, mesmo que dela tivessem sido expulsos para o exílio babilônico.

Quando Esdras nasceu, esses textos já eram fundamentais para a comunidade exilada, garantindo-lhes a fé.[7] Os pergaminhos preservavam rituais e práticas do passado, reunindo sabedoria e detalhando regras que abrangiam tudo, do culto ao preparo dos alimentos. Também mantinham viva a língua dos exilados, o hebraico, embora muitos tenham começado a falar aramaico, cada vez mais a língua comum da região.[8]

Sob outros aspectos importantes, os escritos hebraicos diferiam da *Epopeia de Gilgamesh* ou das epopeias homéricas. Longe de ser um texto único e coerente, era um feixe de textos, reunido a partir de uma grande variedade de fontes. A maior diferença em relação às outras epopeias era que a coletânea hebraica fora criada por um povo que sofrera longos períodos de exílio. Importantes para os reis, os textos fundamentais eram ainda mais importantes para um povo sem reis e sem império.

Ao recolher histórias diferentes, os escribas exilados as reformularam à luz de sua própria posição e valores, os valores dos escribas.[9] Davam muita importância a Moisés porque ele era tradicionalmente visto como a pessoa que escrevera o Deuteronômio, livro das leis, o que o tornava um colega (assim como a *Epopeia de Gilgamesh* celebrava seu protagonista, um rei escritor).[10] Da mesma forma, os escribas povoavam as partes posteriores das escrituras com escribas como Baruc, que escreve as palavras de Jeremias, fazendo em cada caso um relato do modo como as histórias que estavam preservando e organizando haviam sido transformadas em escrita.

Em um dos episódios mais dramáticos da Bíblia, os escribas exilados até imaginaram seu deus como um escriba. Deus convoca Moisés para ditar as regras que ele quer que o povo escolhido obedeça.[11] Moisés escreve tudo fielmente e entrega a mensagem ao povo.[12] Trata-se de uma situação familiar aos escribas: alguém com autoridade lhes dita um documento. Então, sem muita explicação, Deus muda de ideia e decide continuar sem um escriba. Em vez de ditar a Moisés, entrega-lhe tábuas de pedra que já contêm as palavras gravadas — por ninguém menos que o próprio Deus.[13] Um deus disposto a se dar o trabalho de escrever com sua própria mão não era incomum. Entre seus muitos deuses, os mesopotâmios adoravam Nisaba como o deus dos escribas. O inusitado aqui era que os judeus haviam concentrado todo o poder divino em um único deus, e ainda assim queriam pensar nesse deus como um escritor.

Mas o drama ainda não acabou. Na famosa cena, Moisés desce a montanha com suas tábuas e vê os filhos de Israel dançando em torno de um bezerro de ouro. É tomado por tamanha ira que pega as tábuas de pedra, gravadas pelo dedo de Deus, e as quebra.[14] Tudo precisa ser refeito. Deus convoca Moisés novamente e lhe diz para preparar duas tábuas, semelhantes às que quebrara em sua ira;[15] Ele, Deus, escreveria tudo de novo. Parece que teremos uma repetição da cena anterior. Mas não é o que acontece. Deus repete os mandamentos, mas não os escreve ele mesmo. Dessa vez, Moisés tem de se desincumbir da tarefa.[16] Ele permanece com Deus por quarenta dias e trabalha sem comer nem beber, esculpindo as palavras de Deus em pedra.[17] "Disse ainda Iahweh a Moisés: Escreve estas palavras; porque segundo o teor destas palavras fiz aliança contigo e com Israel". É um retorno à situação comum do escriba, no início do episódio.

Lê-se a cena como o pior pesadelo de um escriba: primeiro ele deve anotar o ditado de Deus, depois recebe as tábuas prontas, depois, as tábuas de substituição, até que finalmente se vê anotando o ditado de novo. Ao longo do processo, a precisão é crucial, qualquer erro seria fatal e por certo provocaria a ira desse deus que é ele próprio um perito escriba. Os escribas exilados que preservaram e capricharam nessa cena usaram da imaginação para criar um drama a partir da escrita, detalhando como ela podia ser complicada e perigosa, em especial quando usada para comunicar-se com Deus.

Os escribas também geraram a maior e mais conhecida parte da Bíblia: o mito da criação. A maioria dos mitos desse tipo, entre eles os mesopotâmicos, imagina um deus que molda o mundo e seus habitantes a partir do barro. As histórias hebraicas mais antigas da criação, que foram mantidas na Bíblia, fazem o mesmo, e nelas Deus se engaja num ato de ofício divino, trabalhando com as mãos. Essas histórias da criação foram imaginadas por seres humanos acostumados ao trabalho manual. Mas não é assim na abertura do Gênesis. Deus não suja as mãos. Ele não trabalha com elas; com efeito, ele não toca de forma alguma em sua criação. De nenhum lugar em particular, ele simplesmente traz o mundo à existência através do puro poder das palavras. Trata-se de uma criação imaginada por escribas sentados à distância do trabalho manual e cujo trabalho ocorre inteiramente na linguagem (falada) agindo de longa distância.

458 A.C., JERUSALÉM

Os escribas controlavam textos que, cada vez mais importantes, exerciam uma força peculiar sobre a comunidade dos exilados, neles incitando o desejo de retornar à terra de seus ancestrais, evocada de forma tão poderosa por essas histórias.

Esdras tomou a iniciativa. No ano de 458 a.C., conclamou seus companheiros de exílio a abandonar a vida que conheciam e migrar para a terra ancestral.[18] Descendentes das diferentes tribos e de diferentes profissões atenderam ao chamado, acorrendo ao acampamento de Esdras, ao norte da Babilônia, às margens do rio Aava.[19] Sem dúvida a viagem seria perigosa, sem soldados para defendê-los. Esdras se vangloriara de que os judeus estavam sob a égide de seu único deus, Iahweh — pedir soldados ao rei persa teria sido mostrar uma sacrílega falta de fé.[20]

Esdras levava consigo algo que poderia lhes dar respaldo ao longo do caminho: uma carta de Artaxerxes, o rei da Pérsia. O documento declarava que o grupo de judeus itinerantes deveria ser protegido e que os governantes locais deveriam apoiar suas atividades.[21] Os bandidos talvez não fossem capazes de ler a carta do rei, mas o selo imperial poderia impressioná-los. Na verdade, Esdras estava a caminho de Jerusalém em missão oficial: Artaxerxes o encarregara de investigar a situação além do rio Jordão.[22] Ele era um emissário oficial.

Os judeus raramente gozaram do favorecimento de um grande império. Em geral, era melhor que seus vizinhos mais poderosos não prestassem atenção neles, como o exemplo de Nabucodonosor, o destruidor babilônico de Jerusalém, lhes havia ensinado. Mas seu antigo inimigo fora derrotado pelos persas, que haviam capturado a Babilônia e estavam estendendo seu reino até o Egito. De repente, a Judeia adquiria interesse estratégico, era um elo crucial entre o Egito e a Babilônia. Ao enviar Esdras e seu grupo de volta à pátria ancestral, o rei persa não agia por caridade: visava proteger um posto imperial avançado.[23]

Esdras e seus companheiros viajaram sem ser molestados e, depois de mais de 1300 quilômetros, cruzaram finalmente o rio Jordão. Pela primeira vez em suas vidas pisavam nas lendárias terras de seus antepassados.

Mas quando deixaram o vale do rio e subiram para as montanhas, descobriram que a situação era diferente do que imaginavam.[24] Quase ninguém mais parecia viver naquele lugar, havia sinais de abandono e despovoamento por toda parte. Não se viam cidades fortificadas ou assentamentos, apenas agricultores oprimidos, descendentes daqueles que, por insignificantes, haviam escapado à deportação setenta anos antes. Os poucos remanescentes mal conseguiam viver da terra e pouco tinham em comum com os personagens das histórias da corte da Judeia, muito menos com os da alta civilização que os exilados que retornavam conheciam da Babilônia.[25] Esses camponeses rudes falavam um dialeto grosseiro e seu modo de vida também era diferente. É verdade que alguns afirmaram ser adeptos do deus Iahweh, mas viviam lado a lado com outras tribos, e sua maneira de adorar era negligente. Os exilados, quando no exílio, haviam criado regras rígidas para manter o dia de descanso, bem como outros rituais de pureza e leis, nenhum dos quais parecia ter importância ali.[26]

Essa visão não era nada perto do que os esperava em seu destino final: Jerusalém. Seus portões e muralhas, outrora famosos, estavam em ruínas.[27] A cidade estava aberta a quem quisesse tomá-la. Mas quem ia querer? Bairros inteiros abandonados, outros quase inabitáveis. Jerusalém, a cidade cujas histórias e sonhos Esdras e seus seguidores tanto tinham ouvido, era um monte de escombros.

Havia um consolo: ao menos o templo estava de pé, restaurado por um grupo anterior de retornados.[28] A perda do templo tinha sido especialmente dura para os judeus porque era a morada de seu deus. Outros locais de sacrifício haviam sido abandonados fazia muito tempo, muitas vezes sob protestos dos habitantes, para concentrar o poder desse deus único em um só lugar. Essa concentração era o que os diferenciava dos vizinhos. Quando perderam Jerusalém, perderam não só a sede de seu rei, mas também a sede de seu deus.

Algumas décadas antes, um grupo havia retornado e reconstruíra o templo. Esdras e seus companheiros, a par dessa missão anterior, estavam ansiosos para ver o novo templo: não teriam que fazer o trabalho pesado eles mesmos.[29] Tal como o grupo anterior, eles agora poderiam adorar seu deus em sua própria terra de novo. Três dias descansaram, e no quarto juntaram o ouro e os pertences preciosos que cada um trazia, avaliaram tudo com precisão e registraram. E então fizeram aquilo por que haviam esperado ao longo de todo o exílio: sacrificaram touros, carneiros, cordeiros e cabras à maneira tradicional.

Mas não eram apenas as muralhas e os edifícios que estavam em mau estado. As práticas religiosas irregulares que Esdras observara durante o percurso haviam chegado à cidade. Todos os tipos de povos haviam se instalado ali, e os judeus estavam se casando abertamente com indivíduos desses outros grupos.[30] As pessoas começaram a procurar Esdras e relatar as violações de que os judeus eram culpados, violações das regras e dos rituais cuidadosos de purificação que haviam mantido junta a comunidade no exílio. Já era difícil suportar a ruína física da cidade, mas foi a espiritual que fez Esdras se desesperar. Ele se retirou, contemplando por meio dia o estado decaído de Jerusalém e seus habitantes.

Chegada a hora do sacrifício da noite, Esdras se forçou a ir ao templo, mas não conseguiu completar o ritual. Desesperado, rasgou vestes e casaco, jogou-se ao chão e gritou aflito. Por fim, murmurou uma oração que também era uma acusação contra o povo da terra, como passara a chamá-los, aqueles que tinham ficado para trás e cujos hábitos eram tão horríveis para quem retornava.[31]

Mais e mais pessoas se reuniram para assistir ao espetáculo do mais recente retornado, o eminente emissário do rei Artaxerxes, que chegara com surpreendentes riquezas e agora jazia no chão diante deles, acusando-os de terem ofendido mortalmente seu deus. E sentiram a exatidão do que ele disse e choraram. Esdras propôs que jurassem uma nova aliança, e só quando concordaram ele levantou e ouviu os juramentos. E então se retirou, ainda abalado pela experiência, e jejuou.

Os filhos e filhas do exílio foram convocados e esperaram

por Esdras. Tremiam sob uma chuva terrível, como se seu deus estivesse chorando. Esdras por fim apareceu e proferiu sua rigorosa proclamação: deveriam se desfazer de suas esposas e filhos estrangeiros. Eles, os que haviam retornado, tinham de se separar do povo da terra. Aqueles que haviam trazido consigo do exílio sua forma de adoração mais pura e mais elaborada precisavam ficar juntos e empreender a renovação espiritual de Jerusalém.[32]

Mas como obrigá-los a cumprir seus novos juramentos? Esdras percebeu que precisava de algo mais para garantir que os exilados não abdicassem da fé em Deus. Para isso, havia levado as escrituras de seu povo. Mas que papel aquelas escrituras desempenhariam em Jerusalém? Esdras, o escrivão, tinha um plano que agora estava pondo cuidadosamente em prática. Ele construiu um tablado elevado, feito de madeira, e o dispôs estrategicamente na reconstruída porta das Águas; então providenciou doze representantes, simbolizando as doze tribos, para acompanhá-lo. Eles foram dispostos simetricamente, seis de cada lado. Todos tinham ouvido dizer que Esdras ia fazer uma coisa importante.[33]

Quando subiu ao tablado, Esdras olhou para uma grande multidão e mostrou os rolos de texto. Todos inclinaram a cabeça imediatamente, como o fariam na presença de seu deus, ou do representante de seu deus, no templo.[34] Mas não estavam no templo e Esdras não se apresentava como um sacerdote. Apenas segurava um rolo. Pela primeira vez as pessoas adoraram seu deus na forma de um texto.[35]

Esdras começou a ler, mas surgiu um problema: nem todos conseguiam entendê-lo. Trazer os rolos de texto da câmara do escriba para a rua e para o povo era difícil. As palavras da escritura não eram destinadas à leitura contínua para um público geral, porque tinham sido coletadas de muitas fontes. O hebraico bíblico era hermético e a plateia só sabia aramaico, a língua comum da região. Percebendo a dificuldade dos ouvintes, Esdras se deu conta de que precisava traduzir e explicar aquelas histórias e leis.[36] Durante horas ele leu, explicou e traduziu o texto, transmitindo-o até mesmo para os analfabetos. Terminada a leitura, encerrou com uma oração que reproduzia a história que ele lhes havia contado, desde a criação do mundo até Abraão e o êxodo, resumindo a grandiosa narrativa que um dia chegaria à Lua.

Foi nessa cena, na qual o povo se inclinou diante de um texto, que Esdras revelou o verdadeiro propósito de seu retorno a Jerusalém. Ele pretendia mais que, em nome de um rei persa, tomar posse de um posto imperial avançado ou reconstruir a cidade física. Esdras foi atraído para Jerusalém e para o Templo porque queria mudar o modo como os judeus adoravam seu deus. No exílio, as escrituras tinham sido, tecnicamente, um substituto. Só em Jerusalém elas poderiam se tornar um objeto sagrado que rivalizaria com o templo.

Havia muito que os escritos da Bíblia hebraica tinham se transformado num texto fundamental, um texto que separava um grupo de seus vizinhos, que captava sua experiência coletiva, que contava uma poderosa história de origem, que sobrevivera ao longo do tempo e cuja manutenção exigia recursos significativos, entre os quais escolas e escribas. Mas agora, nas mãos de Esdras, surgia uma característica adicional: um texto fundamental era declarado sagrado, ele próprio objeto de adoração.

UM POVO DO ROLO DE TEXTO

A leitura de Esdras desencadeou uma batalha entre escribas e sacerdotes — os quais, conforme a tradição, tinham direitos exclusivos sobre o ritual.[37] O próprio Esdras era sacerdote, mas transformara sua religião na condição de escriba.[38] A leitura de Esdras era um golpe que ameaçava destronar a classe mais poderosa dos judeus.

A luta entre sacerdotes e escribas desenrolou-se nos dois séculos seguintes, ao longo dos quais os judeus puderam viver em Jerusalém com um grau crescente de autonomia, sobretudo durante os períodos em que o Império Persa estava ocupado em outras bandas. Quanto mais forte Jerusalém, melhor para os sacerdotes e seu santuário, o templo, a propriedade mais ciosamente vigiada da cidade.[39] O templo continuava importante, mas, ao sacralizar o texto, Esdras introduzira uma força concorrente.

Os livros que tratavam de Esdras foram transmitidos separadamente, e, como tantas partes da Bíblia hebraica, continham diferentes camadas de textos escritos em diferentes épocas. Os escribas que viveram durante o período de relativa calmaria que se seguiu a Esdras editaram e transformaram essas histórias que consolidavam a reconstrução física e espiritual de Jerusalém em uma narrativa integrada, produzindo os livros distintos, mas interligados, de Esdras e Neemias que temos hoje (minha reconstrução do retorno de Esdras se baseia, em grande medida, nesses livros, bem como na erudição histórica).

Enquanto os judeus da Judeia [judeans] tiveram permissão para viver em Jerusalém, o poder na cidade permaneceu dividido entre o governador, os sacerdotes e os escribas, todos eles à frente de uma população que se considerava cada vez mais um grupo étnico chamado judeus [jews]. Mas esse período de relativa paz não durou muito, e a cidade se viu invadida por Alexandre, o Grande, e à mercê de seus sucessores.

Então Jerusalém atraiu a atenção do ascendente Império Romano. Em 70 d.C. Roma atacou, a cidade foi tomada, e o templo, tão laboriosamente reconstruído, foi destruído de novo. Não era mais possível o serviço do templo, e as regras hereditárias que regulavam o Santo dos Santos, sobre as quais se assentava o privilégio dos levitas, se tornaram irrelevantes.

Nessa situação, a decisão de Esdras de transformar a escritura portátil em meio para adorar seu deus revelou-se crucial. Nascida da experiência do exílio babilônico, a ideia serviu igualmente bem ao novo exílio. Mais uma vez sem templo, os judeus orariam em sinagogas e seus serviços seriam administrados não por sacerdotes, mas por rabinos, escribas que pudessem ler e interpretar as escrituras.[40]

Nada nos é mais familiar do que um rabino com um rolo de papiro na mão, lendo um texto sagrado para uma congregação. Mas, como tudo no mundo, essa prática conhecida teve de ser inventada, e quem a inventou foi o escriba Esdras ao retornar a Jerusalém. Sua leitura criou o judaísmo tal como o conhecemos. No momento em que os judeus estavam consolidando uma identidade étnica, distanciando-se do povo da terra, eles também estavam se tornando um povo do livro — ou melhor, tendo em vista a forma como a escrita de Esdras foi apresentada, um povo do rolo de texto.

A transição da Bíblia hebraica de um texto fundamental para escritura, e de um texto enraizado no território para outro que poderia funcionar no exílio, é também o que a fez sobreviver, enquanto a *Epopeia de Gilgamesh* ficou enterrada. A Bíblia hebraica sobreviveu porque não dependia da terra, de reis e impérios; ela podia existir sem eles e criar seus próprios adoradores que a levariam para onde quer que fossem.

Esse novo mecanismo de sobrevivência significou que, quando estava escavando, Austen Henry Layard olhava Nínive com os olhos da Bíblia, com a visão bíblica da cidade, não com olhos da *Epopeia de Gilgamesh*. Nínive é malvista pela Bíblia hebraica, assim como Assurbanípal, nela referido por seu nome romano Sardanápalo e descrito como um rei ineficaz e decadente. Na luta entre dois textos fundamentais, a Bíblia hebraica foi a vencedora. Somente quando a escrita cuneiforme foi decifrada é que surgiu uma história diferente de Nínive e do papel de Assurbanípal.

A leitura de Esdras, vista em retrospecto, foi considerada tão essencial que lhe atribuíram o mérito não só de ter preservado, editado e explicado as escrituras hebraicas, mas de tê-las escrito ele mesmo.[41] O espírito dessas histórias era certamente verdadeiro: foi Esdras, junto com outros escribas exilados que trabalharam na escritura, quem estabeleceu a ideia de um texto sagrado.[42] Outros comentaristas, todos eles escribas, estavam mais interessados nos aspectos técnicos do trabalho de Esdras. Atribuíram-lhe a introdução de um sistema de escrita novo e modernizado, que substituiu as antigas letras hebraicas por letras mais simples e quadradas, colhidas do aramaico, ainda hoje usadas.[43] Esdras chegou a ser considerado o tradutor para o aramaico, a língua comum do Oriente Próximo, da escritura hebraica, cada vez mais incompreensível para os judeus comuns.

À medida que crescia a fama de Esdras, também aumentava um grupo pequeno, mas vociferante, de detratores. Alguns escritores judeus acusaram-no de ter introduzido erros e alterações no texto sagrado.[44] Mais tarde, escritores cristãos e muçulmanos deram continuidade a esse tema e culparam Esdras por todas as falhas que viam na Bíblia hebraica. Por que Jesus ou Maomé não foram profetizados de forma mais explícita? De algum modo, Esdras teria cometido erros em sua Bíblia hebraica, ou mesmo falsificara deliberadamente o texto para atender a seus propósitos.[45] Essas acusações continham um grão de verdade. Esdras e os comentaristas posteriores que editaram essa parte da Bíblia criaram as escrituras tendo em mente um objetivo deliberado: unir com mais força a comunidade dos exilados que retornavam. Foi um ato calculado estabelecer um texto no centro de uma cultura. E funcionou: graças à sua utilização contínua, a Bíblia hebraica conseguiu unir as comunidades do exílio, garantindo sua própria sobrevivência.

Um dos manuscritos mais antigos da Torá, datado entre 1155 e 1225, com a escrita quadrada inspirada pela tradição dos escribas da Babilônia. O manuscrito foi mal catalogado e redescoberto somente em 2013.

A ideia da escrita sagrada tornou-se central não só para o judaísmo, mas também para o cristianismo e o islamismo, o que hoje chamamos de religiões do livro. Ler em voz alta e interpretar palavras escritas tornou-se importante atividade religiosa, fazendo da religião uma questão de literatura. Uma vez que sempre havia algo oculto e incognoscível em Deus, as palavras sagradas não podiam ser tomadas ao pé da letra. Tornou-se necessário ler entre as linhas e criar interpretações engenhosas que pudessem revelar verdades ocultas. Logo, escolas rivais de interpretação poriam em caminhos divergentes as religiões baseadas na literatura. Assurbanípal aprendera a arte da adivinhação e se gabava de conhecer textos obscuros de antes do dilúvio. Na esteira de Esdras, examinar atentamente trechos obscuros, conectar partes distantes de um texto, trazer inventividade para a interpretação das escrituras passou a ser uma atividade equivalente ao serviço religioso.

JERUSALÉM, CIDADE DAS ESCRITURAS

Enquanto ponderava sobre Esdras e a criação da escritura sagrada, decidi visitar a cidade onde isso ocorrera. Jerusalém é uma cidade vertical, e não só por ser construída sobre colinas.[46] Tudo está em cima de tudo o mais: povos, religiões, memórias, histórias. Mas, em contraste com Nínive e outras cidades antigas destruídas, aqui todas as camadas estão vivas. Ao me aproximar da Cidade Antiga, a primeira coisa que vi foram as imponentes muralhas que a circundam. Para entrar, atravessei um dos grandes portões fortificados. Uma vez lá dentro, vi-me num labirinto de ruas estreitas. Na rara ocasião em que obtive uma visão mais ampla, avistei bandeiras diferentes desfraldadas nos edifícios mais altos, grupos diferentes afirmando sua presença, demarcando território. Passei por várias igrejas de seitas cristãs antigas e estranhas que tinham estabelecido sua presença na cidade. A Via Dolorosa, caminho de Jesus pela cidade até o Calvário, estava sinalizada, assim como outras estações de sua paixão. Ruínas romanas eram abundantes. Mas o ponto central de diferentes religiões é o monte do Templo, cujo topo é reivindicado pelo islamismo, e a base, o Muro das Lamentações, pelo judaísmo.

A cidade não é erguida somente para cima, mas é também construída no chão profundo. Existem camadas e camadas de porões, subporões e túneis. Viajei em julho, e o ar estava quente e seco; porém, quanto mais fundo eu penetrava, mais frio ficava e úmido se tornava o ar, até que, ao descer mais uma escada e um túnel, ouvi um gotejar e me vi diante de uma poça de água.

A presença da água foi certamente um motivo para Jerusalém ser tão disputada ao longo de sua história. Nessa terra árida, a água era uma mercadoria preciosa. A história do dilúvio, experiência comum para os mesopotâmios que viviam entre dois rios enormes propensos a inundações, deve ter soado bem diferente quando chegou à Jerusalém árida, estranha e quase inimaginável.

A necessidade de água, por si só, não explica a grande concentração de religiões e povos que investem tão intensamente em Jerusalém. Examinando a história da cidade, percebi que lá não só nascera a ideia de uma escritura sagrada, como era onde ela continuava a exercer sua influência de modo mais pleno. O que levara todas essas pessoas e religiões para esse sítio ímpar, o que dotara essas colinas de tanto significado, era a concentração num mesmo lugar de escrituras sagradas, a começar pela Bíblia hebraica, seguida pelo Novo Testamento e, finalmente, o Alcorão.

Jerusalém talvez seja o melhor lugar para estudar os efeitos dos textos sagrados, mas está longe de ser o único tocado por eles. Desde Esdras, vivemos num mundo dominado por escrituras sagradas. Elas constituem um subconjunto dos textos fundamentais, textos que criam coesão cultural, contam histórias de origem e destino, conectam culturas ao passado remoto. Além dessas características que valem para os textos fundamentais de forma mais geral, as escrituras sagradas inspiram adoração e obediência. Isso vale não somente para as chamadas religiões do livro — judaísmo, cristianismo e islamismo —, mas também para aquelas de outras culturas — por exemplo, os sikhs — que adoram sua escritura em templos, e para os budistas, que depõem pequenos sutras sagrados em estátuas.

Às vezes esses textos adorados mantêm as culturas reféns de ideias antigas, ligando-as estritamente ao passado, à letra de um texto. Poderíamos chamar esse efeito de *fundamentalismo textual*. As religiões do livro talvez sejam as mais propensas a esse efeito, mas em algum momento de sua história todas as religiões baseadas em escrituras sagradas experimentaram ondas de fundamentalismo textual, o qual tampouco se limita a textos religiosos. A Constituição dos Estados Unidos, por exemplo, um texto fundamental moderno com insinuações sagradas, tem sua parcela de intérpretes fundamentalistas (que esperam lê-la de acordo com seu sentido literal e a intenção original de seus autores). O mesmo ocorre com outro texto fundamental moderno, o *Manifesto do Partido Comunista*. Um bom indicador de que estamos na presença de um texto sagrado é a existência de grupos exclusivos de leitores encarregados de interpretá-lo, de autoridades religiosas à Suprema Corte dos Estados Unidos. (Às vezes penso que minha profissão, o estudo da literatura, descende desses intérpretes oficiais, embora nossa autoridade esteja muito enfraquecida.)

O fundamentalismo textual se baseia em duas suposições contraditórias: uma sustenta que os textos são imutáveis e fixos, a outra reconhece que eles precisam ser interpretados, mas restringe a um grupo exclusivo a autoridade para fazê-lo.[47] Examinando até que ponto o fundamentalismo textual se desenvolveu em quase todas as culturas alfabetizadas, passei a considerá-lo um efeito colateral inevitável da literatura, seu lado negro. Como podemos nos proteger disso?

Por meio de uma sólida cultura de interpretação, os leitores vão invariavelmente formar suas próprias ideias, valores e cultura a respeito de um texto, e vão entender de novas maneiras as mesmas palavras que existem há cem, mil ou 3 mil anos. Não devemos procurar restringir esse processo ou limitá-lo. Podemos adorar textos, suas histórias, sua sabedoria e sua simples antiguidade. Os textos fundamentais e sagrados são monumentos da cultura humana, nossa herança compartilhada. Mas precisamente por isso devemos permitir que os leitores de cada geração se apropriem desses textos.

Hoje, a maioria das pessoas declara sua adesão a alguma escritura sagrada. A escolha de como interpretar esses textos é uma das questões cruciais do nosso tempo.

4. Aprendendo com Buda, Confúcio, Sócrates e Jesus

Nunca fui o queridinho dos professores, mas aqueles que admirei foram importantes na minha vida, protagonistas do meu universo mental.[1] Em geral eram distantes, ou talvez eu os mantivesse à distância, preferindo admirá-los de longe. Não obstante, era fascinado por tudo o que diziam e faziam, como se vestiam e o pouco que sabia sobre suas vidas. Agora que sou professor, temo criar, consciente ou não, um culto à personalidade — chamar a atenção para o papel do professor.

É isso que penso sempre que me deparo com um texto filosófico ou religioso associado aos grandes mestres do mundo clássico: os sutras que mostram Buda em conversa com seus seguidores; os textos que descrevem como Confúcio vivia e ensinava; os diálogos entre Sócrates e seus discípulos; os evangelhos de Jesus. Gosto de dar aulas sobre esses textos porque eles fazem de mim mais uma vez estudante e me possibilitam admirar esses mestres carismáticos ao lado de meus alunos.

Ler e dar aulas sobre esses textos é uma experiência muito mais pessoal do que lecionar sobre *Gilgamesh*, Homero ou a Bíblia hebraica, que retratam a vida de reis e imperadores completamente diferentes de nós. Já os textos que giram em torno de professor e alunos exploram uma experiência que quase todos podem compartilhar: todos fomos alunos e carregamos essa lembrança conosco para o resto da vida.

Foi somente ao tentar entender a história da literatura que notei um padrão notável nos ensinamentos de Buda, Confúcio, Sócrates e Jesus. Esses mestres, que viveram com diferença de poucas centenas de anos, mas sem terem conhecimento uns dos outros, revolucionaram o mundo das ideias. Muitas escolas filosóficas e religiosas atuais — a filosofia indiana, a filosofia chinesa, a filosofia ocidental e o cristianismo — tiveram sua origem com esses professores carismáticos.[2] Era quase como se o mundo, nos cinco séculos anteriores à era cristã, estivesse esperando ser instruído, ansioso por aprender novas maneiras de pensar e ser. Mas por quê? E o que explica o surgimento desses mestres?

Encontrei uma resposta na história da escrita.[3] Esses professores surgiram nas culturas letradas da China, do Oriente Médio e da Grécia (a Índia talvez tivesse pouca ou nenhuma escrita, mas cultivava tradições significativas de narração), onde escribas, reis e sacerdotes criaram burocracias, bibliotecas e escolas, coletaram histórias e fizeram delas textos fundamentais e até mesmo um livro sagrado. Contudo, o que esses novos professores tinham em comum era que não escreviam: preferiam reunir estudantes ao redor deles e ensinar-lhes através do diálogo, conversando cara a cara.

A decisão de não se valer da escrita, de evitar a produção de literatura, é um acontecimento notável da história da literatura, surgido no exato momento em que a escrita se tornava mais disponível, como se essas culturas de repente se preocupassem com os efeitos de uma tecnologia que estava ganhando terreno e resolvessem questionar seu uso.

Mas então ocorreu outra coisa, ainda mais interessante: essa oposição à escrita, essa insistência no ensino pessoal e ao vivo, foi canalizada de volta para a literatura. As palavras dos professores se transformaram em textos, que agora podemos ler e que nos atraem para os círculos de alunos formados em torno desses professores. Esses textos parecem se dirigir a nós também, e de uma forma muito pessoal e direta, através do tempo e do espaço. Assim nasceu uma nova forma de literatura: a *literatura de professor*.

Quem eram esses professores e como suas palavras se tornaram a base de uma nova classe de textos na história da literatura, tão diferentes dos textos fundamentais e escrituras anteriores?

BUDA

Século V a.C., nordeste da Índia

Um dos primeiros professores foi um príncipe que vivia no nordeste da Índia. Há controvérsias quanto às datas de nascimento e morte, mas sua vida se tornou uma lenda e, como lenda, reverteu-se em fonte de um movimento poderoso.[4]

Seu despertar teve início quando ouviu coisas adoráveis sobre a floresta próxima ao palácio de seu pai.[5] Árvores, tanto quanto os olhos podiam ver, ofereciam proteção contra o sol, as mais bonitas flores de lótus adornavam as lagoas, cercadas por um tapete de relva macia. Ele mesmo mal podia imaginar essas maravilhas. Seus aposentos, decorados com requinte, estavam enfurnados no interior do imenso palácio. Se precisava de algo, um exército de servos ou sua amada esposa lhe levava. Só que agora o príncipe não queria mais receber coisas, não pedia que fossem à floresta e lhe trouxessem uma flor de lótus de uma das lagoas. Queria ir e ver por si mesmo.[6]

O rei, que até então mantivera o príncipe protegido do mundo, ficou preocupado e preparou a saída do filho com o máximo cuidado. Nada deveria perturbar sua refinada sensibilidade; aleijados, mendigos, qualquer pessoa doente ou indecorosa foi rigorosamente banida da vista. Quando o príncipe e seu cocheiro saíram pelas portas do palácio, as estradas estavam decoradas com guirlandas, estandartes e flores.[7]

O príncipe adorou a excursão e absorveu tudo — o povo, as flores, a cidade e as multidões de adoradores. Mas então seus olhos captaram uma visão estranha. Do nada, surgiu uma criatura que rastejava em sua direção com movimentos incertos — ela mal conseguia andar, o rosto desfigurado por profundas rugas. Seria uma brincadeira cruel? Um erro horrível? O príncipe voltou-se para seu cocheiro e exigiu uma resposta. O homem fora instruído a proteger o príncipe de tudo que pudesse perturbá-lo, mas algo o obrigou a dizer a terrível verdade: "A velhice fez isso". O príncipe quis saber o que significava "velhice". Ela poderia afligi-lo também? Sim, poderia, respondeu o cocheiro, incapaz de mentir.[8] Na verdade, com certeza era isso que ocorreria. O príncipe voltou para casa desnorteado, tentando desesperadamente entender aquela experiência.

Depois de dois encontros semelhantes que o fizeram enfrentar a doença e a morte, o príncipe decidiu romper com o que julgou ser uma vida falsa e tudo o que estava associado a ela. Tornou-se um pedinte andarilho, vivendo do que os outros estavam dispostos a dar. As pessoas se surpreenderam ao ver um jovem de grande fortuna escolher uma vida de pobreza, mas os ascetas não eram desconhecidos na Índia[9] (Alexandre encontrou alguns desses gimnossofistas, como os chamou, durante sua campanha[10]). O príncipe seguiu[11] um caminho estabelecido e se juntou a outros cinco pedintes que, juntos, se submeteram à dura vida de pobreza. Desistiu de seus pertences e necessidades, subsistindo com cada vez menos, até que uma mulher o encontrou macilento, febril, e ofereceu-lhe um pouco de leite.[12] Ele aceitou com gratidão. Depois que seu corpo recuperou alguma força e sua mente se acalmou, ele se refugiou sob uma velha figueira e meditou sobre sua experiência. Seria a privação extrema uma solução ou apenas uma reação a seu choque e raiva, à perda da inocência? A mortificação da carne não o libertara do corpo, só atraíra mais atenção para ele. Não acalmara sua mente, só o levara a um delírio. Deveria haver outra solução para sua decepção com o mundo.[13]

Sentado sob a figueira, o príncipe sentiu desaparecerem os efeitos de seus encontros com a velhice, a doença e a morte. De início, de forma vaga, percebeu que sua vida, que o levara da reclusão do palácio ao duro mundo exterior e depois aos extremos do sofrimento e da privação, não era sua única vida. Ele vivera muitas vezes antes e aquelas vidas anteriores agora vagavam de volta, vidas estranhas de animais e de seres humanos, milhares, dezenas de milhares, até 100 mil delas. E suas vidas não eram as únicas a se multiplicar. O mundo, que o chocara tanto, não era o único mundo, mas um dos muitos que ele agora era capaz de contemplar. Observando as maravilhas dessas vidas e mundos, ele percebeu que havia obtido o que nunca lograra ao longo de seus seis longos anos de mortificação: a iluminação. Tornara-se iluminado, Buda.[14]

Livre de apegos mundanos, Buda atraiu seguidores. Os primeiros foram seus companheiros ascetas, que haviam se desapontado com seu abandono das restrições de suas vidas. Ao encontrarem o príncipe, perceberam que haviam escolhido o caminho errado. Muitos outros vieram, ascetas e não ascetas, brâmanes (membros da classe sacerdotal) e não brâmanes, querendo estar em sua presença, esperando receber seus ensinamentos, buscando a iluminação através dele.[15]

Buda continuou a viver a sua vida, andando de um lugar para outro, indo para suas rondas diárias de mendicância, comendo sua refeição simples, lavando os pés, arrumando seu assento e finalmente sentando-se para ensinar.[16] Não dava palestras: convidava seus seguidores a fazer perguntas e depois as respondia com paciência, às vezes com frases curtas ou imagens, às vezes com enigmas ou parábolas que careciam de explicação. Não era tanto ensinar, mas desensinar, desfazer os antigos hábitos de vida e pensamento. Exortava-os a se desapegar de pessoas e coisas, até de si mesmos. O ensinamento dos benefícios do desapego era difícil, às vezes até paradoxal. Ao se afastar do mundo, para onde seus discípulos deveriam se retirar, senão para dentro de si mesmos? Alguns ensinamentos se tornaram famosos, como quando, depois de ensinar em Shravasti, perguntaram a Buda como deveriam chamar aquele ensinamento em particular, e ele disse "O Diamante da Sabedoria Perfeita" porque, tal como um diamante, ele cortava as ideias falsas.

Por que os ensinamentos de Buda eram tão convincentes, apesar de envoltos em paradoxos e enigmas? Um dos motivos era seu apelo universal. O antigo príncipe se voltava até à mais humilde das pessoas, falava com ela, dirigia-se a ela, oferecia-lhe a promessa de algo completamente diferente. Não se tratava de uma mensagem dirigida a um grupo privilegiado, mas a cada um dos indivíduos. Todos podiam segui-lo e buscar a iluminação, bastava se dispor a isso. Podiam envolvê-lo no debate.[17] Isso era muito diferente dos ensinamentos exclusivos dos brâmanes, que Buda criticava.[18] Enquanto esses ensinamentos eram controlados por brâmanes e príncipes, Buda se dirigia a cada pessoa individualmente, intensamente, exortando-a a mudar de vida.

Ao envelhecer, Buda não achou prudente elevar um de seus alunos acima dos outros e, portanto, recusou-se a designar um sucessor. Uma vez que muitos deles haviam progredido no caminho da iluminação, todos poderiam ensinar, como vinham fazendo, apoiando uns aos outros. Apesar desse encorajamento, seus seguidores se viram profundamente entristecidos e desorientados quando o mestre morreu. Como poderiam ter certeza de que não estavam cometendo erros doutrinários, erros na condução de suas vidas? Até então, tinham podido recorrer a Buda para obter a correção, que ele ministrara sem reservas, admoestando, até mesmo envergonhando aqueles que se apegavam a falsas crenças. A quem deveriam procurar agora?

Honrando o desejo do mestre morto, de que não houvesse um líder único, eles se voltaram uns para os outros e convocaram um grande encontro de antigos discípulos. Juntos, lembrariam e fixariam regras de conduta e crença; juntos concordariam com o que, doravante, significaria ser um seguidor de Buda.[19] A memória coletiva dos alunos preservaria as preciosas palavras ditas pelo Iluminado, evitaria a introdução de erros em ensinamentos preciosos, como o Diamante da Sabedoria Perfeita, garantiria que as palavras certas fossem transmitidas através das gerações. Se surgissem discordâncias, bastava convocar seus seguidores para eliminar o erro e a dúvida.

Se era tão importante lembrar corretamente as palavras de Buda, por que ninguém pensou em escrevê-las? Alguma forma de escrita devia existir na Índia na época de Buda (a chamada escrita do vale do Indo talvez não fosse um sistema de escrita completo e continua indecifrada).[20] O que importava sobretudo eram os antiquíssimos hinos e histórias dos Vedas, transmitidos oralmente por brâmanes escolhidos, para os quais lembrar os Vedas era uma obrigação e um privilégio. Essa classe sacerdotal criara uma detalhada divisão do trabalho para preservar esse grande corpo de cânticos e histórias. Doutrinas e versos foram divididos em trechos menores e distribuídos para diferentes grupos. Embora ninguém pudesse se lembrar da doutrina inteira, coletivamente os brâmanes a preservavam com precisão e asseguravam uma transição perfeita de geração em geração.[21]

O sistema funcionava tão bem e se entrelaçava com tanta intensidade no tecido social da sociedade que os líderes religiosos não precisavam escrever esses cânticos sagrados, cuja origem datava de antes da introdução da escrita na Índia. Mas mesmo após o aparecimento da escrita, esses sacerdotes a evitaram, temendo que, depois que as palavras sagradas fossem entregues à escrita, tudo mudaria.[22] Escrever não era apenas uma alternativa aos velhos truques de memorizar palavras. Era algo inteiramente novo, uma tecnologia que traria mudanças profundas difíceis de prever.

Uma coisa os sacerdotes podiam prever de imediato: se permitissem que se escrevessem as palavras sagradas, elas estariam nas mãos daqueles que controlavam a nova tecnologia. Essas mãos não eram as de brâmanes e sacerdotes, mas de mercadores e contadores indignos. Quem saberia que tipo de corrupção eles introduziriam? Era melhor manter a transmissão oral através dos poucos privilegiados e cuidadosamente iniciados. A epopeia indiana mais antiga, o *Ramayana*, também foi composta oralmente e só depois escrita, tal como as epopeias de Homero.

Os seguidores de Buda discordavam dos brâmanes em muitos aspectos, mas com eles compartilhavam a prática da transmissão oral.[23] Somente séculos depois eles se voltaram para a escrita, ainda antes que os brâmanes, porque, ao contrário destes, não tinham o propósito de manter o ensinamento nas mãos de uns poucos privilegiados.[24] A escrita ajudaria os budistas a espalhar o ensinamento para lugares mais distantes.[25]

Cedendo afinal à tecnologia, os escribas budistas produziram textos que captaram tão claramente quanto possível a vida de Buda. Muitas vezes mostravam-no em diálogo com estudiosos ou adversários, explicando regras de conduta e observações sobre o mundo. Todos os relatos que temos são baseados em textos escritos centenas de anos após sua morte, textos que acabariam por adquirir o status de escritura sagrada.[26] (E depois que a escritura

*A controversa escrita do vale do Indo, que data
do terceiro milênio antes de Cristo.*

budista se estabeleceu, os poetas imaginaram a vida de Buda; essa biografia que esbocei se baseia num dos primeiros relatos escritos pelo poeta Asvaghosa, que viveu no início do segundo século depois de Cristo.) O carisma de Buda, seu efeito sobre os ouvintes, suas palavras e ações foram produto de um novo tipo de literatura: a literatura de professor, que captava o apelo de um mestre carismático morto havia muito tempo, mas cuja vida e cujos ensinamentos haviam finalmente cruzado com as tecnologias da escrita.

CONFÚCIO

Século V a.C., norte da China

Por volta do ano 500 a.C., a notícia a respeito de um professor incomum espalhou-se no Oriente, na região onde o monte Tai se ergue abruptamente das planícies do norte da China. Florestas haviam sido cortadas para criar grandes campos, os quais eram assolados pelo vento do norte. Abaixo do imponente pico, líderes de Estados e clãs rivais faziam sacrifícios para garantir a vitória em suas constantes guerras internas. Embora devesse ser administrado por um duque, o Estado era controlado por três poderosas famílias, cada uma lutando para enfraquecer as outras.[27]

Mestre Kong trabalhara para uma das famílias e se envolvera nas disputas, aconselhando funcionários mais jovens sobre como se mover nesse terreno complicado, até que, sentindo-se incapaz de conciliar sua ocupação com sua consciência, retirou-se do serviço do governo e foi para o exílio.[28] Lá seus ensinamentos assumiram um caráter mais universal e atraíram mais adeptos, até que ele se tornou um famoso professor, que seria conhecido no Ocidente pelo nome latino de Confúcio.

Seus discípulos costumavam se aglomerar ao redor dele, de cócoras, enfeitiçados por suas palavras.[29] Não era difícil entendê-lo, pois não empregava frases complicadas. Muitas vezes, porém, custava até que suas palavras simples fossem assimiladas. Um aluno chamado You certa vez lhe perguntou de chofre o que era o conhecimento. Kong respondeu calmamente: "You! Não lhe ensinei [o que significa] saber algo? Se você sabe, então sabe; se você não sabe, então não sabe. Nisso consiste o saber".*[30] Parecia enganosamente simples, mas exigia pensamento e meditação. Kong

---

* A tradução das citações de Os analectos é de Giorgio Sinedino. São Paulo: Ed. da Unesp, 2012.

não ficava zangado com essas perguntas diretas porque tinha muito afeto por seus alunos. Quando viajava, ficava ansioso para voltar ao convívio deles. Amava ainda mais alguns de seus ex-alunos, discípulos como Yan Hui.[31] Ele era o melhor, Kong havia dito. Mas Yan Hui estava morto, e era comovedor ver o quanto o professor sentia falta dele.

Quando pessoas famosas vinham conversar com Kong, os discípulos eram geralmente autorizados a ouvir. Vinham muitos duques, o governador de uma província, um mestre músico.[32] Kong conversava com pessoas mais simples também. Uma vez, um guarda de fronteira quis falar com ele e o professor concordou.[33] E então houve um tempo em que ele se interessou por um mensageiro, levando-o tão a sério quanto seus discípulos habituais.[34]

Os discípulos não ouviam apenas as palavras de Kong. Cada um de seus feitos, o modo como ele vivia, achavam tudo fascinante. Observaram que comia com moderação, mas gostava de gengibre em especial. Fazia questão de que sua esteira de bambu estivesse disposta corretamente. Amava a ordem em todas as coisas.[35] Embora ele mesmo se tivesse retirado do serviço público, considerava essenciais a estabilidade e a boa governança, e incutia esses valores em seus discípulos.

O que mais lhe importava era o passado. Isso não surpreendia, já que o mundo ao redor estava num caos violento. Recomendava aos estudantes a leitura da antiga coletânea *Clássico dos poemas* porque melhorava o domínio da linguagem e a expressão.[36] Mas quando alguns deles passaram a citar a compilação o tempo todo, Kong os advertiu de que não bastava citar os poemas.[37] Era preciso mudar a vida inteira. Mas continuava a dizer que no passado tudo era melhor, quando o poder político era mais centralizado, o Estado mais organizado.[38] Confúcio disse: "Não nasci sabendo. Gosto da antiguidade e sou ávido por buscá-la".[39]

Na visão de Kong, o caos do presente havia infectado até mesmo o significado das palavras.

[...] se os nomes não estão corretos, o falar não é fluente, os atos não se completam; se os atos não se completam, os Ritos e a Música não surgem, as penas e as punições não alcançam sua [justa] medida; se as penas e as punições não alcançam sua [justa] medida, o povo não [sabe] onde pôr os pés e as mãos.[40]

Encontrar os nomes e as palavras certas era importante porque a China era uma das grandes culturas da escrita e uma das poucas que perduraram até nosso tempo. A escrita chinesa mais antiga, datada de pelo menos 1200 a.C., era feita em carapaças de tartaruga e ossos de animais, os chamados ossos do oráculo, usados para a adivinhação (tal como as práticas de adivinhação que Assurbanípal aprendeu na Mesopotâmia).[41] É provável, embora seja impossível comprová-lo, que a invenção da escrita na China tenha se dado de modo independente da Mesopotâmia e do Egito, ainda que a ideia de elaborar um código para captar a linguagem possa ter sido copiada do Oriente Médio. O sistema de escrita chinês era certamente ímpar: as palavras não eram divididas em sons únicos, como na escrita alfabética, mas conceitos e coisas recebiam seus próprios sinais, que cresciam em complexidade e número. A escrita chinesa atual deriva diretamente dessa origem antiga, tendo até hoje resistido à propagação da escrita alfabética.

Na época de Confúcio, a escrita tinha tocado muitos aspectos da vida, da adivinhação religiosa às burocracias estatais e à criação de um cânone literário, entre eles o *Clássico dos poemas*. Vivendo em uma das grandes culturas literárias do mundo, Confúcio poderia ter recorrido à escrita (com muito mais facilidade do que Buda), mas não o fez. Morreu sem ter escrito nenhum de seus ensinamentos.

Logo após sua morte, os discípulos começaram a escrever suas palavras, registrando diálogos e cenas das aulas, perguntas e respostas, e daí surgiu o que hoje chamamos de confucionismo.

A mais antiga escrita chinesa, feita em fragmentos de ossos de boi ou no lado interno liso de carapaças de tartaruga, datada de 1600 a 1050 a.C.

Um volume das máximas que ficou conhecido como *Os analectos* não continha nenhum relato de seus discursos, somente descrições de como ele se comportara em diferentes situações, quais cerimônias ele observara e a quais protocolos havia obedecido.[42] *Os analectos* apresentavam o mestre em seus momentos mais memoráveis e se tornaram um guia sobre como viver a vida.

Como ocorreu com Buda, esses textos se tornaram influentes. Também geraram imitadores. Ao longo das gerações seguintes, alguns discípulos ganharam proeminência, inspirando seguidores a registrar por escrito novas ideias. Os ditos dos vários professores se tornaram tão populares que foi necessário dar um nome a esse novo gênero: *literatura dos mestres*.[43] De certo modo, essa expressão é um mal-entendido, pois esses mestres não escreveram os próprios textos: seus alunos o fizeram. Poderíamos também chamar esses textos de *literatura de discípulos*, literatura escrita por discípulos para celebrar seus professores mortos.

Uma vez que grande parte do ensino de Confúcio girava em torno do passado, e uma vez que ele havia recomendado o estudo dos poemas e dos rituais mais antigos, Confúcio passou a ser associado aos textos fundamentais mais importantes da China. Fugindo do padrão, esses textos não eram longas narrativas sobre deuses e heróis como Gilgamesh, Aquiles ou Moisés, mas coletâneas de poesia, cantos enganosamente simples, muitas vezes curtos e conectados de uma forma vaga. O mundo resvalou para o caos, mas esses textos antigos sobreviveram, graças à escrita. Lograram pôr os leitores em sintonia com um passado melhor que, de outro modo, fora perdido. Não só canções líricas foram coletadas, mas também antologias de rituais, crônicas históricas e outros textos antigos, e como eles também eram sobreviventes de um passado distante, foram todos atribuídos ao Mestre Kong.

Assim, sem ter escrito seus próprios ensinamentos, Mestre Kong tornou-se a autoridade de todo o cânone da literatura chinesa, agora conhecido como clássicos confucionistas.[44]

SÓCRATES

399 a.C., Atenas

A morte de Buda e de Confúcio foram traumáticas para seus discípulos. No caso de Sócrates e Jesus, ela os transformou em mártires.

O momento de ensino mais intenso de Sócrates ocorreu pouco antes de ele morrer na prisão, em 399 a.C., quando disse a seus alunos que a filosofia nada mais era do que uma preparação para a morte.[45] Em retrospecto, talvez não fosse surpreendente que ele tivesse um fim violento. Fizera seu nome contrariando a sabedoria recebida e comportando-se como o implicante da cidade, ao questionar suas instituições mais populares, como o voto democrático, as nomeações por loteria e os festivais de teatro.[46] Suas perguntas irritantes conquistaram-lhe um pequeno grupo de seguidores dedicados, mas também muitos inimigos. Cedo ou tarde alguém o arrastaria ao tribunal. Quando chegou o momento, Sócrates fez o jogo de seus inimigos, declarando jovialmente que não podia parar de fazer o que estava fazendo, que havia uma voz interna que o obrigava a fazê-lo.[47] Todos compreenderam que essa era sua última e maior provocação pública, e isso levou ao resultado inevitável: a sentença de morte.

Mas seus discípulos não deixariam o mestre morrer assim. Tendo reunido recursos, subornaram o guarda da prisão e conchavaram para tirar Sócrates de lá. Havia muitas colônias e cidades de língua grega onde ele poderia se esconder e até prosperar. Quando lhe revelaram o plano, Sócrates, talvez com uma ponta de orgulho, surpreendeu-os não o aceitando. Ele, o provocador, o desajustado, o irritante estava decidido a obedecer à lei.[48] Mesmo que o julgamento tivesse sido uma farsa, ele se submeteria a seu veredicto.

Não era apenas obstinação. Sócrates tinha razões — ele sempre tinha razões — e argumentou com seus alunos passo a passo, das premissas a uma conclusão que não esperavam, mas que não podiam contestar. Ele chamava esse processo de filosofar, e era isso o que estava fazendo naquele momento, na prisão, na iminência de uma morte certa. Os discípulos, ainda atordoados por sua recusa em fugir, tentaram não pensar na morte do mestre, mas Sócrates simplesmente continuava falando. Não demorou para filosofar sobre sua própria morte, tentando convencê-los de que era a melhor coisa que lhe poderia acontecer.[49] Uma vez que a filosofia tinha tudo a ver com libertar-se dos grilhões do corpo, a morte não seria a libertação final? E uma vez que ele lhes ensinara que o mundo não passava de um jogo de sombras, não era a libertação dessa sombra o que qualquer filósofo que buscasse a verdade deveria desejar?[50] Os argumentos acumularam-se, implacáveis, forçando-os a pensar sobre a morte, a morte dele.

Mas o professor queria mais: queria que eles *admitissem* que sua morte era, na verdade, a melhor coisa que lhe poderia acontecer. Alguns tentaram discutir, mas não foram muito longe. Mesmo envolvidos de corpo e alma, costumavam perder as discussões para Sócrates. Na prisão, com o coração cheio de tristeza, não tiveram chance. O mestre continuava contra-atacando de diferentes direções. Vocês sabem, perguntava-lhes, que pouco antes de morrer os cisnes cantam lindamente?[51] Os cisnes cantam assim porque estão ansiosos para morrer, celebram a morte. Os discípulos talvez pensassem que os cisnes não pareceriam tão festivos, talvez até percebessem que estavam ouvindo a canção de cisne do próprio mestre, mas tentaram esconder suas lágrimas porque sabiam que ele queria que estivessem felizes com sua morte, e queriam que ele se orgulhasse deles e os considerasse colegas filósofos.[52]

Sentindo a inquietação dos alunos, Sócrates mudou de atitude. Em tom quase de gracejo, disse:

"Não obstante tu e Símias, parece-me, gostaríeis de aprofundar ainda mais esta teoria, com o temor infantil de que verdadeiramente, ao deixar ela o corpo, a brisa a disperse e dissipe, principalmente quando uma pessoa falecer, não numa calmaria, mas sob uma ventania forte."

Cebes [um dos alunos] rindo:

"Procura encorajar-nos, Sócrates, como a uns medrosos; ou

melhor, não somos nós os medrosos; mas quiçá exista em nós uma criança temerosa dessas coisas; procura, pois, animá-la a não temer a morte como a um bicho-papão".

"Então é preciso", respondeu Sócrates, "embaí-la cada dia com encantamentos, até que se tranquilize."*[53]

Então, abruptamente, antes que chegasse a hora, Sócrates chamou o guarda da prisão e pediu que lhe trouxesse o veneno. O guarda voltou com um cálice e o entregou a Sócrates. Ele o pegou com calma e o esvaziou de um gole. Continuou falando com os discípulos, que já não podiam dizer nada, fazendo-lhes um relato sobre como o veneno estava percorrendo seu corpo. Primeiro, suas pernas ficaram entorpecidas e ele teve de se deitar.[54] Então o veneno subiu e ele ficou cada vez mais paralisado, mas ainda falava com eles. Por fim o veneno atingiu sua cabeça e Sócrates silenciou. Mais um instante se passou, e ele ficou imóvel. Sócrates, o amado professor, estava morto.

Qual seria seu legado? O problema era que Sócrates também se recusara a escrever alguma coisa. Não porque fosse analfabeto. É verdade que, sendo filho de escultor e parteira, não pertencia à mais alta classe de cidadãos. Em quase todos os lugares a escrita estava reservada a uma pequena classe de especialistas privilegiados, um ranque muito acima da posição social de Sócrates. Mas Atenas era um dos lugares mais letrados do mundo do final do século v.[55] Graças ao alfabeto, escrever era muito mais fácil de aprender do que muitos outros sistemas de escrita — 24 letras combinavam perfeitamente com os sons, o que significava que o grego escrito era próximo do grego falado. Não havia necessidade de aprender uma língua antiga estritamente literária, como o he-

---

* A tradução dos *Diálogos*, de Platão, é de Jaime Bruna. São Paulo: Cultrix, 1972.

braico ou o acadiano antigo. E o sistema político assegurava que um cidadão, mesmo humilde, talvez mesmo escravo, migrante ou mulher, pudesse aprender a ler e a escrever. O único empecilho era o custo do papiro, que tinha de ser importado.[56]

E havia muita coisa para ler. As histórias da Guerra de Troia tinham sido escritas centenas de anos antes, estavam lá na *Ilíada* e na *Odisseia*. A maioria das pessoas continuava a ter contato com essas epopeias ao vivo, ouvindo bardos especialmente treinados que as recitavam para grandes públicos. Mas as epopeias também eram usadas nas escolas, o que significava que aqueles que conheciam a literatura se orgulhavam de poder recitar Homero de cor. Mais recentemente, houvera uma explosão de escritos, sobretudo de dramaturgos, que adaptaram histórias do mundo mitológico de Homero para serem apresentadas em festivais realizados em grandes teatros ao ar livre, e o comércio de rolos de papiro era vigoroso.[57]

Sócrates estudara Homero, mas não usava a escrita em seu método de ensino. Encontrava discípulos em potencial no ginásio ou no mercado e os atraía para uma conversa. Isso nem sempre funcionava, porque ele era muito esquisito: era feio, tinha um rosto largo e o nariz achatado, e era desleixado. Raramente ia aos banhos públicos, não passava óleo na pele e nos cabelos, não costumava usar perfume.[58] Às vezes esquecia de calçar sandálias. Mas, apesar da aparência quase sempre desgrenhada, conquistou seguidores entre os jovens aristocráticos da cidade. O que Sócrates lhes oferecia era um novo modo de pensar, no qual tudo estava aberto ao questionamento, até Homero.

Com efeito, Sócrates levantou muitas perguntas sobre Homero e os dramaturgos que adaptavam suas histórias. O que Homero sabia sobre guerra ou corridas de bigas?[59] Sócrates fora soldado de infantaria da famosa falange grega.[60] Mas e Homero? Já lutara na guerra? Construíra uma biga? Sabia arar um campo?

Todos citavam as máximas homéricas sobre esses temas, como se ele fosse o especialista universal, mas Sócrates não tinha tanta certeza. Algumas frases não faziam sentido, outras pareciam falsas.

O argumento de Sócrates contra a escrita era mais profundo, não era apenas uma queixa sobre a autoridade e a perícia de Homero. Um dia, acompanhado de Fedro, um de seus companheiros, Sócrates estava sentado debaixo de um sicômoro fora de Atenas, onde o deus do vento Bóreas tinha raptado uma jovem. Fedro levara um discurso de Lísias, um dos intelectuais mais famosos de Atenas, e, estimulado pelo mestre, lia em voz alta, enquanto o outro o interrompia e o interrogava à sombra do meio-dia.[61] Com jeito, Sócrates conduziu a conversa para o tema da escrita. A escrita estava em voga em Atenas, o filósofo observou, especialmente entre os cidadãos e políticos mais ambiciosos.[62] Então será que ele, Sócrates, deveria adotar essa tecnologia poderosa?

Não, ele disse, e explicou sua posição remontando às origens da escrita. Para os gregos, isso significava inevitavelmente o Egito, uma cultura mais antiga e dotada de um sistema de escrita belo e impossível de aprender. Com efeito, conhecemos esse sistema por seu nome grego: *hieróglifos*. O termo queria dizer "escrita sagrada", e também escrita enigmática, religiosa, misteriosa, difícil de decifrar, mas que poderia revelar significados secretos aos iniciados. Portanto, não surpreende que Sócrates tenha contado a Fedro uma lenda egípcia sobre a origem da escrita.[63] Um deus a levou a um rei egípcio, elogiando as vantagens da nova tecnologia, que milagrosamente tornaria permanentes as palavras fugazes. Escrever melhoraria a memória e seria o caminho para o conhecimento e a sabedoria. Mas o rei egípcio rejeitou a oferta, porque percebeu que a verdade estava justamente em não escrever: as pessoas já não se preocupariam em se lembrar das coisas, prefeririam confiar na nova tecnologia, e a capacidade de pensar se deterioraria.[64]

Como era de seu feitio, Sócrates não parou por aí. Usou a historinha para argumentar que escrever era ainda pior do que sustentava o rei egípcio. Escrever era apenas uma sombra muda do discurso, uma técnica que captava palavras, mas sem o som, a respiração, a alma. Era apenas um dispositivo mecânico, uma tecnologia, com enormes desvantagens. Não seria possível perguntar a um texto escrito questões adicionais; as palavras seriam tiradas do contexto em que foram pronunciadas, o que as levaria a ser inevitavelmente incompreendidas, fora do controle de seu autor; as palavras sobreviveriam à morte do orador, de tal modo que ele não poderia refutar as interpretações falsas que pudessem surgir mais tarde.[65]

Entre todos os grandes mestres que se recusaram a escrever, Sócrates foi o único a rejeitar a escrita de maneira tão explícita. Essa rejeição mostrava até que ponto a escrita se tornara uma força cultural. Sócrates estava na melhor posição para reconhecer isso precisamente porque vivia numa das sociedades mais letradas da época. Sendo uma tecnologia relacionada à linguagem, a escrita havia ampliado e alterado o modo como os seres humanos se comunicavam e até mesmo como pensavam. Essa ascensão triunfal estava provocando uma forte reação liderada por professores carismáticos como Sócrates.

Na prisão, como o mestre rejeitara a escrita, os discípulos não puderam preservar as palavras do professor, que acabara de morrer diante de seus próprios olhos. Só um deles tinha um plano: Platão. Ele não estivera com Sócrates em suas últimas horas. Não teria conseguido suportar a ideia de Sócrates na prisão, moribundo? Será que sabia que Sócrates recusaria fugir? Tudo o que ele nos conta é que estava doente na ocasião.[66]

De qualquer modo, Platão criara uma trama própria. Apesar dos argumentos de Sócrates contra a escrita, ele estava empenhado em garantir o legado do mestre através da palavra escrita. Mas ele não estava escrevendo as palavras de Sócrates na forma de discursos — seria muita traição. Ele honrou o método de pergunta e resposta do professor e escreveu tudo na forma de diálogos. Uma vez que o mestre acusara a escrita de não responder, Platão fez o possível para torná-la receptiva ao dar e receber um diálogo real. E uma vez que Sócrates acusara a escrita de arrancar as palavras de seu contexto original, Platão tomou o cuidado de anotar o cenário de cada conversa e as interações dinâmicas dos dialogantes, como se isso permitisse aos leitores reencenar essas conversas em um palco. Platão criava assim um teatro das ideias.[67]

Enquanto a memória viva de Sócrates se desvanecia, esses diálogos escritos preservaram o filósofo, com todas as suas fraquezas, atitudes estranhas e carisma. Com efeito, tudo o que sabemos sobre Sócrates — a resistência à bebida, a aparência desgrenhada, o amor que inspirava nos alunos — chegou até nós pelos diálogos de Platão. Outro escritor, Xenofonte, escreveu diálogos socráticos, mas são menos significativos. O Sócrates que conhecemos é o Sócrates de Platão, um Sócrates transmitido pela palavra escrita.

JESUS

Primeiras décadas da era cristã, mar da Galileia (Israel)

Quatrocentos anos depois de Sócrates, surgiu outro professor, dessa vez no Oriente Médio. Foi uma sorte que ele conhecesse a Bíblia hebraica tão bem. Depois de ter jejuado no deserto por quarenta dias, um espírito maligno veio tentá-lo. "Se és Filho de Deus, manda que estas pedras se tornem pães", disse.[68] "Se és Filho de Deus, atira-te para baixo, porque está escrito: Ele dará ordens a seus anjos a teu respeito."

Jesus estava com fome, com o corpo e a mente enfraquecidos,

mas nessa hora de necessidade podia se voltar para a escritura e recitar versos que o defendiam da tentação ardilosa que o Maligno lhe cochichara ao ouvido. Ele se lembrou de ter lido o preceito "Nem só de pão vive o homem". E "Não tentarás ao Senhor teu Deus". Sempre que O tentava, o Maligno se deparava com o conhecimento de Jesus das escrituras. Ainda bem que esse Deus, com a ajuda do escriba Esdras, produzira um texto sagrado, uma arma contra a qual o Maligno era impotente, pelo menos por ora; ainda bem também que Jesus tivesse aprendido a ler esse texto.[69]

Após o jejum e as tentações, Jesus se revelou um novo homem e começou a pregar. Primeiro, reuniu somente alguns discípulos a seu redor, convencendo-os a abandonar a família e a casa, a abandonar tudo o que sabiam e a que davam valor, e a segui-lo. E assim eles fizeram, de início uns poucos, depois mais, à medida que se propagava a notícia de um mestre que vagava nos arredores do mar da Galileia. Ele pregava em sinagogas e pátios, fazendo perguntas e dando respostas, simples às vezes, com mais frequência por meio de parábolas e enigmas.

Em pouco tempo, as sinagogas e pátios tornaram-se pequenos demais e Jesus levou a multidão até uma montanha com vista para o mar da Galileia. Foi ali que pronunciou seu sermão mais famoso, um sermão que falava diretamente às pessoas com palavras que elas eram capazes de reconhecer, um discurso sobre pobreza, impotência e perseguição, mas também sobre um novo modo de vida. Disse-lhes que o mundo tal como o conheciam estava terminando, bem como suas vidas, como as conheciam. Que se preparassem, mudassem, seguissem-no.[70] Dirigia-se a todos, até aos mais humildes.

Havia apenas um grupo do qual ele não gostava, ao qual atacava diretamente: os guardiães da Bíblia — escribas encarregados de interpretar o texto fundamental de sua cultura, o texto que Esdras instituíra como escritura em seu retorno do exílio. Mas

Jesus não aceitava a autoridade desses escribas. Como outros rebeldes contra a literatura fundadora, como Confúcio e Sócrates (e talvez Buda) antes dele, Jesus poderia ter escrito textos. Como esses outros professores, ele escolheu não fazê-lo. Fora criado numa cultura de escribas erguida sobre um texto sagrado, como mostrou ao lutar contra o diabo no deserto. Mas recusou-se a criar uma escrita própria.

Somente uma vez Jesus escreveu. Estava sentado no pátio do templo, ensinando àqueles que se reuniam em torno dele, quando um grupo de sacerdotes e escribas chegou arrastando uma mulher que cometera adultério. De acordo com a lei da Bíblia hebraica, ela deveria ser apedrejada até a morte, e os escribas esperavam que ele se manifestasse em público contra a sentença e, portanto, contra a lei, para que pudessem atacá-lo. Mas Jesus não mordeu a isca. Ele reconhecia a lei codificada na escritura. Em vez disso, envergonhou-os, conclamando-os a atirar a primeira pedra aquele que, dentre eles, nunca havia pecado. Esperou que se afastassem um a um, até ficar sozinho com a mulher e poder falar com ela. Enquanto esperava, porém, escreveu com o dedo na areia.[71] Os Evangelhos não registram o que ele escreveu. Talvez baste saber que ele escreveu, e justamente no momento em que os sacerdotes o desafiavam com a escritura. Ele escreveu não em papiros, mas na areia, que o vento sopraria. A escrita de Jesus, se é isso o que era, não se destinava à permanência.

Seu plano em relação à escritura era outro — produzir uma nova escritura seria um ato inaudito de blasfêmia. Não, ele aceitaria a escritura existente, declarando: "Não penseis que vim revogar a Lei ou os Profetas. Não vim revogá-los, mas dar-lhes pleno cumprimento".[72] O que isso significava, cumprir as escrituras? Significava pôr-se dentro dessas escrituras. Foi João Batista quem primeiro explicou: "Pois foi dele que falou o profeta Isaías, ao dizer: 'Voz do que grita no deserto: Preparai o caminho do Senhor, tornai retas suas veredas'".[73] Jesus se apresentou como aquele profetizado nas escrituras. Ele não disse às multidões que havia escrito uma nova escritura; ele disse que "é preciso que se cumpra em mim o que está escrito".[74] Ele *era* a escritura, sua manifestação viva: "E o Verbo se fez carne".[75]

As autoridades de Jerusalém odiaram a ideia de que seu texto se fizesse carne — havia muito tempo a literatura se tornara uma questão de poder e autoridade. Os senhores romanos também não gostaram. Eles não se preocupavam com a escritura, mas pressentiram a rebelião no que ele dizia. O resultado foi mais um julgamento simulado e a sentença de morte. Sócrates tivera sorte: permitiram-lhe ter uma morte indolor na companhia de seus discípulos. Jesus foi ridicularizado publicamente, enfiaram uma coroa de espinhos em sua cabeça, obrigaram-no a arrastar uma pesada cruz de madeira pelas ruas e subir o monte no qual seria executado. Pregaram-no na cruz, a cruz foi erguida com sua pesada carga humana e Jesus ficou pendurado até que morreu de asfixia. A carne estava morta.

Qual seria seu legado? Seus seguidores enfrentaram o mesmo dilema encarado pelos alunos de outros professores. Quando bateu o desespero pela primeira vez, Jesus veio em seu auxílio: seu cadáver desapareceu e depois reapareceu para seus seguidores, encorajando-os a espalhar seus ensinamentos boca a boca. Para ajudá-los nesse esforço, enviou um segundo milagre, o milagre das palavras, Pentecostes. Apareceram línguas de fogo e seus discípulos puderam entender todas as línguas humanas, condição ideal para o proselitismo.[76]

Mas esses milagres só fizeram adiar o problema de seu legado, e, afinal, a única solução foi escrever. Relatos escritos sobre Jesus surgiram menos de um século depois de sua morte, baseados em tradições orais transmitidas por seus discípulos. Mais tarde chamados de Evangelhos, eles preservaram a história das palavras e ações de Jesus tal como relatadas por testemunhas oculares. Os Evangelhos eram poderosos, e não só porque as palavras de Jesus haviam sido poderosas. Concentrando-se na humilhação e morte do mestre, eles criaram um tipo incomum de herói, um rebelde que era também vítima. Não era como se supunha que um herói devia ser representado, mas os escritores perceberam que parte da estranha atração exercida por Jesus era que ele viera como um homem comum. Eles descreveram a humilhação de seu mestre porque eles, e seus leitores, podiam se identificar com ela.

Os Evangelhos não eram os únicos textos que circulavam a respeito de Jesus. Alguns dos escritores mais fervorosos viviam longe da esfera dos discípulos que sobreviveram ao mestre e nem pretendiam escrever testemunhos oculares.

Paulo, cidadão judeu e romano, envolvera-se na perseguição aos seguidores de Jesus, mas teve uma experiência de conversão na estrada de Damasco, quando acreditou que Jesus ressuscitado aparecera para ele.[77] Depois de sua conversão, passou a trabalhar como pregador, viajando por toda a Ásia Menor para visitar comunidades cristãs. Ao interpretar as palavras e os atos de Jesus, transformou-os em um sistema de crenças chamado cristianismo (como Platão fizera com Sócrates, criando um sistema chamado platonismo, e Lênin faria com Marx, criando um sistema chamado marxismo).

Nesse esforço, Paulo reconheceu o poder da escrita. E ele também se destacou na oratória; seu discurso mais famoso foi proferido no grande teatro helenístico de Éfeso, onde seu ataque às divindades locais criou um tumulto. Seu método mais influente, no entanto, era escrever cartas abertas, o que combinava com sua vida itinerante. Essas cartas, dirigidas a comunidades cristãs entre romanos, coríntios, gálatas, efésios, filipenses, colossenses e tessalonicenses, ajudaram a transformar os dispersos seguidores de Jesus em uma rede organizada de grupos.[78]

Nos primeiros séculos posteriores à morte de Jesus, os escribas cristãos selecionaram dentre os muitos evangelhos quatro que foram julgados mais precisos; acrescentaram as cartas de Paulo e outros, agora conhecidas como as Epístolas, bem como relatos dos feitos de Paulo e de outros apóstolos e, por fim, um relato apocalíptico do fim dos tempos. Uma vez mais, um mestre carismático que não produziu uma única linha de escrita (exceto uma vez na areia) se tornou protagonista e âncora de um novo tipo de coletânea literária. Tendo se apresentado como a realização viva da Bíblia hebraica, Jesus ganhou finalmente sua própria escritura.

TRADUÇÕES E GUERRAS DE FORMATOS

Os alunos transformaram as palavras desses quatro professores — Buda, Confúcio, Sócrates e Jesus — em textos que se dirigem a cada leitor individualmente, canalizando de volta para a literatura o desejo de seus mestres de falar direto com seus discípulos. Depois que se tornaram escrita, esses ensinamentos foram disseminados por inovações tecnológicas como o pergaminho, o livro, o papel e a impressão. Para medir os efeitos dessas tecnologias, tornei a viajar, dessa vez para Pérgamo, onde hoje é a Turquia.

A Biblioteca de Pérgamo foi uma das grandes instituições literárias do mundo antigo e, como a Biblioteca de Alexandria, foi fundada por um dos herdeiros de Alexandre.[79] De acordo com uma fonte clássica, ela se originou de uma coleção de rolos de papiro de Aristóteles, o primeiro grego a coletar textos de forma sistemática.[80]

Ao contrário da Biblioteca de Alexandria, incendiada por recorrentes fluxos de conquistadores e então desaparecida, partes da Biblioteca de Pérgamo ainda são visíveis hoje. Quando a visitei, pude ver as ruínas da cidade de longe. Enquanto subia pela estrada sinuosa, passei por um teatro antes de entrar na área fortificada da cidade. Pérgamo tem uma vista dominante do mar e do interior, uma posição estratégica que contribuiu para sua importância. As fundações e algumas paredes da biblioteca ocupam um lugar proeminente no centro da cidadela. Foi ali que os bibliotecários reuniram um tesouro de pergaminhos, mas o lugar também atraiu alguns dos melhores intelectuais, dando origem a influentes escolas de pensamento. Bibliotecas como as de Pérgamo e Alexandria abrigavam os escritos de Platão, bem como de Homero, e eram parte dos produtos de exportação da cultura grega para todo o reino de Alexandre.

Embora Pérgamo pareça uma típica cidade helenística, com estátuas gregas, um teatro e as ruínas da famosa biblioteca, foi também um dos locais onde a cultura literária grega se cruzou com os seguidores de Jesus. Embora familiarizado com a Bíblia hebraica, Jesus falava aramaico, a língua comum do Oriente Médio. Mas quando seus alunos transformaram suas palavras em texto, eles o fizeram no idioma mais prestigioso da região, trazido por Alexandre: o grego vulgar.

A escolha do grego não ocorreu apenas por conveniência. Junto com a língua, os primeiros cristãos (e os judeus que se mantinham fiéis a suas escrituras tradicionais) absorveram o pensamento e as letras gregos, inclusive os diálogos de Platão. Essa influência do pensamento grego culminou no Evangelho de São João, que usou a palavra grega *logos* (razão), tão cara a Sócrates, para caracterizar o Deus cristão. Nascido do judaísmo, o cristianismo primitivo estava absorvendo as lições de Sócrates, o mais importante professor da Grécia.

Depois que os ensinamentos de Jesus foram escritos, colocou-se um novo problema. Como esses textos se relacionariam com as escrituras hebraicas? Jesus se apresentara como a realização delas. No início, seus seguidores consideraram que os textos surgidos em torno de seu mestre eram independentes da Bíblia hebraica. Uma vez que esses escritos sobre Jesus eram muito mais recentes e tinham sua origem numa experiência vivida, e uma vez que Paulo os promoveu de forma agressiva como um repúdio ao judaísmo em sua forma ortodoxa, eles desenvolveram uma dinâmica própria. Em última análise, eles rebaixaram a Bíblia hebraica à posição de um texto mais antigo, um preâmbulo do que realmente importava, ou seja, sua realização nos textos de Jesus.

E assim aconteceu de a Bíblia hebraica passar a ser chamada de Antigo Testamento, seguida e completada pelo Novo Testamento. Desse modo, a literatura de professor centrada em Jesus tornou-se sua própria escritura sagrada, com todo o brilho que acompanhava essa condição.[81] Cuidar desses textos tornou-se um dever religioso, o princípio norteador para que os monges produzissem belas edições como uma forma de serviço religioso.

Como aconteceu com outros textos sagrados, o Novo Testamento também desenvolveria sua própria tradição de fundamentalismo textual, com seguidores devotos que nele buscavam orientações imutáveis para a vida num mundo instável.

A assimilação da Bíblia hebraica ao novo cânone de Jesus foi facilitada pelo fato de ela já ter sido traduzida para o grego. Essa tradução aconteceu em Alexandria, o centro de disseminação da cultura grega para o resto do Egito.[82] Uma comunidade judaica considerável havia se formado ali, consequência de sucessivas ondas de exílio e revolta, e fora mantida unida pela Bíblia hebraica tal como estabelecida por Esdras. A maior parte da comunidade perdera o hebraico, o idioma de suas escrituras, bem como o aramaico, a língua comum do Oriente Próximo, tendo adotado o grego vulgar de Alexandre. Isso ameaçava o acesso do povo à sua escritura sagrada. Havia apenas uma solução: a Bíblia hebraica precisava ser traduzida para o grego.

A tradução, realizada na famosa Biblioteca de Alexandria, foi um processo complicado porque a Bíblia era uma escritura sagrada e intimamente ligada ao hebraico. Poderia Iahweh criar o mundo na língua dos pagãos gregos? Poderia ele esculpir os Dez Mandamentos usando uma escrita inventada para captar os hexâmetros de Homero? Talvez para suavizar esse golpe, surgiu a lenda de que os bibliotecários de Alexandria tinham convidado 72 judeus alexandrinos para traduzir a Bíblia hebraica, e que todos haviam chegado à mesma tradução separadamente.[83] A Bíblia grega resultante foi chamada de Septuaginta, referência ao número de seus tradutores. No começo, foi usada apenas pelos judeus de língua grega, mas logo passou a ser usada também por outros.

A Bíblia grega poderia agora servir aos cristãos de língua grega como antecedente dos relatos de Jesus que lhes foram dados pelos evangelistas. Nem todos ficaram felizes com esse novo uso da Bíblia hebraica traduzida, sobretudo as várias comunidades judaicas para as quais sua Bíblia, fosse em hebraico ou em grego, não era velha, mas perene, e sem necessidade de adições ou conclusão.

A batalha que se seguiu entre cristãos e judeus tornou-se uma luta sobre diferentes formatos de escrita. Os judeus mantiveram-se fiéis ao tradicional rolo de papiro, como aquele que, em Jerusalém, Esdras defendera fosse venerado. Por sua vez, os cristãos aproveitaram-se de duas invenções interligadas. Uma nasceu da rivalidade entre Pérgamo e Alexandria. Embora Pérgamo estivesse ganhando terreno, Alexandria ainda tinha uma grande vantagem: a proximidade com a planta que servia de base para a confecção da maioria dos rolos e que dava suporte à cultura escrita do mundo grego e helenístico. Os rolos eram feitos de folhas prensadas de papiro, planta nativa do delta do Nilo, bem ao lado de Alexandria — mas a centenas de quilômetros de Pérgamo. Importar papiro era caro e incerto. Se os bibliotecários de Pérgamo quisessem se tornar independentes do Egito, onde seus rivais desfrutavam de fácil acesso ao papiro, precisavam encontrar outra solução.

Existia uma alternativa ao papiro, uma técnica que usava pele de ovelha. A criação de animais era cara e a preparação exigia muita mão de obra, mas ao longo do tempo os bibliotecários de Pérgamo aperfeiçoaram a técnica, produzindo um importante invento tecnológico que ainda hoje leva o nome deles: *pergamentum*, ou pergaminho. Primeiro, a pele de ovelha era imersa em água para ser limpa e, depois, seca ao mesmo tempo que era esticada numa moldura de madeira. A superfície fina e estável resultante era refinada com a adição de pós que a deixavam lisa e permitiam melhor absorção de tinta. Os bibliotecários obtiveram tanto sucesso no aperfeiçoamento dessa superfície de escrita que começaram a exportá-la, em particular para Roma, sua aliada e senhora.[84]

Os cristãos usavam o pergaminho e o combinaram com uma invenção romana que favorecia essa nova superfície de escrita, um novo sistema de empilhar folhas, unindo-as de um lado e colocando-as entre duas capas. Os romanos chamavam esse objeto de códice, e nós o conhecemos como livro.[85] Esse sistema trazia uma série de vantagens: ocupava menos espaço, as capas serviam de proteção, podia ser aberto e pesquisado com mais facilidade. O códice funcionava melhor com pergaminho porque ele era mais resistente do que o papiro. Assim nasceu um novo formato: o códice de pergaminho.

De início, o códice de pergaminho não gozou de muito prestígio e era usado sobretudo para fazer anotações de momento.[86] Era perfeito para os seguidores de Jesus, que queriam evitar a permanência e a reverência das escrituras associadas à Bíblia hebraica e preservar o sabor espontâneo e oral dos ensinamentos de seu mestre.[87] Em breve, travou-se uma guerra de formato entre judeus e cristãos: os judeus fiéis às escrituras hebraicas ficaram com o rolo de papiro, usado no serviço religioso judaico até hoje, enquanto os cristãos adotavam o códice de pergaminho.[88] Paulo foi um dos primeiros a adotar essa nova forma.[89]

A longo prazo, o códice tornou-se o formato dominante. Compacto, fácil de manusear e transportar, ele também permitia que os leitores dessem uma olhada e folheassem as páginas. Os dois formatos envolveram-se numa batalha entre um tipo mais antigo de escritura, baseada num texto fundamental, e um novo tipo de escritura, baseado nos ensinamentos recentes de um professor carismático.

DUAS INVENÇÕES CHINESAS: O PAPEL E A IMPRESSÃO

Enquanto os cristãos adotavam o códice de pergaminho, os seguidores dos dois professores orientais, Buda e Confúcio, desfrutavam de avanços ainda mais entusiasmantes na tecnologia da escrita. Para inspecionar a principal exposição desses avanços, fui uma vez mais à British Library, que abriga o *Sutra do diamante*, transportado da Índia para a China e traduzido para o chinês. Esse ensinamento de Buda tomou a forma de um rolo, como a Bíblia hebraica, e parecia extremamente quebradiço. Um lado está coberto por uma escrita regular, um preto desbotado sobre uma superfície cinza-claro, e muito descolorido por desgaste e mofo; o outro está coberto com desenhos em preto e branco que representam Buda em conversa com alunos.

A viagem desse rolo para a British Library começou no final do século XIX, quando o pregador itinerante Wang Yuanlu topou com um sistema de cavernas que abrigavam antigas esculturas e pinturas de parede de cunho budista. Embora não fosse budista, ele ficou tão impressionado com esses objetos de passado longínquo que decidiu dedicar o resto de sua vida a recuperá-los.[90]

Quando trabalhava numa das cavernas, Wang descobriu uma fenda na parede, a qual revelou um depósito escondido, cheio de estátuas de bronze, pinturas e mais de 50 mil documentos literários.[91] Os documentos estavam milagrosamente preservados graças ao clima seco do deserto e ao fato de, em algum momento no século XIV, a caverna ter sido lacrada, o que a protegeu de intrusos, da luz do dia e da umidade:[92] condições perfeitas para a conservação de um dos tesouros literários mais notáveis do mundo. A caverna tinha fragmentos de mais de quinhentas cópias do *Sutra do diamante*, muitos destroçados, quase ilegíveis. Os sutras, extremamente usados, foram guardados na caverna porque eram considerados escrituras sagradas e, portanto, não podiam ser descartados ou destruídos.

O *Sutra do diamante* era também explícito a respeito de seu status como escrita. Embora Buda não tivesse se preocupado em escrever, alunos posteriores emprestaram-lhe uma ênfase na palavra escrita pouco característica do mestre. Quando perguntaram a Buda quanto benefício se podia obter enchendo o rio Ganges de joias, ele teria respondido que melhor seria ensinar um de seus sutras.[93] O *Sutra do diamante* até incentivava seus adoradores a transcrevê-lo e copiá-lo. Essa ênfase na escrita culminou nesta declaração: "Onde quer que este sutra esteja presente, é como se Buda e seus discípulos reverentes estivessem também presentes".[94] Buda e o texto escrito se tornaram uma coisa só. Como um organismo que procura se replicar, o *Sutra do diamante* gerava versões de si mesmo, tornando-se algo semelhante ao que Esdras havia criado: uma escritura sagrada.

A caverna tinha sutras budistas escritos em sânscrito, trazidos dos centros budistas da Índia, mas a maioria dos rolos e livros dobráveis estavam escritos em chinês. Não foi uma surpresa, pois a caverna se localizava em Dunhuang, cidade predominantemente chinesa, entre os desertos de Taklamakan e Gobi, ponto de parada da Rota da Seda que ligava a China ao norte da Índia e à Pérsia. O budismo conseguira exercer influência na China porque seus sutras não eram dirigidos a uma cultura em particular, nem ligados a determinado território, como a *Epopeia de Gilgamesh*, as epopeias homéricas ou a Bíblia hebraica. Seu apelo universal e o fervor missionário de muitos budistas possibilitavam que encontrassem adeptos em todas as classes e muito além da Índia.

Na China, os sutras budistas depararam com duas inovações cruciais. Enquanto os textos sânscritos das Cavernas dos Mil Budas eram escritos em folhas de palmeira, a maioria dos textos chineses eram escritos numa nova superfície de escrita que transformaria o mundo da literatura: o papel.

O papel era feito de fibras vegetais, sobretudo da abundante amoreira, que eram rompidas através de batidas repetidas e depois embebidas em água, o que primeiro separava as fibras e em seguida as rejuntava, sem a necessidade de cola ou outro agente adesivo. Observei o processo pessoalmente numa oficina em Taiwan. A polpa, feita de fibras vegetais rompidas, é drenada, achatada, seca e prensada. O resultado é uma superfície de escrita lisa, leve e que pode ser dobrada ou enrolada. O suposto inventor do papel, Cai Lun, que viveu durante a dinastia Han (206 a.C.-220 d.C.), ainda hoje é muito reverenciado.

O papel fez uma diferença. Antes, os textos na China eram escritos em ossos, tiras de bambu ou seda, materiais incômodos ou caros.[95] O papel, ao contrário, era barato e resistente, de modo que os materiais escritos podiam ser eficientemente armazenados e preservados. Sua superfície lisa e sua finura possibilitavam que muito mais informações fossem condensadas em um espaço pequeno, viabilizando a conservação de registros extensos, o que serviu de alicerce para burocracias sofisticadas.[96] Era também fácil de ser transportado; com efeito, alguns dos textos chineses encontrados nas Cavernas dos Mil Budas haviam viajado quase 2 mil quilômetros de distância.[97]

Uma cópia do *Sutra do diamante* era diferente. Era também uma versão em papel, na forma de um rolo, e tinha uma nota que dizia: "Reverentemente feita para a distribuição gratuita universal por Wang Jie em nome de seus pais no 13º dia da 4ª lua do 9º ano de Xiantong [11 de maio de 868]".[98] Era comum que os budistas ricos patrocinassem a cópia dos sutras quer para proveito próprio, quer para proveito de entes queridos. Isso era claramente o que Wang Jie fizera em nome de seus pais.

Na verdade, Wang Jie não escrevera as frases ele mesmo: os budistas ricos costumavam contratar escribas para copiar-lhes os sutras. Mas essa cópia do *Sutra do diamante* não estava escrita por mão humana. Estava impressa — o primeiro texto impresso datado a sobreviver.

A impressão fora feita por meio de blocos de madeira de lei. Um escriba escrevia o texto, que era então entalhado em blocos de madeira, que por sua vez eram entintados e pressionados no papel. A impressão foi usada inicialmente para registros administrativos, mas os budistas, impulsionados pelo desejo de ganhar crédito, adotaram rapidamente a nova tecnologia. Imprimir só fazia sentido para textos especiais, tendo em vista o trabalho necessário para entalhar cada página. Mas, uma vez feito o entalhe, um impressor podia produzir milhares de cópias em um único dia, o que era perfeito para os seguidores de Buda, que queriam disseminar as palavras do mestre o mais rápido possível e ao mesmo tempo angariar crédito. Desse modo, o budismo tornou-se um dos primeiros a adotar a impressão na China e logo depois na Coreia, onde ela acabaria por ser feita com tipos móveis de cerâmica ou metal.

Quatro invenções que mudaram o mundo são atribuídas à China: a bússola, a pólvora, o papel e a impressão. Duas delas foram invenções de tecnologia da escrita. Não admira que tenham ajudado a literatura chinesa a alcançar uma importância sem precedentes, inclusive seu florescimento durante a dinastia Tang (618-907), a idade de ouro da poesia chinesa. Mais tarde, a impressão

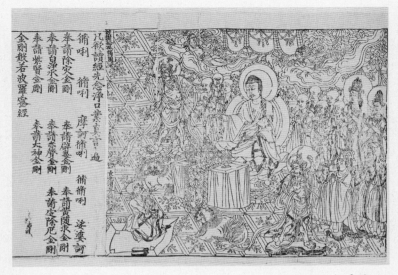

Esta cópia do Sutra do diamante, *xilogravura sobre papel, é o livro impresso existente mais antigo do mundo, datando de 868 d.C. A gravura, também impressa, mostra o Buda cercado por seus discípulos.*

Paul Pelliot, rival francês de Aurel Stein, examina manuscritos no depósito escondido das Cavernas dos Mil Budas.

com xilogravura também estabelecia a base para o surgimento do romance chinês.[99]

Havia mais uma viagem reservada para a versão impressa do *Sutra do diamante* e muitos outros textos encontrados nas cavernas. A descoberta de Wang começou a atrair a atenção e vários aventureiros ocidentais organizaram expedições. O explorador húngaro-britânico Aurel Stein foi o primeiro a chegar às cavernas. Admirador de Alexandre, o Grande, ele compartilhava o interesse de seu herói pela literatura e conseguiu adquirir um grande número de manuscritos, pagando uma ninharia por eles. Guardou-os secretamente em caixas de madeira, colocou-as no lombo de camelos e pegou a estrada, avançando pela Rota da Seda na direção oeste. Sobreviveu ao deserto de Taklamakan, atravessou o Hindu Kush, entrou no Irã e, via Bagdá, chegou a Antioquia, onde é hoje a Síria, junto ao mar Mediterrâneo. De Antioquia, navegou via Gibraltar para Londres, onde pude ver os rolos mais de cem anos depois.

Outros aventureiros, tanto ocidentais quanto chineses, também invadiram as cavernas e uma das mais importantes coleções de textos já descobertos se dispersou. Só recentemente esses textos voltaram a ser reunidos, graças a mais uma revolução na tecnologia da escrita. Um dos primeiros beneficiários do papel e da impressão, o *Sutra do diamante*, junto com vários outros textos complementares, ganhou formato digital.[100]

FOGO E PEDRA

Os budistas chineses adotaram rapidamente o papel e a impressão, mas como os seguidores de Confúcio usaram essas tecnologias? Os relatos escritos de Confúcio, bem como dos clássicos atribuídos a ele como organizador, surgiram bem antes da era do papel e da impressão. Esses textos quase não sobreviveram tempo suficiente para usar essas novas tecnologias.

Em 213 a.C., o chanceler Li Si comentou com Qin Shi Huang, o primeiro imperador da China, que os diferentes relatos dos clássicos haviam contribuído para o caos associado a um período anterior. Uma vez que o imperador estava tentando unificar a China, considerava-se conveniente exercer controle sobre o cânone desses escritos. O resultado foi uma queima de livros. O imperador guardou cópias apenas para sua própria biblioteca, como forma de centralizar o poder literário.[101]

Não sabemos quanto conhecimento literário e cultura se perderam na queima de livros, mas uma coisa é certa: as máximas de Confúcio e os clássicos associados a ele haviam circulado tanto e inspirado tantos leitores que não seriam suprimidos com facilidade. Embora os seguidores de Confúcio não esperassem o mesmo tipo de benefício religioso que se acumulava para os budistas que reproduziam os sutras, a queima de livros ensinou aos confucianos posteriores as vantagens do papel e da impressão para assegurar ampla circulação e, portanto, a sobrevivência de seus textos.

Tendo em vista que Confúcio havia sido um servidor do Estado e defendera a importância de manter a ordem pública, seus ensinamentos tornaram-se de particular interesse para governantes e burocratas. Menos de cem anos após a queima de livros, os clássicos confucianos foram elevados à categoria de textos oficiais, sancionados pelo Estado.[102] Fundou-se uma Academia Imperial, a qual estabeleceu as bases para a primeira forma do exame imperial, uma instituição que perduraria, de uma forma ou de outra, até 1905.[103]

O exame tornou-se o principal veículo para recrutar servidores do Estado, a classe burocrática que foi encarregada de dirigir o vasto Império Chinês. Ele exigia que os estudantes conhecessem os clássicos confucianos, entre outros textos, e testava esse conhecimento numa provação de três dias. Numa viagem a Nanjing, que fora a capital meridional do reino chinês, visitei o local do sistema de exames. Os candidatos sentavam-se em cubículos de pedra, de mais ou menos 1,2 metro de largura por 1,5 metro de comprimento, tendo por alimentação as provisões que suas famílias haviam preparado. O exame era em dezembro e a temperatura era muito fria, pouco acima do ponto de congelamento. Os cubículos de pedra, dispostos em fileiras que formavam um grande quadrante, eram abertos, de modo que os candidatos ficavam expostos à intempérie. Uma tábua de madeira servia de escrivaninha, outra de banco, e se os candidatos escolhessem perder tempo dormindo, teriam de se enroscar no banco o melhor que pudessem. Se fizessem um bom exame, avançariam para a próxima rodada de testes e depois para a seguinte, até chegar ao exame final e mais prestigioso, realizado na capital. A recompensa era um emprego lucrativo no governo. Esse sistema de exames, único no mundo, colocava o estudo da literatura no centro do sistema político chinês (indiretamente, ele inspirou a criação do sistema de exames SAT [Scholastic Aptitude Test], nos Estados Unidos). Planejado para propiciar a exclusão de aristocratas militares dos escalões mais altos do governo, dava um poder sem precedentes à formação literária. Por 2 mil anos, a China foi governada por uma elite educada principalmente na literatura.

O vasto sistema de exame exigia que os candidatos tivessem acesso aos clássicos, o que era facilitado pelo papel e pela impressão. A partir do século X, o Estado respondeu à demanda crescente mandando reproduzir o cânone confuciano pela impressão de xilogravura em papel.[104]

O mesmo desejo de criar um cânone da literatura confuciana levou a outro fenômeno mais incomum, aparentemente em desacordo com o novo mundo do papel e da impressão em xilogravura. No século II, mandaram esculpir os clássicos em pedra, o que vieram a ser os clássicos em pedra de Xiping, o primeiro de muitos desses empreendimentos.[105] (Sutras budistas também foram esculpidos em pedra.[106]) Essas bibliotecas de pedra seriam um retrocesso a tempos anteriores à invenção do papel e da impressão? O mais provável é que fossem uma reação aos efeitos iniciais do papel, que levara a uma proliferação de versões não confiáveis desses textos importantes.[107]

Visitei uma dessas bibliotecas de pedra, na Academia Imperial de Beijing.[108] Os textos eram esculpidos em estelas de pedra de cerca de 2,5 metros de altura cuidadosamente dispostas em colunas e fileiras. Caminhar entre elas foi como andar por um labirinto de palavras. A escrita era pequena, quase delicada, mas nunca se duvidava de sua firmeza. Não havia espaço para alterações ou correções, tampouco para comentários, e alterar sua ordem seria difícil. Não admira que a estátua de Confúcio parecesse serena, orgulhosa da biblioteca de pedra esculpida em seu nome.

5. Murasaki e o *Romance de Genji*: O primeiro grande romance da história universal

1000 D.C., KYOTO (JAPÃO)

Ainda lembro minha surpresa quando soube que o primeiro grande romance da literatura universal foi escrito por uma dama de companhia da corte japonesa por volta do ano 1000.[1] Não sabemos o nome verdadeiro da autora, que veio a ser conhecida como Murasaki Shikibu, sua inesquecível protagonista. Essa senhora anônima da corte criou um mundo literário de biombos, leques e poemas que era diferente de qualquer coisa escrita até então. A trama girava em torno de um príncipe que se vê rebaixado à condição de plebeu e de uma jovem aristocrática escondida no interior do país. Ao desenvolver a história, Murasaki franqueia a seus leitores um acesso sem precedentes aos pensamentos e desejos interiores de seus personagens, cujas vidas são confinadas à rigorosa etiqueta da corte e os papéis de gênero. Mas, apesar dos limites impostos a eles, esses personagens crescem em complexidade capítulo após capítulo, para deleite de seus leitores cortesãos. O resultado é uma narrativa intrincadamente tecida, de grande profundidade e elegância.

A autora conhecia bem a vida muito restrita das mulheres na corte japonesa. Filha de um governador provincial, estava um degrau abaixo da esfera dos protagonistas do livro, mas ainda fazia parte do mundo que descreve. Para poder atuar naquele mundo, Murasaki Shikibu aprendera a compor poemas curtos em japonês. Mas ela não estava contente com a poesia e a caligrafia consideradas apropriadas para uma mulher de sua posição. Acima de tudo, queria aprender o misterioso e difícil sistema de escrita chinês, o único que prometia acesso às antigas tradições literárias da China, tão reverenciadas no Japão. A escrita e a literatura chinesas, no entanto, eram tradicionalmente reservadas aos homens.

Decidida a alcançar seu objetivo, ela aprendeu a escrita chinesa secretamente ao escutar em segredo as lições de chinês de seu irmão e praticar a técnica quando ninguém a observava. Logo superou o irmão em letras chinesas. Ao tomar conhecimento de seus talentos, seu pai lamentou: "Que azar o meu! Pena ela não ter nascido homem".[2] Quando chegou à idade de casar, Murasaki Shikibu foi dada a um homem mais velho, num típico casamento arranjado. Teve a sorte de seu marido possuir uma biblioteca de textos chineses, o que lhe permitiu continuar seus estudos sobre essa tradição literária reverenciada no Japão e assim tirar proveito de um casamento arranjado, tal como a jovem protagonista de seu romance.

O estudo em segredo que Murasaki Shikibu fez da literatura chinesa culminou em seu aprendizado completo sobre a literatura japonesa. Para isso, ela nascera na família certa. Seu bisavô tivera poemas incluídos numa das primeiras antologias escritas em japonês. Como tanta coisa no Japão, essa antologia baseava-se em modelos chineses. Enquanto a maioria das culturas reverenciava longas narrativas épicas — a *Epopeia de Gilgamesh* ou a *Odisseia*, por exemplo — como fundamento cultural, na China esse papel coube ao *Clássico dos poemas*, uma coletânea cuidadosamente organizada que passou a ser o texto mais estudado (e mais tarde atribuído à mão editorial de Confúcio, como integrante dos clássicos confucionistas). A própria ideia de estabelecer a literatura japonesa mediante uma antologia poética seguiu uma tradição chinesa. Na mesma época, os escritores japoneses haviam começado a manter registros históricos, um sinal de crescente independência cultural, e Murasaki Shikibu também estudou esses textos com grande interesse.

Conhecer chinês e os registros históricos do Japão era uma aventura arriscada. Mesmo se tentasse esconder seu conhecimento, ela cometia deslizes inadvertidamente. Certa vez, o próprio imperador comentou, em tom dúbio de admiração, que Murasaki Shikibu devia ter estudado em profundidade a história japonesa, dando margem a rumores de que ela estaria alardeando seu conhecimento.[3] Ela se deu conta de que precisava ter mais cuidado no futuro. Era impensável que uma mulher conhecesse letras chinesas e história japonesa. Num mundo em que mexerico e política eram indistinguíveis, atrair o tipo errado de atenção, ou não parecer feminina o bastante, poderia ter consequências terríveis. Para se proteger, ela começou a fingir que não conseguia ler nem as inscrições chinesas mais comuns em biombos de papel.[4]

Quando seu marido morreu, Murasaki Shikibu viu-se de repente com liberdade para pôr em uso sua formação literária adquirida a duras penas e começou a escrever capítulos separados do que viria a ser o *Romance de Genji*. Embora a narrativa fosse chamada de "romance", ela logo se expandiu além do escopo de um simples romance, para um relato minucioso da vida na corte do período Heian. O conhecimento secreto de Murasaki Shikibu da literatura chinesa brilhava através das muitas alusões à poesia chinesa, mas a obra final tinha pouco a ver com a literatura chinesa. Constituindo um novo tipo de literatura, sinalizava o crescente sentimento de independência cultural do Japão.

Esse tipo de literatura não era algo que um estudioso imerso na tradição literária chinesa teria sonhado escrever. Paradoxalmente, a discriminação contra as mulheres as deixara em melhor posição para inovar do que seus colegas privilegiados do sexo masculino, que permaneceram aferrados à tradição e à escrita chinesa.[5]

UM MUNDO DE PAPEL E BIOMBOS

Ao retratar o funcionamento interno da corte japonesa, Murasaki Shikibu sabia que estava fazendo uma coisa ousada. Ela situou cuidadosamente a história cem anos antes, a fim de poupar os sentimentos do poderoso clã Fujiwara, ao qual pertencia. O clã Fujiwara controlava o imperador por meio de uma cuidadosa política matrimonial, um tema ao qual o *Romance de Genji* dá minuciosa atenção. O chefe do clã — e patrono de Murasaki Shikibu — não apreciaria um relato sincero sobre as engrenagens do poder (às vezes, atribui-se a Murasaki uma história anônima do clã Fujiwara[6]).

A corte localizava-se onde hoje se encontra Kyoto e se resumia a um retângulo de cerca de quatro por cinco quilômetros, cercado por uma muralha de pedra, tendo por modelo a concepção urbana e o estilo de construção chineses.[7] A cidade tinha cerca de 100 mil habitantes; o Japão inteiro, em torno de 5 milhões — mas o romance não foi escrito para ou sobre essa multidão. Destinava-se aos poucos milhares que viviam perto da corte e que tinham pelo menos uma noção do mundo restrito da alta sociedade. A proximidade do imperador era tudo.

Os cortesãos podiam se aventurar fora da cidade em busca

de templos budistas ou belezas escondidas, mas retornavam rapidamente à rede urbana que era seu hábitat natural. Fora da cidade, as casas eram sem graça, os dialetos, estranhos, os poemas, insípidos, e a caligrafia, irremediavelmente grosseira.

No *Romance de Genji*, uma viagem desse tipo desencadeia a trama principal. Numa incursão a um templo afastado, Genji avista uma jovem através das persianas de sua moradia, mas ela rapidamente se retira para os aposentos das mulheres, protegida por um pequeno exército de acompanhantes. Era difícil ver mulheres de alta linhagem, e quase impossível abordá-las. As barreiras que separavam as mulheres dos homens vinham em camadas: muralhas de pedra; cercas de madeira; venezianas de bambu; cortinas de tecido; e, finalmente, biombos de papel. Leves, os biombos dobráveis de seis painéis eram feitos de papel de arroz; outros tinham molduras mais pesadas, ricamente ornamentadas e laqueadas, mas também eram de papel.[8] Se um homem se aproximasse demais, um leque, também de papel, protegeria o rosto da mulher. Era possível que até mesmo filhos, irmãos e tios jamais se vissem cara a cara com seus parentes femininos. Uma mulher em idade de casar poderia ter passado a vida inteira sem ser vista por um único homem que não fosse seu pai.

As mulheres eram rigorosamente protegidas, mas a proteção tinha uma espessura de papel: bloqueava a visão, mas não o som. Espiando para dentro da moradia, Genji, o Príncipe Brilhante, entreouvira alguém compor um poema improvisado, referindo-se à jovem como um broto de grama na primavera. Ele então escreveu um poema curto em resposta a esse tema e recitou-o para uma acompanhante. Esperava que a jovem o entreouvisse e respondesse. Todos os membros da sociedade cortesã eram capazes de compor poemas curtos — frases elegantes, na verdade — escritos em papel especial.[9] De tudo que se podia fazer com e em papel, os poemas eram os mais importantes. Um bom poema deveria tomar algo do mundo natural — uma planta, uma flor ou um animal — e relacioná-lo ao evento sobre o qual estava sendo escrito. Cada poema exigia uma resposta. Até mesmo as atividades cotidianas eram às vezes executadas por meio dessas conversas poéticas curtas, que permitiam que as pessoas aludissem a suas verdadeiras intenções sem precisar explicitá-las.

Numa sociedade em que muita coisa dependia de insinuações e alusões, os poemas eram um meio crucial de comunicação. Ao longo de um dia normal na corte, trocavam-se centenas de poemas.[10] Quanto mais delicadamente indireto e quanto mais interagisse com outros poemas, melhor. Mas se alguém não conseguisse pensar num bom poema no momento, mesmo um medíocre servia, desde que cumprisse seu propósito de comunicar, por alusões, o que não deveria ser dito de modo direto.

Como a jovem não respondeu e sua acompanhante rejeitou suas investidas, o Príncipe Brilhante voltou para a capital. Mas não desistiu. Escreveu outro poema, aludindo ao fato de que a entrevira através de biombos, e caprichou na caligrafia. Fechou o poema com um nó e embrulhou-o displicentemente para dar a impressão de que não estava fazendo muito esforço. Saber como manusear papel era tudo naquele mundo de papel, no qual até mesmo chapéus, roupas, utensílios domésticos e armas eram fabricados com esse material milagroso. Cada superfície de papel era um convite a um poema. Havia poesias escritas nos biombos dobráveis feitos de papel que dominavam o interior dos aposentos aristocráticos. No romance, o Príncipe Brilhante pode escrever um poema no leque de uma dama ou trocar leques que já trazem poemas escritos. Na situação de Genji, no entanto, era melhor se ater ao método corriqueiro de elaborar um poema em papel especial, embrulhá-lo em outra camada de papel e enviá-lo por meio de um mensageiro.[11]

Dessa vez houve resposta, mas não a que ele esperava. A

acompanhante da jovem, uma monja, disse-lhe que sua tutorada era jovem demais para um flerte amoroso. O Príncipe Brilhante sabia que a menina tinha apenas dez anos. Era sem dúvida bem jovem, é bem verdade, mas havia precedentes. Ele próprio casara-se aos doze anos, e algumas mulheres se casavam mais cedo ainda. Casamentos arranjados faziam parte do complexo sistema social da corte, em que clãs rivais tentavam colocar filhas próximas ao centro do poder, idealmente como esposa principal do imperador. As crianças nascidas de uma das esposas menores do imperador tinham perspectivas mais incertas, como o Príncipe Brilhante sabia muito bem. Seu próprio pai era o imperador, mas sua mãe era apenas uma esposa menor e, portanto, desprezada por esposas que contavam com o apoio de gente mais influente.

Diante dos clãs mais poderosos, até mesmo o imperador não tinha autoridade. Forçado a reconhecer a fraca posição de seu filho favorito, o imperador decidira apartar o Príncipe Brilhante do jogo de poder, rebaixando-o à condição de plebeu. Foi assim que o príncipe ganhou o nome comum de Genji, embora as pessoas continuassem a se referir a ele como o Príncipe Brilhante, por consideração.

O que Genji deveria fazer em relação à mocinha e suas obstinadas acompanhantes? Embora ocorressem casamentos em tenra idade, aquela menina de dez anos era imatura para sua idade, insistiram as acompanhantes. Elas haviam lhe dado o poema de Genji, como ele pedira, mas em vão. O problema era que ela ainda não aprendera a escrever poemas. Isso, Genji tinha de admitir, era de fato sinal de que ela era jovem para sua idade. Uma menina incapaz de escrever poemas era demasiado jovem para o amor.

Quando, pouco depois, Genji ouviu que o pai da mocinha, que havia muito a abandonara, planejava afastá-la de seu alcance, ele teve certeza de que precisava agir com rapidez e arranjou um pretexto para ir à residência da menina. Dessa vez, deixou de lado qualquer convenção e decoro e atravessou persianas, cortinas e biombos de papel, ignorando os gritos de protesto das assustadas acompanhantes. A menina estava dormindo, mas o príncipe simplesmente a envolveu nos braços, acalmou-a quando acordou, levou-a para sua carruagem e partiu.[12] Seria tudo para o próprio bem dela. Em sua residência, poderia mantê-la sob sua proteção e certificar-se de que teria acompanhantes adequadas e perspectivas. Poderia encarregar-se ele mesmo de sua educação, que fora claramente desprezada, e transformá-la numa jovem mulher respeitável.

Para muitos leitores (inclusive eu), esse início é difícil de engolir: sequestrar uma menina de dez anos não parece uma boa receita para uma relação saudável. Seus primeiros leitores reagiram de forma diferente. Talvez ficassem ligeiramente escandalizados com um amante que rapta uma menina de dez anos, mas não censurariam o sistema matrimonial que tornava tais atos possíveis. E admirariam o Príncipe Brilhante, apesar de seus defeitos, aplaudindo o processo pelo qual ele amadurecia.

Acima de tudo, os leitores admirariam o modo como Genji ensinou a menina a escrever poesia, e assistiriam à transformação do *Romance de Genji* numa história de formação literária. Havia mais do que imagens naturais e alusões na poesia. O que importava acima de tudo era como as palavras eram escritas. A capacidade de fabricar papel de alta qualidade abrira caminho para uma idade de ouro da caligrafia, arte exigida de quem quisesse ter sucesso na corte. Já que os poemas constituíam uma forma tão importante de comunicação, muito podia ser revelado sobre temperamento e formação por meio do estilo da caligrafia, realizada com vários tipos de pincéis. Qualquer pessoa que tivesse o azar de viver fora da capital e de sua sociedade cortesã podia praticar estilos ultrapassados (ou o impensável: não saber nada de caligrafia). Genji queria ter certeza de que isso não aconteceria com sua menina.[13] Ele próprio tomaria o cuidado de compor modelos de caracteres que ela poderia usar em sua prática.

Tendo instalado a menina em sua casa e resolvido o problema dos parentes intrometidos, Genji escreveu outro poema. Havia muitos tipos de papel, de diferentes cores, tipos e qualidades. Ele escolheu um roxo-escuro, cor obtida através de um corante feito com as raízes de uma planta especial, o aljôfar. Esse poema, e a planta a que alude, daria nome à menina: Murasaki [em japonês, a cor violeta]. Por meio dessa poesia, Genji nomeia seu grande amor: "Ainda tenho de ver as raízes roxas do aljôfar — como anseio pela pequena parente da glicínia".[14]

O romance continua:

> "Por que você não tenta escrever alguma coisa?", Genji a encorajou. [...] "Mas não consigo escrever bem", ela protestou, olhando para ele. Era tão adorável que ele não pôde deixar de sorrir. "Mesmo que você não consiga escrever bem, deve pelo menos tentar. Não vai melhorar se não escrever nada. Deixe-me mostrar." Ele achou encantadora a maneira como ela segurava o pincel e como ela lhe deu as costas quando escreveu. [...] Sua escrita era bastante imatura, mas ele viu imediatamente que ela possuía talento para ter sucesso na composição. As linhas de suas pinceladas eram vivas e delicadas, e pareciam a letra de sua falecida avó. Se ela praticasse modelos mais modernos, sabia que seria capaz de escrever muito bem.

Encorajado por essa demonstração de promessa, Genji continuou a ensinar à menina a arte de escrever lindamente. Aperfeiçoou suas pinceladas, mostrou-lhe como escolher o papel certo e como enrolar um poema. Estava fazendo dela uma dama respeitável da corte.

ESCRITA CHINESA, CONVERSA DE PINCÉIS
E LITERATURA JAPONESA

A cultura do papel na corte Heian teve origem na China. Por centenas de anos, o Japão adotara a civilização e a ciência chinesas, um caso extremo de uma cultura que aceita a maioria dos produtos de outra. Embora essa transferência cultural completa costumasse ser resultado de uma ocupação militar, o Japão adotou a cultura chinesa por vontade própria (Roma assimilara de maneira semelhante a cultura grega).[15]

Com o objetivo de manter o contato com a cultura chinesa, o Japão enviava missões oficiais que atravessavam o estreito da Coreia, que separa o país insular do continente asiático. As línguas que os emissários japoneses e seus anfitriões chineses falavam eram mutuamente incompreensíveis, mas eles podiam se comunicar escrevendo em caracteres chineses. Como eles não eram fonéticos, os japoneses haviam conseguido adaptá-los à sua própria língua, pronunciando os caracteres chineses em japonês. Era como se falantes de línguas diferentes pudessem negociar o preço de uma compra anotando números num pedaço de papel. Embora pronunciassem os caracteres numéricos em seus respectivos idiomas, todos podiam entender os números escritos. Do mesmo modo, os emissários chineses e japoneses podiam se comunicar escrevendo caracteres compartilhados no papel. Essa forma de comunicação entre línguas baseada em escrita, a grande vantagem dos sistemas de escrita não fonética, foi chamada de *conversa de pincéis*.

Entre os produtos culturais importados para o Japão estavam as obras literárias escritas em caracteres chineses, inclusive os clássicos confucianos — que dispensavam tradução, uma vez que a elite aprendia a ler os caracteres chineses e simplesmente os pronunciava em japonês. Os poemas trocados na corte Heian (a de Genji) muitas vezes aludiam sutilmente a esses clássicos chineses, bem como à literatura mais recente; na capital, fundara-se uma academia chinesa para ser um centro de aprendizagem e educação, baseadas nos clássicos confucionistas.[16]

Na China, esses clássicos deram origem a um sistema imperial de exames que garantia aos candidatos bem-sucedidos bons empregos e sinecuras governamentais. Tal sistema nunca se consolidou no Japão porque os poderosos clãs e famílias japoneses queriam controlar o acesso ao poder por meio da política matrimonial, não através de um sistema de exames sobre cujo resultado não poderiam ter muito controle.[17]

Assim, na história de Murasaki, quando Genji decide enviar seu filho para a academia chinesa, o rapaz não se entusiasma. Ele teria preferido a nomeação para um alto cargo do governo com base em suas conexões familiares, como era o costume, sem ter de estudar na universidade, ao lado de alunos de nível social muito mais baixo.[18]

Mas não havia hipótese de Genji mandar sua menina à universidade ou ensinar-lhe caracteres chineses: a alfabetização chinesa era estritamente reservada aos homens e tinha por foco servir ao Estado (além de louvar o passado). Talvez considerassem fora do alcance das mulheres o complicado sistema de escrita chinês, com seus milhares de caracteres, ou então manter as mulheres afastadas desse código cultural fosse simplesmente a preservação de um privilégio masculino, como a autora Murasaki sabia muito bem. As mulheres deveriam usar um sistema de escrita diferente, conhecido como *escrita kana*, o mesmo usado para escrever o *Romance de Genji*.

A escrita kana fora inventada para favorecer outra importação chinesa: o budismo, religião que enfatizava o desapego do mundo e o apreço pelos momentos fugazes de beleza. Muitos poemas trocados na corte Heian eram escritos para captar esse sentimento de um mundo efêmero. O budismo também se beneficiara da revolução do papel e da impressão, talvez até mais do que o confucionismo. Os mais antigos exemplos subsistentes de impressão na China, na Coreia e no Japão são todos de sutras budistas. O *Sutra do diamante*, o primeiro livro impresso remanescente do mundo, e o *Sutra do lótus* foram particularmente influentes no Japão, onde ambos eram reproduzidos e recitados com frequência. Fora durante a prática de devoções budistas em um templo nos arredores da cidade que Genji descobrira a menina que, mais adiante no romance, patrocinaria reproduções em massa e leituras de sutras, entre eles o *Sutra do diamante*.[19]

O budismo trouxe consigo todo um sistema de escrita. Monges japoneses haviam viajado até a Índia em busca de textos originais. Lá encontraram o sânscrito e seu alfabeto, no qual vários sutras budistas originais haviam sido escritos. Uma vez que estavam interessados em disseminar a fé budista, os monges japoneses reconheceram as vantagens do sistema fonético de escrita do sânscrito sobre os milhares de caracteres da escrita chinesa. Decidiram então tentar algo semelhante para a língua japonesa e criaram a escrita kana.

Eles escolheram 47 sons distintos usados no japonês falado e os expressaram com 47 caracteres. Alguns caracteres indicavam sílabas em vez de sons separados, num sistema fonético conhecido como *silabário*.

O silabário kana era um pouco mais complicado do que um alfabeto fonético porque as línguas faladas contêm mais sílabas do que sons individuais. Mas ainda era infinitamente mais simples do que o sistema chinês não fonético. Outra vantagem do novo sistema de escrita japonês advinha do fato de representar os sons específicos do japonês, em vez de forçar os caracteres chineses a representar um idioma ao qual não se destinavam. Em conformidade com a origem budista do novo sistema de escrita, os jovens estudantes memorizavam os 47 caracteres recitando um poema budista que usava cada um dos 47 sons exatamente uma vez.[20]

No início, a escrita kana tinha menos prestígio no Japão do que os caracteres chineses tradicionais, mas era considerada boa o bastante para as mulheres, como a escritora Murasaki. No *Romance de Genji*, o príncipe ensina a jovem Murasaki a escrever na escrita kana, e era nessa escrita que todos os cortesãos tinham de escrever quando se comunicavam com as mulheres por meio de poemas curtos. Desse modo, a escrita kana fincou pé na sociedade cortesã. Ela tornou possível os poemas cotidianos de que essa sociedade dependia para as suas comunicações mais importantes.

No *Romance de Genji*, quando Genji consegue ensinar à menina caligrafia, poesia e a escrita kana, ele a toma por esposa. Ela estava com doze anos, a mesma idade em que ele próprio se casara pela primeira vez. Apesar do cuidado que Genji lhe dedicava, ela foi tomada de surpresa. Na manhã seguinte ao casamento, como era costume, Genji deixou um poema para ela. Abismada com a repentina mudança no relacionamento entre eles, ela não respondeu. Genji olhou a caixa na qual ela deveria deixar a resposta para seu poema da manhã seguinte, e ela estava vazia. Mas de qualquer maneira o casamento tinha acontecido. E foi confirmado quando Genji ordenou que servissem bolos de arroz, o sinal convencional de que um casamento se consumara. Não demorou para que a jovem esposa se acostumasse com o novo relacionamento e passasse a pôr em uso sua formação, escrevendo poemas quando Genji iniciava um intercâmbio. Começava assim uma das grandes histórias de amor da literatura universal.

UM GUIA PARA A VIDA NA CORTE

No mundo que a escritora Murasaki retrata, a vida é tão intensamente focada na capital e na corte que o exílio é visto como uma provação insuportável, punição só superada pela morte. No *Romance de Genji*, o príncipe experimenta essa forma de provação quando é exilado da corte devido a um caso amoroso bastante escandaloso com uma das esposas menores do imperador. Um caso como aquele, se tratado com discrição, poderia passar, mas Genji cometeu o erro de concentrar sua atenção na irmã de seu inimigo na corte, membro de um clã rival. Quando o caso se tornou público, o banimento foi a única resposta.

Ele decidiu que não poderia levar a esposa Murasaki consigo. Quando chegou a hora de se separar, os dois amantes olharam para o seu reflexo no espelho e depois se despediram, naturalmente em forma de poesia:

> Embora meu corpo deva vagar no exílio
> Minha imagem jamais estará longe
> Refletida neste espelho ao seu lado.[21]

Murasaki respondeu:

> Embora estejamos separados, posso achar consolo
> Se talvez, ao olhar neste espelho,
> Vislumbre sua imagem que se demora nele.

E assim a imagem deixada no espelho permaneceu na mente dos dois amantes famosos até seu reencontro.

Para Genji, viver longe da corte era uma provação que exigia muita meditação budista sobre as vaidades de um mundo fugaz. Por fim, dois anos depois ele foi autorizado a retornar. Retomou sua antiga vida, desfrutou de novas promoções e conquistou novas glórias, mas a experiência do exílio permaneceu. Ao voltar, era outro homem. O sentimento de que só a vida na capital era uma vida digna de ser vivida era profundo — até mesmo a nomeação como governador provincial era vista como banimento. E quanto aos plebeus, eles estavam claramente no ostracismo, no campo ainda mais que na cidade.

Apenas alguém que já havia morado na corte poderia apreciar como eram importantes os detalhes e regras minuciosas que Murasaki Shikibu captou em seu romance: como as mulheres devem segurar o leque; que tipos de perfumes eram mais atraentes nos homens (Genji passava horas misturando os perfumes mais incomuns e era amplamente admirado por isso); em que circunstâncias um homem podia se aproximar do biombo que escondia uma mulher; quando ele poderia estender o braço através do biombo e pegar na manga do quimono de uma mulher; quando podia empurrar o biombo para o lado e forçar o caminho até uma senhora relutante sem ficar em apuros. É difícil imaginar um mundo mais restrito, sobretudo para as mulheres da corte, confinadas ao interior de seus quartos e proibidas de falar com qualquer pessoa, exceto suas acompanhantes. Os homens da corte podiam ao menos aventurar-se fora da cidade e visitar ocasionalmente um parente ou amigo, mas também estavam cercados por regras e convenções em todos os lugares.

Toda a atenção que a escritora dá ao protocolo e ao decoro tem o efeito de iniciar seus leitores nessa sociedade. Depois de ler as mil páginas que compõem o *Romance de Genji*, quase me senti capaz de começar a agir nesse mundo estranho, como se tivesse feito um curso intensivo sobre suas regras e rituais mais básicos. Enquanto Genji educava Murasaki, a autora educava a mim e seus outros leitores.

Embora não ataque o sistema da corte que permitia aos homens raptar mulheres jovens e depois confiná-las em seus quartos, Murasaki Shikibu mostra aos leitores como esse sistema de regras pouco podia para controlar os desejos, temores e fantasias dos que viviam dentro dele. Essas regras levavam personagens a casos ilícitos ou ciúmes destrutivos, sofrimento que a personagem Murasaki experimenta no final da vida. E por toda parte os personagens lutam com as restrições impostas à expressão de suas emoções. Quando o novo imperador fica sabendo que Genji é seu verdadeiro pai (resultado do caso de Genji com uma das esposas menores de seu pai, seu ato mais imprudente), ele está tão confinado pelo protocolo da corte que raramente pode falar com Genji ou visitá-lo por medo de despertar suspeitas.[22] Ele sente que não pode revelar o que soube diretamente. Em vez disso, comunica-se com seu pai, por ocasião de seu quadragésimo aniversário, enviando-lhe esboços e caligrafias.[23]

Era nos poemas que a etiqueta e a emoção crua se encontravam. Murasaki Shikibu escreveu quase oitocentos poemas para o romance, que são enviados de um lado para o outro entre amigos e cortesãos, entre pais e filhos e, sobretudo, entre amantes. Nem todos os poemas eram perfeitos — e nem deveriam ser. Forçados a escrever no calor do momento, alguns personagens, como Genji, se destacam na arte da poesia desde o início, enquanto outros, como a jovem Murasaki, precisam aprender antes de poder escrever poesia de alto nível. Mas, em conjunto, os poemas formam o centro do romance, são o principal modo de comunicação entre os personagens. Para Murasaki Shikibu, os poemas eram também uma maneira de caracterizar seu romance como literatura séria. Numa cultura baseada em coletâneas poéticas — coletâneas chinesas e japonesas em escrita kana, como as associadas a seu bisavô —, a longa narrativa em prosa que ela estava escrevendo só poderia ganhar legitimidade e autoridade se incluísse o maior número de poemas possível.

Não fiquei surpreso ao saber que, na época de Murasaki Shikibu, o *Romance de Genji* ensinava como se comportar de forma tão eficaz que era usado como manual de etiqueta na corte. Mulheres e homens o liam para escrever poemas melhores, fazer poses mais eficazes e aprender quando recuar dos avanços não desejados de um pretendente (e quando ceder a eles). Sem dúvida, também possibilitava que seus leitores convivessem com personagens mais elegantes e brilhantes do que a vida real podia oferecer. No *Romance de Genji* eles aprendiam que, se um cortesão visitasse uma mulher três noites seguidas, isso constituía um casamento (e seria divulgado ao público servindo bolos de arroz à amada).[24] Um leitor podia aprender a apreciar a lua, e com quem (só com uma companhia cuidadosamente escolhida). Ao mesmo tempo, os leitores que viviam no mundo confinado da corte Heian também podiam reconhecer as emoções sob essas convenções, a luta entre regras e desejos que estava expressa de forma tão pungente em suas páginas.

É possível que o *Romance de Genji* tenha sido escrito originalmente para uma plateia composta por uma única pessoa.[25] Com seus primeiros capítulos, Murasaki Shikibu atraíra a atenção da imperatriz Shoshi e foi-lhe oferecida uma posição de acompanhante de sua filha. Essa posição tinha muitas vantagens, dando a Murasaki Shikibu acesso ao círculo interno do poder, inclusive ao próprio imperador. Isso lhe permitiu expandir as primeiras versões de sua história, talvez adaptando-a melhor às necessidades e às preferências de sua nova patrocinadora. A imperatriz pediu mais capítulos, e Murasaki Shikibu continuou produzindo até que o *Romance de Genji* cresceu para além do desaparecimento de sua heroína, que morre no meio da história, depois de se tornar monja budista. Ela continuou a saga, passando à geração seguinte e assim sucessivamente, criando um verdadeiro romance multigeracional. Nenhum dos personagens mais jovens conseguiu se aproximar do brilho e da graça de Genji e sua Murasaki, mesmo quando se viam compelidos a repetir certos padrões. Assim como Genji se apaixonara por uma mulher que vivia na obscuridade, longe da capital, o mesmo aconteceria com seu neto. Enquanto

Genji fora levado a seu grande amor pela jovem Murasaki porque ela lhe lembrava sua madrasta, por quem foi apaixonado durante toda a sua vida, seu neto se apaixona por uma mulher às escondidas porque ela lhe recorda alguém que ele amava sem esperança (ambas as semelhanças são resultado de relações familiares). Desse modo, Murasaki Shikibu usou o cada vez mais abrangente alcance de sua obra para tecer um padrão intrincado de repetição e variação que deu ao romance sua forma peculiar.[26] No fim, o *Romance de Genji* ficou duas vezes mais longo que *Dom Quixote*, o primeiro romance importante da tradição europeia, escrito meio milênio depois.

Devido ao tamanho da obra e seu pequeno público, nunca esteve em questão o uso da tecnologia de impressão, que já chegara ao Japão muito antes, vinda da China. A impressão em xilogravura só fazia sentido para obras curtas que seriam reproduzidas aos milhares, como os sutras budistas, e não para uma obra grande escrita para um público extremamente pequeno. O *Romance de Genji* circulava em cópias que eram escritas à mão, no papel, ainda uma mercadoria valiosa, e continuavam caras até mesmo para esses leitores privilegiados. Uma coleção completa era um bem muito apreciado. Por volta de 1051, uma jovem da corte registrou o melhor presente que já havia recebido: "os cinquenta e tantos volumes do *Romance de Genji*, todos em sua própria caixa".[27] E prosseguiu: "Quando me deitava sozinha atrás de meus biombos e o pegava para ler, não teria trocado de lugar nem mesmo com a imperatriz. O dia inteiro e noite adentro, enquanto pudesse manter os olhos abertos, eu lia com a lanterna perto de mim". Aqueles que ansiavam por exibir sua riqueza, ou sua dedicação ao *Romance de Genji*, podiam comprar edições de luxo em papel especial ou com ilustrações (ainda subsistem muitas edições preciosas e ilustradas). Quem não tinha recursos para obter um exemplar para si podia comprar capítulos que circulavam em separado, ou ouvir quando um capítulo era lido em voz alta para um grupo de pessoas.

Somente centenas de anos depois, a partir do século XVI, é que surgiram exemplares impressos para satisfazer um novo mercado impulsionado por uma classe mercantil em expansão e taxas crescentes de alfabetização. Mas, naquela época, a vida na corte japonesa mudara tanto que o romance não era mais lido como um manual, mas conforme o lemos hoje (e do modo que Assurbanípal lera a *Epopeia de Gilgamesh*), ou seja: uma janela para o passado remoto. Uma vez que fora escrito para um pequeno público familiarizado com as regras que norteavam o comportamento na corte, o romance agora precisava ser explicado aos leitores, dando margem a extensos comentários sobre o texto.[28] Ainda hoje, sabemos muito mais sobre a vida na corte Heian durante a Idade Média do que sobre quase qualquer outro lugar daquela época, graças ao incomparável *Romance de Genji*.

O aspecto mais fascinante da literatura sempre foi permitir aos leitores o acesso à mente dos outros, inclusive daqueles mortos há muito tempo. Nas mãos de Murasaki, esse aspecto tomou uma dimensão significativamente maior em relação a obras anteriores. Como ninguém antes, ela possibilitou que seus leitores observassem os processos de pensamento de suas personagens e vissem o mundo de então através dos olhos delas.

O sucesso do romance, primeiro em cópias manuscritas e, depois, impresso, provocou ciúmes. Embora prestasse homenagem às duas fontes literárias da cultura japonesa, os sutras budistas e os clássicos confucianos, o romance era muito diferente de ambos, e confucionistas e budistas perceberam que um novo e poderoso tipo de literatura entrara em cena. Em pouco tempo, os confucianos já advertiam contra o romance e os budistas diziam que sua autora estava no inferno sofrendo por seus pecados.[29] Apesar desses detratores poderosos, o *Romance de Genji* se mostrou imbatível. Essa obra extensa, com suas centenas de poemas, tornou-se um ponto de referência cultural, uma fonte comum de citações e pílulas de sabedoria que rivaliza com a literatura anterior, solidificando a identidade cultural do Japão e sua independência da China.

Durante centenas de anos, o *Romance de Genji* desfrutou sua soberania sobre o Japão, primeiro como manual, depois como painel histórico e, por fim, como um clássico, mas permaneceu confinado à nação insular. Apenas depois de 1853, quando o Japão foi forçado a estabelecer relações comerciais com o Ocidente, que o resto do mundo entreviu algum traço desse texto, na forma de biombos. O romance se tornara tão fundamental para o Japão que cenas dele costumavam ser pintadas em biombos, e alguns deles chegaram à Europa num momento em que novas oportunidades de comércio geraram grande interesse por todas as coisas japonesas. Chegaram também leques belamente adornados com a escrita de Murasaki. A cultura do papel que ela descrevera mandava agora sua obra para a Europa e de lá para outras partes do mundo.

Colecionadores ocidentais começaram a se perguntar de onde vinham aquelas cenas tão admiravelmente pintadas em biombos e leques de papel, e tiveram um primeiro vislumbre do texto por intermédio de uma tradução parcial feita no final do século XIX. Mas o *Romance de Genji* inteiro só irrompeu na consciência ocidental com a tradução de Arthur Waley, no início do século XX, quase mil anos depois de ter sido escrito. O mundo ocidental descobriu, para sua grande surpresa, que o romance, um gênero que muitos classificavam como uma contribuição tipicamente europeia à literatura, fora inventado mil anos antes por uma japonesa cujo nome não sabemos.

UMA AUTORA OLHA PARA TRÁS

Um dia, quando a mulher que chamamos Murasaki Shikibu não estava mais trabalhando no *Romance de Genji*, ela olhou para

Biombo dobrável de seis painéis de Kanō Tsunenobu (1636-1713) com cenas do Romance de Genji.

um lago onde o número de aves aquáticas aumentava dia a dia. As dependências de sua casa eram muito mais simples do que o esplendor do palácio ao qual ela se acostumara. Enquanto meditava sobre o lago, lembrou-se de como costumava observar as flores, o canto dos pássaros, o modo como o céu mudava conforme a estação, a lua, a geada e a neve. Mas, desde então, ela se afastara, observando as estações de modo apático, penosamente consciente da solidão que sentia desde que seu esposo morrera. Muita coisa havia mudado a partir daí; ela se tornara uma acompanhante na corte e escritora. No decorrer dessa vida nova, perdera o contato com alguns dos velhos companheiros com quem costumava trocar poemas. O que poderia fazer agora para afastar sua solidão, sua amargura?

Às vezes, quando se sentia assim, ia à sua biblioteca, agora esquecida, cheia de traças, e pegava um velho conto japonês ou mesmo um de seus rolos chineses. Lembrava que Sua Majestade, a dama a quem servira, lhe pedira para ler poesia chinesa e a notícia se espalhou, e ela se arrependeu, pois começaram as intrigas sobre seu conhecimento incomum. Mas um dia ela pegou seu próprio livro, o *Romance de Genji*. Pouco antes, naquele mesmo dia, o chefe de seu clã, a pessoa mais poderosa do Japão, pegara sua cópia limpa do texto e a dera para sua segunda filha. Mas, em vez de desfrutar desse sucesso, Murasaki Shikibu ficou preocupada que certos trechos pudessem ferir sua reputação na corte. Talvez a leitura de sua narrativa, que assumira proporções tão grandes, dissipasse sua solidão. Não funcionou. O *Romance de Genji* não lhe deu o prazer que costumava dar, e Murasaki Shikibu ficou profundamente decepcionada. Por fim, pegou um pincel e escreveu um poema para uma acompanhante sua colega, dando-se conta de que aquelas que serviam com ela na corte eram agora suas únicas amigas íntimas. Quando a amiga escreveu de volta, Murasaki Shikibu admirou a caligrafia e começou a se sentir um pouco melhor.

Como sabemos, mil anos depois, o que essa enigmática autora pensou naquele dia em particular? Murasaki Shikibu deu-nos acesso aos pensamentos e reflexões íntimos de suas personagens com a esperança de que leitores e ouvintes se preocupassem com as ambições e decepções de suas criações ficcionais. Mas ela também fez algo mais, algo igualmente moderno: registrou seus próprios pensamentos e reflexões sob a forma de um diário.

O diário de Murasaki Shikibu é a fonte do que sabemos sobre ela, desde seu aprendizado clandestino de literatura chinesa até seu papel na corte. Ele se estende por apenas dois anos, mas é suficiente para nos dar um instantâneo de sua vida na corte, complementando a imagem fictícia que se revela de seu romance. No diário, ela mostra que tinha um bom olho para etiqueta, biombos e leques, para poemas e cortinas com versos impressos. Descreve como escondeu seu conhecimento das letras chinesas quando isso se tornou matéria de mexerico. Ainda mais do que o romance, o diário foi escrito para um público pequeno e íntimo. Também pode ter sido escrito para um único leitor — é endereçado a uma jovem não nomeada que poderia ser sua filha. Estaria Murasaki

Shikibu tentando ensinar à filha o que Genji ensinara a sua homônima fictícia?

Murasaki Shikibu não era a única dama da corte a manter um diário. Depois da introdução da escrita kana, os diários floresceram entre as damas da corte, que com elegância e inteligência neles registravam os casos de amor, os poemas trocados e muitos outros assuntos cotidianos. Às vezes esses textos podiam estar no limiar da fofoca; pela pena afiada de suas praticantes mais ambiciosas, porém, eles se tornaram uma forma de arte. A inteligente Shonagon, contemporânea e rival de Murasaki Shikibu, gozou de grande sucesso com seu diário franco e licencioso, o *Livro do travesseiro*. Da mesma forma, o diário da jovem que ganhara de presente o *Romance de Genji* tornou-se um clássico Heian tardio. Tal como Murasaki Shikibu, a maioria dessas mulheres eram filhas de governadores provinciais, suficientemente próximas da sociedade da corte para conhecê-la bem, mas não em posições de verdadeira influência política, o que as teria impedido de se tornar autoras.[30] Essa nova forma de literatura estava tão claramente associada às mulheres que, quando um homem publicou seu diário, os *Diários de Tosa*, apresentou-o como se fosse escrito por uma mulher.

Um autor que escreve um diário confessional — nada poderia ser mais familiar para nós hoje. Vivemos numa era do diário, das memórias, do blog. Uma primeira regra dos programas de escrita criativa é: "Escreva o que você conhece". Mas a história da literatura mostra que essa forma de escrita autobiográfica era realmente incomum. Como todas as coisas, teve de ser inventada. Há uma crença generalizada de que a escrita autobiográfica foi inventada por Santo Agostinho, na Antiguidade tardia, para relatar sua conversão ao cristianismo. Mas a escrita de si foi praticada na corte Heian por mulheres extremamente cultas. Sua própria reclusão no mundo restrito da corte deve ter sido importante para ajudá-las a inventar essa forma. Separadas do lado de fora por paredes, cortinas, biombos e leques, essas mulheres foram lançadas para dentro de si mesmas, observadoras da vida a seu redor, mas também observadoras de si mesmas. Para Murasaki Shikibu, as duas formas literárias, o romance e o diário, resultaram de um impulso semelhante de nos oferecer um vislumbre da vida interior de seres humanos reais ou imaginários. Com efeito, ela nos deu um segundo diário, este inteiramente poético e, portanto, muito alusivo, composto de poemas pessoais que foram organizados cronologicamente, proporcionando-nos miradas indiretas de sua esquiva autora, como se a espiássemos através de um biombo.

Perto do final de seu diário em prosa, Murasaki Shikibu recai na melancolia. Ela já não trabalha no *Romance de Genji* nem se corresponde com seus íntimos por meio de poemas. Tudo que lhe importa agora é seu diário, que não é escrito em papel especial, nem mesmo em papel novo. Murasaki Shikibu, que descreveu um mundo de esplêndidos leques e biombos de papel, lanternas e poemas de papel, de caligrafia e tinturas de papel, vê-se escrevendo seu diário em papel velho e usado:

Recentemente, rasguei e queimei a maioria de minhas cartas e papéis velhos. Usei o resto para fazer casas de bonecas na primavera passada e desde então não tive correspondência de que possa falar. Sinto que não devo usar papel novo, então tenho receio de que este parecerá muito gasto, mas não estou tentando ser rude; tenho meus motivos.

Por favor, devolva assim que tiver lido. Pode haver partes que são difíceis de ler e passagens em que deixei de fora uma palavra ou duas, mas simplesmente as ignore e leia até o fim. Então veja — eu ainda me preocupo com o que os outros pensam de mim, e se precisasse resumir minha posição agora, eu teria de admitir que ainda mantenho um forte sentimento de apego por este mundo. Mas o que posso fazer a respeito disso?[31]

Murasaki Shikibu estava agora desanimada e tinha perdido a fé no *Romance de Genji*, mas ainda se preocupava com sua escrita. Depois de ter sido casada com um homem mais velho e ter sido acompanhante de uma princesa, a identidade que ela escolheu conservar foi aquela que adquiriu por iniciativa própria: a de escritora.

6. Mil e uma noites com Sherazade

PRIMEIRO MILÊNIO DA ERA CRISTÃ, BAGDÁ

Quando você, leitor, teve seu primeiro encontro com *As mil e uma noites*? Eu simplesmente não lembro do meu: tenho a impressão de que sempre conheci algumas das histórias.[1] Teria sido Popeye se encontrando com Ali Babá? Simbad, o marinheiro, em um livro infantil? Ou alguém dizendo "Abre-te Sésamo"? *As mil e uma noites* estão em toda parte. Como um gênio da lâmpada, essas histórias mudam de forma e assumem muitos disfarces, prosperando em livros e no teatro, em quadrinhos e animações. Assim que uma nova forma de entretenimento é inventada, *As mil e uma noites* se apresentam, prontas para inspirar mais uma vez fascínio e suspense, prazer e horror em novos públicos.

Ao me dar conta de que tinha sido exposto a histórias das *Mil e uma noites* durante toda a vida sem ao menos me dar conta, eu quis saber de onde essas histórias vinham.

A fonte mais antiga é um pequeno fragmento do século IX. Num dos lados há o rascunho de um acordo legal, escrito por um advogado para um cliente; o verso, muito desgastado, traz a página de rosto de *As mil e uma noites*.[2] Que pistas de sua procedência podemos extrair dessa pequena prova?

A primeira é que o advogado não parecia gostar muito dessa coletânea, ou não a teria usado como rascunho. Talvez a natureza licenciosa dos contos, povoados de ladrões exibidos e amantes apaixonados, não atraísse sua mente jurídica. Mas, antes de mais nada, por que esse advogado tinha um fragmento dessa coletânea de histórias em seu escritório? Teria se entregado a uma leitura culpada e agora tentava eliminar a prova, reciclando-a? A despeito do que o advogado estivesse fazendo com esses contos, não há dúvida de que eles já eram bastante populares para terem sido escritos, vendidos, comprados e, por fim, reutilizados, de maneira surpreendentemente negligente, no século IX. Para determinar a origem das *Mil e uma noites*, eu precisava ir mais longe no passado.

Minha busca me levou a um livreiro de Bagdá, Ibn Ishaq al-Nadim. Ele viveu cem anos depois do advogado, mas por sorte tinha estudado a história dessa coletânea para elaborar um catálogo da literatura árabe. No decorrer desse enorme projeto, Al-Nadim fizera a mesma pergunta, ou seja: de onde provinham essas histórias? Conjecturou que vinham originalmente de uma coletânea persa chamada *Mil histórias* — em persa, *Hazar Afsan*. Era provável que a coletânea árabe tivesse começado como uma tradução de *Mil histórias* para o árabe com o título de *Alf Layla*, que significa "mil noites".[3] Depois que se tornou disponível em árabe, a coletânea deve ter ganhado mais histórias porque muitos dos contos têm temas e personagens árabes, e alguns dos melhores se passam em Bagdá, durante o reinado do grande califa islâmico Harun al-Rashid, que perambulava com frequência por essas histórias disfarçado, a fim de conhecer melhor o povo comum.[4]

Minha invocação favorita de Bagdá, na coleção de contos que compõem *As mil e uma noites*, é o início da história "O carregador e as três jovens de Bagdá":

Eu tive notícia, ó rei venturoso, de que um morador da cidade de Bagdá era solteiro e exercia a profissão de carregador. Certo dia, estando parado no mercado, encostado ao seu cesto de carga, passou por ele uma mulher enrolada num manto de musselina com forro de seda, usando um lenço bordado a ouro; e calçava botinas douradas presas com cordão esvoaçante e polainas de laços também esvoaçantes. Ela parou diante dele, puxou o véu, debaixo do qual apareceram olhos negros, franjas e pálpebras longas com cílios cuidadosamente alongados; [...] A jovem disse, com palavras suaves e tom sedutor: "Pegue seu cesto e me siga, carregador". Ao ouvir tais palavras, ele mal pôde se conter e, tomando o baú, acorreu e disse: "Que dia de felicidade, que dia de ventura!", e seguiu atrás dela, que caminhou à sua frente até se deter diante de uma casa em cuja porta bateu. Apresentou-se então um velho cristão a quem ela deu um dinar, dele recebendo um jarro verde-oliva de vinho que ela depositou no cesto e disse: "Pegue o cesto, carregador, e me siga". O carregador disse: "Muito bem, que dia de felicidade! Que manhã de realização! Que manhã de alegria!", e carregando o cesto foi atrás dela, que parou na loja de um verdureiro, do qual comprou maçã verde, marmelo turco, pêssego de Hebron, maçã moscatel, jasmim alepino, nenúfar damasceno, pepino pequeno e fino, limão de viagem, laranja real, mirta, manjericão, alfena, camomila, goivo, açucena, lírio, papoula, crisântemo, matricária, narciso e flor de romãzeira. Colocou tudo na cesta do carregador, que continuou a segui-la. A jovem se deteve no açougueiro e lhe disse: "Corte para mim dez arráteis de boa carne de carneiro", e lhe pagou o valor. O homem cortou conforme ela pedira, enrolou tudo e entregou a carne a eles, que a colocaram no cesto, junto com um pouco de carvão. Ela disse: "Carregador, pegue seu cesto e venha atrás de mim". Admirado, o carregador pôs-se a transportar o cesto sobre a cabeça. Ela o conduziu até um quitandeiro, de quem comprou um conjunto completo de condimentos, que continha ainda aperitivos defumados, azeitona curtida, azeitona descaroçada, estragão, coalhada seca, queijo sírio e picles adocicado e não adocicado. Colocou tudo na cesta do carregador e lhe disse: "Erga o seu cesto e me siga, carregador!", ele assim fez. Saindo do quitandeiro, a jovem foi até o vendedor de frutas secas e comprou pistache descascado para usar como aperitivo, passas alepinas, amêndoas descascadas, cana-de-açúcar iraquiana, figos prensados de Baalbek, avelãs descascadas e grão-de-bico assado. Também comprou todos os gêneros de petiscos e porções de que necessitava, depositando-os na cesta do carregador, para quem se voltou dizendo: "Pegue a sua cesta e me siga", e ele levantou a cesta e caminhou atrás da jovem, até que ela se deteve diante do doceiro, de quem comprou uma bandeja cheia com tudo o que ele tinha: doces e pães ao modo armênio e cairota, pastéis almiscarados com recheio doce, bolos e confeitos como *mãe-de-salih* amolecida, doce turco, bocados para roer, geleia de sésamo, bolos de Alma'mun, pentes-de-âmbar, dedos-de-alfenim, pão-das-viúvas, bolinhos de chuva, bocaditos-do-juiz, coma-e-agradeça, tubinho-dos-elegantes e quisquezinhos-da-paixão.[*5]

E eles ainda não terminaram de fazer as compras.

Essa história celebra os mercados de Bagdá, situados no centro de um império comercial que trazia mercadorias de lugares tão distantes quanto o Tibete, os Bálcãs e o Egito. Vemos essas mercadorias pelos olhos do carregador muito impressionado, mas também muito esperto, cuja aventura está apenas começando. *As mil e uma noites* se deleitam no mercado porque era o ambiente no qual essa coletânea de histórias se sentia em casa. Destinada a um público mais amplo do que a literatura da corte, ela nasceu e

---

* A tradução das citações do *Livro das mil e uma noites* é de Mamede Mustafá Jarouche. São Paulo: Globo, 2006, v. 1: Ramo sírio.

foi posta à venda no mercado, onde se tornou a preferida dos comerciantes.

Se essa coletânea chegou à Arábia vinda da Pérsia na mesma rede comercial que trouxe todos esses deliciosos alimentos para os mercados de Bagdá, a próxima pergunta é: quem as reuniu? Ibn Ishaq al-Nadim, o livreiro, deu uma resposta surpreendente: Alexandre, o Grande. Segundo Al-Nadim, o imperador macedônio adorava ouvir essas histórias à noite, em seu acampamento, na companhia de seus amigos e camaradas.[6]

Um mercado no Cairo, ilustração de uma edição do século XIX de As mil e uma noites.

Mas espere — Alexandre já não tinha muita leitura de cabeceira? Afinal, levava a cópia de Aristóteles da *Ilíada* em sua campanha de alcance mundial e a punha sob o travesseiro todas as noites. Aparentemente, o grande rei macedônio nem sempre achava Homero adequado quando ficava acordado à noite. Para esse propósito, preferia cardápio diferente, histórias como as contadas por Sherazade. Tratando-se de Alexandre, ele não apenas gostava dessas histórias, mas também as recolheu e fez com que fossem escritas a fim de preservá-las para a posteridade.[7] Sem dúvida, elas não iriam tirar Homero de seu lugar de honra; talvez nem chegassem à Biblioteca de Alexandria. Não obstante, Alexandre queria que perdurassem e fez o necessário para ter certeza de que assim fosse.

Identificar Alexandre como o colecionador de *As mil e uma noites* era uma teoria extravagante, mas al-Nadim estava numa pista plausível.[8] Afinal, a própria vida de Alexandre era fantástica o suficiente para que ele fosse admitido nessa coletânea.[9]

Na noite 464 das *Mil e uma noites*, ouvimos a história do encontro de Alexandre com um povo que não possuía nada (mais ou menos como os sábios filósofos indianos que ele encontrou, segundo outras fontes). Alexandre convocou o rei deles, que se recusou a vir. Com sua determinação habitual, o rei macedônio o procurou, fez perguntas e finalmente recebeu uma palavra de sabedoria: "Todo mundo é vosso inimigo porque sois rico, enquanto todo mundo é meu amigo porque não possuo nada".[10]

Mas só porque Alexandre aparece em *As mil e uma noites* isso não significa que ele tenha compilado a coletânea. Na verdade, muitos dos contos vinham de fontes consideravelmente mais antigas que o rei macedônio. Tome-se a história dos dois ladrões que planejam, cada um por si, matar o cúmplice após um roubo bem-sucedido. Quando sentam para jantar depois de feita a ação, um deles mata o outro com a espada. Satisfeito, ele termina o prato, começa a sufocar e se dá conta de que seu companheiro morto planejara matá-lo envenenando a comida. Essa história vinha dos *Contos Jataka*,[11] uma das primeiras coletâneas de histórias existentes, reunidas por sacerdotes budistas na Índia. (Mais tarde, John Huston usaria essa história em seu filme *O tesouro de Sierra Madre*.) Outra história, a do cavalo de ébano[12] que é capaz de voar, também era originária da Índia, enquanto outras provinham do mundo mediterrâneo ou da Pérsia.

Quando considerei essas fontes, perguntei-me se Al-Nadim pensou em Alexandre porque o grande conquistador estava numa posição perfeita para coletar essas histórias. Ele não era apenas um promotor comprovado da literatura, como confirmava sua dedicação a Homero; seu império também punha em contato constante algumas das regiões, da Grécia à Índia, que estavam mais intimamente associadas a coletâneas de histórias. Em todo o império de Alexandre, as pessoas estavam tomando emprestado e trocando histórias, e delas se apropriando. Alexandre talvez não fosse o verdadeiro colecionador, mas seu reinado de vida curta abrangeu grande parte da massa continental euroasiática que assegurava a rede de histórias por trás das *Mil e uma noites*.

Ainda sem resposta à minha pergunta sobre a origem desses contos, voltei mais uma vez à primeira prova, o verso da folha do contrato legal. Enquanto o examinava, meu olhar resvalou para algo a que eu não dera muita atenção: Sherazade. O fragmento continha não só a página de rosto, mas também o início, e isso significava a famosa narrativa em moldura de Sherazade, sua irmã e o rei. A chave para *As mil e uma noites* não era a origem dessa ou daquela história, mas o que as mantinha juntas, ou seja, sua inesquecível narradora. Comecei a ler a narrativa em moldura com novo interesse.

POR QUE SHERAZADE CONHECIA TANTAS HISTÓRIAS

Trata-se de um conto provocativo e estranho que começa quando o pai de Sherazade, o ministro mais importante do reino, não acredita ao ouvir a filha anunciar que se oferecerá para ser a próxima esposa do rei. Sherazade sabe muito bem que o rei ficou louco depois de ter surpreendido a esposa nos braços de outro homem, um escravo de pele escura. Cheio de dor e vergonha, o rei não sabe o que fazer senão fugir, buscando consolo na companhia de seu irmão, que logo estará num estado mental semelhante, pois descobre sua própria esposa com um amante e mata os dois. Com esse irmão, o rei vaga pelo campo e depois volta, declarando que se vingará das mulheres. Ordena que a cada noite lhe tragam uma noiva diferente. Depois de ter usufruído de seu prazer com ela, a moça será morta. O pai de Sherazade é o encarregado de procurar as mulheres e matá-las depois. E agora sua própria filha se oferece para se tornar a próxima vítima.

Litografia do século XIX do artista persa 'Ali-Khân que representa a cena de infidelidade mencionada na narrativa em moldura de As mil e uma noites.

O pai de Sherazade tenta de tudo para dissuadir a filha. Implora, ameaça, nada funciona. Em seu desespero, conta-lhe histórias de tolice obstinada, como um aviso do que lhe acontecerá, mas ela mantém seu plano. No final, ele fica sem histórias para contar e é forçado a anunciar a seu espantado senhor que Sherazade lhe fará companhia naquela noite.

Sherazade era teimosa, mas não suicida. Tinha um plano, o qual exigia a presença de uma assistente — para esse papel, escolheu a própria irmã. A irmã entraria junto com ela no quarto do rei, esperaria discretamente o fim da cópula e então pediria a Sherazade que contasse uma história. O plano funcionou, o rei concordou com o pedido da irmã, e Sherazade começou a contar histórias, histórias de grandes reis e plebeus espertos, de animais trocistas e demônios assustadores, de passagens escuras e aventuras fantásticas, histórias de magia, moral e sabedoria. Sherazade tratou de fazer com que a história estivesse inacabada ao alvorecer. Dessa forma, ganharia permissão para viver mais um dia, a fim de que o rei pudesse ouvir o final da história, ou pelo menos outro episódio.

O rei ouviu e ficou viciado. Ele queria saber o fim de cada história e o começo de uma nova, vivendo de suspense em suspense. Muitas e muitas noites se passaram dessa maneira: cópula seguida de uma história, sem fim à vista. Sherazade estava salva, desde que contasse histórias que deviam continuar na noite seguinte. A partir de então, seu destino, e o destino de todas as mulheres restantes do reino, dependeria do poder de contar histórias de uma mulher.

Como Sherazade inventou todas essas histórias? Com certeza não as inventou no momento, mas explorou o grande oceano de histórias que os seres humanos contavam uns aos outros, histórias de aventuras, amores e crimes, contos de fadas, histórias de reis famosos e histórias de sabedoria e instrução, como aquelas com as quais o pai de Sherazade tentara, sem sucesso, dissuadir a filha de sua decisão.

O impulso de contar histórias, pôr os acontecimentos em sequência, criar tramas e levá-las a uma conclusão é tão fundamental que deve estar biologicamente enraizado em nossa espécie.[13] Somos levados a fazer conexões, de A a B e de B a C.[14] No processo, desenvolvemos ideias de como chegar de um ponto ao outro, o que impulsiona uma história para a frente, seja a resposta ao destino cósmico, as forças sociais ou a vontade de um protagonista. Muitas vezes os personagens guardam um segredo que não devem revelar e, no entanto, ansiamos por descobri-lo e, pela lei da narrativa, o segredo é forçado a se revelar, ainda que apenas para satisfazer a curiosidade do rei — e a nossa. Não importa quais forças secretas movam esses protagonistas, nós os vemos atravessar circunstâncias hostis ou amigáveis, e antes que percebamos, o contador de histórias criou um mundo inteiro.[15]

Com frequência, os mundos de nossas histórias obedecem a regras diferentes, algumas fantásticas, outras sóbrias, algumas situadas no passado remoto ou partes remotas do mundo, outras mais familiares e mais próximas de casa. Isso é o que a imaginação e a linguagem nos possibilitam fazer, criar cenas que são diferentes do que vemos diante dos olhos, inventar mundos com palavras. Sherazade era insuperável nessa tarefa, levando o rei e sua irmã de trama a trama, protagonista a protagonista, mundo a mundo. Nesse universo da narrativa, qualquer um que se encontre na rua guarda uma história, muitas vezes cheia de maravilhas e coincidências; um mendigo pode ter nascido rei, e até mesmo um simples carregador pode ter algo a contar: todo mundo é uma história.

Durante muito tempo a narração existiu antes do radar da literatura e, depois, abaixo. Histórias eram contadas oralmente por narradores profissionais ou amadores, e só em raras ocasiões elas se insinuavam no mundo exclusivo da literatura. Mas, por fim, mais e mais histórias encontraram escribas dispostos a preservá-las e reuni-las em coleções maiores. Com menos prestígio do que as escrituras sagradas, e não tão refinados quanto o *Romance de Genji* de Murasaki, esses contos estavam à venda no mercado. Embora fossem algumas vezes recolhidos em bibliotecas, seu público principal eram os comerciantes (que poderiam se identificar com o inventário do mercado de Bagdá apresentado em "O carregador e as três jovens de Bagdá").[16]

Depois de reler a narrativa em moldura de Sherazade e o rei, percebi que o que parecia o relato de uma imaginosa contadora de histórias orais era, na verdade, o relato de um leitor ávido. Sem querer, seu próprio pai a preparara para essa tarefa quando lhe franqueou sua biblioteca. Durante toda a infância e adolescência, Sherazade passou seus dias devorando tudo o que havia lá, da literatura à história e à filosofia; até mesmo os tratados de medicina não escaparam de sua atenção. Ela adquiriu a reputação de leitora e estudiosa, uma heroína livresca, cujo lar natural era a biblioteca, não a cama do rei, até que combinou as duas, transformando a cama do rei num lugar de contar histórias.

Para encontrar a origem de *As mil e uma noites*, eu precisava descobrir quem inventara Sherazade. A resposta estava escondida em sua função, no que ela fez para a coletânea de histórias. Sherazade não só contou as histórias, mas também as selecionou, organizou e adaptou à situação em que se encontrava, diante de um rei enlouquecido. Nisso, ela se assemelhava aos escribas que realmente selecionaram, organizaram e adaptaram as histórias que ouviram de todo o mundo, as escreveram e as puseram nessa e em outras coletâneas de histórias. Comecei a pensar em Sherazade como a personificação desses escribas, e no modo como eles se inscreviam na história. Sherazade era aquela que controlava as histórias, a rainha dos escribas.

Ao inventar Sherazade como uma versão mais atraente deles mesmos, os escribas que nos deixaram *As mil e uma noites* haviam topado com uma poderosa ferramenta, o que agora chamamos de *narrativa em moldura*, uma história como aquela em que Sherazade é forçada a inventar histórias para salvar a vida. As molduras forneceram o drama e aumentaram as apostas em cada história. Elas criaram suspense ao tornar necessário ganhar tempo.[17] Também deram às histórias um novo objetivo. Muitas noites, Sherazade contou sobre traições conjugais e infidelidades, tanto de homens como de mulheres, como se dissesse ao rei que a infidelidade faz parte da vida; outras histórias mostravam exemplos de constância, como para lembrar a ele que a fidelidade era possível. Um bom número de histórias girava em torno de reis bons, sobretudo Harun al-Rashid, o famoso califa de Bagdá, como se implorasse ao rei para se tornar um bom governante novamente.[18]

Por fim, Sherazade venceu. Suas histórias afastaram o rei de seu ódio assassino contra todas as mulheres, ensinando-o a ser um bom marido e um bom rei de novo. Este é o final feliz da inesquecível narrativa em moldura de algumas versões de *As mil e uma noites*: o rei se curou, desistiu de sua vingança e se casou com Sherazade, que se mudou para o palácio com toda a sua biblioteca. Sua irmã, que tinha pacientemente pedido mais e mais histórias, foi dada em casamento ao irmão do rei.

COMO CRIAR NARRATIVAS EM MOLDURA

Ao longo do tempo, as narrativas em moldura tornaram-se ímãs que magnetizaram certos contos para si, eliminando outros. Tendo Sherazade como sua principal contadora de histórias, *As mil e uma noites* atraíram aqueles contos que falavam de amor e realeza, histórias que poderiam ter alguma chance de converter o rei; histórias inadequadas a esse fim provavelmente foram ignoradas. As molduras nem sempre controlavam todos os contos dentro delas, mas ao longo do tempo funcionavam como mecanismos de classificação, dando forma e identidade a toda uma coletânea.

As mil e uma noites não foram a única, nem a mais antiga, coletânea de histórias com uma narrativa em moldura. Uma narrativa famosa desse tipo são os *Contos Jataka* indianos (dos quais *As mil e uma noites* tomaram emprestadas várias histórias), que consiste em fábulas de animais, mas a moldura lhes acrescenta um toque completamente diferente: são contadas por Buda. Ele as usou para instruir seus alunos, ensinar-lhes lições e ajudá-los a lembrar importantes pontos de doutrina com o artifício de colocar-se dentro delas. Por exemplo: depois de contar a história do pato que tinha penas de ouro para no final das contas ser depenado, Buda revelou que, numa encarnação anterior, ele, o próprio Buda, fora o pato generoso maltratado por tanta cobiça. Os escribas que fizeram essa coletânea usaram fábulas de animais como veículo para disseminar as palavras de Buda. Os *Contos Jataka* são um dos registros escritos de Buda (ao lado dos sutras budistas) que mostram o quanto determinada moldura pode adicionar direção e objetivo ao que de outra forma seria apenas outra coletânea de fábulas de animais.

Buda parece muito diferente de Sherazade, mas a jovem tinha um parente na Índia, onde outro escriba criou uma coletânea contada por um papagaio.[19] Tal como ela, o papagaio precisa distrair sua dona noite após noite com sua habilidade de contar histórias, embora com um propósito diferente: a mulher começara a lançar olhares para outros homens enquanto o marido estava ausente e o papagaio fiel quer impedi-la de cometer adultério.[20]

A narrativa em moldura mais assustadora também vem da Índia.[21] Um rei é induzido por um eremita de passagem a entrar num assustador cemitério para pegar um cadáver que está pendurado numa árvore próxima. Quando o rei toca no corpo, um riso angustiante irrompe de dentro, e ele percebe que um vampiro habita o cadáver. Como é corajoso, arranca o corpo da árvore, inclusive o vampiro que nele reside, joga-o sobre o ombro, e dirige-se à saída. O vampiro parece bem feliz de ir junto e, para passar o tempo, conta uma história e depois pergunta ao rei qual é a moral. Como o rei não consegue uma resposta satisfatória, o vampiro voa de volta para a árvore e tudo recomeça.

Essa compilação de contos foi encontrada no *Katha Sarit Sagara*, o *Oceano das ondas de história*, coletado por Somadeva, um escriba brâmane de Caxemira, no século XI. Diante de tantas coletâneas, Somadeva havia tirado a única conclusão sensata: criara uma supercoleção que abrigava, em seus dezoito volumes, diferentes coleções, muitas com molduras próprias, e as combinava todas dentro de uma narrativa em moldura.

O número de contos é incomensurável, como gotas nos rios que formam o oceano de todas as histórias existentes. Os escribas criavam molduras com as quais pescavam esses contos e os organizavam de diversas maneiras. Preservavam-nos colocando-os na boca de narradores que os contavam conforme seus próprios objetivos, para convencer os ouvintes, diverti-los, distraí-los, educá-los ou passar o tempo. As narrativas em moldura mais inteligentes, quer apresentassem homens sábios, mulheres corajosas, papagaios espertos ou vampiros condescendentes, se tornaram uma maneira de reunir o maior número possível de histórias e ainda lhes dar estrutura, propósito e significado, além de criar ressonâncias entre elas. Essa técnica nova era tão poderosa que autores posteriores a copiaram livremente, a tal ponto que escreveram suas próprias coletâneas de histórias e suas próprias molduras. A história literária está cheia dessas coletâneas de contos modernas, fazendo das coleções com narrativas em moldura uma das grandes formas da literatura universal, que se estende da era clássica até o presente.

Tudo isso era muito interessante, mas eu ainda não descobrira a origem de *As mil e uma noites*. Enquanto pensava nisso, tive um sonho. Nele, entreouvi Sherazade contar a seguinte história: *Durante o reinado de Harun al-Rashid, havia um escriba que vivia na cidade de Bagdá. Era um copista de documentos e contratos. Não tinha esposa nem filhos, e passava o tempo em companhia de livros e livros-razão. Uma noite, ele ouviu uma batida na porta. Não esperava visitantes, mas a batida pareceu amigável e ele abriu a porta. À luz bruxuleante de sua vela, viu uma criatura estranha, vestida com roupas estrangeiras. De início ele pensou que poderia ser o califa de Bagdá, conhecido por andar disfarçado pelas ruas. Hesitante, perguntou o nome da criatura, mas ela só disse algumas palavras que soaram como "Hazar Afsan", a expressão persa para mil histórias. Vendo que ela não tinha lar, o escriba a deixou entrar em sua casa. A criatura revelou-se uma companhia tão encantadora que o escriba permitiu que ela ficasse. Ensinou-lhe palavras e costumes árabes, e deu-lhe um nome árabe apropriado: Alf Layla. O jeito simples de Alf logo o tornou querido dos comerciantes, que o deixavam permanecer entre as suas barracas no mercado, onde dormia com frequência durante o dia. Quando o sol se punha, Alf ganhava vida e distraía e divertia comerciantes e habitantes da cidade, qualquer um que quisesse encontrá-lo, até que esquecessem seus medos e preocupações.*

As notícias a respeito de Alf chegaram aos ouvidos de um gênio ciumento. O gênio escondeu-se atrás de um saco de amêndoas num canto afastado do mercado, e quando Alf passou, cansado de uma noite de diversão, o gênio de repente avançou e se fez tão grande quanto uma casa. Alf olhou para a figura imponente e disse: "Meu querido gênio, estou feliz que você tenha vindo. Sempre quis conhe-

cê-lo. Só que meu pescoço dói se eu olhar tão alto. Você pode se fazer menor para que possamos conversar com mais facilidade?". Ninguém jamais falara com os gênios dessa maneira, como se tivessem sido amigos o tempo todo. Espantado, o gênio esqueceu suas más intenções e os dois se tornaram excelentes amigos.

Quando chegou a hora de se separarem, o gênio deu a Alf uma máquina voadora feita com o melhor papel. "É melhor do que um tapete voador porque é muito leve. Só tome cuidado para não rasgar", advertiu o gênio. Com muito cuidado, Alf subiu no tapete de papel e passou a voar com ele para onde quisesse ir, até Cairo e Damasco, ganhando admiradores em toda parte. Intocado pela idade, viveu dessa maneira durante séculos, até que ficou inquieto de novo e usou o tapete de papel para voar por sobre o mar para a Europa. Primeiro, Alf foi aceito por um francês entusiasmado, que lhe ensinou a língua francesa. Na Inglaterra, fez companhia a um viajante britânico de inclinações sexuais incertas. Apesar dessa companhia questionável, Alf foi logo festejado em toda a Europa.

Quanto mais famoso se tornava, mais pessoas perguntavam: quem é você? De onde você é? A procura pela ascendência de Alf tornou-se uma obsessão. Estudiosos chegaram de longe para examiná-lo, muitas vezes agarrando a criatura de maneira descortês. Alguns declararam que ele tinha origens árabes; outros notaram seu nome persa; um terceiro grupo suspeitou de sangue indiano. As abordagens inoportunas ameaçaram rasgar a delicada máquina de papel. Exasperado, Alf finalmente exclamou: "Basta, vocês não entendem que sou órfão? Aqueles que procuram meus pais só encontrarão a eles mesmos. Eu sou o produto de seus próprios sonhos e desejos. Aceitem-me como parte de vocês mesmos ou se livrem de mim". Então ele remendou seu tapete de papel e voou para longe.

Ao acordar, entendi a primeira parte do sonho como uma advertência contra a busca pela origem de *As Mil e uma noites.*

Era óbvio que eu estava fazendo a pergunta errada. Enquanto meus pensamentos não conseguiam se desvencilhar do sonho, imaginei Sherazade me dizendo outra coisa. Voltei ao fragmento mais antigo dos contos, aquele que o advogado usou como rascunho, e me dei conta de que tinha esquecido a pista mais importante, que não era a narrativa em moldura de Sherazade.

A pista mais importante era o fato de que aquele fragmento de *As mil e uma noites* do advogado constituía a primeira prova da existência de um livro de papel no mundo árabe. Em vez de buscar origens, eu precisava procurar pela tecnologia, nesse caso o papel, que dera a essas histórias asas para voar da Índia para a Pérsia e de Bagdá para o Cairo, como se impulsionadas pelos poderes mágicos de um gênio.

A TRILHA ÁRABE DO PAPEL

Inventada na China, a arte de fabricar papel foi mantida em segredo durante séculos, período durante o qual transformou a sociedade, acelerando, por exemplo, a multiplicação dos sutras budistas.[22] Uma vez que era singularmente liso e, no entanto, podia absorver a tinta com perfeição, o papel permitia uma precisão sem precedente na escrita, o que resultou no florescimento da caligrafia.

A Coreia e o Japão aprenderam com entusiasmo a arte da fabricação de papel devido a seus laços culturais estreitos com a China (como mostra o *Romance de Genji*). Os vizinhos a oeste dos chineses podiam ver e comprar esse material milagrosamente fino e leve, mas não sabiam como produzi-lo — os fabricantes tinham jurado segredo. E por centenas de anos tal segredo permaneceu na esfera cultural chinesa.

A história de como esse segredo foi revelado provavelmente

não é confiável, mas mostra o alto conceito de que gozava o conhecimento da fabricação de papel, bem como a rota pela qual essa atividade chegou à Arábia. A transferência do conhecimento ocorreu quando a crescente esfera cultural chinesa encontrou os antepassados de Harun al-Rashid, residentes em Bagdá, que estavam tentando uma expansão para o leste. As duas potências se enfrentaram em julho de 751, na Batalha de Talas, onde hoje é o Cazaquistão.

A cidade de Talas era crucial porque estava localizada na Rota da Seda que ligava a China e a Pérsia.[23] Na batalha, os árabes prevaleceram graças às defecções do lado chinês; muitos dos 10 mil guerreiros chineses foram mortos. Alguns foram feitos prisioneiros, entre eles fabricantes de papel. Não há registros de como os árabes conseguiram as informações sobre o fabrico de papel, se extraíram o segredo pela força e, se assim foi, de que modo. Mas o que importa é que extraíram, e a tecnologia mais poderosa da escrita caiu nas mãos do mundo árabe em expansão. (A Batalha de Talas também diminuiu a influência do budismo na região, levando, em última instância, ao fechamento das Cavernas dos Mil Budas, onde o mais antigo livro impresso subsistente foi encontrado no final do século xix.)

Os árabes aperfeiçoaram a tecnologia recém-adquirida. O papel chinês em geral era feito das fibras da amoreira, importante árvore da cultura chinesa porque também hospedava o bicho-da-seda. As amoreiras não se desenvolviam bem no mundo árabe e era preciso encontrar um substituto. Os árabes descobriram a solução perfeita: trapos velhos. Ao ser batida e receber outros tratamentos, a fibra contida nos panos podia ser decomposta a fim de formar a base para o papel. Essa substituição foi fundamental para a história do papel, possibilitando que ele deixasse sua pátria ancestral no Leste Asiático. A partir de então, os coletores de pano perambulariam pelo mundo onde o segredo da fabricação de papel era conhecido.

No início, essa fabricação esteve centrada em Samarcanda, hoje no Uzbequistão, mas logo se espalhou pela Rota da Seda, via Pérsia, até o centro do mundo árabe e sua capital Bagdá, governada por seu mais famoso califa, Harun al-Rashid. Um grande território como esse necessitava de uma grande burocracia, e as vantagens do papel sobre suas alternativas, o papiro e o pergaminho, logo ficaram evidentes. Seguindo a recomendação de seu sábio vizir, Harun al-Rashid transformou Bagdá no centro da fabricação de papel do mundo árabe, com seu próprio mercado papeleiro.[24] As histórias de *As mil e uma noites* seguem a mesma rota de Samarcanda para a Pérsia e, depois, para a Bagdá de Harun al-Rashid.

O papel alimentou uma explosão de escrita e atividade intelectual, abrindo uma época de ouro das letras árabes.[25] Harun al-Rashid criou a primeira biblioteca pública do mundo árabe, uma instituição que seu filho transformaria em Casas da Sabedoria — centros de conhecimento, erudição, ciências e matemática (razão pela qual usamos algarismos árabes em vez de romanos no Ocidente). Essas casas logo impulsionaram o mundo árabe para a vanguarda do conhecimento numa época em que a queda de Roma inaugurava uma era de declínio na Europa.[26] Devido à importância de Bagdá para a cultura escrita, grandes folhas de papel fino ficaram conhecidas como *baghdadi*.

A grande questão era se o papel deveria ser usado para escrituras sagradas. Como outros mestres carismáticos, o profeta Maomé não escreveu: ele recebeu o Alcorão por inspiração divina, a partir de 610 d.C., e à medida que o recebia ele o recitava a seus seguidores.[27] Mas alguns deles começaram a escrever o que ouviam (ou recitá-lo aos escribas), ainda durante a vida do profeta ou depois de sua morte, no ano de 632.[28] Originalmente, essa escrita era feita em ramos de palma, folhas de palmeira, papiro ou outros materiais.[29] Quando se criou um texto mais completo, esses fragmentos foram escritos em folhas de pergaminho e encadernados em códices, o formato preferido dos cristãos no Império Romano.[30] Desse modo, outro professor que não escrevera uma só palavra acabou por ser a figura por trás de uma nova escritura sagrada que, como todas as outras escrituras sagradas, inspirou tradições de fundamentalismo textual que perduraram até nossa época.

Quando o papel chegou ao mundo árabe, os escribas acostumados ao pergaminho logo reconheceram as vantagens do novo material. No começo, mantiveram-se fiéis ao pergaminho para o Alcorão sagrado, devido ao status tradicional desse material.[31] Por fim acabaram usando papel também para o Alcorão, sinal definitivo de que o material conquistara o mundo árabe. Ele era perfeito para a arte da caligrafia (qualidade também apreciada no Leste Asiático), dando origem aos refinados estilos de escrita hoje tão intimamente associados à cultura árabe e às produções do Alcorão.

Tendo em vista que era mais barato e baixava o custo de produzir literatura, o papel era perfeito para contos populares como os de *As mil e uma noites*, que se deram melhor nesse suporte do que qualquer outro tipo de literatura. É por isso que o fragmento de papel mais antigo não é do Alcorão, mas dessa coletânea de histórias populares, que ganhou mais e mais contos em seu novo suporte, o papel. Talvez por isso ela tenha transformado Harun al-Rashid, o maior patrocinador do papel no mundo árabe, no soberano de tantos de seus contos.

Se no Japão o maior impacto do papel foi sobre Murasaki Shikibu, a sofisticada criadora do *Romance de Genji*, no mundo árabe ele abriu caminho para uma forma precoce de ficção popular. A compilação de histórias indianas *Panchatantra*, destinada à educação de príncipes, foi traduzida para o persa como *Kalila e Dimna* e, depois, para o árabe justamente quando o papel estava ganhando força. As mudanças na tecnologia da escrita tendiam a ter esse duplo efeito. De um lado, possibilitavam a prosperidade dos textos fundamentais mais antigos (embora os textos sagrados às vezes hesitem mais para adotar novas tecnologias, como foi o caso do Alcorão). Isso não surpreende, uma vez que os textos fundamentais costumam estar no centro de uma cultura da escrita e, portanto, em posição privilegiada para aproveitar as novas tecnologias. Ao mesmo tempo, essas novidades tendiam a baratear a escrita, reduzindo assim a barreira para a entrada no mundo da escrita. O resultado era invariavelmente um florescimento da literatura popular. *As mil e uma noites* se beneficiaram desse efeito: tendo existido fora do radar dos escribas, os contos se afirmavam agora como uma nova e atraente forma de literatura. E, graças ao papel, a literatura tornou-se mais compacta e mais leve do que nunca, permitindo uma fácil circulação de *As mil e uma noites* entre Damasco, Cairo e Istambul.

A expansão do Império Árabe levou finalmente o papel e *As mil e uma noites* à Europa, quando invasores muçulmanos capturaram grande parte da Espanha. Ainda contamos papel em resmas, palavra que foi adotada pelo espanhol da *rizma* árabe.[32] A partir dali, o material se infiltrou lentamente na Europa cristã, onde de início encontrou a resistência de escribas acostumados ao pergaminho (tal como ocorrera entre os escribas árabes encarregados de copiar o Alcorão). Mas essa resistência não durou muito, e, por fim, a Europa cristã reconheceu as vantagens do papel. Primeiro foi a Sicília, que havia muito abrigava uma população árabe considerável, depois o norte da Itália. Uma das primeiras fábricas de papel ao norte dos Alpes foi montada em 1390, em Nuremberg. É espantoso, mas foram necessários mais de setecentos anos para o papel viajar de Samarcanda à Europa. *As mil e uma noites* logo vieram em sua esteira, alimentando a imaginação de escritores europeus como Boccaccio e Chaucer, que ficaram tão fascinados que criaram suas próprias versões, plagiando livremente, ou melhor, adaptando o que conseguiam encontrar.

Quando foram vertidas para o francês, *As mil e uma noites* causaram tamanha sensação que o tradutor Antoine Galland não conseguia traduzir com rapidez suficiente. As pessoas o assediavam nas ruas, solicitando a continuação. Com suas reviravoltas fantásticas, os contos não eram amados por todos, mas sua popularidade os tornava irresistíveis. Então aconteceu o impensável: acabaram-se as histórias. Nesse momento difícil, em 1709, Galland pensou em sua heroína Sherazade e se deu conta de que precisava encontrar mais histórias. Em vez de uma dama persa, encontrou o jovem sírio Hanna Diyab, um rematado contador de histórias que produziu mais e mais contos, combinando diferentes histórias de maneira inventiva. Algumas das histórias mais famosas, como as de Aladim e Ali Babá, foram produzidas dessa maneira; jamais se encontrou um original árabe ou otomano delas.[33]

Todas as primeiras versões de *As mil e uma noites*, inclusive a mais longa, que é a síria, foram escritas em papel, mas não impressas: estão todas escritas à mão. Em retrospecto, é surpreendente que o mundo árabe tenha adotado com entusiasmo o papel, mas tenha mostrado pouco interesse pela impressão, que na China estava tão intimamente associada ao papel. Uma das razões era que, sendo cursiva, ficava mais difícil representar as letras da escrita árabe em tipos separados. Os escribas árabes também criaram uma técnica eficiente para reduzir erros de cópia. Um leitor recitava o texto para toda uma bateria de escribas, que por sua vez o recitavam a um grupo próprio, limitando assim o número de gerações de cópias. Reproduzidas à mão (e boca), *As mil e uma noites* eram populares, mas permaneciam valiosas. Os contadores de histórias copiavam o texto para aprender histórias de cor, como a própria Sherazade, e depois passá-las adiante. A primeira versão impressa em árabe só foi produzida no século XIX, sinal da ambivalência que muitos sentiam em relação a essa coletânea (a primeira versão impressa do Alcorão foi feita em 1537, em Veneza).[34]

Isso faz do mundo árabe um grande teste para os efeitos transformadores do papel sem impressão, resultando não só em belas versões do Alcorão, adornadas por caligrafia, mas também em literatura popular, como os contos fascinantes narrados por Sherazade. Aqui, o papel revela seus dois lados: cria uma alta cultura baseada em suas qualidades caligráficas e uma cultura popular originada de sua ampla disponibilidade. Foi devido a essas duas características que o papel, tecnologia digna de um gênio, ajudou *As mil e uma noites* a percorrer o mundo.

A ISTAMBUL DE ORHAN PAMUK

Se era impossível, e sem sentido, estabelecer uma única origem para *As mil e uma noites*, então eu queria pelo menos avaliar sua influência sobre os escritores contemporâneos. Como não podia ir a Bagdá, decidi ir a Istambul para conhecer Orhan Pamuk, laureado com o prêmio Nobel de 2006, cujos romances incluem temas e personagens da famosa coletânea de histórias.

Com a preciosa ajuda de amigos pude encontrá-lo em seu apartamento, perto do bairro de Taksim, alvo de recente gentrificação, que exibe uma mistura encantadora de cafés da moda, brechós, antiquários e casas de banho antigas. Havia um guarda postado na porta, lembrete de que Pamuk tem passado por momentos difíceis. Embora, no início, muitos turcos tivessem ficado contentes por ver um compatriota vencer no mercado internacional, mais recentemente ele se tornara objeto de controvérsia ao usar a expressão "genocídio armênio" em entrevista a um jornal estrangeiro, em referência ao assassinato de milhões de armênios turcos no final da Primeira Guerra Mundial.[35] Ele foi imediatamente processado pelo governo por "difamar a Turquia" e recebeu ameaças de morte de direitistas violentos. Mudou-se para Nova York até que a ação judicial foi retirada devido à pressão da comunidade internacional. De volta a Istambul, ainda precisava ter cuidado. Seu apartamento — ele se refere ao imóvel como escritório, embora viva sobretudo ali há dezesseis anos — tem vista para o Bósforo e, ironicamente, tendo em conta sua relação conflituosa com o islã, para uma bela mesquita.

A obra de Pamuk mergulha com frequência no Império Otomano e sua longa história, então eu esperava que ele também abraçasse *As mil e uma noites*. Com sua monótona entonação turca, ele me explicou que por muito tempo evitara essas histórias porque elas sugeriam uma visão exótica e não representativa do mundo islâmico — mais para Galland do que para a autêntica literatura islâmica. Pamuk não disse, mas suspeito que as histórias fossem demasiadamente populares. Afinal, ele escrevia dentro da tradição do romance europeu, especialmente do romance russo, como explicou ao longo de uma série de conferências em Harvard.[36] Eu percebia o que estava em jogo: contadores de histórias de Bagdá em geral não recebem o prêmio Nobel de Literatura.

Contudo, até mesmo Orhan Pamuk não pôde evitar por completo *As mil e uma noites*. Quando comentei a frequência com que figuras e motivos dessa coletânea aparecem em sua obra, ele admitiu que de algum modo essas histórias acabaram entrando em seus escritos.

A reação de Pamuk faz sentido à luz da surpreendente jornada de *As mil e uma noites* do Oriente para o Ocidente. A obra é tanto um produto da Europa quanto da Índia e da Arábia, um estranho híbrido entre Oriente e Ocidente, que não pertence propriamente a nenhum dos dois. O que importa de fato não é a origem das histórias, mas a engenhosidade daqueles que as coletam, escrevem, distribuem e usam. E daí, que é que tem se inspiraram um contador de histórias sírio do século XVIII a acrescentar novos textos, obedecendo às demandas do mercado?

Encorajado por essa conversa, comecei a passear pelas ruas de Istambul e me encaminhei ao bairro de Nişantaşı, onde Pamuk cresceu em um prédio de apartamentos que leva o nome da família que é sua proprietária: Apartamentos Pamuk (no livro *Istambul*, autobiográfico, ele descreve o deslocamento de famílias de tendências ocidentais de moradias tradicionais para edifícios de apartamentos "modernos"). Mas o que eu estava procurando não era o jovem Pamuk, mas Aladim, o nome de uma loja que vende de tudo, que aparece com destaque em seu romance *O livro negro*.

Espécie de romance policial, *O livro negro* gira em torno de um assassinato ocorrido perto da loja Alâaddin. Quando localizei a loja, ela mais parecia um quiosque, superlotada com tudo o que alguém pode querer e de que não precisa, de brinquedos a livros. Enquanto tentava entender aquele lugar estranho, me dei conta de que o quiosque Alâaddin era uma escolha brilhante: de fato, *As mil e uma noites* são a loja de brinquedos da literatura à qual todos os leitores e escritores podem ir em busca de diversão e conhecimento.

Eu estava com Pelin Kivrak, uma das assistentes de Pamuk, e o professor Paulo Horta, um especialista em *As mil e uma noites*. Passeávamos pelo bairro e ela apontava para diferentes lugares que faziam parte do romance de Pamuk. A certa altura ela nos levou a uma casa perfeitamente comum e a identificou como a residência do protagonista de *O livro negro*. Estávamos os três ali, esticando o pescoço, olhando para o apartamento. Eu não sabia bem o que pensar. De repente uma janela se abriu e alguém olhou para nós, desconfiada, decerto perguntando-se por que aquelas três pessoas estavam olhando e apontando para seu apartamento. Os dois mundos, a Istambul normal e a Istambul de Pamuk, começavam a se sobrepor ou até mesmo a entrar em choque.

Foi quando me dei conta de como pode ser absurdo viajar movido pelo desejo de procurar vestígios da ficção no mundo real. Ao mesmo tempo, aquela cena também expressava o poder da literatura. De algum modo Pamuk conseguira transformar um apartamento perfeitamente normal em algo especial, impregnando-o de uma ficção que nos atrai para sua órbita. Talvez em algum momento os moradores venham a perceber que não são mais habitantes comuns dessa parte de Istambul, mas que, por algum milagre, foram transportados para um romance, uma maravilha digna de *As mil e uma noites*.

7. Gutenberg, Lutero e o novo público da imprensa

c. 1440, MAINZ

Johannes Gensfleisch aguardava com ansiedade a feira de 1439. A cada sete anos, a catedral de Aix-la-Chapelle (Aachen), na fronteira entre a França e a Alemanha, exibia suas preciosas relíquias aos peregrinos.[1] No dia marcado, o clero e o conselho da cidade entravam na catedral por diferentes portas e convergiam para a caixa de madeira que abrigava as relíquias. Um prateiro retirava cada objeto, lia a etiqueta anexada e colocava cuidadosamente a preciosidade num estojo de transporte de madeira. Depois de cheio, o estojo era levado em procissão ao altar. Uma banda de músicos ia à frente, seguida pelo clero e pelos conselheiros municipais, todos carregando velas. Os sinos da igreja tocavam, uma trombeta soava, e, quando as relíquias chegavam ao altar, ouvia-se uma salva de canhão.

Eram apenas as preliminares do espetáculo principal. Os sinos tocavam sem parar durante meia hora e, de repente, silenciavam. Então cada relíquia, depois de erguida para que todos pudessem vê-la, era cuidadosamente disposta sobre um veludo preto, acompanhada pelo som ensurdecedor de centenas de cornetas que, para marcar a ocasião, os peregrinos haviam levado, as chamadas cornetas de Aix-la-Chapelle.[2] A túnica amarela e branca da Mãe do Salvador seria mostrada assim, bem como os panos que enfaixavam o Salvador. A catedral também exibia o pano que foi posto sobre o corpo de são João Batista após sua decapitação, bem como aquele que o Salvador usava em torno dos quadris na hora terrível de sua morte. Além dessas relíquias grandiosas, a catedral possuía parte da corda com a qual o Salvador fora amarrado em sua paixão e um pequeno fragmento da esponja que serviu para confortá-lo na cruz, uma partícula dessa cruz e dois dentes do apóstolo são Tomé. Não bastasse, a catedral alegava ter dois ossos, um do ombro e outro da perna, de santa Maria Madalena.

A multidão reunida para testemunhar esses tesouros era imensa. Dezenas de milhares, talvez até 100 mil peregrinos acorriam àquela cidade medieval, ansiosos para pôr os olhos sobre os objetos sagrados. A catedral, porém, não comportava todos eles, e guardas eram postados em torno dela. Quem não conseguia entrar ocupava todos os espaços abertos ao redor e subia em telhados próximos, a fim de ter um vislumbre daqueles objetos misteriosos que prometiam transportar seus espectadores para o Oriente Próximo, para Jerusalém e a paixão religiosa que lá acontecera 1400 anos antes. O maior milagre de todos era que, pelo simples fato de estarem na presença dessas relíquias, aos peregrinos era prometida a remissão de todos os pecados. Não admira que se mostrassem ansiosos para ficar perto delas.

Gensfleisch não estava pensando nas relíquias ou na remissão de seus pecados, mas meditava sobre um problema técnico: muitos peregrinos estariam muito longe para ver, sentir e tocar as relíquias. Aix-la-Chapelle encontrara uma solução para esse problema; os peregrinos podiam comprar um ornamento pequeno, com cerca de dez centímetros de altura, que mostrava figuras sagradas, feitas de estanho.[3] Quando as relíquias eram exibidas, eles podiam erguer esses ornamentos e captar os raios que delas emanavam. Alguns ornamentos tinham um pequeno espelho anexado para aumentar esse efeito, e por isso eram chamados de *espelhos de peregrinos* — eles funcionavam à distância e permitiam que cada peregrino, por mais longe que estivesse do santuário, levasse para casa um pouco do brilho das relíquias.[4]

A demanda por esses espelhos era tão grande que os ferreiros de Aix-la-Chapelle, cuja guilda gozava do monopólio de fabricá-los, não conseguiam atendê-la. Na expectativa da feira seguinte, o conselho municipal decidira suspender o monopólio durante o evento.[5] Qualquer pessoa teria permissão para vender espelhos de peregrinos. Era nisso que Gensfleisch estava pensando: pressentia uma oportunidade de negócios.

Gensfleisch contemplava essa perspectiva 270 quilômetros ao sul, em Estrasburgo, para onde se mudara recentemente. Ele vinha de uma família de ricos comerciantes de Mainz, sua cidade natal, e recebera uma educação decente, adquirindo proficiência em latim (o que lhe deu acesso à literatura religiosa e filosófica disponível nessa língua).[6] Além dessa formação acadêmica, obtivera conhecimentos práticos, como fundição de metais. Mas não era membro da guilda dos ourives, nem um mestre certificado dessa profissão.[7] A renda de sua família vinha das terras que possuíam em Mainz e arredores, e do comércio de longa distância pelo rio Main. Os membros dessa classe eram conhecidos pelo nome de sua residência principal na cidade. No caso de Gensfleisch, era o Hof zum Gutenberg, razão pela qual ele era às vezes chamado de Johannes Gutenberg.[8]

Eram seus conhecimentos de metalurgia que Gutenberg estava agora procurando levar para a fabricação de espelhos de peregrinos. Através de tentativa e erro e graças à sua experiência com fundição de moedas, ele descobrira uma maneira melhor de fabricar essas quinquilharias, que empregava uma técnica complicada e imprecisa, usando areia. Inventara um novo instrumento de fundição e sabia que poderia produzir os espelhos em maior quantidade e com maior precisão.[9] Tendo em vista o tamanho do mercado, essa vantagem técnica poderia se traduzir em um belo lucro.

Para se instalar, precisava de mão de obra e materiais, ou seja, capital. Onde obtê-lo? Quando morava em Estrasburgo, enfrentara dificuldades. Primeiro, fora acusado de quebrar a promessa de casamento que fizera à filha de um proeminente morador da cidade.[10] Gutenberg não queria refletir sobre os detalhes desse caso infeliz, nem sobre o julgamento, durante o qual amaldiçoara uma testemunha e fora prontamente multado pela cidade.[11] Uma vez que nem sequer era cidadão de Estrasburgo, precisava ter mais cuidado no futuro. Depois, passara por todo tipo de preocupações financeiras. Sua família tinha combinado uma pensão para ele que seria paga pela cidade de Mainz. Com dificuldades financeiras, Mainz simplesmente suspendera os pagamentos. Mas Gutenberg não deixou por menos. Quando um escriba oficial da cidade apareceu em Estrasburgo para tratar de um negócio não relacionado ao caso, Gutenberg tomou a lei em suas próprias mãos e apoderou-se dele. Esse episódio mostra traços essenciais para um inventor: impiedade, até mesmo imprudência em face da oposição.

Depois de muita negociação entre Mainz e Estrasburgo, Mainz cedeu e concordou em pagar a pensão. Mas, mesmo reavendo o dinheiro da cidade, Gutenberg ainda precisava de fundos adicionais. Em vez de fazer um empréstimo, montou uma empresa na qual entraria com sua invenção, enquanto os outros sócios entrariam com outras habilidades técnicas e capital. Com a suspensão do monopólio das guildas na produção de espelhos,

Gutenberg e sua empresa poderiam fazer e vender espelhos à vontade. Mas o outro lado dessa liberdade era que eles estavam inteiramente por conta própria, sem a proteção que uma guilda conferia a seus membros. Se outros tivessem notícia do negócio, nada os impediria de copiar seu novo método. A solução era o sigilo absoluto, que Gutenberg procurou assegurar com contratos minuciosos.[12]

Então, surpreendentemente, Aix-la-Chapelle adiou o festival por um ano, ao que parece devido à peste que ressurgira na região. Gutenberg e seus sócios teriam de esperar mais um ano para faturar os belos lucros que previam. Mas o investimento valeu a pena: a feira de 1440 foi tão popular que um telhado inteiro desabou sob o peso de peregrinos que se aglomeraram sobre ele para ter um vislumbre das relíquias.[13]

Gutenberg não arriscara tudo em seus espelhos. Havia um segundo empreendimento, ainda mais secreto. Esse segundo negócio começara quando a feira de Aix-la-Chapelle fora adiada e exigira um segundo aporte de capital de seus sócios, em troca do qual Gutenberg prometera revelar um projeto ainda mais promissor. Do modo como montara a sociedade, estava claro que ele trabalhava em algo grande. Alguma coisa relacionada à aplicação de sua técnica de moldar espelhos à fabricação de livros.

De qualquer modo, Estrasburgo tornou-se um lugar cada vez mais difícil para fazer negócios e Gutenberg decidiu voltar para sua cidade natal.[14] A primeira coisa que fez ao chegar a Mainz foi levantar fundos novamente. No início, voltou-se para os parentes, mas ficou claro que o dinheiro que eles poderiam fornecer não lhe seria suficiente. Era preciso formar outra sociedade, muito maior do que aquela de Estrasburgo, com um grande investidor que entendesse seu novo projeto e se comprometesse a desembolsar uma quantia significativa. Ele encontrou no rico patrício Johann Fust um financista disposto a apostar o que viria a ser muito dinheiro numa aventura arriscada. Graças a esses fundos, Gutenberg montou uma pequena força de trabalho composta por vários ofícios e talentos, entre eles o escriba formado Peter Schöffer e vários metalurgistas. Após fazê-los jurar segredo, Gutenberg lhes revelou a invenção que mudaria o mundo.

COMO SÃO FEITAS AS INVENÇÕES

Existe a tentação de pensar nas invenções como obras de um gênio que, sozinho, muda o mundo. Mas isso raramente acontece. Para ter uma ideia de como de fato ocorreu a invenção atribuída com tanta frequência a Gutenberg, fui a Mainz.

Hoje em dia a cidade parece pequena e provinciana se comparada à sua vizinha Frankfurt, mas outrora o rio Main a avizinhava das rotas comerciais de longa distância. Orgulhosamente, Mainz dedicou à sua realização mais famosa um museu, situado no centro da cidade, perto da grande catedral. Tanto esta como o comércio de longa distância acabaram por ser capitais para a invenção da impressão nessa parte do mundo.

Gutenberg não foi a primeira pessoa que pensou em usar letras móveis e combiná-las para compor páginas que poderiam ser impressas; assim como não inventara o espelho dos peregrinos, outros já haviam feito tipos móveis. Ele conhecia de longa data a técnica relativamente simples de entalhar imagens em madeira e usá-las como carimbos para fazer cópias, como era costume na fabricação de cartas de baralho. Enquanto não se importassem muito com a qualidade, o mesmo poderia ser feito com palavras. Livretos pequenos foram elaborados dessa maneira, com letras de madeira malfeitas que os leitores decifravam com alguma dificuldade.

Essa técnica de xilogravura viera do Extremo Oriente através da Rota da Seda, que ligava a China aos mongóis e aos uigures, que por sua vez mantinham comércio com a distante Constantinopla e assim, indiretamente, com o resto da Europa.[15] Em Mainz, Gutenberg também estava em boa posição para ouvir rumores de que os chineses agora estavam produzindo livros impressos, não apenas esculpindo texto página por página em blocos inteiros, mas também fazendo letras individuais e depois montando-as para formar frases. Essas letras eram às vezes feitas de materiais mais duros, mais precisos, como cerâmica e ligas metálicas.[16]

O que quer que Gutenberg tenha ouvido, ele estava iniciando seu próprio projeto seguindo caminho semelhante. Sua invenção, se ainda quisermos chamá-la assim, baseava-se numa transferência de ideias, para dizer o mínimo. O Museu Gutenberg, que costumava celebrá-lo como o inventor da impressão com tipos móveis, também corrigiu sua narrativa. Acrescentou um anexo dedicado à impressão no Leste Asiático, para reconhecer que o que aconteceu em Mainz foi uma reinvenção, uma adaptação de técnicas já desenvolvidas em outros lugares.

Mas ideias são uma coisa, a execução delas, outra bem diferente. As técnicas de impressão desenvolvidas na Europa seguindo as ideias do Leste Asiático não tinham chegado a esse ponto. Gutenberg foi o primeiro a ver a vantagem de aumentar a escala da produção — e o pioneiro a descobrir como fazê-lo. Se os livros pudessem ser produzidos em grande número, tal como os espelhos de peregrinos, a vantagem de um processo de impressão remodelado seria imensa.

Para produzir livros em massa, cada etapa do processo precisava ser repensada. O primeiro e talvez mais crucial passo não era como imprimir, mas como fazer letras separadas.[17] A fim de alcançar a qualidade exibida pelos melhores escribas, cada letra deveria ser desenhada com bordas bem definidas. A madeira era muito macia para esse nível de precisão e se desgastaria com muita facilidade. As letras precisavam ser moldadas numa liga dura o suficiente para resistir ao uso frequente. E todas tinham de ter exatamente o mesmo tamanho e comprimento para que pudessem ser montadas de modo a formar uma linha uniforme.

Ao contrário dos impressores chineses, que precisavam lidar com milhares de caracteres diferentes, Gutenberg tinha apenas um alfabeto de duas dúzias de letras, uma grande vantagem para promover a impressão com tipos móveis com eficiência. De qualquer modo, essa era a teoria. Depois que examinou livros escritos à mão, ele percebeu que os escribas usavam letras maiúsculas, pontuação, abreviaturas e ligaturas, combinações de letras parcialmente mescladas. Ele precisaria de quase trezentas letras e sinais distintos, e todos teriam de ser cuidadosamente fundidos.[18] Para formar uma única página, milhares dessas letras teriam de ser combinadas. Depois que uma página fosse impressa, as letras poderiam ser desmontadas, mas era muito mais eficiente deixar algumas páginas intactas para que os erros pudessem ser facilmente corrigidos e se reimprimisse a página. Isso significava que era preciso haver letras suficientes para formar várias páginas ao mesmo tempo, chegando a dezenas de milhares, ou talvez até 100 mil letras separadas. Nesse aspecto, a experiência de Gutenberg de produção em massa de espelhos de peregrinos foi fundamental: ele inventou um mecanismo de fundição manual que permitia a uma única pessoa fundir mais de mil letras por dia.[19] Letras produzidas em massa tornaram possível a produção em massa de livros.

Uma vez montada a página, era o momento de entintá-la. As tintas normais eram muito líquidas e precisavam ser engrossadas por meio de um processo de tentativa e erro.[20] A tinta espessa era mais difícil de ser absorvida, então as páginas precisavam ser cuidadosamente umedecidas de antemão.[21] Esses aperfeiçoamentos interligados levaram à segunda grande contribuição de Gutenberg. Como o papel europeu (feito de trapos, como os árabes en-

Xilogravura de uma impressora primitiva, c. 1520.

sinaram) e o pergaminho eram grossos, muito mais espessos do que os usados no Leste Asiático, colocar a página sobre as letras não era suficiente: era preciso mais pressão. Aqui, Gutenberg usou algo que havia em abundância na região vinícola ao redor de Mainz: um lagar de vinho. A página composta de letras de metal era disposta virada para cima sob uma prensa de vinho, e o papel ou pergaminho era pressionado com bastante força sobre as letras. Uma moldura à parte garantia que o papel estivesse no lugar certo e pudesse ser virado para impressão no verso (algo que não era feito no Leste Asiático).[22] Esse conjunto de aperfeiçoamentos representou uma perspectiva completamente nova, ou seja, a produção em massa de livros de alta qualidade.

Com o processo de produção básico resolvido, a grande questão era o que imprimir. Esse primeiro livro impresso deveria ter uma grande demanda e ser relativamente pequeno. Para chegar a um candidato promissor, Gutenberg consultou seus próprios hábitos de leitura. Como qualquer europeu instruído, ele aprendera latim, a língua comum das classes educadas, cuja disseminação se aproveitara do surgimento de novas universidades, todas baseadas na instrução em latim. A gramática latina mais comum, que dominava o mercado havia centenas de anos, levava o nome de seu autor, Donato, e com muita probabilidade foi usada pelo próprio Gutenberg.[23] Donato era tão popular que os editores se deram ao considerável trabalho de entalhar todo o texto, página por página, em blocos de madeira, a fim de produzir versões baratas impressas em xilogravura.[24] Se valia a pena fazer isso, então o processo superior de Gutenberg tinha uma excelente chance de sucesso. O livro que ele produziu era pequeno, de apenas 28 páginas, com 26 linhas por página, usando o pergaminho mais caro, mas durável, já que ele sabia quanto desgaste e rasgo cada exemplar teria de suportar.[25] O resultado foi um grande sucesso: o Donato continuaria a ser um dos livros reimpressos com mais frequência nas décadas seguintes, e em 1500 já contava 260 edições.[26]

Enquanto Gutenberg trabalhava no Donato, em 1453 chegou a Mainz uma notícia tão chocante que no começo foi difícil acreditar: os turcos haviam tomado Constantinopla, o bastião oriental do cristianismo. Para muitos cristãos, era como se tivessem sido privados de uma fonte vital de sua história e fé. Para os comerciantes de Mainz que lidavam com produtos de longa distância, como o financista Fust, de Gutenberg, isso também significou a súbita interrupção da rede de comércio que trazia do Oriente especiarias e ideias como o papel e a impressão. Com a queda de Constantinopla, era apenas uma questão de saber qual seria a próxima: a Grécia? Os Bálcãs? Chipre?

A Igreja convocou todos os reis e imperadores cristãos a retomar Constantinopla ou, pelo menos, deter o avanço assustador dos turcos. Era preciso organizar um exército, e prometeram aos soldados a remissão de seus pecados em troca da defesa da cristandade. Esse exército era caro, mas felizmente a Igreja tinha desenvolvido um meio prático para arrecadar fundos. Aqueles que não pudessem lutar pessoalmente poderiam pagar à Igreja e ainda obter a remissão de seus pecados.[27] Os doadores receberiam uma folha de pergaminho que detalhava seu nome, data e ordem dos pecados remitidos; quem fosse bastante rico seria capaz de apagar todos os seus pecados. Bastava levar essa folha a seu confessor, que celebraria a cerimônia de remissão, depois da qual poderiam sair aliviados de sua carga.[28] Era o nascimento das indulgências, e para quem tivesse visão de longo alcance, estava claro que a Igreja iria comercializar muitíssimas delas muito em breve.

Não demorou muito para que Gutenberg descobrisse essa nova oportunidade de negócio. As indulgências sempre usavam a mesma fórmula latina. Ele poderia imprimir uma única página, com o nome, data e alcance da remissão deixados em branco para serem preenchidos à mão. Ele batalhou para ganhar a concessão e conseguiu. A primeira indulgência que imprimiu, em nome do papa Nicolau V, foi para a defesa de Chipre. Outras vieram. Gutenberg sabia que a Igreja precisaria de centenas ou mesmo milhares de indulgências, e poderia imprimi-las com facilidade, tantas quantas fossem necessárias e quantas o mercado pudesse absorver. No Leste Asiático, a imprensa e o papel haviam sido combinados para fazer papel-moeda. Marco Polo ficara maravilhado com essa invenção quase mágica pela qual o papel sem valor podia substituir o ouro.[29] A Europa ainda não tinha papel-moeda, mas as indulgências produzidas em massa eram quase tão boas.

As indulgências de guerra não foram a única oportunidade de negócios oferecida pela queda de Constantinopla. A fim de vendê-las, a Igreja precisava instigar o ódio aos turcos, e Gutenberg ficou feliz de pôr sua invenção também a serviço desse objetivo. Ele imprimiu um panfleto antiturco, escrito na forma um pouco incomum de calendário lunar em que, cada mês, um diferente governante, imperador, ou o próprio papa, era instado, em dísticos rimados, a participar da luta.[30] Com efeito, a maior parte dos textos de Gutenberg era impressa para a Igreja. Sendo um

Indulgência impressa por Johannes Gutenberg em 1455, buscando contribuições para a guerra contra os turcos.

patrício de Mainz, cidade que estava sob o controle de um arcebispo, Gutenberg estava numa posição perfeita para oferecer os produtos de sua oficina à Igreja.

AS PALAVRAS DE DEUS, ESCRITAS POR MÃOS INUMANAS

Enquanto imprimia a gramática latina, indulgências e panfletos de propaganda, Gutenberg também cultivava outro projeto. Nos contratos com seus sócios, chamou-o, enigmaticamente, de "o trabalho dos livros". Com esse projeto, esperava aplicar seu método ao livro mais importante de todos os tempos, e aquele com maior participação de mercado: a Bíblia. Sem perceber, repetia o padrão estabelecido no Leste Asiático, onde a imprensa fora usada sobretudo para textos religiosos como o *Sutra do diamante*. De novo, um texto fundamental e sagrado era o primeiro a se valer das novas tecnologias de escrita.

Para Gutenberg, imprimir a Bíblia era uma ambição numa escala totalmente nova. Até então, só imprimira indulgências de uma única página e pequenos livretos, como o calendário antiturco e a breve gramática latina. O Velho e o Novo Testamento juntos somariam milhares de páginas. Baseado nos métodos empregados até então, ele levaria décadas para produzir esse livro. Precisava ampliar o processo usando várias prensas de uma só vez, o que significava que mais letras seriam fundidas, o que, por sua vez, significava que todo o processo devia ser mais eficiente. Cada passo teria de ser calibrado com precisão para tomar o menor tempo possível. Ele estava transformando sua oficina em um processo de produção industrial precoce, antecedendo o sistema de produção com linha de montagem que Henry Ford criaria no início do século xx.

Os cidadãos comuns, até mesmo os relativamente abastados, não teriam condições de pagar por um livro tão grande e caro: o mercado visado eram igrejas e mosteiros. Seria necessário, pois, imprimir a Bíblia num formato grande, in-fólio, como se dizia quando uma grande folha de papel ou pergaminho era dobrada uma vez para produzir duas páginas grandes, em vez de dobrada duas vezes, formando quatro páginas (in-quarto) ou três vezes, formando oito páginas pequenas (in-oitavo). Somente um volume in-fólio seria grande o suficiente para um monge ou padre ler no púlpito de uma igreja mal iluminada. Além disso, muito mais linhas e colunas poderiam ser encaixadas numa página tão grande. Mas, mesmo com essas economias, seria necessário imprimir cerca de 1300 páginas.

O desafio não era apenas a escala. Com a Bíblia, Gutenberg tocava no texto mais reverenciado e sagrado de todos. Teria de demonstrar que suas máquinas podiam produzir um livro tão nítido, preciso, correto e elegante como aqueles elaborados pelos escribas mais bem treinados, que costumavam ser monges que haviam dedicado a vida a esse propósito. Seu escriba, Peter Schöffer, criara o modelo para letras novas e mais elegantes. E Gutenberg planejava imprimir em duas cores, acrescentando um vermelho-rubi, à maneira de muitos calígrafos que copiavam a Bíblia em duas cores diferentes — a Bíblia mecânica pareceria ter sido escrita à mão.

A impressão revelou-se ainda mais difícil e trabalhosa do que o previsto. A oficina de Gutenberg conseguiu enfiar duas colunas de quarenta linhas em cada página, imprimindo-a em duas etapas, uma para o preto e outra para o rubi. O processo demorava uma eternidade. De imediato, Gutenberg abandonou a impressão em duas cores, deixando em branco as letras em destaque para que mais tarde um escriba pudesse completá-las com tinta vermelha. De maneira semelhante, poderiam ser acrescentadas

1. O pintor barroco italiano Ciro Ferri (1634-89) representa Alexandre, o Grande, lendo Homero na cama.

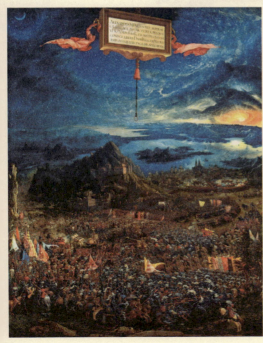

2. Pintura de Albrecht Altdorfer (c. 1480-1538) da Batalha de Isso, com Dario sendo perseguido por Alexandre, o Grande.

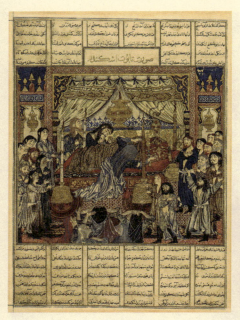

3. Versão ilustrada de *The Persian Book of Kings*, do século XIV, representando a morte de Alexandre, o Grande.

4. Estátua de granito de um escriba egípcio sentado, terceiro milênio antes de Cristo.

5. Envelope e carta de argila, ambos com escrita cuneiforme, *c.* 1927-1836 a.C.

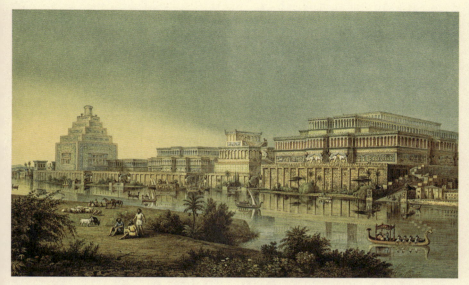

6. Esta litografia do século XIX, de James Fergusson, retrata os palácios de Nimrud restaurados em toda sua beleza.

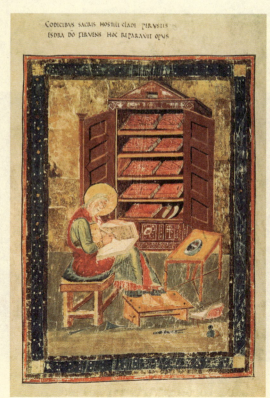

7. Esdras escrevendo em seu estúdio, ilustrado por cristãos medievais no *Codex Amiatinus*, um dos mais antigos manuscritos remanescentes da Bíblia latina.

8. Pintura tibetana do século XVIII de Buda ensinando no monte Gridhrakuta, na Índia.

9. Xilogravura japonesa de Yashima Gakutei, datada do início do século XIX, retratando dez discípulos de Confúcio.

10. O pintor francês Jacques-Louis David (1748-1825) mostra Sócrates filosofando pouco antes de sua morte, na companhia de seus alunos.

11. Afresco de 1481 de Domenico Ghirlandaio associando Moisés e o Antigo Testamento, à esquerda, a Jesus e seus discípulos.

12. Afresco romano de Pompeia representando uma jovem mulher com tabuletas de cera e estilete, instrumentos usados para anotações e cálculos no dia a dia.

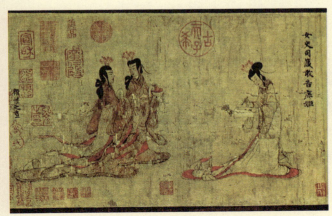

13. Esta serigrafia chinesa (séculos V-VIII) mostra uma instrutora da corte advertindo suas pupilas.

14. Murasaki sendo divinamente inspirada para escrever o *Romance de Genji*. O artista, Suzuki Harunobu (1725-70), usou blocos de madeira separados para cada cor para chegar ao resultado multicolorido.

15. Edição do século XIII do diário de Murasaki. Ela é provavelmente a mulher no canto inferior direito.

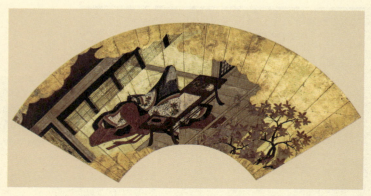

16. Leque do século XVII mostra Murasaki escrevendo à sua mesa.

17. Eruditos e estudantes em uma biblioteca de Bagdá em 1237, representados pelo artista Yahya ibn Mahmud al-Wasiti em um manuscrito iluminado arábico.

18. *Escriba sentado*, atribuído a Gentile Bellini (*c.* 1429-1507), combinando os estilos de pintura ocidental e otomano.

19. Este Alcorão de *c.* 1180 foi escrito com um estilo diferente de caligrafia: duas letras, alif e lam, são muito mais altas que as outras.

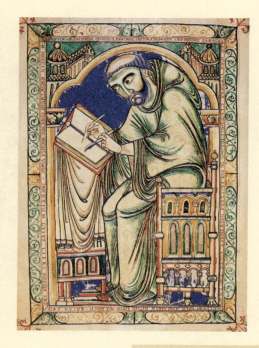

20. Retrato de Eadwine, o Escriba, século XII, Canterbury, trabalhando em um manuscrito.

21. A abertura do Gênesis da Bíblia latina impressa por Johannes Gutenberg em *c.* 1455, com letras entalhadas por Peter Schöffer.

22. Página de rosto de uma Bíblia de 1534 traduzida por Martinho Lutero, com xilogravuras coloridas.

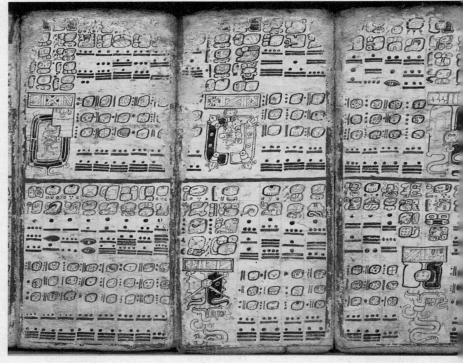

23. Seis páginas do *Códice de Dresden* (séculos XIII-XIV), um dos poucos livros maias que sobreviveram à conquista hispânica.

24. O jogo de bola maia tinha uma função ritual capturada no *Popol Vuh*.

25. Tradução inglesa de uma sequência não autorizada de *Dom Quixote*, de Alonzo Fernandez de Avellaneda.

26. Vendedor ambulante de livros do século XVII, atendendo ao mercado de literatura em expansão.

27. Esta pintura de *c.* 1770, de Jean-Honoré Fragonard, captura a importância das leitoras.

28. O pintor Johann Joseph Schmeller (1796-1841) representa Goethe ditando ao seu escriba, que também registrou muitas de suas conversas.

29. Biblioteca Duquesa Anna Amalia em Weimar, usada por Goethe para satisfazer seus vastos hábitos de leitura.

30. Fotografia de trapeiro coletando matéria-prima para fazer papel, captada por Eugène Atget na Paris do fim do século XIX.

31. Bola de escrever inventada nos anos 1870 por Rasmus Malling-Hansen na Dinamarca: a primeira máquina de escrever produzida comercialmente.

32. Este pôster de propaganda russo de 1920 recomenda a leitura porque "o conhecimento romperá as correntes da escravidão".

33. Retrato de Anna Akhmátova feito pelo pintor cubista Nathan Altman em 1914.

34. Parafernália usada na União Soviética para reproduzir e difundir literatura censurada (*samizdat*).

35. Um microcomputador de mesa CPT 8100 Word Processor da década de 1970.

36. Annenberg Hall, na Universidade Harvard, considerado por alguns estudantes como inspiração para o Grande Salão de Hogwarts.

capitulares ricamente ornamentadas no início dos capítulos, bem como os enfeites pictóricos conhecidos por iluminuras. O importante, como se viu, era que a Bíblia impressa tivesse a aparência dos livros artesanais. Pela mesma razão, Gutenberg optou pelo pergaminho, a técnica de preparar peles de animais aperfeiçoada pelos bibliotecários de Pérgamo.

No Museu Gutenberg de Mainz, tive a oportunidade de examinar uma das Bíblias de Gutenberg, que são objetos magníficos. O formato grande, com letras estranhas, floreios complexos e linhas vermelhas para ênfase, de fato lhes concede aparência quase idêntica aos livros minuciosamente copiados por monges devotados.

Mas, para os contemporâneos de Gutenberg, eles pareciam muito diferentes. Graças a letras de tamanhos diferentes e abreviaturas, cada linha podia ser composta de modo que ambas as margens fossem justificadas, um ideal que nenhum calígrafo, nem mesmo o melhor, jamais esperaria alcançar. Cada página da Bíblia era agora composta de duas colunas geométricas de texto negro e denso: não parecia apenas escrita à mão, parecia muito melhor, com um nível de precisão e simetria desconhecido até então. Gutenberg acabou por se superar, criando um novo padrão pelo qual os livros seriam julgados. A impressão não era apenas uma maneira de produzir livros em massa: ela mudou por completo a aparência que os livros deveriam ter. A máquina triunfara sobre a mão humana.

A nova realidade mecânica teve muitas consequências. Uma delas dizia respeito à superfície que recebia a escrita. Embora gozasse de prestígio, o pergaminho era caro. Para uma Bíblia em pergaminho, eram necessárias as peles de mais de cem bezerros. Felizmente o papel chegara ao norte da Europa, quando um empresário esperto de Nuremberg montara a primeira fábrica ao norte dos Alpes, e graças aos árabes só era preciso uma pilha de trapos para seu fabrico. Ao perceber as possibilidades da nova Bíblia mecânica, Gutenberg decidiu aumentar a tiragem para cerca de 180, com a maioria dos exemplares impressa em papel. Era óbvio que o papel era melhor para a produção em massa de livros.

Enquanto Gutenberg e seus sócios trabalhavam no projeto da Bíblia, uma pergunta pairava no ar: o que a Igreja diria sobre essas Bíblias impressas? Ele não pedira permissão a ninguém. No mundo medieval rigidamente regulamentado, onde muita coisa era controlada por guildas, Gutenberg montara uma sociedade secreta e entrara no negócio por conta própria. O que estava propondo iria com certeza chocar a Igreja, para a qual copiar as Escrituras era um dever sagrado cumprido por monges piedosos. Indulgências e folhetos baratos eram uma coisa, mas o Livro dos Livros, impresso em panos reciclados? Teria esse empresário e oportunista finalmente cruzado a linha, sujando as palavras de Deus com seus fornos, tintas e lagares, substituindo monges piedosos por máquinas sem cérebro?

Gutenberg tomou precauções. A primeira foi a escolha da tradução. Em sua Bíblia, é claro, Deus criaria o mundo em latim. É verdade que o Antigo Testamento havia sido escrito em hebraico, e Jesus falava aramaico, mas a língua original do cristianismo tinha sido o grego (levado por Alexandre ao Oriente Próximo), e fora em grego que as palavras de Jesus ganharam forma escrita. Mas então o cristianismo ganhou proeminência no Império Romano, o que exigiu uma tradução fidedigna do Antigo e do Novo Testamento para o latim. A tarefa foi cumprida por são Jerônimo, que estudara com Donato. A Bíblia latina de são Jerônimo, comumente chamada Vulgata, tornou-se a Bíblia do cristianismo europeu. Na época de Gutenberg, alguns eruditos questionavam a qualidade da tradução de são Jerônimo, mas de qualquer maneira foi essa que ele elegeu. A Vulgata era a versão autorizada tradicional, preferida pela Igreja, e Gutenberg não iria arriscar seus gastos de capital com uma tradução nova e não testada.

A possível preocupação com a reação da Igreja revelou-se infundada. Presenteada com a Bíblia mecânica, a Igreja a admirou: era mais bonita do que aquilo que os monges mais devotos poderiam produzir. E, apesar de sua beleza inumana, as Bíblias de Gutenberg eram baratas o bastante para que paróquias e mosteiros pudessem comprá-las. Dera certo a arriscada aposta de Gutenberg em mudar o foco da impressão do mercado para o púlpito.

Havia um motivo adicional para a Igreja aceitar prontamente a nova tecnologia. O método prometia reduzir os incontáveis erros que os copistas introduziam no texto sagrado. Quem se preocupava com essa questão com particular urgência era Nicolau de Cusa, hoje conhecido como um dos teólogos mais importantes de sua época. Tendo estudado em Heidelberg e Pádua, ele retornou à Alemanha para ensinar na Universidade de Colônia. Era um pensador meticuloso e eclesiástico respeitado que havia viajado a Constantinopla antes de sua queda para buscar a reconciliação com a Igreja ortodoxa grega. Diplomata que trabalhava diretamente para o papa, era também a favor de estabelecer melhores relações com o islã, argumentando que o Alcorão era compatível com o cristianismo.

Mas, se tinha mente aberta a respeito da Igreja ortodoxa grega e do islamismo, Nicolau era exigente em relação ao modo como o cristianismo deveria ser praticado. Durante suas extensas viagens, testemunhara as mais chocantes inexatidões e erros em questões de escritura e ritual. As palavras de Deus eram diferentes de uma igreja para outra, muitas vezes distorcidas grotescamente, devido aos erros que os copistas haviam cometido, que foram então copiados e multiplicados por uma nova geração de escribas, e assim por diante, ao longo de gerações.[31] Tendo em vista esse sistema de transmissão, era quase um milagre que o texto produzido por são Jerônimo, no século IV, ainda tivesse frases completas mil anos depois. Os missais e breviários, livros que diziam aos padres e aos monges como orar e conduzir a missa, eram igualmente falhos — não havia duas igrejas em que a missa fosse celebrada da mesma maneira, com as mesmas palavras.

Diante desse mar de erros, Nicolau de Cusa solicitara missais, breviários e Bíblias novos, fidedignos e isentos de erros. Mas como impedir que esses novos textos dessem margem a outros erros quando fossem copiados por escribas no futuro? A resposta estava na invenção de Gutenberg. É verdade que os impressores também poderiam introduzir erros, mas estes poderiam ser corrigidos com mais facilidade. Cada página poderia ser cuidadosamente revisada, e se uma letra estivesse fora de lugar, ou de cabeça para baixo, como às vezes acontecia, isso poderia ser corrigido e uma nova página seria impressa. Depois que a página corrigida fosse montada, todas as cópias seriam iguais. Não era um sistema infalível, porém. Na Inglaterra, um impressor produziu uma Bíblia que estimulava seus leitores a cometer adultério, ao omitir acidentalmente o "não".[32] Mas, em termos gerais, os erros introduzidos pelos escribas humanos deixariam de existir. A impressão era perfeita para possibilitar que a Igreja exercesse controle sobre sua escritura. Igreja e imprensa eram feitas uma para a outra.

MARTINHO LUTERO: A INDIGNAÇÃO DE UM ESTUDIOSO DA BÍBLIA

1517, Wittenberg

A aliança entre a Igreja e a imprensa não durou muito. Sem se darem conta, Gutenberg e a Igreja puseram em movimento forças que mudariam a Igreja ao mudar o papel da escrita e da leitura. Nem Gutenberg nem a Igreja haviam percebido que as instituições e sociedades baseadas em escrituras sagradas eram especialmente vulneráveis às mudanças nas tecnologias da escrita. Tampouco esperavam que a exploração dessa vulnerabilidade coubesse a um monge com pouco interesse por tecnologias da escrita de qualquer tipo, feliz com sua Bíblia impressa e que se expressasse com pena e papel.

Cerca de sessenta anos depois da Bíblia de Gutenberg, o monge Martinho Lutero empregou seu método de escrita usual quando escreveu uma carta ao arcebispo de Mainz. Lutero estudara filosofia e direito antes de assumir seus votos, retirando-se deliberadamente da tumultuosa vida universitária para a quietude de um claustro agostiniano. Ele esperava combinar a abstração da filosofia e da teologia com a experiência vivida da devoção e do amor a Deus. Depois de ordenado, fora chamado pela Universidade de Wittenberg para ensinar argumentos teológicos arcanos.

Era de Wittenberg que Lutero se dirigia agora a seu arcebispo. A carta era escrita à mão, em latim, e chamava a atenção do destinatário para um agente da Igreja que estava vendendo indulgências impressas da maneira mais escandalosa. O agente dizia aos potenciais compradores que, mesmo que tivessem violado a Virgem Maria, poderiam obter a remissão de seus pecados, contanto que pagassem entre um e 25 florins, dependendo da renda. O missivista tinha certeza de que o arcebispo desconhecia esses abusos e iria prontamente coibi-los.

Lutero também tomou a liberdade de incluir algumas teses para a leitura do prelado.[33] Nelas, questionava o papel das indulgências, sua venda por dinheiro, mas também acrescentava perguntas sobre o estatuto da confissão, o purgatório e o papel do papa. Nada de incomum. Era assim que os debates teológicos se realizavam em Wittenberg e em muitas instituições similares. O ponto principal, no entanto, eram as indulgências. Algo precisava ser feito.

A produção e a venda de indulgências haviam percorrido um longo caminho desde a queda de Constantinopla e a primeira tiragem de Gutenberg. A ameaça dos turcos permanecia, exigindo novos fundos de toda a cristandade para combatê-la. Por sorte, a invenção de Gutenberg acontecera bem a tempo de ajudar a multiplicar as indulgências, uma invenção enviada pelos céus que a Igreja havia colocado imediatamente em uso. Agora elas eram impressas e vendidas aos milhares, até dezenas de milhares; em um caso, foram produzidas 190 mil cópias de uma única carta de indulgência.[34] Alguns impressores tiveram a brilhante ideia de encartá-las nos livros, como uma espécie de cupom-bônus.[35] Criou-se uma organização complexa para distribuí-las, com brochuras (impressas) recomendando as melhores maneiras de vendê-las em cada território. Um desses livretos caíra nas mãos do professor de Wittenberg, causando-lhe indignação ainda maior.[36]

O arcebispo de Mainz tinha outras preocupações na cabeça. Para comprar o arcebispado da cidade, ele tomara emprestado uma grande quantia dos Fugger, uma família de banqueiros em ascensão.[37] O empréstimo fora garantido por meio de um esquema esperto: o prelado prometeu supervisionar a venda das indulgências do papa, destinando metade dos rendimentos ao pontífice e a outra metade aos Fugger, pagando assim a dívida. Todos se beneficiavam: o religioso podia financiar seu assento em Mainz, os Fugger tinham uma garantia para o empréstimo, e o papa não só recebia o dinheiro pelo arcebispado, como também sabia que suas indulgências seriam vendidas com a maior ousadia possível.[38] Era esse esquema cuidadosamente elaborado que Lutero ameaçava agora, e compreende-se que o arcebispo não tenha ficado contente. Ele não iria discutir nenhuma das teses anexadas à carta e certamente não iria pôr um fim à venda de suas indulgências.

Lutero não tinha ideia daquilo com que tinha topado — um perfeito acordo comercial. Ele simplesmente esperou por uma resposta. Que não veio. Depois de um tempo, ele decidiu publicar por sua conta as teses — eram apenas 95 — contra a venda de indulgências e questões relacionadas. Na Universidade de Wittenberg, publicar significava postá-las na porta da igreja do castelo, que era como os debates eram anunciados. Mas ninguém se envolveu no debate, ao que parece por falta de interesse. Mesmo os poucos amigos a quem ele enviara suas teses e que compartilhavam da mesma opinião não responderam. Sua carta e suas teses não tiveram nenhuma repercussão.

O silêncio era enganoso; nos bastidores as coisas se moviam. O arcebispo enviara as teses para seu sócio de negócio em Roma e estava tentando descobrir como aplacar o criador de caso. Os amigos de Lutero também estavam ocupados. Em vez de responder à postagem de Lutero na porta da igreja, optaram por uma forma diferente de publicação, que nunca teria ocorrido ao próprio Lutero: encaminharam as teses aos impressores. Cuidadosamente manuscritas em latim, elas não eram destinadas ao consumo público, mas os amigos houveram por bem publicá-las de qualquer modo. Em Nuremberg, um membro do conselho municipal as traduziu para o alemão e em poucas semanas elas estavam disponíveis em várias cidades.[39]

Tratava-se de um desdobramento surpreendente. Nos primeiros sessenta anos da impressão, a maioria dos impressos era de obras já bem conhecidas, como a gramática latina de Donato ou a Bíblia. Na Itália, os chamados humanistas, encantados com a literatura da Grécia clássica e de Roma, imprimiram textos antigos (a impressão havia chegado a tempo de preservar os pergaminhos gregos levados para a Itália após a queda de Constantinopla). Mas quem gostaria de ler as palavras difíceis de um jovem monge desconhecido? Para surpresa de todos, revelou-se que havia um mercado modesto para esse tipo de coisa.

O próprio Lutero não estava muito interessado nessa nova forma de publicação — ainda não. Ele contava reformar a Igreja por meio dos canais oficiais, enviando às autoridades eclesiásticas suas cartas manuscritas. Queria que as teses fossem debatidas pessoalmente, se o arcebispo permitisse. Mas ao prelado não interessava o debate: ele queria que Lutero se retratasse a fim de poder continuar seu comércio de indulgências impressas para pagar os Fugger e arrecadar dinheiro para o papa e sua nova catedral de São Pedro.

Diante da resistência, Lutero tomou da pena de novo. Dessa vez, não escreveu na linguagem difícil da teologia latina, mas na forma popular de um sermão. Seu sermão contra as indulgências expressava seus pensamentos de forma mais intuitiva e direta; foi redigido para convencer seu público e para produzir indignação contra os abusos generalizados. Lembrando o que tinha acontecido com suas teses, Lutero não só pregou esse sermão, como também mandou imprimi-lo, talvez ainda como uma decisão posterior. O sermão era obviamente escrito em alemão, de modo que não precisava ser traduzido, e viu-se que Lutero, aquele monge pouco mundano que não se importava com o novíssimo mundo da impressão, usava bem as palavras.

O sermão contra as indulgências foi apenas o começo. Aos poucos, Lutero se deu conta de que a imprensa poderia ser uma arma potente para um escritor como ele, sem o poder institucional, mas com a opinião pública do seu lado. Descobriu um dom para expressar indignação. Às vezes fazia perguntas aparentemente ingênuas; em outras ocasiões, lançava invectivas contra o papa, sempre com frases incisivas e mordazes, na linguagem do povo.

Era um estilo perfeito para a nova tecnologia: edições se esgotavam, reimpressões eram encomendadas, e reimpressões de reimpressões, levando a mais de vinte edições em diferentes cidades.[40] A impressão alimentara a ampla disponibilidade de indulgências e agora alimentava a polêmica contra elas. As tiragens dos textos de Lutero ultrapassavam em muito tudo o que já havia sido impresso; seus textos estavam disponíveis em centenas de milhares de exemplares.[41] Inadvertidamente, Lutero dera início à era da polêmica popular, uma era em que um escritor poderia publicar com seu próprio nome, uma era em que o sucesso seria medido pelo número de tiragens e reimpressões, uma era em que escritores e leitores estariam conectados com mais eficiência do que nunca, à margem das instituições tradicionais. A impressora estava criando um novo público de leitura e uma nova e poderosa forma de literatura: a escrita polêmica alimentada pela imprensa. A polêmica em si mesma não era nova, é evidente. Alguns dos grandes mestres haviam se destacado nisso, e podemos imaginar o que os discípulos de Jesus teriam feito se pudessem combinar as provocações do mestre com a impressão.

Lutero podia ser teimoso — foi o que o fez fincar o pé quando o arcebispo de Mainz desconsiderou sua queixa —, mas não era incapaz de aprender algo novo. Era o que fazia agora, aprendendo a lidar com o novo mundo da impressão e aperfeiçoando a arte da polêmica impressa. A Igreja podia ser teimosa e ligada à tradição, mas ela também vinha despertando para o fato de que algo novo estava acontecendo, que a imprensa era mais do que um meio para multiplicar indulgências e Bíblias. As denúncias do papa contra Lutero, as chamadas bulas papais, já não eram mais postadas nas portas das igrejas, como de costume, mas dadas aos impressores. As prensas não tomavam partido e alimentavam alegremente as chamas de uma luta que se definia cada vez mais pelo que elas produziam. Lutero foi denunciado como herege; ele retrucou dizendo que o papa era o Anticristo. Não estava claro qual insulto era o mais danoso, mas era evidente que a Igreja não estava ganhando essa briga. No âmbito da impressão, não importava que alguém fosse o líder da organização mais poderosa do mundo ou que pudesse alegar que falava em nome de Deus.

O importante era que fosse bom escritor, era a única coisa que lhe dava autoridade. Lutero, o pobre monge que se limitava a apontar abusos, estava aprendendo a falar com e para o povo comum e conseguiu conquistar mais autoridade do que o papa porque era um autor; o papa era apenas o papa. Um terço de todas as obras publicadas na Alemanha durante a vida de Lutero era de sua autoria. Ele foi o primeiro astro do novo público da imprensa, o mestre do novo gênero da polêmica impressa.

Quando descobriu que não podia vencer Lutero no campo dele, a Igreja retomou uma técnica mais antiga. Menos de um ano depois que as teses foram impressas, a Igreja organizou a primeira fogueira pública dos escritos de Lutero. Encorajado por seu sucesso, Lutero respondeu na mesma moeda. Com a ajuda de estudantes de Wittenberg ele fez sua própria queima, entregando às chamas volumes do direito canônico que servia de base para as ameaças da Igreja de excomungá-lo. Então ele mesmo se aproximou da fogueira e solenemente jogou a carta papal que exigira sua retratação — os espectadores ouviram-no dizer que o trono papal também deveria ser queimado.

Foi um bom teatro, a queima, mas não muito eficaz. As fogueiras de livros não eram páreo para o dilúvio de impressos que Lutero se tornara especialista em canalizar contra a Igreja. Os impressores eram capazes de imprimir sermões de Lutero com mais rapidez do que a Igreja poderia queimá-los. As fogueiras de livros só levaram a novas edições e reimpressões. No novo mundo da impressão, o papel era mais forte do que o fogo. Como se quisesse provar isso, Lutero escreveu imediatamente um relato da queima de livros e levou-o para o impressor. Imprimir era o maior ato da graça de Deus, como Lutero gostava de dizer — e ele se considerava o mais fiel agente da imprensa.[42]

O arcebispo de Mainz talvez estivesse perdendo a fé na impressora, mas ainda podia pensar que a criação mais gloriosa de

Gutenberg, feita ali na sua própria cidade, era a Bíblia latina. Graças a Gutenberg, mais Bíblias haviam sido impressas, seu preço continuava caindo e seus formatos diminuindo, até que sacerdotes e monges pudessem possuir seus próprios exemplares, muitas vezes nos formatos menores in-oitavo ou in-duodécimo, quase livros de bolso.[43] Ao mesmo tempo, o sonho de Nicolau de Cusa de uma Vulgata mais uniforme, padronizada e controlada centralmente, expurgada de erros e corrupções, se tornara realidade. Impossível duvidar de que a Bíblia aumentara seu alcance e potência e, com isso, o alcance e a potência da Igreja.

O próprio Lutero, ao ser admitido em sua ordem, recebera um exemplar da Bíblia latina para estudo, e em suas mãos aquele exemplar da Vulgata começara a fazer sua obra. A carta de Lutero ao arcebispo, seus argumentos contra as indulgências, contra a autoridade do papa, eram todos baseados no estudo aprofundado do seu exemplar. Era nele que ele estava pensando quando declarou com a maior convicção que a escritura era mais importante do que o papa, que a instituição da Igreja nem sequer era mencionada na Bíblia, tampouco as indulgências. O exemplar acessível da Bíblia tinha sido sua mais importante fonte de inspiração e estava se tornando seu grito de guerra. *Sola scriptura*, bradou educadamente em latim: a escritura era a única autoridade à qual ele se curvaria. Mostrem-me a passagem no texto, e queimarei meus sermões e minhas teses. A ideia de escritura sagrada, instituída a primeira vez por Esdras, o escriba, se afirmava poderosamente no novo mundo da imprensa.

Tendo em vista a insistência de Lutero na escritura e seu sucesso com a impressão, era apenas questão de tempo que ele juntasse as duas. A ocasião surgiu depois que ele se recusou publicamente a se retratar e precisou se proteger sob a tutela de um partidário. Escondido dos sequazes do papa no castelo de Wartburg, ele teve tempo de se dedicar a um projeto da mais alta importância: uma Bíblia que os leigos pudessem ler. Não era o primeiro a fazê-lo. Mais de uma dezena de versões alemãs, muitas delas incompletas, haviam aparecido nas últimas décadas, encontrando leitores e mercados. Nenhuma obtivera muito sucesso. Ele teria que fazer melhor e traduzir a Vulgata do latim da Igreja para a língua do povo. Se conseguisse franqueá-la a seus discípulos, traduzi-la para um alemão vigoroso e fácil de entender, e multiplicar o resultado com a impressão, poderia atacar a Igreja no seu centro de poder.

Sem ter muito o que fazer, sob uma prisão domiciliar autoimposta, lhe bastaram doze semanas para traduzir o Novo Testamento. Mais tarde incorporou o Velho Testamento. Quando a obra foi impressa, tudo o que já fora impresso pareceu quase nada perto de seu meio milhão de exemplares. Se fosse vivo, Gutenberg teria ficado espantado. Sua Bíblia latina tinha sido a primeira conquista da produção de livros impressos, mas não havia explorado a verdadeira fonte de poder da imprensa: o público em massa. Gutenberg procurara apenas atender a uma demanda existente e finita, ou seja, Bíblias grandes para igrejas e mosteiros, ao menor custo. Ele não percebera que sua invenção expandiria radicalmente a demanda e, por conseguinte, a transformaria. Sessenta anos após sua invenção, a imprensa mudava a forma de ler os livros e o público leitor.

A Bíblia de Lutero tornou-se o protótipo de outras traduções da Bíblia. Muitas passaram a enfrentar a censura da Igreja, o que acabou por dar origem ao infame índex de obras proibidas, por meio do qual a Igreja procurou controlar a impressão. Evidentemente, o índex também foi impresso, e quase ao mesmo tempo instalou-se a primeira impressora no Vaticano.

Mas, contra a impressão, a censura não podia fazer muito. A melhor prova era a Inglaterra, único país que já contava com uma lei contra traduções não autorizadas da Bíblia desde antes do ad-

204

vento da imprensa. Até mesmo essas leis não impediram que fosse impressa uma Bíblia inglesa, inspirada em Lutero. Quem aproveitou essa oportunidade foi William Tyndale, que pretendia traduzir a Bíblia para o inglês e conseguir para a língua inglesa o que Lutero tinha logrado para o alemão.

Havia apenas sete impressores em Londres, a maioria deles rigorosamente controlados pela Coroa, então Tyndale foi para a Alemanha e passou um tempo na Wittenberg de Lutero.[44] Em Worms, encontrou um impressor disposto a imprimir sua Bíblia em inglês e contrabandeá-la para Londres.

O impressor chamava-se Peter Schöffer, era filho do aprendiz homônimo de Gutenberg que ajudara a produzir a primeira Bíblia latina em Mainz. Enquanto o velho tinha entalhado os belos tipos para a Bíblia latina de Gutenberg, seu filho montou a página em que Deus criou o mundo na língua inglesa, a base da Bíblia que Frank Borman e sua tripulação da Apollo 8 leram em 1968. No intervalo de tempo das vidas dos dois Schöffer, mais livros foram impressos do que tinham sido produzidos por escribas em toda a história humana anterior a eles.

As diferenças em relação à imprensa tornaram-se diferenças a respeito de muitas coisas, levando finalmente à divisão da cristandade. Lutero, padre e monge ordenado, casou com uma freira, instituiu um tipo diferente de missa, deu aos pecadores comuns o cálice e rejeitou a autoridade do papa. Toda a estrutura do cristianismo estava mudando.

No final de minha pesquisa, estive novamente em Mainz, contemplando a grande catedral, o rio Main, o Museu Gutenberg, vendo como tudo estava associado. O rio propiciara o surgimento de comerciantes que tinham acumulado o capital para financiar um projeto caro como o de Gutenberg. O comércio pusera Mainz em contato com terras e ideias distantes, entre elas, a ideia da imprensa. A catedral representava a primeira beneficiária da impressão, mas também, pouco tempo depois, sua primeira vítima.

Ali havia uma lição maior a respeito das invenções: elas são, muitas vezes, resultado de acontecimentos independentes que de repente convergem, e aqueles que chamamos de inventores são os primeiros a ver essas convergências. A história de Gutenberg e Lutero mostra também que as mudanças — na forma de produção e transmissão dos textos, nos leitores e em sua finalidade — tiveram um impacto desmesurado sobre as sociedades baseadas em textos sagrados. Trata-se de uma lição importante para nós no início do século XXI, pois estamos passando por outra revolução nas tecnologias da escrita, mais fundamental do que a imprensa. É bom lembrar que, enquanto a impressão popularizava a Bíblia, tirando-a do controle da Igreja, ela também dava poder a uma forma cristã de fundamentalismo textual, exigindo de seus leitores que vivessem de acordo com as regras estabelecidas num texto do passado remoto.

Será que nossa revolução da escrita vai encorajar ainda mais as leituras fundamentalistas de textos sagrados? Ou irá minar ainda mais as instituições que controlam esses textos?

Em 31 de outubro de 2016, o papa Francisco foi a Lund, na Suécia, para comemorar o 499º aniversário das 95 teses de Lutero, num gesto de reconciliação ecumênica.[45] Talvez seja um sinal de que a divisão provocada por Gutenberg e Lutero esteja diminuindo na era da internet.

8. O *Popol Vuh* e a cultura maia: Uma segunda tradição literária independente

UMA ARMADILHA E UM LIVRO

1532, Peru

Os soldados espanhóis haviam esperado o dia todo. Com medo e exaustos depois da longa jornada marítima desde a costa do Panamá e da interminável jornada subindo as montanhas, tinham poucas provisões e poucas perspectivas. No caminho, muitos abandonaram a esperança de algum dia se estabelecer naquela terra estranha, com suas estradas bem conservadas, construções impressionantes e, sobretudo, ouro. Mas justamente quando a campanha parecia fadada ao fracasso, receberam a notícia de que o imperador inca Atahualpa estava nas proximidades. Haviam feito contato e os espanhóis foram convidados a passar a noite naquela cidade, para encontrar Sua Alteza no dia seguinte.

Na manhã seguinte, o comandante Francisco Pizarro decidiu arriscar tudo nessa única chance. Dividiu seus 168 soldados e 24 cavalos em três grupos e os escondeu em construções em torno de uma praça. Os índios tinham medo de cavalos, então ele pendurou sinos nos animais, para aumentar o efeito. Seus dois canhões estavam em posição. Apenas vinte soldados ficaram com Pizarro. A um sinal, todos se precipitariam em direção a Atahualpa e o pegariam.

Enquanto esperavam, chegou um mensageiro informando que Atahualpa não viria naquele dia. Pizarro sabia que seus soldados exaustos não conseguiriam mais suportar a tensão. A armadilha funcionaria agora ou nunca. Desesperado, enviou um de seus homens ao imperador, convidando-o nos termos mais polidos a fazer a visita ainda naquele dia. Nada aconteceu.

De repente, viram movimento no acampamento. Primeiro alguns, depois uma centena, por fim, milhares de servidores do imperador estavam entrando em formação. Apareceu uma liteira, e então todo o séquito começou a se mover na direção deles, com uma pompa digna do governante de um vasto reino. Em pouco tempo, a comitiva entrou na praça e os portadores de Atahualpa baixaram a liteira. Pizarro estava exultante. Eles usariam suas armas superiores, espadas feitas do melhor aço de Toledo, bestas que disparavam com precisão e força. Seus mosquetes e canhões, embora pesados para carregar e manejar, eram terríveis porque eram novidade. O animal doméstico mais útil da América do Sul era a lhama, pouco maior do que uma ovelha grande, completamente inútil na guerra se comparadas aos cavalos com armadura, montados por cavaleiros espanhóis. Mais importante ainda era a arma que Pizarro e seus homens traziam involuntariamente: a varíola, contra a qual os índios não eram imunes. Uma epidemia de proporções gigantescas havia precedido Pizarro, desencadeando uma sangrenta guerra civil que enfraqueceu ainda mais o império. Pizarro e seus homens estavam lutando contra uma civilização já sob sério ataque.

Os espanhóis tinham outra arma que atraiu muito menos atenção, talvez porque parecesse tão pequena, quase do tamanho de duas mãos estendidas.[1] No entanto, várias testemunhas notaram que ela estava sendo disposta no centro da armadilha que Pizarro havia montado para a Atahualpa. Pizarro não a manuseou pessoalmente, mas mandou um especialista, um frade dominicano de sobrenome Valverde, colocá-la bem em frente ao imperador.

Atahualpa viu o frade se aproximando e por meio de um intérprete entendeu que o castelhano lhe implorava que aceitasse a autoridade do rei da Espanha e do Deus cristão. Quando terminou de falar, o castelhano ergueu um objeto quadrado, que acabou se revelando um livro, e afirmou que a voz de seu deus estava encerrada ali.

Alguns espectadores lembraram mais tarde que Atahualpa pegou o livro, mas não soube o que fazer com ele. Quando o frade ofereceu ajuda, o imperador afastou seu braço com rudeza. Depois de manusear desajeitadamente, Atahualpa conseguiu abrir o livro, mas, irritado com a quantidade de páginas, jogou-o no ar. Outras testemunhas lembraram que ele levara o livro ao ouvido para escutar a voz daquele deus espanhol. Como não houve voz, jogou o estranho objeto no chão. Uma coisa estava clara: Atahualpa não sabia o que era um livro. Nunca tinha visto papel. Não podia conceber um texto sagrado. Os incas, apesar de todas as suas impressionantes estradas e edificações, ignoravam a escrita.

Assim que o livro bateu no chão, o frade sinalizou para Pizarro que o ataque deveria começar. Alguns incas tinham armas escondidas sob as roupas, mas na confusão de cavalos e sinos, do tiro de canhão e de espadas afiadas fazendo seu trabalho num inimigo cercado numa pequena praça, eles não ofereceram muita resistência. Foram massacrados e o imperador foi agarrado.

O encontro de Valverde com Atahualpa foi um triunfo. Seu livro era uma Bíblia ou, com mais probabilidade, um breviário, uma compilação de salmos e outros trechos da Bíblia em um volume — condensados num formato de porte fácil — para ajudar a pregar a missa de acordo com o calendário cristão.[2] Esse livro, esse objeto que Atahualpa não conseguiu imaginar o que fosse, era o auge de milhares de anos de inovação, combinando a invenção da escrita, na Mesopotâmia, e do alfabeto, na Grécia, com o papel da China e o formato de livro de Roma. Recentemente, Johannes Gutenberg havia reinventado a impressão com tipos móveis, semelhante a uma técnica chinesa. Surgiram gráficas em toda a Europa que produziam Bíblias e breviários, cada vez mais em pequenos formatos in-oitavo, a tempo de conquistar o Novo Mundo.

Temos muitos relatos desse encontro memorável porque vários dos participantes escreveram a respeito, inclusive o irmão de Pizarro e seu primo-irmão, mas também o sobrinho de Atahualpa, que ditou suas lembranças a um escriba miscigenado. O único relato que falta é o do próprio Francisco Pizarro. Ele não deixou nenhum registro escrito desse dia. Na verdade, não temos nada escrito por ele. Até mesmo o contrato que fez com seus investidores para equipar seus navios não traz sua assinatura. Pizarro não sabia assinar seu nome. Tal como seu adversário inca, era analfabeto.[3]

A BATALHA DOS LIVROS

1519, Yucatán

A conquista do Novo Mundo é composta de muitas cenas semelhantes: um punhado de europeus armados até os dentes, auxiliados pelo fato de que inadvertidamente espalharam a varíola, fazem uso esperto de guerras civis e das divisões entre os povos nativos e prevalecem contra uma multidão de inimigos. Se olharmos bem de perto, há quase sempre um livro envolvido nisso.

Catorze anos antes, em 1519, o primo em segundo grau de Pizarro, Hernán Cortés, partira de Cuba para explorar o continente, o qual eles orgulhosamente chamavam de Yucatán, usando o nome nativo. Mais tarde, verificou-se que a palavra que supunham ser o nome da península significava em maia "a maneira como ele fala é engraçada", expressão que os maias que encontraram espanhóis haviam repetido sem parar.[4]

Os nativos também diziam alguma coisa que soava como "castelhano". Depois de algumas idas e vindas, ocorreu a Cortés que devia haver um espanhol em algum lugar, talvez um sobrevivente de um navio que encalhara ali nove anos antes. Ele enviou um mensageiro atrás desse castelhano, mas preparou seu navio para partir quando não obteve notícias. No último momento, chegou uma canoa de nativos, e um deles, para grande surpresa de todos, identificou-se como Gerónimo de Aguilar, com um perfeito sotaque castelhano. Ainda mais surpreendente foi o que Aguilar disse em seguida: "É quarta-feira, certo?".[5]

Aguilar era um frade franciscano e, durante seus nove anos de cativeiro e escravização pelos maias, manteve seu breviário, semelhante ao de Valverde, e assim pôde contar os dias.

Aguilar não era o único sobrevivente do naufrágio. Havia outro, Gonzalo Guerrero, que não viera saudar os espanhóis. Cortés ficou sabendo que Guerrero tomara uma esposa nativa e adotara modos nativos, inclusive cabelos longos, tatuagens e nariz perfurado. Ele não queria se juntar aos espanhóis e passou o resto da vida organizando a resistência à colonização cada vez mais agressiva daquelas terras.[6] Guerrero, para dizer o óbvio, não manteve um breviário consigo para contar os dias. O episódio ensinou uma valiosa lição a respeito da importância de escrever em meio a uma cultura estrangeira: o breviário evitou que Aguilar se transformasse em nativo. Ao encontrar o franciscano, Cortés prontamente o adotou como seu intérprete, e eles ficaram juntos durante toda a conquista do México.

Cortés pegou mais alguma coisa em sua incursão inicial a Yucatán: dois livros maias. Incluiu-os em sua primeira remessa ao rei da Espanha, aquela importantíssima gratificação que reforçaria sua defesa contra os rivais e os superiores na corte, cujas ordens ele havia ignorado em seu imprudente ataque ao continente. Os dois livros não eram o item principal: o que realmente importava era o ouro, o ouro que poderia ser derretido para reforçar os cofres reais, ou o ouro sob a forma de artefatos curiosos que poderiam ser exibidos com orgulho.[7] Mas os livros estavam lá, uma prova de que os espanhóis haviam encontrado nos maias um povo que sabia escrever.

Em contraste com Pizarro, Cortés sabia escrever, e muito bem. Suas cartas eloquentes, nas quais justificou suas expedições, conseguiram inclinar o rei a seu favor. A escrita maia, porém, não causou impressão em Cortés, talvez porque ele comparasse tudo o que via com a Europa e a Ásia. Na Eurásia, todas as civilizações antigas, da China ao Oriente Próximo, tinham estado em contato ocasional com outras. Por ser uma massa terrestre única, que se estendia, em termos gerais, de leste a oeste ao longo da mesma zona climática, ela possibilitou que culturas cultivadas laboriosamente e animais domesticados se espalhassem de uma cultura para a outra em uma rede de intercâmbio entre continentes.[8] Desse intercâmbio fez parte a escrita. Era possível, até mesmo provável, que a escrita — a ideia de escrever — tivesse sido criada apenas uma vez, na Mesopotâmia, e depois se espalhara para outras culturas antigas, como o Egito e talvez até a China. A escrita, e com ela a literatura, pode ser pensada como um único golpe de sorte.

Mas, ao contrário de Cortés, sabemos que as Américas não tinham contato com a Eurásia desde muito antes da invenção da escrita. De todos os padrões da história da literatura, considero este o mais intrigante: os seres humanos criaram a escrita, talvez a mais fundamental de todas as invenções, duas vezes.

Até agora acompanhei as consequências de uma única invenção da escrita na Mesopotâmia, o que levou ao surgimento de uma classe de escribas, a decisão de um desses escribas de escrever histórias e o hábito de agrupar essas histórias em textos maiores, alguns dos quais adquiriram o status de escrituras sagradas, auxiliadas por tecnologias melhoradas, como papel, livro e impressão. Graças aos maias (e outros povos americanos que inventaram sistemas de escrita menos conhecidos), podemos comparar a história da literatura contada até agora com uma segunda tradição completamente independente.[9]

Surpreende o fato de que se tenha dado pouca atenção aos 2 mil anos de literatura e cultura da escrita maia, talvez porque ela tenha sido decifrada apenas no último meio século, mediante os esforços combinados de linguistas russos e americanos.[10] Passo a passo, eles perceberam que esse sistema complexo consistia em quase seiscentos sinais, alguns dos quais expressavam ideias, outros, combinações de sons. Embora nem todos os sinais tenham sido decifrados, estamos em condições de perguntar agora se a história literária nas Américas seguiu um caminho semelhante ao da Europa e da Ásia.[11]

O pioneiro do estudo dos sinais maias foi Diego de Landa. Ele nasceu em 1524 em Cifuentes, no meio da Espanha, uma cidade que ainda abrigava uma comunidade de muçulmanos convertidos (após a derrota do domínio muçulmano na Espanha).[12] Com dezesseis anos, Landa entrou para a fraternidade franciscana, e aos 24 decidiu mergulhar no desconhecido e se juntou à missão que ia para o continente americano, seguindo os passos de seu colega franciscano Aguilar. Seu objetivo era salvar as almas dos maias; seu principal instrumento, um breviário (impresso).

Quando chegou a Yucatán, Landa logo percebeu que tinha encontrado uma civilização complexa. Fascinado, começou a tomar notas e acabou por produzir um relato sobre a região antes e depois da conquista espanhola, mais tarde a principal fonte de informações sobre a cultura maia. Com o interesse de um novo proprietário orgulhoso, ele descreveu as realizações culturais dos maias, entre elas suas impressionantes pirâmides e cidades, muitas das quais já haviam sido abandonadas quando os espanhóis aportaram devido a forças ambientais ou culturais desconhecidas. Para mim, Landa tornou-se um guia importante, semelhante, de certa forma, a Layard e aos outros escavadores e descobridores de civilizações distantes. Como estes, também era um destruidor, integrando uma força de ocupação que chegara ao Novo Mundo. Suas observações sobre os maias são nossa principal fonte de informação, mas é uma informação que custou muito caro.

Para entender essa cultura e sua história misteriosa, Landa precisava fazer amizade com um nativo. Teve sorte em sua escolha. Nachi Cocom vinha de uma antiga dinastia e era ele mesmo o líder de Sotuta, importante região maia no meio de Yucatán. Cocom tinha acesso a todos os aspectos da cultura e da sociedade, inclusive à escrita, e forneceu a Landa a melhor informação que podia haver. O franciscano descobriu que os maias não só inventaram um sistema de escrita, mas também muitas outras tecnologias de escrita. Acima de tudo, Cocom mostrou a Landa livros maias, que ele estudou em detalhes.[13] Eram semelhantes à invenção romana, com uma diferença: as páginas eram presas em ambas as extremidades e dobradas num formato de acordeão, em vez de amarradas em uma extremidade e abertas na outra. Os livros maias eram objetos de prestígio, mantidos pelas famílias mais poderosas, como o clã de Cocom.[14]

Para criar livros, os maias inventaram uma superfície de escrita apropriada. Na Eurásia, demorara mais de mil anos para que o papel chinês chegasse ao Oriente Próximo, e muitas centenas de anos para que desembarcasse na Espanha, justo a tempo de os espanhóis levarem seus livros de papel para o Novo Mundo.

O equivalente maia baseava-se em empapar casca de árvore numa solução de limão, depois bater para transformar em folhas e então colar várias delas juntas. O brilho branco era conseguido revestindo-se as folhas com carbonato de cálcio, que em seguida era alisado com um cascalho. A escrita era feita em várias cores, com corantes guardados em conchas, e os livros às vezes eram reforçados do lado de fora com madeira ou pele de onça com adornos.[15] A escrita, o papel e os livros maias não se difundiram para a América do Sul ou do Norte porque o movimento ao longo de um eixo norte-sul, através de diferentes zonas climáticas e terrenos difíceis, era muito mais complicado do que o movimento lateral possível na Eurásia, que estava orientada ao longo de um eixo leste-oeste.

A dificuldade do sistema de escrita maia acarretou o surgimento de uma poderosa classe de escribas que também eram sacerdotes e zelavam por sua tecnologia — fortalecida pela invenção do papel e de um tipo de códice em forma de acordeão —, embora algumas mulheres e outros que não pertenciam a essa classe também soubessem escrever.[16] Até então, a história parecia estar se repetindo. Mas para que serviam esses livros? Algum escriba teria anotado histórias e as combinara em textos maiores e fundamentais, como os que os espanhóis levaram para o Novo Mundo?

Os livros maias estavam intimamente ligados à ciência maia de "cálculo de anos, meses e dias", como Landa percebeu — a única coisa que hoje todos associam aos maias: seu calendário.[17] Era um sistema complexo, ou melhor, vários sistemas interligados, que começava em 11 de agosto de 3114 a.C. e terminava em 21 de dezembro de 2012. Desde essa data, vivemos no segundo ciclo de 5126 anos do calendário maia (em 2012, houve quem acreditasse que o fim do ciclo significava o fim do mundo).[18]

O calendário maia foi uma realização cultural extraordinária, intimamente ligada à religião, o meio "pelo qual eles regulavam suas festas, sua contabilidade e os contratos comerciais, tal como fazemos nós", descobriu Landa.[19] *Como fazemos nós*: apesar de toda a estranheza desse calendário, ele era usado de uma maneira que Landa pôde reconhecer. A impressão do franciscano a respeito do significado religioso do calendário foi confirmada quando ele observou pessoalmente quando o mais alto sacerdote "abriu um livro e [...] pregou para eles".[20] A invenção de Esdras de erguer a escritura como um objeto sagrado parece ter também ocorrido entre os maias. Até então, a história literária maia passara por etapas semelhantes de desenvolvimento, com uma pequena classe de escribas liderando com base em livros sagrados.

O GRANDE AUTO DE FÉ DE 1562

Restava uma questão, a mais importante: esses calendários eram baseados em histórias sagradas, textos fundamentais? Nesse ponto, não pude mais contar com as observações de Landa: seus estudos foram interrompidos por uma crise que trouxe à tona Landa, o destruidor. Na primavera de 1562, um menino maia descobriu uma caverna perto da aldeia de Mani que continha ídolos e crânios humanos, indícios de sacrifícios humanos. Landa ficou horrorizado: o que ele havia tomado por uma grande civilização não passava, no fim das contas, de barbárie.

Em fúria, tratou de suprimir essas práticas secretas, iniciando um regime de prisões em massa e torturas que durou três meses. Seu método favorito era pendurar o sujeito pelas mãos, extraindo confissões através da tortura; depois, com base nas confissões, infligia castigos severos. Das 4500 vítimas de Landa, 158 morreram e pelo menos treze se suicidaram.[21] Os maias, não exatamente hesitantes quando se tratava de derramar sangue inimigo, ficaram chocados: seu sistema de arrancar o coração era muito mais rápido e, portanto, menos cruel.

Landa também ficou chocado com o que ouviu em meio aos gritos de suas vítimas sobre o culto secreto que mantinham dos deuses antigos. Até mesmo seu velho amigo e informante Nachi Cocom, que fora batizado e assumira o nome de d. Juan Cocom, havia encorajado algumas dessas práticas.[22] A adoração dos deuses antigos havia persistido em segredo, sob uma fina camada de cristianismo. Todos os esforços de Landa pela conversão tinham sido inúteis.

Só havia uma conclusão que Landa podia tirar: a cultura maia precisava ser arrancada pela raiz. Com base em tudo que o traidor Cocom lhe havia dito, ele percebeu que, no fundamento das práticas maias, jazia sua escrita sagrada. Foi assim que Landa, que mais do que qualquer outro espanhol se dera ao trabalho de aprender a respeito dos livros maias, decidiu queimar todos que pudesse encontrar. Ele os caçou em todos os lugares, livros que haviam sido conservados e transmitidos para seus descendentes por famílias nobres como a de seu antigo amigo Cocom, livros mantidos como escrituras sagradas, livros que registravam as estrelas e o calendário. Landa pegou todos aqueles preciosos objetos artesanais que tanto admirava e com eles fez uma grande pilha, junto com todos os ídolos cujo culto estava ancorado nesses textos. E então celebrou o grande auto de fé de 1562, a leitura pública das confissões e das sentenças, iluminada pelas chamas que consumiam os livros dos maias. Era uma técnica que Landa vira em ação em sua Espanha natal, onde a Igreja estava travando uma batalha perdida contra Lutero (se soubesse sobre a queima de clássicos confucionistas na China, ele talvez tivesse se inspirado também nesse evento). A história da literatura é uma história de queima de livros — um testemunho do poder das histórias escritas.

A violência desse festival de fogo foi tamanha que Landa foi chamado de volta à Espanha para enfrentar um inquérito. Até mesmo a Coroa espanhola achara exagerado o espetáculo. Todos eram a favor da tortura, mas eles haviam criado um sistema extremamente regulamentado e controlado, com muitas regras e procedimentos — a grande Inquisição —, que Landa e seus zelosos subordinados tinham violado. O processo judicial durou anos e ele escapou mais ou menos incólume graças a suas habilidades diplomáticas. Por fim, conseguiu retornar triunfante ao Novo Mundo, no posto de bispo de Yucatán.

Foi durante esses anos difíceis da volta à Espanha, com seu futuro incerto, que Landa escreveu tudo o que ficara sabendo, produzindo sua grande obra sobre a cultura maia. O que estava pensando enquanto descrevia os belos livros, a façanha do calendário? Ele os viu todos queimando diante do olho de sua mente? Seu relato não trai nenhuma emoção: "Encontramos um grande número de livros [...], e, como eles não continham nada além de superstições e falsidades do diabo, queimamos todos, o que tomaram por extrema crueldade e lhes causou grandes dores".[23] Landa parece impenitente — estava, afinal, tentando justificar suas ações perante o tribunal — e até finge surpresa porque os maias não queriam que seus livros fossem queimados. Mas deve ter desconfiado da estranheza de sua posição. Ele era a pessoa cujos escritos preservaram a maior parte do que sabemos sobre a cultura literária maia. Foi somente graças a ele que os linguistas conseguiram decifrar a escrita maia séculos depois. Ao mesmo tempo, ninguém fez mais do que ele para exterminá-la.

A fogueira de 1562 não foi o fim da batalha dos livros. Mais e mais livros estavam chegando a Yucatán, e agora os espanhóis já não dependiam somente de importações. Já em 1539, a mais recente tecnologia, uma impressora, fora levada ao Novo Mundo. No início, a produção era lenta: apenas 35 livros foram impressos nas décadas seguintes. Mas a nova tecnologia mostrou ser invencível a longo prazo.[24]

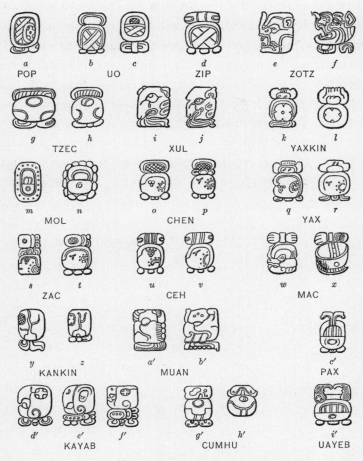

Glifos maias, um dos vários sistemas de escrita criados na Mesoamérica, a única invenção de escrita confirmada fora da Eurásia.

O *POPOL VUH*: O LIVRO DO CONSELHO

Os escribas maias precisavam salvar sua cultura desse violento ataque espanhol, mas como? Felizmente alguns foram para a clandestinidade bem antes da campanha de Landa. Mas entrar na clandestinidade não era suficiente. Eles sabiam que não poderiam suportar essa inundação literária para sempre. Se a linha secreta de transmissão se rompesse, o conhecimento dos personagens maias morreria, e a cultura que era destilada dentro dos poucos livros restantes também morreria.

Nesse momento de crise, os escribas maias chegaram a uma dolorosa conclusão: o futuro seria dominado pela tecnologia dos vencedores. A fim de preservar sua literatura, teriam de abandonar seu precioso sistema de escrita e usar as armas do inimigo: papel e livros espanhóis, e o alfabeto latino.[25] Eles chamaram essa grande obra de *Popol Vuh*, o Livro do Conselho. Escreveram-na com o alfabeto latino, mas o usaram para pôr no papel sua língua nativa. O livro preservou o que era mais valioso em sua cultura. E também forneceu uma resposta para a última questão do caso maia, a saber, se os calendários, com sua atenção minuciosa às estrelas, estavam contando histórias como outros textos fundamentais. Descobriu-se que sim: eram histórias situadas no céu maia.

O que mais gosto no *Popol Vuh* é do mito da criação, a criação do céu-terra, como o universo é chamado, a partir da matéria informe. O principal criador é a Serpente Emplumada Soberana, um "Criador, Fazedor", mas ele não está sozinho.[26] Em rápida sucessão, somos apresentados a todo um elenco de criaturas semelhantes a deuses que logo iniciam a difícil tarefa de criar seres humanos. Várias tentativas, usando barro e madeira esculpida, fracassam. Ou as criaturas se desmantelam, ou são incapazes de falar, tornando-se nada mais que animais. A criação é descrita como difícil, um experimento que pode dar errado, introduzindo uma nota humorística no evento imponente.

O que me atrai nos mitos de criação em geral é que eles põem em destaque a capacidade da literatura de criar mundos. Enquanto presumidamente louvam algum deus criador poderoso, eles também competem com os deuses ao imaginar como seria a criação. Os astronautas a bordo da Apollo 8 talvez também tenham experimentado isso. Com certeza sentiram-se pequeninos diante da extensão do nada que é o espaço, mas também estavam recitando um mito de criação no momento da confiança tecnológica.

No *Popol Vuh*, depois de terminada a criação, os deuses se dedicam a suas próprias aventuras, sendo a mais importante os famosos jogos de bola. Pela minha história pessoal, o jogo de bola maia sempre me pareceu a característica mais ambivalente do *Popol Vuh*. Quando eu era criança, meus pais me proibiram de entrar num clube de futebol alegando que chutar uma bola com o pé tinha origem na prática maia de jogar com as cabeças dos inimigos. Achava aquela história maluca, mas quando se é jovem a gente ouve tanta história louca que uma a mais não faz tanta diferença. De qualquer modo, quando enfim li o *Popol Vuh*, prestei especial atenção ao jogo de bola.

Na verdade, o jogo foi disputado pela primeira vez por dois irmãos, heróis semidivinos, Hun e Vucub Hunahpu. Eles jogam com tanto vigor que perturbam os deuses do submundo, os quais, irritados, os convocam e os desafiam para uma partida. Os dois irmãos obedecem à convocação, mas são enganados e mortos antes mesmo de jogar, e um deles, Hun, é decapitado e sua cabeça é colocada numa árvore. O lugar onde a cabeça cortada é exibida tem um nome sinistro: Lugar do Sacrifício do Jogo de Bola. Tive de admitir que isso não parecia muito bom. Talvez meus pais tivessem razão.

A cabeça na árvore tem mais uma função: ela cospe no colo de uma jovem deusa do submundo e a engravida. O pai da deusa não fica contente e ela precisa fugir; muda-se para a casa dos sogros, o pai e a mãe de Hun, onde dá à luz outro par de heróis irmãos, Hunahpu e Xbalanque. Esses dois estão entre os personagens mais divertidos de toda a obra, um par de trapaceiros turbulentos sempre dispostos a se divertir. Tudo corre bem até que eles encontram o equipamento de jogo descartado de seu pai. Nada pode impedi-los agora de tentar jogar, e logo a história se repete: os deuses do submundo são perturbados mais uma vez e os convocam para um jogo.

Trapaceiros espertos que são, os gêmeos vão preparados e conseguem evitar todas as armadilhas que os deuses puseram para eles. Mesmo assim, antes do início do jogo um deles é decapitado, tendo a cabeça arrancada por um bastão assassino. Será ela exibida no Lugar do Sacrifício do Jogo de Bola, tal como ocorrera com a cabeça de seu pai? Não, na verdade ela rola para o campo. Isso inspira os deuses do submundo a usar a cabeça como bola para seu jogo. A cabeça, imperturbável, encoraja seu irmão a continuar jogando: "Chutem a cabeça como uma bola".*[27] Então o outro gêmeo acerta na cabeça e a joga para fora da quadra, onde um coelho, que está do lado dos irmãos, a segura e foge, com todos os deuses do submundo em sua perseguição. Isso dá tempo suficiente ao gêmeo intacto para uma jogada astuciosa. Ele pega uma abóbora arrumada para parecer uma cabeça e, quando o jogo prossegue, os deuses são induzidos a jogar com a abóbora.

Enquanto tentava entender essa história complicada, fiquei pensando se esse texto defendia mesmo chutar as cabeças. Sem dúvida, por duas vezes alguém é decapitado a propósito do jogo, e em certo momento se joga de fato com uma cabeça. Ao mesmo tempo, a derrota do submundo acontece quando a cabeça é substituída por uma abóbora. Não joguemos mais com as cabeças, o *Popol Vuh* parece dizer, joguemos com abóboras. Senti-me justificado: no fim das contas, deveriam ter permitido que eu jogasse futebol. (Mais tarde, li que o futebol se originou quando os ingle-

---

* A tradução das citações de *Popol Vuh* é de Gordon Brotherston e Sérgio Medeiros. São Paulo: Iluminuras, 2007.

ses jogaram com os crânios dos dinamarqueses, outra história não confirmada.[28]) Depois de derrotarem o submundo, os gêmeos acabam sendo mortos, dessa vez para sempre, mas, em vez de desaparecerem completamente, ascendem ao céu, onde agora existem como constelações.

Antes de tudo, a história do jogo de duas gerações explica por que as estrelas, cujos movimentos foram captados com tanta precisão pelo calendário maia, se tornaram estrelas.[29] Às vezes me pergunto o que os maias teriam feito se tivessem sido os primeiros a ir à Lua. Poderiam ter olhado para a Terra e imaginado o momento de sua criação como os astronautas cristãos fizeram. Mas prefiro pensar que, em vez disso, teriam olhado as estrelas, lendo nelas o drama dos céus, tal como relatado por seu texto fundamental.

O *Popol Vuh* narra que, finalmente, depois de três experimentos fracassados, os deuses fizeram uma última tentativa de criar os seres humanos. Dessa vez usaram milho, e o experimento deu certo. A partir desse ponto, o *Popol Vuh* trata do mundo humano. Alguns episódios parecem estranhamente familiares, entre eles a história de uma grande inundação. A inundação faria parte da cultura maia antes da chegada dos espanhóis — uma lembrança remanescente do aumento mundial do nível do mar no fim da grande era do gelo? Ou os escribas anônimos a copiaram da Bíblia, assim como os escribas bíblicos copiaram esse episódio da *Epopeia de Gilgamesh* ou de outra fonte ainda mais antiga?

A carnificina espanhola decerto estava na mente dos escribas quando eles escreveram as últimas seções do *Popol Vuh*, que tratam do destino do território maia. No momento da escrita, esse território havia sido invadido por estrangeiros, e o livro termina com uma nota melancólica: "Assim esta é a natureza do Quiché,/ Nunca mais vista./ Ela existiu antigamente para os senhores,/ Mas está perdida./ Assim isto conclui tudo sobre Quiché,/ Chamada Santa Cruz".[30]

A sensação de perda é dominante. O livro original, que os três escribas decidiram preservar ao traduzi-lo para o alfabeto latino, estava perdido, e também a escrita maia, talvez sua maior realização cultural. Porém, a perda mais importante é a do lugar. A terra dos maias foi rebatizada de Santa Cruz: "Nunca mais vista".

O *Popol Vuh* preservou uma cultura maia que já estava perdida quando foi escrito. Por volta de 1701, um frade dominicano encontrou o manuscrito, copiou-o e acrescentou uma tradução para o espanhol. Mais de 150 anos depois, um padre francês o publicou, permitindo que o *Popol Vuh* entrasse no mundo de Gutenberg.[31]

SUBCOMANDANTE MARCOS, EL SUB

2004, Chiapas

Depois de ler pela primeira vez o *Popol Vuh*, fiquei tão intrigado com a noção de lugar desse texto que decidi ir às montanhas do sudeste do México. Minha jornada começou na selva de Lacandon. Um ônibus me deixou na fronteira do território maia, onde um caminhão caindo aos pedaços me apanhou no acostamento. A aldeia ficava numa clareira da selva e era composta por várias dezenas de cabanas. Com exceção de mim, todos estavam vestidos com o que pareciam longos camisões brancos. Os cabelos pretos de homens e mulheres iam até os ombros (pensei no marinheiro naufragado que adotara os costumes nativos) e a maioria deles andava descalça, às vezes usando botas de borracha. A noite na clareira revelou um céu incrível, a lembrança das histórias contadas no *Popol Vuh* escrita lá no alto.

No dia seguinte fui dar um longo passeio na selva. Havia rumores de que existiam onças-pintadas, animal cujo nome foi dado aos primeiros seres humanos no *Popol Vuh*. Logo encontramos as primeiras pilhas de pedras, ruínas de monumentos maias. A selva estava cheia delas, muitas ainda inexploradas. Eu visitara alguns dos grandes sítios arqueológicos, como Palenque e Yaxchilan, entusiasmado para ver seus campos de bola bem preservados, mas foi ali na selva de Lacandon, em meio a muitas ruínas desconhecidas e sem nome, que tive a sensação de perda que é tão aguda e dominante no *Popol Vuh*.

Depois de sair da selva baixa, subi as montanhas de carro. Não demorou, surgiu uma placa escrita à mão me informando que eu estava entrando numa ZONA ZAPATISTA AUTÔNOMA. Algumas pessoas estavam ao lado da placa com rifles antigos, mas, salvo esse detalhe, tudo parecia pacífico. No início dos anos 2000, chegou-se a um acordo que tolerava áreas autônomas, embora o exército mexicano patrulhasse fortemente suas fronteiras.

A presença militar e as zonas autônomas eram consequência de uma insurreição que ocorrera havia mais de uma década. Em 1º de janeiro de 1994, soldados que se autodenominavam Exército Zapatista de Libertação Nacional (EZLN) ocuparam San Cristóbal e várias outras cidades do estado de Chiapas. Os combatentes

Mural criado na esteira da rebelião zapatista no sul do México, em defesa da alfabetização dos pobres.

do EZLN logo voltaram para suas aldeias, mas o exército mexicano foi implacável. Novos quartéis foram construídos no distrito, ergueram-se bloqueios nas estradas e, por fim, mais de 70 mil soldados e tropas paramilitares armadas foram despachados para pacificar a área. Em 22 de dezembro de 1997, durante uma reunião de oração, 45 pessoas consideradas leais ao EZLN, entre elas 21 mulheres e quinze crianças, foram massacradas por um grupo paramilitar de direita apoiado pela polícia local e pelo governo.[32]

Apesar do poder de fogo esmagador, o Estado foi forçado a sentar-se numa mesa de negociação. O autor desse feito foi um escritor anônimo da selva de Lacandon, onde um pequeno grupo de maias preservava vestígios dos antigos costumes do povo, enquanto a maioria havia sido empurrada muito tempo antes para as margens da cultura de língua espanhola, com seu modo de vida ameaçado em toda parte.[33] O escritor de Lacandon, que escondia o rosto com uma balaclava, veio a ser conhecido como Subcomandante Marcos, El Sub. O exército mexicano o caçou por todos os lugares, mas nunca conseguiu pegá-lo. Ele era rápido demais, móvel demais, e podia contar com o apoio dos aldeões maias. Por meio do uso esperto da mídia e da internet nascente, El Sub transformou a insurreição e a dura resposta do exército em uma causa internacional.

Enquanto dirigia pelas montanhas pensando no esquivo Marcos, me dei conta que ele derivava um poder considerável da literatura. Quando entrara pela primeira vez na selva, no início da década de 1980, a principal arma que possuía era uma mochila cheia de livros.[34] Dez anos depois, quando a insurreição finalmente começou, ele fez um bom uso deles, divulgando comunicados, declarações de guerra e cartas abertas em que denunciava tudo, do governo central ao Nafta, o Acordo de Livre Comércio da América do Norte que contribuíra para a queda dos preços do café. A tecnologia de escrita à sua disposição era uma velha máquina de escrever portátil Olivetti.[35] Mensageiros clandestinos levavam os textos digitados para San Cristóbal, nas montanhas, de onde eram vazados primeiro para um jornal local e depois para a imprensa internacional.[36] O endereço do remetente era invariavelmente: "Das Montanhas do Sudeste Mexicano".

A resposta mundial a essas cartas foi maior do que se esperava, e El Sub entendeu a dica e aumentou sua produção literária. Além dos manifestos que clamavam por revolução, ele mostrou um lado excêntrico quando respondia a declarações provenientes do governo mexicano e surpreendia os observadores políticos com parábolas extraídas de contos populares. Ele também criou um personagem, don Durito, conhecido como o dom Quixote da selva de Lacandon.[37] O mundo ficou fascinado com essa voz irreverente e emocionante.

Reconhecendo que a literatura se tornara sua ferramenta mais importante, Marcos decidiu modernizar suas armas, adquirindo um laptop usado e uma impressora matricial, que se revelaram ferramentas decisivas para manter a rebelião.[38] Em 13 de agosto de 1999, Marcos escreveu as seguintes palavras em seu laptop e as enviou para o mundo:

> Esta é a história de como tudo estava em suspenso, calmo e silencioso, como tudo estava imóvel e parado, e como a extensão do céu estava vazia.
>
> Esta é a primeira história, a primeira conversa. O homem ainda não existia, nem os animais, pássaros, peixes, caranguejos, árvores, pedras, cavernas, ravinas, campos ou florestas. Havia apenas o céu. O rosto da terra ainda não aparecera. Havia apenas o mar calmo e a extensão do céu. Não havia nada reunido, nem nada que pudesse se mover, ou acelerar, ou fazer barulho no céu.
>
> Não havia nada em pé, apenas a água calma, o mar plácido, sozinho e tranquilo. Nada existia.
>
> Havia apenas quietude e silêncio na noite escura. Somente o

Criador, o Fazedor, Tepeu, Gucumatz, os antepassados, estavam na água cercados de luz. Estavam escondidos sob penas verdes e azuis, então eram chamados de Gucumatz. Eram grandes sábios, grandes pensadores por natureza. Assim eram os céus, e também o Coração do Céu. Foi assim que eles contaram isso.

E então veio a palavra. Tepeu e Gucumatz se juntaram na escuridão, na noite, e conversaram juntos. Eles falaram e refletiram. Eles concordaram, unindo suas palavras e seus pensamentos.

E então, enquanto refletiam, ficou claro para eles que, quando raiasse o amanhecer, o homem devia aparecer. Então, planejaram a criação e o crescimento dos bosques e matas, o nascimento da vida e a criação do homem. Assim foi combinado na escuridão da noite pelo Coração do Céu que se chama Hurakán.[39]

Escrevendo das montanhas do sudeste do México, El Sub estava divulgando o início do *Popol Vuh*.

Mais uma vez, uma história escrita se revelava uma arma que poderia ficar escondida por séculos e de repente surgir no futuro distante. Marcos teria visto nesse texto antigo um aliado em sua tentativa de reivindicar a terra dos maias? Escondido atrás de sua balaclava, teria reconhecido um parentesco com os escribas maias anônimos que procuraram preservar uma cultura à beira da extinção? O trecho do *Popol Vuh* que El Sub escolhe revela uma atração adicional: a criação do mundo através de palavras. Era o poder supremo da literatura, o mesmo poder que havia atraído os astronautas da Apollo 8 para o início do Gênesis.

Com esse último uso do *Popol Vuh* em mente, entrei em San Cristóbal, a bela cidade barroca no alto das montanhas e centro da revolta zapatista. Marcos estava escondido, mas imagens dele se espalhavam por toda parte. Estatuetas artesanais de sua figura estavam à venda no mercado, assim como camisetas com slogans de seus manifestos. No dia seguinte, Domingo de Páscoa, uma multidão se reuniu em torno de grandes bonecos de papier mâché que representavam o presidente mexicano Vicente Fox e o Nafta. De repente os bonecos explodiram ao mesmo tempo. Abaixei-me, mas depois percebi que eles tinham sido simplesmente recheados com fogos de artifício que disparavam em todas as direções; não eram exatamente seguros, mas tampouco motivo de grande preocupação.

Infelizmente nunca encontrei Marcos, na selva, ou em San Cristóbal, nem nas aldeias da montanha, com suas igrejas e rituais sincretistas que enfureceriam Landa se visse seu projeto de cristianização ainda incompleto quatrocentos anos depois. A rebelião zapatista de 1994 não levou à independência dos maias do México, mas lembrou ao mundo que eles ainda existiam, que ainda rejeitavam o domínio imposto a eles por outros — e que o *Popol Vuh* ainda podia servir de arma na batalha por suas terras.[40]

Em 1995, o governo mexicano anunciou que havia identificado El Sub, a pessoa por trás da balaclava: não era um maia, mas um certo Rafael Sebastián Guillén Vicente, nascido em Tampico, centenas de quilômetros ao norte de Chiapas. Vicente fora educado por jesuítas, a ordem que substituíra os franciscanos como força predominante da cristianização do Novo Mundo. Havia sido professor de filosofia na Cidade do México antes de dirigir-se a Chiapas, no início dos anos 1980.

Como podia um mexicano achar que era capaz de falar pelos maias? A resposta era: através da literatura. Vicente passou dez anos na selva de Lacandon organizando sua insurreição. Seu trabalho incluía ensinar aos habitantes da região o alfabeto latino, enquanto eles lhe ensinavam suas habilidades essenciais de sobrevivência.[41] Ele também batalhou para aprender línguas e dialetos maias.[42] Acima de tudo, estudou o *Popol Vuh* para preservar essa epopeia para o futuro. Por fim, vestiu uma balaclava e tornou-se um escritor maia anônimo, na tradição desses escribas. Seu slogan era "Nossa Palavra é Nossa Arma" — o grito de guerra desde o início do mundo da escrita.

9. Dom Quixote e os piratas

Não é um trabalho tão terrível ser escritor.[1] Você faz alguma pesquisa, inventa uns personagens, dá forma a uma trama que desenvolve temas centrais e ideias. Depois que termina, você procura um editor, que por sua vez encontra uma gráfica; o livro é composto, adiciona-se uma bela capa e o objeto final acaba nas livrarias. Tudo parece bastante natural, mas na verdade trata-se de um arranjo relativamente recente que progrediu de forma gradual ao longo dos últimos quinhentos anos (e agora está mudando de novo). O arranjo envolve pessoas que possuem máquinas e pessoas que vendem suas histórias para elas, o que, por sua vez, significa que é preciso haver pessoas que tenham histórias, histórias originais que podem ser roubadas, plagiadas e pirateadas.

Ao escrever este livro que você está lendo, essas perguntas estavam na minha cabeça quase sempre. Fiquei muito satisfeito quando encontrei uma editora, a Random House. Durante o processo da escrita, tentei prever o que Kate Medina, minha editora, iria dizer, e depois que ela leu um primeiro rascunho e fez comentários extremamente úteis, tentei fazer o melhor para responder a eles (por exemplo, Kate achou que eu precisava ter uma presença mais constante no livro). Para publicar o livro, a Random House teve de negociar com minha agente literária, Jill Kneerim, e elaborou um contrato bastante longo, que nunca li até o fim: simplesmente rubriquei cada página e assinei tudo no final.

Ao longo do processo de redação, tive o cuidado de reconhecer a pesquisa dos outros, já que meu livro dependia de inúmeros estudiosos e historiadores, a cujo trabalho eu dava crédito em notas de rodapé; um grupo de especialistas particularmente generoso concordou em revisar determinados capítulos, pelo que também lhes agradeço nas notas. E, não obstante, embora reconhecendo tudo isso, afirmei que a história da literatura que eu estava contando era minha, reivindicando direitos autorais sobre a maneira particular como a escrevi. Se alguém copiar essa minha versão e disponibilizá-la, digamos, no Pirate Bay ou um site similar que ofereça materiais pirateados, ficarei muito chateado (ou, se o livro vender muito mal, ficarei contente que pelo menos alguém se incomodou em roubá-la).

Sempre tive um carinho particular por dom Quixote, o mais desafortunado dos heróis modernos, mas demorei um tempo para perceber que minha experiência com a autoria moderna me pusera no estado de espírito perfeito para abordar esse romance e seu autor, Miguel de Cervantes Saavedra. Foi com Cervantes que as características da autoria moderna — da gráfica e o mercado até a propriedade, o plágio e a pirataria literária — se juntaram como nunca antes. Ele foi o primeiro autor moderno.

1575, MAR MEDITERRÂNEO

Durante muitíssimo tempo Miguel de Cervantes não soube nada de seu futuro como autor: ele só estava interessado em ganhar fama como soldado.[2] Alcançou seu objetivo na Batalha de Lepanto, em 1571, ao largo da costa ocidental da Grécia, aos 29 anos. Desde que os turcos otomanos haviam tomado Constantinopla, havia mais de um século, a cristandade tentava impedir o avanço deles para o Ocidente. Com esse propósito, os Estados católicos na costa do Mediterrâneo formaram a Santa Liga e enviaram uma grande frota de várias centenas de galeras, junto com 40 mil marinheiros e 28 mil soldados, inclusive a temida infantaria espanhola. A esses soldados, entre os quais estava Cervantes, prometeram uma indulgência plenária do papa — a remissão completa de todos os pecados — por seus serviços prestados em campo. A Santa Liga enfrentou uma frota menor de galeras otomanas, muitas delas remadas por escravos cristãos capturados. Para manter os escravos motivados, os otomanos lhes prometeram a liberdade caso vencessem.

Durante os dias que antecederam a batalha, Miguel de Cervantes teve uma febre alta e o capitão lhe disse que deveria permanecer abaixo do convés, mas ele se recusou a ficar longe enquanto seus companheiros enfrentavam o inimigo.[3] As duas frotas travaram combate, lançando uma contra a outra centenas de galeras, 60 mil seres humanos e centenas de canhões em mares traiçoeiros. Os navios bateram uns nos outros, arderam em chamas e afundaram. Imprensados entre a água, o aço e o fogo, os soldados lutaram por seus navios, que balançavam violentamente devido a manobras súbitas e ao impacto das balas de canhão. O grito de guerra dos turcos era muito assustador, mas foi abafado pelo barulho dos tiros de canhão e pelos gritos selvagens de desespero à medida que mais e mais soldados eram mortos por fogo e lâmina, ou jogados ao mar vivos para encontrar a morte em meio às ondas.

A Batalha de Lepanto foi vencida pela Santa Liga, mas deixou Cervantes com o braço esquerdo mutilado. Momento decisivo da guerra de séculos contra o Império Otomano, essa batalha impediu o avanço turco, permitindo que d. João da Áustria, que liderara a Santa Liga, voltasse em triunfo para casa.

Quatro anos depois Cervantes e seu irmão também voltariam para casa, e tinham todas as razões para esperar uma recepção calorosa. Cervantes trazia consigo uma carta de d. João que o elogiava por sua bravura na Batalha de Lepanto. Ele poderia usar esse atestado de valentia para encontrar algum emprego, apesar de seu ferimento, assim que seu navio chegasse à Espanha.

Quando a embarcação que levava os irmãos Cervantes navegava a caminho de Barcelona, um navio surgiu no horizonte. No começo foi difícil identificá-lo, mas ele continuou indo na direção deles — eram piratas do norte da África. A galé espanhola tentou fugir, mas os piratas, equipados com um barco mais rápido e mais escravos para empunhar os remos, se aproximaram rapidamente. Alguns cristãos foram mortos de imediato, enquanto outros foram amarrados e levados para Argel, na costa norte africana, onde os piratas podiam agir com impunidade — os otomanos os toleravam desde que contribuíssem para atrapalhar o comércio cristão. Os Cervantes, que tinham estado tão perto de casa, agora estavam entre os prisioneiros levados a Argel.

Miguel de Cervantes teve sorte. Encontraram a carta de recomendação de d. João, o vencedor de Lepanto, atestando seu valor. O prisioneiro não seria passado na espada nem forçado a trabalhar nos remos: os piratas tentariam extrair um resgate substancial, o principal negócio de Argel. Mas a carta também trouxe azar, pois fez Cervantes parecer uma pessoa muito mais importante e, portanto, mais rica do que realmente era.

Como escravo resgatável, Miguel recebeu um tratamento melhor do que os demais. Mas certamente teve de observar o toque de recolher e, como muitos outros escravos, precisou se empenhar para conseguir comida.[4] Três vezes ele e seus companheiros tentaram fugir, três vezes foram pegos, por falta de sorte ou traídos por ajudantes venais. Na tentativa mais elaborada, o irmão de Miguel, que já havia sido resgatado, voltou com um navio para salvar Miguel, mas foi descoberto e perseguido. Cada tentativa fracassada significava uma punição mais severa, mas a promessa de resgate mantinha Miguel vivo. Por fim, depois de vários anos, com a ajuda de um empréstimo da Ordem da Trindade, foi possível levantar um resgate para libertar Miguel quando ele estava prestes a ser vendido para Constantinopla.[5] Depois de cinco anos como soldado e cinco anos como escravo, Cervantes foi finalmente autorizado a ir para casa.[6]

Os problemas de Miguel não acabaram. Agora ele precisava devolver o dinheiro do resgate que sua família amealhara, pedindo emprestado e implorando. Existia um caminho possível para arrecadar fundos: escrever uma história sobre a experiência do cativeiro. Sua bravura em Lepanto, suas tentativas audazes de fuga de Argel: tudo isso não era um ótimo material para literatura? Ele levaria seus leitores à linha de frente da batalha contra o Império Otomano, conduzidos pelo protagonista, um valente soldado cristão que foi ferido e sequestrado, mas que lutou para retomar sua liberdade. Os feitos heroicos do escritor poderiam ser situados num relato ricamente matizado de Argel, com seus marinheiros e escravos, muçulmanos e cristãos, todos juntos numa cidade portuária que se tornara o flagelo do Mediterrâneo.

Esta era uma das consequências da impressão: um mercado para histórias. Sem dúvida Cervantes não seria o único a escrever narrativas de fuga daquele tipo. Relatos semelhantes foram produzidos em grande número, pois a pirataria só crescia. No entanto, o mercado dessas histórias era muito peculiar. As narrativas dos escravos eram muitas vezes publicadas por eles mesmos, em impressões de poucos exemplares, mas isso não importava, uma vez que os autores não pensavam em seguir carreira de escritor profissional. O objetivo supremo deles era ganhar o favor do monarca.[7]

Mas Cervantes tinha ambições maiores: tornar-se um escritor profissional e ter sucesso nesse novo mercado. Havia um tipo de escrita popular que prometia fama rápida e chance de ganhar a vida. Cervantes viveu durante a era dourada do teatro na Espanha — comparável à da Inglaterra de Shakespeare —, uma arte igualmente capaz de entreter reis e massas analfabetas.[8] A indústria do teatro estava ansiosa por peças novas, em especial sobre história espanhola e contos populares, e os escritores se apressavam em fornecê-las. Se encontrassem o tom certo, podiam ganhar um bom dinheiro, e se conseguissem repetir a façanha, poderiam fazer fortuna. Os mais bem-sucedidos podiam capitalizar seu sucesso teatral ao ter suas peças impressas, conquistando também um público leitor. O mestre do ofício era Lope de Vega, que dera início a um estilo moderno e variado e se tornara celebridade nacional — seus fãs mais ardentes chegavam a pendurar seu retrato em casa. Em troca, ele lhes deu cerca de 1500 peças, tornando-se o dramaturgo mais prolífico da história.

Cervantes começou a escrever peças antes do sucesso espetacular de Lope de Vega, mas a ascensão do teatro como arte popular lhe deu algumas ideias. Ele decidiu transformar seu melhor material, a história de seu cativeiro, em drama. Tratava-se de um gênero que exigia sucesso imediato. Se a peça não conseguisse atrair o interesse de um administrador de teatro, ou se o público não gostasse, ela morreria, com poucas possibilidades de ressuscitar. Nesse ambiente de alto risco, Cervantes foi superado por outros autores. A maioria de suas comédias fracassou e está perdida. O drama de seu cativeiro talvez tenha sofrido com a oferta excessiva de histórias desse tipo. O resultado foi que as peças de Cervantes nunca obtiveram muito sucesso, embora nos deem um rico relato de sua experiência em Argel. (A primeira, com sua descrição da cidade, foi provavelmente iniciada quando ele ainda estava no cativeiro.[9])

Dramaturgo fracassado que tentava ganhar a vida com variados projetos, Cervantes acabou novamente no cativeiro, dessa vez em sua terra, onde foi acusado de ter fraudado o Estado enquanto trabalhava como coletor de impostos arrecadando fundos para a Armada espanhola. Na prisão, teve muito tempo para pensar sobre a relação íntima de sua vida com a história, de Lepanto ao conflito que se anunciava com a Inglaterra. Mas também usou esse tempo para refletir sobre a própria carreira e o encolhimento de suas opções. O que deveria fazer?

O QUE HÁ DE ERRADO COM OS ROMANCES MEDIEVAIS?

Além de peças de teatro, outro tipo de história gozava de grande popularidade: contos de cavaleiros que vagavam pela cristandade medieval, matando monstros, adorando donzelas e obedecendo a um estrito código de honra. Essas histórias satisfaziam o desejo de um mundo mais simples em que facilmente se identificavam os bons e os maus e se recompensava a ação heroica — um mundo sem novos continentes confusos no Ocidente, sem a dolorosa perda de Constantinopla no Oriente ou a súbita ameaça da frota inglesa no norte.

Embora se situassem num passado idealizado, esses romances se beneficiavam do novo mundo da impressão. O custo da produção de livros vinha caindo rapidamente, e eles começavam a circular mais do que nunca, não apenas entre o clero rico e a alta aristocracia, como fora o caso na época de Gutenberg, mas também na classe mercantil; até mesmo estalajadeiros podiam possuir alguns volumes. A maior disponibilidade de livros alimentou a alfabetização, e a alfabetização, por sua vez, alimentou a demanda por mais livros, um círculo que girava a uma velocidade cada vez maior. Esse círculo também expandiu os tipos de literatura, de relatos autobiográficos e biografias a gramáticas, almanaques e obras de direito, medicina e geografia. A crescente demanda por material impresso também levou a mudanças econômicas, inclusive a pagamentos em dinheiro a autores e adiantamentos por manuscritos, características que ainda dominam a indústria editorial de hoje. Nesse ambiente, os romances de cavalaria faziam tanto sucesso que eram exportados, sobretudo para a França, através de um dinâmico comércio internacional de livros. A demanda por eles era tão grande que os livreiros parisienses nem sequer esperavam para traduzir obras inteiras e as vendiam por partes.[10]

Cervantes poderia ter experimentado escrever romances de cavalaria e talvez até tivesse adaptado sua história de cativeiro com esse propósito. Em vez disso, voltou-se contra esse tipo de literatura. Não porque desprezasse a popularidade, já que buscou popularidade por meio de suas peças. Mas havia neles alguma coisa que o irritava — talvez fosse o passado idealizado em que se situavam, ou sua moral rasa. Ou simplesmente achava que não tinham nenhuma relação com o mundo em que ele vivia. Fosse qual fosse o motivo, ele decidiu que era preciso acabar com esses romances.

A ferramenta que Cervantes inventou em sua invectiva contra os romances de cavalaria foi um aristocrata empobrecido chamado dom Quixote, ávido consumidor desse tipo de literatura, da qual possuía uma biblioteca inteira. Quanto mais lia essas histórias passadas no mundo medieval, mais ele era tomado por elas; simplesmente não conseguia tirá-las da cabeça e começou a ver tudo através de suas lentes. No final, se instalou nessas histórias e começou a representá-las. Achou uma armadura antiga, esquecida em um canto de sua residência degradada, e remendou um elmo com papelão; passou a considerar seu cavalo raquítico a montaria mais nobre que havia e partiu para enfrentar o mundo como um cavaleiro andante. Moinhos de vento se tornaram gigantes que precisavam ser combatidos de acordo com o código de honra cavalheiresco, camponesas analfabetas passaram a ser donzelas elegantes que precisavam ser adoradas de acordo com a grande arte do amor cortesão. Tudo o que não se encaixava nesse quadro ele ignorava, ou prontamente interpretava de acordo com o mundo que conhecia de seus livros.

A missão ingênua de dom Quixote tornou-o ridículo e até perigoso, sobretudo quando adquiriu o hábito de atacar oponentes desavisados como se fossem cavaleiros rivais. Muitas vezes eles ficavam surpresos e não sabiam o que os atingira, mas em geral logo entendiam o que aquele estranho estava fazendo. Embora ninguém jamais tivesse visto um cavaleiro andante na vida real, muitos eram capazes de imaginar o que Quixote supunha que estava fazendo e até levar na brincadeira. Essa era a parte engenhosa da estratégia de Cervantes: uma vez que os romances de cavalaria eram tão populares, todos conheciam o roteiro. Em seu livro, não apenas aristocratas empobrecidos como Quixote, mas também estalajadeiros e viajantes relativamente comuns possuíam livros e conheciam essas histórias, e aqueles que não sabiam ler tinham ouvido falar dos romances medievais e seus heróis. O próprio Sancho Pança, escudeiro de Quixote, não era inteiramente imune à influência deles, embora não soubesse ler. Cervantes percebera que a proliferação de histórias por meio da impressão significava que mais e mais pessoas viam o mundo através da literatura. De certa forma, todos eram dom Quixote, com as cabeças cheias de tramas e personagens, mesmo que não os representassem diretamente. O mundo estava ficando cheio de literatura e, nesse mundo, importava muito o que e como se lia.

Assim que descobriram que ele ficara perturbado por ler o tipo de literatura errada, os amigos de Quixote decidiram atacar sua loucura na fonte.[11] Entraram em sua biblioteca, percorreram suas prateleiras, tiraram livro após livro e jogaram a maior parte do que encontraram no fogo (embora elogiassem livros valiosos como o exemplar de Alexandre da *Ilíada*). Queimar livros era naturalmente o que a Igreja católica fizera na luta contra os escritos de Martinho Lutero e dos maias. Cervantes parecia estar defendendo essa causa — pelo menos parecia concordar que o círculo da alfabetização nem sempre era virtuoso. A leitura aleatória, fosse do tipo equivocado de textos religiosos ou de romances populares, podia causar muito mal.

Ao contrário dos amigos de Quixote e da Igreja, Cervantes sabia que a queima de livros era ineficaz no mundo da impressão. Contra o poder da narração de histórias, somente mais histórias prevaleceriam. Ele precisava fazer com que a história de dom Quixote fosse mais verossímil, mais realista e mais inteligente do que aquelas tramas antiquadas. No personagem de Quixote, o mundo cotidiano dos leitores era facilmente reconhecível, regido pelas leis da física e dos códigos sociais modernos, um mundo em que os personagens precisavam pagar pela ceia ou receber uma surra se não pagassem. Somente Quixote, com sua cabeça cheia de romances, vivia no mundo medieval de cavaleiros e donzelas. Nada capta melhor a batalha entre romance e realidade do que a famosa luta do protagonista contra os moinhos de vento. Ele os viu, identificou-os como monstros, preparou sua lança e atacou. Não havia como ganhar, e ele sabia disso. Mas tamanha era a sua crença no dever cavalheiresco que ele não hesitou por nenhum momento. Destinado a perder, Quixote foi derrubado do cavalo por braços gigantescos. Se você ler demais o tipo errado de literatura, advertia Cervantes, vai se machucar.

Ao mobilizar a realidade contra o romance de cavalaria, Cervantes adentrava território inexplorado. Ele não estava simplesmente escrevendo um tipo diferente de romance, mas algo que exigia um novo nome. E como a "novidade" era precisamente o que o distinguia das formas anteriores de literatura, o nome mais conveniente era a própria novidade: *novelas*.* Como eram novas, as *novelas* podiam engendrar praticamente qualquer coisa: só não podiam estar em conformidade com a literatura existente, como os romances de cavalaria.

Com seu estratagema audacioso, Cervantes inventou o romance moderno para o início da Europa moderna, uma Europa transformada por novos aparelhos mecânicos, entre eles, os moinhos de vento. Estes eram enormes, visíveis à distância e mais barulhentos do que qualquer outra coisa produzida pelo homem. Capazes de mover moendas e outras máquinas pesadas com a força dos gigantes, foram os primeiros precursores da civilização mecânica e os perfeitos adversários para alguém como Quixote, que insistia em viver no passado.

Ao se sentir sobrepujado, intrigado e provocado por máquinas, Quixote tornou-se mais do que um caso triste de leitura equivocada: tornou-se um herói moderno. Eu mesmo, em meus momentos de fraqueza — quando o computador, do nada, deixa de funcionar, quando qualquer das máquinas que me cercam e sobre as quais não tenho nenhum controle quebra, ou me ameaça, ou simplesmente me faz sentir impotente —, sinto que gostaria de pegar uma lança e atacá-las todas. Esta é a genialidade de dom Quixote: um tolo indefeso que está louco de raiva do mundo, captando nossa experiência coletiva da civilização mecânica moderna.

A civilização mecânica impulsionou o próprio romance de Cervantes. Os árabes haviam introduzido a arte da fabricação de papel na Espanha, lançando as bases para a idade de ouro das letras espanholas. O fabrico de papel exigia trapos e água limpa,

---

* *Novela* em espanhol significa romance. (N. T.)

mas também demandava energia, porque trapos ou aparas de madeira precisavam ser quebrados para separar as fibras.[12] Engenhosamente, espanhóis e outros europeus fabricantes de papel tiveram a ideia de usar a energia do moinho para esse fim, estando assim entre os primeiros a adotar esse engenho mecânico, ao lado de chapeleiros e ferreiros.[13] O papel em que a primeira edição de *Dom Quixote* foi impresso em 1605 veio de uma fábrica em El Paular, integrante de um mosteiro situado abaixo das montanhas de Guadarrama, que forneciam água limpa e fresca.[14] Apesar dessas vantagens, o papel de El Paular não era particularmente bom: era grumoso, com muitas impurezas e rugas, e logo ficava quebradiço. Ainda assim, com a demanda de papel em alta, El Paular vendia seu produto em grandes lotes para um mercado ávido.[15]

Um amplo suprimento de papel foi importante para *Dom Quixote*, já que a demanda pelo livro superou rapidamente as expectativas. Desde que a Igreja católica havia despertado para o poder da impressão, cada livro precisava obter uma licença. Por sorte *Dom Quixote* recebeu aprovação no outono de 1605, permitindo que o editor Francisco de Robles e o impressor Juan de la Cuesta produzissem uma primeira edição, que se esgotou com velocidade gratificante. Em poucos meses, novas edições foram impressas em Castela e Aragão; nos primeiros dez anos, estima-se que foram produzidos 13 500 exemplares.[16] Logo *Dom Quixote* se tornou popular também no exterior, com edições em locais tão distantes quanto Bruxelas, Milão e Hamburgo.[17] Quase imediatamente foi publicada também uma tradução para o inglês que teve forte impacto, inspirando Shakespeare a basear uma peça (agora perdida) em um dos episódios.[18] Tão popular foi o romance que as pessoas começaram a se vestir como dom Quixote e seu ardiloso criado Sancho Pança, talvez em deferência à insistência desse par em deixar a ficção transbordar para o mundo real.

Dom Quixote também passou a ser adorado nas Américas. Um carregamento de 184 exemplares da primeira edição deixou a Espanha logo após sua publicação, com cem exemplares para Cartagena, no litoral da Colômbia, e 84 para Quito e Lima, menos de cem anos depois que Pizarro trouxera a primeira Bíblia impressa para essa parte do mundo.[19] Os livros demoraram quase um ano para chegar, primeiro em navio, depois em lombos de burros, depois em barco novamente. No Novo Mundo, como em outros lugares, os colonos ricos foram os primeiros compradores, mas logo outros também adquiriram seus exemplares. Na década de 1800, piratas começaram a ler o romance e até batizaram um esconderijo nos pântanos ao sul de Nova Orleans de "Barataria", nome da ilha que Sancho Pança governa por pouco tempo no romance — tributo improvável a um autor que havia sido aprisionado por piratas.[20]

COMO LUTAR CONTRA PIRATAS LITERÁRIOS

Quando *Dom Quixote* se tornou um sucesso, Cervantes não precisava mais se preocupar com piratas marítimos: agora o foco eram os piratas literários. Mesmo que a licença do rei para publicar uma obra garantisse a propriedade do autor ou do impressor por determinado período, as regras eram confusas e muitas vezes ignoradas. Demorou poucos meses para que edições piratas aparecessem em Lisboa e Valência, e muitas outras se seguiriam. O mundo do papel e da impressão, que permitira que um soldado ferido, dramaturgo fracassado e coletor de impostos condenado publicasse uma nova história, tornava ainda mais fácil para os outros copiá-la.

Assim, começou a luta permanente entre os escritores que criam obras literárias e aqueles que controlam as máquinas que as disseminam. Essa luta foi consequência inevitável do progresso tecnológico: quanto mais caras as máquinas usadas para produzir literatura, mais difícil para escritores possuí-las e operá-las. É verdade que os escribas anteriores precisavam negociar com fabricantes de papiros e de papel, mas a nova produção em escala industrial de papel e impressão tirou as ferramentas dessa atividade das mãos dos escritores e colocou-as nas mãos de empresários e industriais.[21] O resultado foi que os escritores ou dependiam de impressores e editores, ou então entravam no duvidoso negócio da publicação por conta própria. (Antes da impressão, todos os escritores publicavam por conta própria, embora pudessem usar escribas para copiar suas obras.) Em um prefácio, Cervantes escreveu um manifesto da autoria moderna, apresentando-se na pose típica de um autor, sentado com um cotovelo sobre a mesa, diante de uma folha de papel vazia, um zigoma em uma das mãos, uma caneta na outra, pronto para inventar uma nova história — mas deixou de lado todas as máquinas das quais não tinha controle.

Piratas literários, impressores e editores não eram os únicos problemas de Cervantes. Em 1614, um desconhecido escreveu descaradamente uma continuação de *Dom Quixote*. Apesar de se esconder atrás do pseudônimo de Alonso Fernández de Avellaneda, de Tordesilhas, ele tirou uma licença real, encontrou um impressor e publicou o resultado como a segunda parte da história. O personagem e a história de dom Quixote, segundo ele, não eram propriedade exclusiva de Cervantes. O público exigia uma continuação, e deveria receber uma continuação, não importava quem a escrevesse. Cervantes envolveu-se numa batalha sobre a autoria moderna, uma batalha pela própria ideia de propriedade dos autores das histórias que criavam.

As dificuldades de Cervantes põem em relevo a história anterior da autoria. Na era dos textos fundamentais, escrituras sagradas, mestres carismáticos e coletâneas de histórias, autoria e originalidade eram de menor importância; só aos poucos os autores inventavam novas histórias para contestar ou substituir as estabelecidas, como quando Virgílio escreveu sua *Eneida*, uma versão romana das epopeias de Homero. Cervantes, por sua vez, fez com que dom Quixote se vangloriasse de que, se estivesse vivo na Antiguidade, teria salvado Troia e Cartago da destruição, contestando desse modo tanto Homero como Virgílio.[22]

Inventar uma nova história para contestar as mais antigas era angustiante porque esses novos autores precisavam estabelecer sua própria autoridade. Cervantes fingiu ter apenas encontrado o manuscrito de *Dom Quixote*, atribuindo sua autoria a um árabe, representante de uma cultura contra a qual ele passara a vida lutando. Teria ficado encantado com os contadores de histórias árabes em Argel durante o seu cativeiro?[23] Nunca saberemos. O que sabemos é que Cervantes incluiu um relato de seu cativeiro argelino em *Dom Quixote*, como um dos muitos contos interpolados no romance (outro motivo, talvez, da popularidade de seu romance entre os piratas da baía de Nova Orleans). Esse conto é excepcionalmente nuançado, traindo o conhecimento íntimo que Cervantes tinha do terreno, com detalhes de como um escravo pode escapar de Argel, e um relato minucioso sobre os turcos, cristãos e norte-africanos que viviam nessa cidade, falando uma mistura de várias línguas. É evidente que a experiência de Argel continuava sendo crucial para Cervantes e ele achava que ela era também parte importante da vida na Espanha e, portanto, precisava encontrar um lugar em seu romance.[24] (Os contos interpolados também fazem *Dom Quixote* se assemelhar um pouco a uma coletânea de histórias, como *As mil e uma noites*.)

Com a explosão da impressão, a busca por originalidade e propriedade de novas tramas ganhou importância e acabou por receber a proteção da lei. Infelizmente, a maioria das disposições que protegem os autores modernos chegou tarde demais para

Cervantes, e ele contava com poucos recursos legais contra o imitador anônimo.[25] Com efeito, na época a própria noção de pirataria literária estava apenas começando a surgir.

Para se defender, Cervantes se valeu da única arma à sua disposição, a arma que ele já usara contra os romances de cavalaria: seu próprio poder de contador de histórias. Ele trabalhou febrilmente e, em um ano, produziu sua própria continuação. Muito melhor do que o produto fraco de seu rival, ela logo suplantou a versão falsa. Maliciosamente, ele fez com que dom Quixote evitasse tudo o que a segunda parte fraudulenta lhe atribuía, provando que a versão não autorizada estava errada em tudo. Cervantes até mandou Quixote derrotar um conhecido do falso Quixote, mostrando assim ao autor rival quem estava realmente no comando.

Cervantes sabia que o verdadeiro culpado não era o autor imitador, mas o novo mundo da impressão, que tornara sua história e sua imitação tão amplamente disponíveis. E tirou a única conclusão lógica, ou seja, enviar seu cavaleiro para enfrentar de frente essa cultura da impressão. Na segunda parte, quando fica sabendo que haviam escrito um romance sobre ele, dom Quixote decide visitar uma gráfica em Barcelona.[26] A experiência é esclarecedora para dom Quixote, e também para seus leitores:

> Entrou em casa […] e viu homens imprimindo num lugar, corrigindo provas em outro, compondo neste, fazendo as emendas naquele, enfim, todas aquelas atividades que acontecem nas grandes gráficas. Dom Quixote se aproximava de um compartimento e perguntava o que era aquilo que se fazia ali; os empregados o informavam; ele se admirava e seguia em frente. Então se aproximou de um e perguntou o que fazia. O empregado respondeu:
>
> — Senhor, este cavalheiro que está aqui — e apontou um homem de boa aparência e belo porte, mas um tanto solene — tra-

duziu um livro toscano para nossa língua castelhana, e eu o estou compondo, para imprimi-lo. [...]

— Mas diga-me vossa mercê: este livro será impresso por sua conta ou já vendeu o privilégio a algum livreiro?

— Corre por minha conta — respondeu o tradutor. — E penso ganhar mil ducados, pelo menos, com esta primeira edição, que deve ser de dois mil exemplares, e devem se vender, enquanto o diabo esfrega o olho, a seis reais cada um.

— Belas contas faz vossa mercê! — respondeu dom Quixote. Até parece que não conhece os créditos e débitos dos impressores e as tramoias que há entre uns e outros. [...]

Seguiu adiante e viu que em outro compartimento também corrigiam um livro, e, perguntando seu título, lhe responderam que se chamava *Segunda parte do engenhoso fidalgo dom Quixote de la Mancha*, escrita por um fulano morador de Tordesilhas.

— Já me falaram deste livro — disse dom Quixote. — Na verdade, eu acreditava piamente que já tinha sido queimado e suas cinzas espalhadas, por ser descabido. Mas, enfim, ele não perde por esperar [...]

E dizendo isso, com mostras de algum despeito, saiu da gráfica.*[27]

Quando se tratava de impressão, dom Quixote não era tolo. Enquanto admirava a complexa maquinaria da gráfica, ele logo percebeu que autores e tradutores agora dependiam dos donos dessas máquinas maravilhosas, que poderiam imprimir despreocupadamente uma imitação se rendesse dinheiro. Nesse novo mundo das máquinas, os autores estavam claramente do lado mais fraco.

* A tradução das citações de *Dom Quixote de la Mancha* é de Ernani Ssó. São Paulo: Penguin Classics Companhia das Letras, 2012, 2 v.

Gravura de Jan van der Straet que representa uma gráfica de meados do século XVI, do tipo visitado por dom Quixote.

Os escritores aplaudem dom Quixote desde então. (Falo por mim: eu o aplaudi quando li esse trecho pela primeira vez.) A divisão do trabalho entre pessoas que inventam histórias (escritores), pessoas que possuem as máquinas para produzir livros impressos (impressores e editores) e pessoas que vendem esses livros (distribuidores e livreiros) certamente beneficiou os escritores, possibilitando que atinjam muito mais leitores. Mas também limitou o controle deles sobre suas obras. Por meio de seu personagem, Cervantes avaliou as glórias e os dilemas da autoria moderna.

O encontro de dom Quixote com a maquinaria que assegurou seu sucesso, mas fez dele um espectador indefeso, marcou o fim de suas façanhas. Mas a era da escrita de romances (no sentido moderno) estava apenas começando. Muito em breve, gráficas semelhantes à que ele visitou desencadeariam uma onda de ficção como o mundo jamais vira. Lutando contra escritores rivais e piratas literários, Cervantes criou uma nova forma de literatura que suplantou facilmente a popularidade dos romances de cavalaria. Independentes, confiantes e implacáveis, os escritores começaram a absorver tudo que já fora escrito e acrescentaram suas próprias invenções extravagantes à mistura. Um viajante relatou ter encontrado gigantes, anões e cavalos racionais. Uma dona de casa francesa entediada se entregou a um caso ilícito e se suicidou. Um caçador de baleias brancas maluco caçou uma baleia branca maluca. Antes, as coletâneas haviam captado o oceano das histórias e as disponibilizaram para os leitores, mas agora todas essas tramas novas eclipsavam as coletâneas. Embora a ideia de autoria individual tenha surgido pela primeira vez no mundo clássico, seu avanço decisivo só ocorreu quando ela cruzou com a impressão e a produção em massa de literatura.[28]

No fim das contas, Cervantes havia topado com uma fórmula vitoriosa. Os novos romances eram autorais, tinham por premissa a originalidade e tendiam a esvaziar outras formas de escrita. Parte desse esvaziamento se devia ao uso da prosa, em vez da poesia, e a uma suspeita em relação a línguas mais antigas — pouca gente escrevia romances em línguas mortas ou dialetos fora de moda. Os romances também eram particularmente bons em dar aos leitores acesso à mente dos outros, sobretudo depois que desenvolveram um interesse por processos e técnicas psicológicas minuciosas para captar a deriva de emoções e pensamentos tal como ocorriam na vida cotidiana. Menos subordinados às convenções do que as epopeias, eles também podiam se adaptar com mais rapidez a circunstâncias em processo de transformação, como a publicação em série nos jornais, tornando-se o gênero preferido durante o que se pode chamar de idade mecânica da literatura, a época em que a reprodução da literatura se tornou uma questão de máquinas complexas. O próprio romance precedeu essas máquinas, mas, depois que cruzou com elas e as usou de modo cada vez mais eficaz, tornou-se a forma literária predominante da era moderna.

Os escritores eram tão variados quanto as histórias que inventavam. Uma vez que os romances estavam menos sobrecarregados pela tradição, as barreiras de acesso eram mais baixas, especialmente para as mulheres. Enquanto algumas romancistas adotavam um pseudônimo masculino, como George Eliot, com mais frequência elas assinavam seus próprios nomes, registrando tudo, da vida na corte parisiense ao fardo das governantas na Inglaterra. Ser escritora tornou-se uma opção de carreira numa época em que existiam poucas opções para a mulher. O acesso à autoria foi mais difícil de conquistar para os ex-escravos nos Estados Unidos e em outros lugares porque eles foram sistematicamente impedidos de se alfabetizar. E, no entanto, muitos escravos libertos ou fugidos, dos quais o mais famoso é Frederick Douglass, escreveram a história de sua fuga e muitas vezes descreveram o momento em que aprenderam a ler e a escrever em segredo como sendo o início de sua liberdade. Embora algumas dessas narrativas fossem autobiográficas, outras foram romanceadas de uma maneira que Cervantes, que transformara sua fuga da escravidão em um conto, teria apreciado.

Com o sucesso do romance, a história se repetiu. Assim como Cervantes se preocupava com os romances de cavalaria, agora muitos se preocupavam com os romances modernos (conforme já acontecera no Japão, quando budistas e confucionistas atacaram o romance da sra. Murasaki). Educadores e sacerdotes começaram a alertar contra os romances, e os médicos tratavam leitores como viciados, esperando mantê-los, especialmente as mulheres, longe desse tipo de leitura. Mas tornou-se cada vez mais difícil controlar o acesso à literatura. Mulheres, ex-escravos, todos os grupos e classes pressionavam para entrar no mundo da literatura, e não havia modo de detê-los.

A suspeita a respeito dos romances só desapareceu recentemente. Estamos tão preocupados com as crianças que quase não leem, com a literatura perdendo para os video games, que consideramos a maioria dos romances preferíveis ao tempo diante da tela. Mas a ideia de que nem toda leitura é igual ainda existe. Ela se mudou para a internet, o novo lugar incontrolável da maior variedade de leitura e escrita questionáveis. Chegará o dia em que nos lembraremos da internet com nostalgia, do jeito como muitos hoje recordam com saudade a era do romance?

10. Benjamin Franklin: Empresário dos meios de comunicação na República das Letras

1776, COLÔNIAS NORTE-AMERICANAS

Em 2 de agosto de 1776, os membros do II Congresso Continental reuniram-se para assinar a Declaração de Independência dos Estados Unidos. O talentoso Thomas Jefferson havia redigido o texto em uma mesa de colo que ele próprio desenhara e mandara fazer. Enviou ao Congresso o texto, que foi posto na mesa — cada membro poderia lê-lo e propor emendas e mudanças. Após o Congresso ter concordado e votado o documento revisado, o coronel John Nixon leu-o cerimoniosamente em 8 de julho.[1] Semanas depois, o Congresso contratou um ex-cervejeiro célebre por sua elegante caligrafia de letras redondas e harmoniosas,[2] Timothy Matlack, que, munido de uma grande pena de ave, escreveu toda a declaração em uma única página de pergaminho, deixando o quinto inferior livre para as assinaturas necessárias.

Um por um, os membros do Congresso se apresentaram para assinar. Benjamin Franklin esperou sua vez. Depois que metade dos congressistas já o fizera, aproximou-se e assinou o documento com mão graciosa, abreviando seu nome para "Benj. Franklin". A maioria dos signatários simplesmente apôs o nome, mas ele tomou a liberdade de acrescentar um caprichado floreio sob toda a sua assinatura, desenhando um oito longo, sobre ele um círculo menor e terminando com outro oito pequeno. Talvez achasse que havia economizado espaço para essa extravagância ao abreviar seu prenome.

Benjamin Franklin é tão conhecido por seu papel na fundação dos Estados Unidos que é difícil lembrar sua contribuição para a história da literatura — para ter uma ideia melhor dessa colaboração, mais uma vez me desloquei. Com acesso facilitado, uma vez que Franklin era a única figura local sobre a qual eu escrevia, só precisei pegar o metrô de Cambridge para Boston. Meu destino era a Trilha da Liberdade, um caminho vermelho pintado no pavimento que atravessa o centro de Boston e passa por todos os principais locais associados à Revolução Americana. Há muita coisa que a Trilha da Liberdade deixa de fora, mas não me preocupei com isso porque meu propósito não era escrever sobre a república americana. Fora em busca de pistas sobre os serviços prestados por Franklin à República das Letras.

Dobrei uma esquina e lá estava, numa pequena rua do centro de Boston, uma estátua de Franklin. Ele me olhou com benevolência, o chapéu educadamente em seu braço, embora estivesse de pé, num pequeno pátio recuado da rua estreita. Abaixo da estátua havia relevos com cenas de sua vida, entre elas a mais famosa, quando assinou a Declaração de Independência.

Enquanto pensava nesse momento, retratado na base da estátua, dobrei a esquina e fui à casa onde ele nasceu, no número 1 da Milk Street — em frente a uma das principais atrações da Trilha da Liberdade, a Old South Meeting House, um edifício de tijolos vermelhos bem conservado do século XVII. Em contraste, a casa onde Franklin nasceu era uma humilde construção de madeira, consumida pelo fogo há muito tempo. No lugar dela, há uma casa de seis andares com uma fachada de estuque no estilo do século XIX; no segundo andar, em um nicho, vê-se uma cabeça de Franklin e uma inscrição atestando que o grande estadista nasceu de fato ali.

A casa teve dias melhores. Como algumas janelas estavam cobertas de tapumes, era difícil saber se o prédio estava de fato ocupado. A entrada cheirava a urina. Um folheto avisava que uma instituição chamada The International Academy se mudara. Outro, da cidade de Boston, prometia para breve melhorias no sistema de esgoto. Alguém grudara na porta o cartão de visita de um estabelecimento que vendia cartazes antigos. Em meio ao revitalizado centro de Boston, o número 1 da Milk Street parecia um resquício do antigo e maltratado centro de que me lembrava de décadas atrás.

O piso térreo estava abandonado. Uma placa que parecia datada dos anos 1980 anunciava Sir Speedy, uma empresa que oferecia "design gráfico, cópia em cores, serviços digitais e impressão em cores". De início me entusiasmei com essa coincidência: Franklin teria gostado da ideia de um serviço de impressão instalado na casa em que nascera. Mas a placa desbotada da gráfica abandonada parecia triste e fora de moda, e Franklin não era propenso à nostalgia. Embora pudesse gostar da gráfica, teria apreciado ainda mais a ideia de uma loja de impressão ser fechada e substituída por outra mais moderna. Apesar da peruca e das meias, ele foi um dos grandes pioneiros da tecnologia da informação.

Quanto mais eu pensava sobre a relação de Franklin com a tecnologia, mais me convencia que, enquanto sua pena riscava o pergaminho da Declaração de Independência, ele deve ter percebido como era antiquado, já em 1776, assinar um documento escrito por um escriba, como se estivesse nos primórdios da escrita, e num pergaminho, algo inventado em Pérgamo 2 mil anos antes. Sem dúvida, na época da impressão, a caligrafia e o pergaminho haviam se tornado algo especial, reservado a documentos importantes (de forma semelhante, a Constituição dos Estados Unidos seria escrita por um escriba em quatro folhas de pergaminho). Mas Franklin sabia que a Declaração da Independência utilizara tecnologia mais nova, mais de acordo com seus objetivos revolucionários.

Assim que o documento foi votado, em 4 de julho, um mês antes de a cópia de pergaminho lindamente manuscrita ter sido assinada, o texto ratificado foi enviado ao impressor John Dunlap, que passou a noite produzindo cerca de duzentas cópias em forma de panfleto. As cópias foram imediatamente despachadas a cavalo para as outras doze colônias pelas estradas postais. Em 6 de julho, o jornal *Pennsylvania Evening Post* publicou a Declaração em sua primeira página; em 10 de julho, Mary Katherine Goddard fez o mesmo no *The Maryland Journal*; e muitos outros jornais seguiram o exemplo. Foi primeiro na forma de jornais e panfletos impressos que os Estados Unidos declararam sua independência da Inglaterra.

Entre os autores da Declaração, Franklin estava na melhor posição para reconhecer o papel da impressão naquele dia. Na corte da França, Maria Antonieta o desprezaria por falta de refinamento aristocrático, pois ele havia sido chefe de gráfica.[3] Embora indelicada, a rainha não estaria errada. Franklin aprendera a profissão como um aprendiz quase servil do irmão, que o iniciou em todos os passos do processo de impressão, inclusive o fabrico de tintas, diferentes tipos de papel, letras e leiaute. O processo não mudara significativamente desde Gutenberg. A novidade eram os usos da impressão: novos formatos baratos, sobretudo jornais e folhetos, que provocaram uma mudança fundamental na forma como as ideias se disseminavam. Embora não tenha contribuído

A Declaração de Independência tal como impressa no sábado, 6 de julho de 1776, pelo Pennsylvania Evening Post.

muito para o processo técnico de impressão, Franklin percebeu seu potencial e passou sua carreira expandindo e aperfeiçoando a infraestrutura da impressão, desde a garantia do fornecimento de papel e a manutenção das rotas postais pelas quais o material impresso era distribuído para as treze colônias até redes de publicação de jornais e panfletos. Empresário de meios de comunicação, Franklin foi um ator fundamental na criação do mundo que daria à luz a Declaração de Independência.

A Nova Inglaterra em que Franklin nasceu se orgulhava da educação, mas era uma educação centrada em um único livro: a Bíblia. Os puritanos trouxeram a Bíblia de Genebra — uma Bíblia inglesa traduzida secretamente na Suíça — para o Novo Mundo no *Mayflower* (era também a Bíblia usada por William Shakespeare). Menos de duas décadas depois, em 1628, fundaram uma faculdade, que daria origem à Universidade Harvard, para assegurar níveis mais elevados de educação aos clérigos. Mas os ministros não eram os únicos preocupados com a educação. Fundaram-se escolas para garantir que as crianças, tanto meninos quanto meninas, aprendessem a ler a Bíblia.[4] Para satisfazer a nova demanda por livros e outros materiais impressos, os puritanos ergueram a primeira impressora das colônias inglesas em 1638 (cem anos depois que os espanhóis haviam montado a primeira impressora no México), criando a sociedade mais alfabetizada do mundo naquela época, com 45% das mulheres brancas alfabetizadas e 70% dos homens brancos.[5] Em 1790, essa última taxa alcançava o impressionante número de 90%.[6]

Franklin se importava muito com os livros. Ele fundaria o Junto, um clube de amantes dos livros, bem como a Library Company, uma biblioteca de empréstimos composta de associados. Depois que fez fortuna, acumulou uma biblioteca pessoal que abrigava 4276 volumes, com prateleiras feitas sob medida que iam do chão ao teto e um minucioso catálogo.[7] Chegou a inventar um braço mecânico para pegar os volumes que não podiam ser alcançados com a mão.

Mas Franklin não imprimiu mais do que algumas dezenas

de livros em toda sua vida. Certa vez publicou o Novo Testamento sem licença, mas isso não rendeu muito em termos de lucro.[8] Embora os romances tivessem se tornado populares na esteira de Cervantes, Franklin imprimiu apenas um, *Pamela*, de Samuel Richardson (a ficção respondia por apenas 4% do total da produção impressa nas colônias).[9] O próprio Franklin gostava do *Pilgrim's Progress* [Caminho do peregrino], de John Bunyan, a narrativa alegórica de um cristão que resiste à tentação e supera a dúvida — sem contar a Bíblia, era o livro que as pessoas mais tinham (Bunyan também preferia a Bíblia Puritana de Genebra à Bíblia oficial do rei Jaime).[10] Mas Franklin não imprimiu *Pilgrim's Progress*, nem *Dom Quixote*, ainda que deste tivesse um exemplar do autor em sua biblioteca pessoal.[11] O problema dos livros é que fazê-los era proibitivamente caro, exigindo importantes investimentos de capital em papel, tipos e encadernação, para não mencionar a mão de obra. Franklin gostava de vender livros, mas muitas vezes era mais barato importá-los da Inglaterra.

UM NOVO MERCADO PARA JORNAIS

Apesar de seu amor pelos livros, Franklin percebeu que a combinação de alta alfabetização e tecnologia da impressão criara condições para novas formas de publicação impressa, sobretudo jornais. O primeiro jornal das colônias foi produzido em Boston em 1690, refletindo principalmente os pontos de vista da classe dominante.[12] Mas o irmão de Franklin desafiou o status quo ao abrir seu próprio jornal, cujo sucesso o pôs em rota de colisão com as autoridades. Foi parar na prisão, mas continuou a publicar o jornal em nome de Benjamin Franklin, mostrando ao irmão mais novo quão poderoso um jornal podia ser. O experimento também demonstrou que havia um mercado não aproveitado. As cidades não precisavam de um jornal apenas, como se pensava: havia espaço para vários. E com jornais concorrentes, haveria controvérsias e polêmicas das quais aflorariam, vitoriosas, as melhores ideias.

Não demorou para que Franklin rompesse seu contrato com o irmão e fugisse para a Filadélfia, onde voltou seu olhar para os jornais locais. Adquiriu sua própria gráfica e comprou a *Pennsylvania Gazette*; a partir desse momento, os jornais estiveram no centro do seu crescente império comercial. Os jornais da época costumavam ser curtos, de apenas quatro páginas, com anúncios na última página. Eram lidos nos lares, nos clubes, tabernas e cafés, lugares que permitiram encontros sociais em que novas ideias podiam ser debatidas e prosperar.[13] O filósofo Georg Wilhelm Friedrich Hegel compararia o ritual da leitura do jornal matutino com a oração da manhã, uma ideia que Franklin teria gostado: tendo abandonado a fé puritana de seus pais, optou pela fé republicana no jornal.[14]

Cada vez mais difíceis de controlar, os jornais mobilizavam a maior parte da população alfabetizada na troca de ideias, fomentando o clima no qual a independência surgiria. Quando Franklin nasceu, havia um único jornal nas colônias; no momento em que a Declaração de Independência foi impressa, havia 37, em parte graças aos esforços do próprio Franklin.[15] Essa proliferação não atingiu todas as colônias da mesma maneira — havia muito menos jornais no Sul, o que também significou que havia menos colonos com ideias de independência.[16] (A comparação com a Inglaterra também é instrutiva. As colônias tinham menos jornais, porém mais cidades com impressoras do que a metrópole, onde a impressão estava centrada em Londres e podia ser controlada com mais facilidade.[17])

Embora os jornais fossem a novidade mais importante no mundo da impressão, os panfletos também eram importantes.

258

Mais curtos, mais baratos e até mais fáceis de distribuir que os jornais, eles tinham uma única página, formato in-fólio, que podia ser afixada em paredes e portas. Ou então uma página podia ser impressa em ambos os lados e dobrada uma ou duas vezes, produzindo quatro e dezesseis páginas, respectivamente. A combinação de três dessas páginas dobradas duas vezes, que podiam ser costuradas com agulha e fio, produzia um folheto considerável de 48 páginas. Enquanto a pilha de páginas não precisasse ser encadernada, enquanto uma agulha pudesse perfurar as páginas e juntá-las, o que era possível com até cerca de cem páginas, o produto podia ser feito de forma econômica.

Dos quatrocentos panfletos produzidos antes de 1776, o mais famoso foi o *Common Sense* [Senso comum], de Thomas Paine, escrito um ano antes da Declaração, que articulava com muita força a lógica da independência.[18] Franklin ajudou Paine a publicar esse panfleto e comprou cem exemplares da primeira edição impressa. Paine venderia 150 mil exemplares apenas no primeiro ano (espertamente, ele não só desistiu de todos os royalties, como também renunciou aos direitos autorais, dando a qualquer impressor o direito de publicação).[19] Sendo os veículos mais baratos para espalhar novas ideias, os folhetos e panfletos contribuíram para o clima de inquietação democrática dos colonos. A tiragem da Declaração de Independência foi o ponto culminante de décadas de publicação de panfletos.[20]

Pressentindo que os jornais e panfletos eram o caminho do futuro, Franklin concentrou suas energias nesses dois gêneros e tratou de dominar todos os aspectos de sua produção. Não era suficiente ter uma gráfica: era preciso também controlar as matérias-primas necessárias, sobretudo o papel. Como não conseguiu adquirir o negócio do fornecedor de papel de seus rivais da Filadélfia, ele ajudou outros papeleiros a montar seus negócios e dividiu os lucros. O papel ainda era feito de trapos e o próprio

Franklin os coletava e mandava para as fábricas de papel que faziam parte de sua esfera de influência; quando pronto, ele o comprava de volta. Com o tempo, sua rede de suprimento se expandiu para o Sul, incluindo uma fábrica de papel em Williamstown que, como as muitas fábricas holandesas que produziram o papel exportado para as colônias, era movida por um moinho de vento.[21] Franklin estava basicamente criando uma indústria com integração vertical, controlando todo o processo, desde os trapos que eram transformados em papel até a impressão e distribuição de seus jornais e panfletos.

A impressão nas colônias era muito confinada aos lugares, em parte devido às dificuldades de transporte, mas Franklin reconheceu que ter uma rede de impressores seria uma enorme vantagem. Além da integração vertical, ele precisava de uma horizontal. Assim como fora aprendiz de seu irmão, Franklin empregou seus filhos e sobrinhos como aprendizes em outras gráficas ou se associou a elas por meio do casamento da parentela. Ele emprestava dinheiro e tipos, ajudava com contatos e, em troca, exigia um terço dos lucros. Um sobrinho se tornou impressor em Rhode Island e um ex-sócio foi enviado para Antígua.[22] No total, ajudou a montar duas dúzias de gráficas, da Nova Inglaterra ao Caribe.[23] John Dunlap, o impressor oficial da Declaração de Independência, também fazia parte da rede de Franklin, o qual ajudara seu tio, William Dunlap, a se estabelecer como impressor e aprovara seu casamento com a sobrinha da mulher de Franklin, Deborah Croker. William Dunlap ficou tão grato a seu patrono que deu a um de seus filhos o nome de Benjamin Franklin. William acabou por ceder seu negócio ao sobrinho, que se tornou o impressor oficial da Declaração de Independência.

Nem todos os empreendimentos de Franklin deram certo. O primeiro jornal a dar a notícia de que fora assinada uma declaração de independência foi o *Pennsylvanischer Staatsbote*, em 5 de julho.[24] Franklin deve ter observado o sucesso da Declaração em alemão com uma mistura de triunfo e arrependimento, porque fracassara em sua tentativa de criar um jornal em alemão. Primeiro, foi prejudicado pelo fato de não ter os tipos góticos preferidos pelos leitores alemães; também se mostrou surdo ao pacifismo daquela comunidade. Como princípio geral, Franklin não usava seus jornais para promover uma agenda política específica, atitude pela qual foi muitas vezes criticado.[25] Quando rompeu essa regra ao criticar as inclinações pacifistas dos alemães da Pensilvânia, seu empreendimento fracassou.

Enquanto trabalhava tanto na integração vertical quanto nas redes de impressão horizontal, Franklin também percebeu que a impressão dependia do governo e da infraestrutura governamental. O produto impresso mais lucrativo que o governo lhe encomendava talvez não fossem leis e declarações, mas dinheiro, já que bastava imprimir espaços em branco idênticos; os números eram acrescentados depois à mão.[26]

Ainda mais importante do que os trabalhos de impressão do governo eram as estradas governamentais, chamadas de estradas postais porque garantiam a distribuição de correspondência nas colônias, o que as deixava sob o controle do diretor-geral dos correios. A posição não era grande coisa em termos de salário, mas garantia o privilégio de enviar encomendas gratuitamente e decidir quem mais poderia fazer isso — uma economia significativa para um impressor. Assim que se estabeleceu como impressor, Franklin começou uma campanha para se tornar agente dos correios da Filadélfia, feito conquistado nove anos depois. Não contente, chamou para si o controle de agências de correios das proximidades e não descansou até ser nomeado diretor-geral dos correios para todas as colônias, em 1753. Em 1775 abandonou a lealdade à Coroa britânica para se tornar o primeiro diretor-geral dos correios designado pelo II Congresso Continental. (Hoje, o diretor-geral dos correios ganha o segundo maior salário do governo federal americano, logo abaixo do salário do presidente.[27])

O cargo de diretor dos correios chegou não só com privilégios, mas também com responsabilidades, sobretudo em relação às estradas postais, que não estavam em boas condições. Em 1773, um inspetor britânico enviado para investigá-las ficou chocado com o mau estado delas, com cocheiros e cavaleiros bêbados, e escassez de estalagens.[28] Franklin não desistiu e decidiu inspecionar ele mesmo as estradas, viajando cerca de 2500 quilômetros, da Virgínia à Nova Inglaterra.

Ele fez melhorias significativas, reduzindo o tempo que a correspondência levava da Filadélfia a Nova York (mais rápido do que hoje: o agente ia e voltava em 24 horas) e abrindo uma nova estrada postal para Montreal.[29] De todos os signatários da Decla-

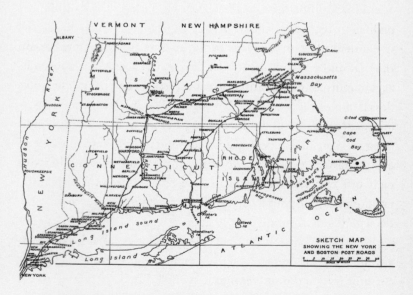

Mapa das estradas postais em Nova York e na Nova Inglaterra que faziam parte da rede de impressão e distribuição de Franklin.

ração de Independência, ele era o mais versado nas tecnologias que tornaram esse documento possível, uma vez que grande parte delas estava concentrada em suas mãos.

A REPÚBLICA DAS LETRAS

Em 1747, com a carreira de impressor e editor bem estabelecida, Franklin entregou a direção dos negócios aos sócios e passou a ter tempo disponível. Mergulhou em trabalhos e livros científicos, realizou experiências, sobretudo na ciência florescente da eletricidade, o que o levou a descobrir e dar nome às cargas negativas e positivas das correntes elétricas. Demonstrou os usos práticos da ciência, inventando o para-raios; foi o primeiro filósofo natural e cientista reconhecido do continente.[30]

Essas atividades científicas também se beneficiaram da impressão porque dependiam do que hoje chamamos redes de conhecimento.[31] As sociedades filosóficas e científicas criaram um intercâmbio internacional independente dos centros de aprendizagem mais antigos, como a Igreja e as cortes reais. Os defensores dessas novas redes perceberam as implicações políticas de suas atividades e começaram a se considerar cidadãos de uma República das Letras. Sempre empreendedor, Franklin contribuiu para essa República das Letras ao fundar a American Philosophical Society e se tornar um membro entusiasmado da maçonaria, a secreta e influente associação internacional dedicada à promoção dos valores do Iluminismo.

Essas sociedades mais especializadas eram o outro lado da revolução da impressão, a contrapartida dos jornais e panfletos. Se muitos filósofos naturais desdenhavam do tom grosseiro dessas publicações populares, Franklin, por experiência própria, levava-as em consideração, tanto quanto apreciava aquelas de intercâmbio científico. Ele sabia que o Iluminismo não era produto apenas de filósofos que gozavam de prestígio e da autonomia dos centros de poder estabelecidos, mas também da cacofonia democrática de ideias criada por jornais e panfletos.

A interseção mais importante entre a impressão e as novas redes de conhecimento foi a *Enciclopédia*, levada a cabo por vários filósofos franceses sob a orientação de Denis Diderot e Jean Le Rond d'Alembert. O projeto começou como uma tentativa de traduzir para o francês a *Cyclopedia, or a Universal Dictionary of Arts and Sciences*, uma enciclopédia inglesa de dois volumes publicada em 1728. Mas logo os editores franceses perceberam que precisavam de uma publicação mais abrangente, algo que reunisse, organizasse e distribuísse o conhecimento em rápida mutação da época, inclusive as novas descobertas mecânicas, técnicas e científicas que estavam sendo produzidas por filósofos naturais como Franklin. Entre 1751 e 1772, eles publicaram dezessete volumes, além de onze volumes de ilustrações, uma síntese abrangente do conhecimento no século XVIII.

Assim como sua antecessora britânica mais modesta, a *Enciclopédia* francesa dependia da impressão — era esta que permitia a circulação da literatura e da ciência, tanto antiga como moderna. Os autores contavam reunir todo esse conhecimento em um único empreendimento e esperavam vender exemplares suficientes para auferir algum lucro. Havia coisas demais para conhecer; eram necessários novos dispositivos para filtragem e organização do conhecimento.[32] Tendo em vista a importância da impressão como facilitadora das enciclopédias, não surpreende que a impressão e questões relacionadas a ela respondessem por mais de sessenta verbetes da *Enciclopédia*, desde "vendedores de trapos" e "fabricantes de papel" até "almofadas de tinta" e "fontes", com incursões por "direitos autorais" e "censura".

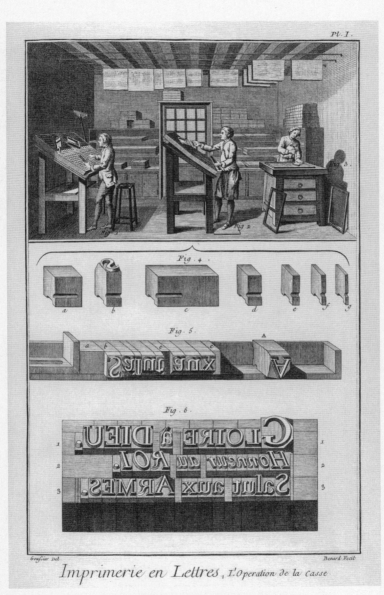

Esta gravura da Enciclopédia, de Diderot e D'Alembert, que incluía muitos verbetes sobre literatura e escrita, representa o trabalho dos compositores.

A *Enciclopédia* também trazia verbetes sobre história da literatura, com ênfase nas tecnologias de escrita — da escrita chinesa e a invenção do alfabeto à ideia de escritura sagrada (embora somente na variedade cristã), com uma entrada para a Septuaginta, a tradução grega da Bíblia hebraica. O verbete mais significativo, escrito por Diderot, era sobre a própria "enciclopédia", uma defesa apaixonada de todo o empreendimento por ser um esforço excepcional para reunir todo o conhecimento e preservá-lo para as gerações futuras. Nesse artigo, Diderot deixava claro que a tecnologia por trás dessa aspiração era a impressão. Talvez pensando em dom Quixote, os editores também incluíram um verbete sobre bibliomania, a mania doentia de colecionar livros.[33] Franklin, com sua grande biblioteca, certamente se enquadrava nessa definição.

Esses projetos de enciclopédia ressoaram entre impressores e editores das colônias, que queriam aproveitar a nova fonte de conhecimento e instrução. O jornal da Pensilvânia que Franklin assumiria chamava-se *The Universal Instructor in All Arts and Sciences: and Pennsylvania Gazette*. Cada número trazia uma página da *Cyclopedia* britânica que servira de base para a *Enciclopédia* francesa, começando pela letra A. O plano era prosseguir em ordem alfabética para um dia chegar a Z. A tentativa de publicar uma enciclopédia num jornal cujo nome já se referia a isso é um exemplo perfeito de como as redes exclusivas de conhecimento se cruzaram com as mais populares.

O cruzamento nem sempre funcionou. Em outubro de 1729, o jornal faliu e foi comprado por Franklin, que logo reconheceu a loucura da proposta. Livrou-se do nome enciclopédico de *Universal Instructor in All Arts and Sciences* e reteve apenas o segundo, *Pennsylvania Gazette*, explicando aos leitores que, no ritmo atual, levaria mais de dez anos para publicar os dois volumes inteiros da *Cyclopedia*. Além disso, um jornal, comprado e descartado diariamente, era o veículo errado para uma enciclopédia, que dependia da capacidade de ir e voltar entre referências cruzadas. A decisão certa de cortar o projeto da enciclopédia no jornal não significava que Franklin desconsiderasse enciclopédias. Em 1749 ele adquiriu o caro conjunto de dois volumes da *Cyclopedia* para si mesmo. Duas décadas depois, aconselhou a Library Company, que ele ajudou a fundar, a comprar a grande *Enciclopédia* francesa ao custo considerável de trezentas libras esterlinas (cerca de 100 mil dólares de hoje).[34] Os jornais eram bons para criar uma atmosfera animada, mas caótica, de ideias contraditórias. As enciclopédias eram boas para organizar o conhecimento. Os dois não deviam ser forçados a conviver. Isso é o que Franklin tinha de melhor: compreender as conexões, mas também as diferenças, entre tecnologias e aplicações, formatos e conteúdo.

IMPOSTO SOBRE A REPÚBLICA DAS LETRAS

Juntos, jornais e enciclopédias ajudaram a criar a explosiva mistura do Iluminismo que levaria à Declaração de Independência. Só faltava um confronto. De acordo com a sabedoria convencional, o confronto foi a Festa do Chá de Boston. Os britânicos impuseram impostos aos colonos, embora os colonos não tivessem representação no Parlamento. Em protesto, os bostonianos de mentalidade livre, disfarçados de índios, jogaram o chá recentemente tributado no porto de Boston.

A história é verdadeira, mas incompleta. O primeiro imposto cobrado que desencadeou o ressentimento generalizado dos colonos não foi sobre o chá, mas sobre papel e material impresso, a chamada Lei do Selo. Apesar das tentativas de Franklin e outros de criar uma indústria local, a maior parte do papel das colônias continuava a ser importada — muitas vezes papel holandês que era distribuído por atacadistas ingleses.[35] Essa importação foi o alvo da Lei do Selo, que visava diretamente à galopante rede colonial de fábricas de papel e impressores, estradas postais e distribuidores de jornais. Não foi a maneira mais inteligente de os britânicos aumentarem a receita, uma vez que a indústria editorial da colônia resistiu com todas as forças. Os jornais publicaram matérias de primeira página sobre a injustiça da Lei do Selo; alguns acrescentaram molduras fúnebres e um publicou uma lápide na primeira página. Os impressores boicotaram, protestaram, criticaram e desafiaram abertamente o imposto usando papel que não havia sido selado.[36] Quando as exportações de papel para as colônias caíram 90%, o Parlamento britânico cedeu e aboliu a Lei do Selo.

Ao revogar a odiada lei, o Parlamento fez a coisa certa pela razão errada. Pensando que o problema tinha sido a estrutura do imposto (um imposto externo, em vez de interno, distinção sugerida pelo próprio Franklin), ele propôs a Lei Townshend, que ainda taxava o papel, além do chá. Impressores irritados destruíram papel selado publicamente, numa espécie de ensaio geral para a Festa do Chá de Boston, e que poderia ser chamado de Festa do Papel de Boston.[37] A importação de papel quase cessou depois de 1775, quando o I Congresso Continental impôs um boicote sistemático a todas as importações da Grã-Bretanha, lançando as bases para que o II Congresso Continental declarasse a independência. O papel que Jefferson usou para redigir a Declaração de Independência, no entanto, foi importado de um fabricante holandês, provavelmente por intermédio de um atacadista britânico.[38]

Enquanto Jefferson podia se orgulhar de ter escrito a Declaração de Independência, Franklin podia se orgulhar por ter criado a infraestrutura de impressão que a tornou possível. Ele também forneceu a expressão mais importante do documento. Jefferson iniciara o documento com a frase "Consideramos estas verdades sagradas"; Franklin substituiu "sagradas" por "autoevidentes", usan-

268

do um termo preferido pelos filósofos naturais. Maria Antonieta sem dúvida acharia estranho que fosse um impressor a acrescentar uma expressão crucial ao documento mais importante do Iluminismo. Mas, por outro lado, ela não sabia que a tecnologia que a levaria à morte não era a guilhotina, mas a imprensa.

UM PROVEDOR DE CONTEÚDO

A expressão "autoevidente" não foi, é claro, o único ato de autoria de Franklin. Tendo o controle total de tudo — dos trapos que se transformavam em papel para impressão, dos jornais, do serviço postal e das estradas —, Franklin estava numa posição invejável como autor: poderia escrever o que quisesse, imprimi-lo e forçá-lo goela abaixo do público.

Por incrível que pareça, o jovem Franklin raramente escreveu para ganhar dinheiro (tampouco procurou lucrar com suas descobertas científicas, mesmo quando produziam resultados práticos).[39] O célebre homem de negócios que aproveitava todas as oportunidades para ganhar e economizar dinheiro não pensou, de início, no ato de escrever literatura como fonte de renda. Ele ganhava seu dinheiro com sua rede de impressão, a infraestrutura da literatura, não com a própria literatura. Escrevia somente quando a rede o exigia e, em geral, sob pseudônimo. Na adolescência, adotou a personagem de uma viúva e mãe de meia-idade; muitas outras se seguiriam, intervindo em debates políticos, satirizando as tolices de seus compatriotas, instruindo e divertindo os leitores. Com maior frequência, Franklin escreveu para defender seus jornais e suas decisões de publicação, ou para atacar aquelas de seus rivais.

O maior sucesso financeiro de autoria de Franklin foi o *Almanaque do Pobre Ricardo*, uma publicação baseada nos dias do mês e nos ciclos lunares, bem como em provérbios, ditados e aforismos. Escrito em tom popular, o almanaque compartilhava a sabedoria adquirida e fornecia aos leitores conselhos e estímulos. Apesar de todo o sucesso de seu almanaque, Franklin não era realmente seu autor. Ele não só se escondeu por trás do nome de Richard Saunders, como não escreveu muitos dos ditados associados ao Pobre Ricardo. Ele os encontrou, alterou-os, organizou-os e os colocou na boca do Pobre Ricardo. Mesmo quando reuniu os melhores num folheto autônomo, *O caminho para a riqueza*, recusou-se a assiná-lo com seu nome.[40] Críticos posteriores não aceitaram essa postura e o acusaram de plágio, como se ele fosse um autor moderno como Cervantes, esperando vender histórias originais no mercado literário. Mas Franklin não era um autor moderno nesse sentido. Era um empresário da escrita que recortava e colava, assimilava e transformava a literatura do passado em um produto adequado a seus leitores, atuando mais como os escribas antigos — ou os agregadores de conteúdo do nosso tempo.

A outra obra de literatura associada a seu nome é sua autobiografia, que fazia um vigoroso relato de sua vida, desde o aprendizado até o sucesso nos negócios. Embora deixasse de lado muita coisa, como os muitos fracassos comerciais, a obra relatava a luta de Franklin com suas deficiências pessoais, inclusive o orgulho. No centro da autobiografia, havia um gráfico através do qual ele acompanhava suas virtudes e vícios, uma espécie de livro de contabilidade moral. A autobiografia de Franklin era tão convincente que lançou as bases para muitas futuras autobiografias, tanto nos Estados Unidos como alhures.

Mas Franklin nunca a escreveu, isto é, nunca escreveu um texto chamado *A autobiografia de Benjamin Franklin*. De modo muito semelhante à sra. Murasaki em sua carta autobiográfica

270

para a filha, Franklin fez um relato inicial de sua vida escrevendo a seu filho desobediente (que foi o último governador colonial de Nova Jersey e dono de má reputação por ter ficado do lado dos ingleses na Revolução). A essa carta ele acrescentou outras, bem como fragmentos de narrativas, mas ele, o impressor, a pessoa que se encontrava na posição de publicar o que quisesse, nunca trouxe à lume nenhuma parte desse texto. Após sua morte, os fragmentos foram reunidos por editores com o título de *A autobiografia de Benjamin Franklin*, que se tornou um clássico. Como empresário que imprimia qualquer conteúdo que pudesse encontrar, Franklin provavelmente teria aprovado essa prática editorial sem licença.

O texto mais importante associado ao nome de Franklin continua a ser a Declaração de Independência, cada vez mais celebrada como o documento fundamental de uma nação em ascensão. Durante a Guerra de 1812, manter o texto original em Washington, DC, foi considerado arriscado, e ele foi transferido pouco antes do incêndio da cidade, em 1814. Durante a Segunda Guerra Mundial, foram tomadas precauções ainda maiores, e a Declaração foi levada para Fort Knox, no sul do Kentucky. Em segurança no meio das reservas de ouro dos Estados Unidos, esse pedaço de pergaminho escrito à mão adquiriu o status de texto sagrado. Àquela altura, ela já inspirara outros documentos, entre eles, a proclamação da independência do Haiti.[41] Ao lado da Constituição, a Declaração geraria sua própria forma de fundamentalismo textual, a insistência de que, doravante, os Estados Unidos teriam de viver conforme o significado literal e original desse texto.

A existência de Franklin estava tão intimamente ligada à impressão em todas as suas formas que ele via sua vida através dela, ou até mesmo como impressão. Na juventude, escrevera um epitáfio de brincadeira:

O corpo de B. Franklin,
impressor,
(como a Capa de um livro velho,
seu conteúdo esgotado
e despojado de suas letras e douraduras)
jaz aqui, alimento para os vermes.
Mas a obra não se perderá,
pois aparecerá (como ele acreditava), uma vez mais,
em uma nova e mais elegante edição,
revista e corrigida
pelo autor.*[42]

Ao mesmo tempo que se referia a um autor semelhante a Deus na vida após a morte (na qual não acreditava), Franklin descrevia sua vida do ponto de vista de um impressor. E, com efeito, sua vida foi revista e corrigida, não por um deus, mas por gerações de biógrafos que o transformaram em um dos mais reverenciados pais fundadores dos Estados Unidos. Mas talvez devamos respeitar seu desejo e lembrá-lo principalmente como a pessoa que levou o poder da impressão para a luta pela independência. Mais do que um simples impressor republicano, como gostava de se chamar, ele foi o impressor da República das Letras.

* Reproduzida em Walter Isaacson, *Benjamin Franklin: Uma vida americana*. São Paulo: Companhia das Letras, 2015.

11. Literatura universal: Goethe na Sicília

1827, WEIMAR

No dia 24 de maio de 1823, o aspirante a poeta Johann Peter Eckermann encheu-se de coragem e enviou seu manuscrito, "Reflexões sobre a poesia com particular referência a Goethe", ao célebre escritor.[1] Eckermann tinha 29 anos e ninguém teria previsto que ele escreveria uma crítica literária. Fora criado na extrema pobreza. A sobrevivência da família dependia de uma vaca, que lhes dava leite para o consumo próprio e, às vezes, lhes permitia vender um pouco de excedente. Mas depois desse começo de penúria, Eckermann resolveu subir na vida. Aprendeu a ler e a escrever, fazendo-se notar pelo médico da aldeia e, por fim, conseguindo um cargo menor de secretário. Tomou aulas de latim e grego com um professor particular e acabou aceito pela Universidade de Göttingen para estudar direito. Um futuro brilhante estava ao seu alcance.

Mas esse jovem, normalmente disciplinado, não conseguia se manter focado nos estudos de direito e desviava-se para a literatura, escrevendo poemas, uma peça de teatro e críticas literárias. Então um amigo lhe recomendou que lesse Goethe, e Eckermann foi fisgado. Abandonou a escola para escrever um livro sobre seu novo ídolo, ao qual enviou os originais. Goethe, com 73 anos e no auge de sua fama, residia no ducado de Weimar, no leste da Alemanha, e contava com um grande número de acólitos e admiradores. (Em 1850, apenas dezoito anos após sua morte, Ralph Waldo Emerson o incluiria entre seus seis "homens representativos", o único escritor, ao lado de Platão, o filósofo, Swedenborg, o místico, Montaigne, o cético, Shakespeare, o poeta, e Napoleão, o homem do mundo.[2])

Um dia depois de postar o manuscrito, Eckermann pegou a estrada. Viajar de carruagem estava fora de questão: era pobre demais para isso. Fez o que sempre fazia: caminhou. Começou a jornada sob o calor do verão no dia 25 de maio, indo para o sul, ao longo do rio Warre, e não parou até alcançar seu destino, duas semanas depois.

Imediatamente após sua chegada, deixou um bilhete para Goethe e foi convidado a visitá-lo. Entrou numa casa grande e espaçosa, em que um cômodo se abria para outro, de desenho quase labiríntico. As salas eram tão diversas quanto os interesses de Goethe. Havia uma sala para receber, uma sala de estar, uma sala de jantar e outra para conversar. Havia o estúdio de Goethe, com uma biblioteca adjacente, e uma sala de música. Havia um espaço para a coleção de estátuas e bustos do escritor, uma sala para a coleção de moedas e uma sala para seus minerais. Um criado conduziu Eckermann pelas escadas e através de alguns desses aposentos, e o deixou na presença de Goethe, que polidamente lhe fez um sinal para entrar. Passara toda a manhã com o excelente manuscrito de Eckermann, ele disse, e o ajudaria a publicá-lo. Esperava que Eckermann ficasse em Weimar por um tempo.

Por que Goethe era tão acolhedor? Eckermann enviara não

apenas o manuscrito, mas também uma carta em que enaltecia seus talentos de secretário. Estava à procura de um emprego, e o idoso Goethe estava à procura de um assistente pessoal, papel que Eckermann prontamente assumiu. Nos nove anos decorridos até a morte de Goethe, foi à casa dele mais de mil vezes, ajudando o escritor na publicação de sua obra, fazendo seleções, pesquisando temas, tudo de graça.

Eckermann também começou a registrar suas conversas com Goethe, de início para ajudar sua memória, mas cada vez mais porque percebeu o quanto elas poderiam se tornar valiosas. Instintivamente, ele fez o que os alunos sempre fizeram nos séculos anteriores a Cristo, ou seja, anotar as conversas de seus mestres e publicá-las com seu nome.[3] Eckermann foi o Platão de Goethe e seu principal evangelista.

Graças a ele, sabemos que na tarde de 31 de janeiro de 1827 uma nova visão da literatura nasceu na pequena cidade de Weimar, uma visão que permanece atual. Naquela quarta-feira, fazia vários dias que não se encontravam — Goethe, com muitas ideias e reflexões acumuladas, aguardava o assistente para relatar o que havia feito e lido desde a última vez que se tinham visto. Andara lendo um romance chinês. "Um romance chinês? Deve ser algo muito estranho!", exclamou Eckermann.*[4] Mas essa não era a reação certa. Depois de mais de quatro anos com seu mestre, ele ainda não o entendia completamente. "Menos do que se poderia pensar", repreendeu-o Goethe, e começou a falar.

Eckermann gostava quando o escritor palestrava: sempre aprendia alguma coisa. Goethe começou a falar sobre a influência do escritor britânico Samuel Richardson em sua obra, mas não

---

* A tradução das citações de *Conversações com Goethe nos últimos anos de sua vida*, de Johann Peter Eckermann, é de Mário Luiz Frungillo. São Paulo: Ed. da Unesp, 2017.

demorou a voltar aos romances e costumes chineses, enfatizando como aquele romance chinês era moralmente elevado. Eckermann surpreendeu-se de novo: "[…] não é muito curioso que a matéria do poeta chinês seja tão altamente moral, e a do principal poeta francês contemporâneo [Pierre-Jean de Béranger], seu extremo oposto?".[5] "Tem razão", respondeu Goethe, sendo compassivo com o desorientado Eckermann, "isso só mostra como o mundo de hoje está de pernas para o ar." Mas Eckermann ainda não podia acreditar no que Goethe estava falando sobre a China e arriscou-se a dizer que, com certeza, o romance chinês devia ser bastante incomum, a exceção à regra. A voz do mestre foi severa: "De modo algum, os chineses os têm aos milhares e já os tinham quando nossos antepassados ainda viviam nas florestas".

Eckermann ficou sem palavras, percebendo que Goethe havia aberto uma caixa de Pandora. Bem, é possível concordar: quem quer ler milhares de romances chineses? Mas também se pode concordar com Goethe. Alguém como Eckermann, cheio de preconceitos, ignorância e incredulidade pede para ser chocado um pouco. Diante da obstinação dele, Goethe buscou a palavra que realmente abalaria sua autossuficiência e declarou: "[…] é chegada a época da literatura mundial [*Weltliteratur*]* e todos devem trabalhar no sentido de apressá-la".[6]

Literatura mundial ou universal: Goethe percebia que a literatura estava se expandindo, que mais literatura de outros períodos e lugares estava ficando disponível para mais pessoas. Até então confinada a determinados lugares e tradições, ela estava se tornando um todo único e integrado.

---

* O termo costuma ser traduzido como literatura mundial, literatura universal ou mesmo literatura-mundo. Neste capítulo respeitou-se a tradução utilizada nas citações. (N. E.)

Devemos essa percepção, a cunhagem da expressão "literatura universal", a Eckermann, a sua perseverança, sua decisão de caminhar por duas semanas até Weimar, sua vontade de servir como interlocutor de Goethe e de escrever os pensamentos do sábio. Mas também devemos "literatura universal" à ignorância de Eckermann, sua incapacidade de imaginar romances chineses, seus pressupostos sobre a superioridade do que conhecia. A "literatura universal", como muitas novas ideias, precisava de um testa de ferro.

UM MERCADO MUNDIAL DA LITERATURA

Eckermann registrou a conversa que deu origem à ideia da literatura universal, mas não explicou por que essa visão cosmopolita surgiu na cidade provinciana de Weimar, localizada em algum lugar do leste da Alemanha. A grandiosa ideia da literatura universal não pertencia a uma das grandes capitais do século XIX, como Paris ou Londres?

Goethe fora criado em circunstâncias privilegiadas na cosmopolita Frankfurt, onde trezentos anos antes Gutenberg vendera sua primeira Bíblia impressa. Depois de algumas obras notáveis de teatro e poesia, ele ganhou proeminência com o grande sucesso do romance *Os sofrimentos do jovem Werther*, a história de um triângulo amoroso que acaba em suicídio. O romance desencadeou uma "febre de Werther" ao incentivar jovens homens e mulheres inquietos a expressar suas emoções livremente em cartas (o romance contém muitas trocas epistolares) e a usar as roupas características do protagonista (sobrecasaca azul, colete amarelo e botas de cano alto).[7] Napoleão afirmou ter lido o romance em detalhes e fez questão de conhecer Goethe pessoalmente. Parece que criticou certos trechos, embora o escritor jamais tenha revelado quais eram.[8]

Na garupa desse sucesso inicial, Goethe poderia ter ido a qualquer lugar, mas aceitou o convite do duque de Weimar para residir em seu ducado remoto. Os incentivos foram consideráveis. Em pouco tempo Goethe viu-se coberto de louvor e reconhecimento, mas também com um belo salário, uma casa, um título e uma espécie de emprego cada vez mais disperso. O ducado contava com cerca de 200 mil súditos, e a cidade de Weimar tinha apenas 7 mil habitantes, mas era uma entidade independente. Goethe logo percebeu que ela precisava de uma administração melhor e se tornou indispensável. Ganhou o título de conselheiro privado e passou a se encarregar de tudo, do teatro às estradas, das finanças e até da guerra; foi também enviado em missões diplomáticas. Além de sua condição de escritor alemão mais conhecido, tornou-se um homem do mundo.

Em Weimar, Goethe, apesar de sua fama crescente, se encontrava como receptor das importações culturais. O centro cultural da época era Paris (Londres, embora maior, ocupava um segundo lugar distante), e os parisienses exportavam sua cultura nacional, fazendo os europeus lerem romances franceses, recitarem poesia francesa e assistirem a suas peças. Para contrabalançar a influência francesa, Goethe voltou-se para a Inglaterra, sobretudo para Shakespeare, assim como para Samuel Richardson e Laurence Sterne, escritores que também eram produtos metropolitanos. Como alternativa, ele poderia ter apelado para suas tradições nacionais, mas seu ducado fazia parte de uma colcha de retalhos de pequenos e médios Estados alemães que ainda não haviam se unido num Estado-nação. Goethe apreciava a literatura alemã e desfrutava de uma posição sem rival entre os escritores seus conterrâneos, mas isso não lhe era suficiente. Não se contentava em promover a cultura nacional alemã como alternativa à Inglaterra e à França. Enquanto parisienses e londrinos admiravam a história grandiosa de suas tradições nacionais e as nações mais jovens estavam ansiosas para promover suas próprias tradições, Goethe interessava-se por uma literatura mais longínqua.

Em seus abrangentes interesses de leitura, ele foi ajudado por um mercado mundial cada vez mais desenvolvido, o que possibilitava que obras de lugares remotos chegassem àquela cidade provinciana e à belíssima Biblioteca Duquesa Anna Amalia, onde o escritor trabalhava com frequência. *Hau Kiou Choaan ou A história agradável: Uma tradução da língua chinesa,* um dos primeiros romances chineses traduzidos para uma língua ocidental, era um exemplo típico. Seu primeiro tradutor foi James Wilkinson, súdito britânico que trabalhava em Cantão para a Companhia das Índias Orientais, através da qual a Inglaterra vinha estabelecendo postos comerciais e colônias na Ásia (sobretudo depois de ter perdido as treze colônias norte-americanas). Empacado na China, Wilkinson decidiu aprender chinês e pouco depois resolveu traduzir para o inglês o romance popular *Hau Kiou Choaan.* Seu manuscrito tem muitas correções que revelam o quanto ele trabalhou. Quando foi chamado de volta à Inglaterra, abandonou-o, deixando incompleto um quarto da tradução.

Décadas depois, o manuscrito foi parar nas mãos do bispo Thomas Percy, que o corrigiu, trocou expressões quando não faziam sentido para ele e cortou as passagens repetitivas até ficar satisfeito com o produto e publicá-lo em 1761.[9] O resultado ainda estava longe de ser perfeito. Setenta anos depois, John Francis Davis, o segundo governador de Hong Kong (e filho do diretor da Companhia das Índias Orientais), fez uma nova tradução, observando com ironia que o tradutor original não era apenas culpado de inúmeros erros e omissões, como também conseguira interpretar mal o próprio título da obra. Sua nova tradução, agora com o título correto de *A união afortunada,* foi publicada pelo Fundo de Tradução Oriental em 1829.[10]

Para Goethe, o trabalho árduo de Davis chegou tarde demais. Sempre buscando uma nova literatura do exterior, em 1796 ele já se lançara à primeira tradução alemã da claudicante tradução inglesa. Apesar dos erros, essa tradução fez dele um adepto da literatura chinesa, que ele seguiu como pôde pelo resto da vida. Registros de bibliotecas mostram que em 1813 ele tomou emprestado vários volumes sobre aquela cultura, entre eles as *Viagens* de Marco Polo, o primeiro relato ocidental sobre a China, publicado por volta de 1300. Goethe apreciava em particular a combinação de descrição finamente observada e fantasia completamente inventada que dava a essa obra a característica de um conto de fadas.[11] Alguns anos depois, ele entrou em contato com um dos primeiros especialistas em China para obter mais informações sobre essa cultura misteriosa e, em 1827, fez uma palestra sobre outro romance chinês, *As duas primas*, que leu numa tradução francesa de Jean-Pierre Abel-Rémusat, primeiro catedrático de chinês do Collège de France.[12] Alguns meses antes, Goethe lera outro romance chinês, *Corte chinesa*, numa tradução para o inglês. Foi ao comentar com Eckermann essa última experiência de leitura que ele cunhou a expressão "literatura universal", em 1827. Havia tão poucos romances chineses disponíveis no Ocidente que Goethe, de modo geral, lia tudo o que podia encontrar através de livreiros, bibliotecas e redes acadêmicas.

Por que ele estava tão encantado com essa literatura estrangeira? O primeiro romance chinês que leu, o mal traduzido *História agradável*, era uma história de muita ação, de um casal de jovens envolvido em tramas e esquemas complicados, cheios de aventuras e enganações astutas, até o final em que o par consegue casar. Esse enredo forçado não incomodou Percy, o primeiro tradutor, talvez porque lhe lembrasse os romances ocidentais, como *Dom Quixote*. Goethe tampouco se incomodou e leu trechos do romance em público em 1815, quase duas décadas depois de tê-lo descoberto.[13] *As duas primas*, o último romance chinês que encontrou, era ainda mais exagerado desse ponto de vista, baseado inteiramente em coincidências estranhas, previsões oraculares e um final feliz artificioso.

Mas *Corte chinesa*, o romance que levou Goethe a cunhar a expressão "literatura universal", era diferente. Composto em verso, apresentava um protagonista amplamente admirado por sua educação literária e sua capacidade de escrever poemas sofisticados ao bel-prazer. O romance o recompensava por sua destreza literária com um lucrativo cargo no governo e o casamento com sua amada, usando essa trama como pretexto para descrições detalhadas de jardins e recitação de poesia. Numa época em que o romance ocidental era considerado uma forma literária arrivista no cânone literário e sobretudo pseudointelectual, um romance em versos como *Corte chinesa* mostrava a Goethe a possibilidade de um romance de alto nível literário.[14]

Ele não se limitou aos romances chineses. Leu contos populares, poesia sérvia e drama clássico sânscrito (parte de seu *Fausto* foi inspirada na peça *Shakuntala,* em sânscrito). E havia também *As mil e uma noites.* Ainda criança, Goethe ficou fascinado por essa coletânea. Os contos eram lidos para ele do mesmo modo que Sherazade os havia contado ao rei, ou seja, noite após noite, com finais em suspenso. O jovem Goethe era mais imaginativo do que o rei, porque todas as noites tentava terminar a história e contava aos pais na manhã seguinte o final que inventara, comparando-o com o original. Na maturidade, Goethe aprofundou seu interesse pelo mundo árabe e trabalhou numa peça sobre o profeta Maomé. Voltaire, o escritor do Iluminismo com propensão à provocação, também escrevera uma peça sobre o profeta, retratando-o como uma fraude. Goethe, ao contrário, mostrou-o como um mestre carismático que conseguiu transformar tribos dispersas do deserto em uma força unificada.

O mais importante escritor que Goethe descobriu foi o poeta persa medieval Hafez. Ficou tão encantado que escreveu um livro de notas e ensaios, bem como uma coletânea inteira de poesia chamada *Divã ocidental-oriental* como resposta a sua experiência de leitura. Sem poder viajar para a Pérsia, imaginou uma visita aos oásis e às grandes cidades do Oriente com seu "mestre" Hafez por meio da poesia.[15]

Os hábitos de leitura de Goethe intrigaram a maioria de seus contemporâneos e amigos, e não apenas seu secretário tacanho. Wilhelm Grimm, conhecido de Goethe, escreveu a seu irmão Jacob totalmente confuso: "Ele está metido em coisas persas, compôs uma coleção de poemas à maneira de Hafez [...] e está estudando árabe", observando ao mesmo tempo que Goethe também era visto "lendo e explicando Haoh Kioh Tschwen (*Uma história agradável*).[16] Os irmãos Grimm, mais jovens do que Goethe, eram fascinados pela arte popular alemã. Colecionavam contos de fadas e contos folclóricos, e estavam iniciando o trabalho monumental de publicar suas descobertas, hoje conhecido como os *Contos de fadas dos irmãos Grimm* (bem como um dicionário de alemão). Centrados nos produtos populares de sua própria cultura, não compartilhavam do interesse cosmopolita de Goethe pela literatura universal. Com efeito, muito poucos de seus conhecidos se interessavam por isso. O melhor que puderam fazer foi presenteá-lo em seu aniversário com um turbante.[17] Goethe não se perturbou e prosseguiu com seu fascínio pela literatura universal como leitor e escritor, apesar da zombaria de seus contemporâneos. Seu prestígio lhe permitia ignorar as opiniões e seguir sua curiosidade.

Ao reunir essas obras da literatura, Goethe foi auxiliado não apenas pela imprensa de Gutenberg, mas também pelos impérios coloniais europeus. Um punhado de nações europeias espalhara entrepostos comerciais em todo o mundo e, ao longo do tempo, esses comerciantes europeus se estabeleceram permanentemente e tomaram o controle do interior. Portugal e Espanha lideraram esse movimento, mas logo Inglaterra e França assumiram o lugar de grandes potências coloniais. Mais e mais regiões do mundo eram forçadas a entrar no comércio ou se prestar à submissão total, a um grande custo humano. Com frequência esses territórios estavam sob o controle de companhias, como a Companhia das Índias Orientais, que haviam recebido privilégios comerciais exclusivos de seus governos.

Iniciado por razões puramente econômicas, o imperialismo tornou útil e até mesmo necessário aprender alguma coisa sobre culturas estrangeiras. Alguns agentes das potências imperiais se davam ao trabalho de aprender línguas e sistemas de escrita nativos, e não demorou para que fragmentos de traduções começassem a chegar à Europa (como o primeiro romance chinês que Goethe havia lido). Por fim, surgiram especialistas nessas culturas, uma primeira geração de orientalistas, como eram chamados, que se dedicaram a estudar a literatura e a cultura do Oriente Próximo e do Extremo Oriente. Grande parte da literatura estrangeira que chegava à Europa, inclusive a que Goethe leu, foi traduzida dessa maneira.

O comércio da literatura universal tinha mão dupla. Agentes e especialistas europeus não só traduziam e importavam literatura estrangeira das colônias para o Ocidente, como também levavam suas literaturas e tecnologias de impressão para as colônias. Comerciantes portugueses e espanhóis montaram a primeira gráfica na Índia (a Índia recebera bem os monges e estudiosos budistas chineses e usava papel, mas não adotara a impressão).[18] Muitas vezes trabalhando juntos, eruditos nativos e orientalistas europeus recuperaram e disseminaram textos literários até então restritos a pequenas elites. Por meio da força e da repressão, mas também pelas tecnologias de impressão, o colonialismo estava conectando tradições literárias de novas maneiras.

A maioria das potências coloniais sentia necessidade de justificar suas ações argumentando que os colonialistas europeus levavam a civilização para outras partes do mundo. Isso significava que os orientalistas que estavam estudando as possessões coloniais tendiam a trazer consigo ideias desdenhosas sobre a qualidade dessas culturas.[19] Nesse ponto, a posição provinciana de Goethe acabou por ser uma vantagem. Seu ducado de Weimar não estava ligado ao imperialismo; nenhum dos vários Estados alemães de pequeno e médio porte possuía colônias. Isso significava que ele podia lucrar indiretamente com o imperialismo dos outros ao mesmo tempo que estava longe da experiência de subjugar culturas estrangeiras e do falso sentimento de superioridade que isso muitas vezes provocava.

Como alguém que conhecia uma dúzia de idiomas e que tentou aprender árabe sozinho numa idade avançada, Goethe também reconhecia que a literatura universal dependia do trabalho difícil e mal pago dos tradutores, e que se baseava num mercado, improvável subproduto do imperialismo europeu, que trouxera a literatura dos cantos remotos do mundo — junto com matérias-primas, artesanato e outras mercadorias — e a disponibilizara para compra.[20] A visão de Goethe da literatura universal, baseada num mercado global da literatura, alimentado pela tradução, ainda é bastante válida hoje.

EM BUSCA DAS ORIGENS

1787, Sicília

Em 1786, apesar das vantagens de sua posição em Weimar, Goethe resolveu escapar da rotina provinciana e experimentar o mundo. Sem contar a ninguém, exceto ao duque e ao mordomo, tomou uma carruagem e foi para a Itália. Desconfiado de que essa viagem possa ter moldado sua visão da literatura universal, decidi seguir seus passos até a Sicília, o ponto culminante de suas andanças.

Sempre tive especial admiração por escritores de viagens: movidos pela curiosidade e pela audácia, aventuraram-se e captaram mundos inteiros em seus escritos. Embora tenha me deslocado bastante no processo de elaborar este livro, nunca me senti como um verdadeiro escritor de viagens, em parte porque sempre estive atrasado: invariavelmente outros já haviam estado lá e relatado o que viram. Só me restava refazer seus passos, imaginando o que um verdadeiro livro de viagem teria sido. (É possível que os primeiros escritores de viagens tenham sentido o mesmo.)

A travessia para a Sicília foi difícil. Uma tempestade do barco que saiu de Nápoles provocou muito enjoo em Goethe. Mas depois que chegaram a Palermo ele teve certeza de que fizera a escolha certa: a Sicília forneceria respostas para muitas de suas perguntas, como anotou em seu diário de viagem.[21] Mais do que um diário, era alguma coisa parecida com um precursor do blog. Goethe enviava atualizações periódicas para os amigos, longas cartas para serem compartilhadas entre eles. Também incluía imagens. Para isso, contratou um pintor para acompanhá-lo e desenhar o que ele quisesse lembrar mais tarde. Após seu retorno, o escritor compilou as cartas e os desenhos e publicou-os como *Viagem à Itália*, uma de suas obras mais encantadoras.

Equipado com o caderno de viagem de Goethe, baixado do Projeto Gutenberg, a plataforma on-line que disponibiliza gratuitamente literatura de domínio público, segui o escritor ao redor da ilha, a começar por Palermo, à procura de algo que pudesse ter contribuído para seu interesse pela literatura universal.

Para minha surpresa, fiquei sabendo que uma das primeiras coisas que ele fez foi visitar o jardim botânico para satisfazer uma antiga obsessão: encontrar a "planta original", a planta de Adão e Eva, da qual ele acreditava que todas as outras descendiam. Não aceitando a classificação proposta pelo botânico sueco Carl Linnaeus, com suas refinadas distinções entre diferentes tipos de plantas, Goethe queria remontar todas as plantas a uma única origem. "Como sabemos que uma planta é uma planta?", perguntava ele. Porque temos uma ideia do que é uma planta, de sua "plantidade". Era essa planta original que ele foi procurar no jardim botânico de Palermo, onde passava horas comparando espécimes.

Enquanto pensava nessa estranha obsessão, comecei a me perguntar se a missão literária de Goethe na Sicília era semelhante à sua busca pela planta original, na medida em que era uma tentativa de captar todo um sistema, pensar nas diferentes obras de literatura como parte de um todo integrado.

No caminho de volta ao hotel, ao olhar para o mapa, notei uma rua chamada Goethe, e é claro que fui para lá imediatamente. É uma rua despretensiosa, numa parte mais nova da cidade, com poucas quadras. Não foi onde Goethe ficou, e talvez ele nunca tenha ido lá, mas gostei dela. Lá se encontra tudo o que um palermitano de hoje pode precisar, como café, sanduíches, uma copiadora, uma loja de ferragens e, o mais importante, um mecânico de lambreta. A Pizzeria Goethe não parecia muito convidativa e, de qualquer maneira, estava fechada, mas havia uma pequena e encantadora carpintaria, com tábuas e ferramentas velhas dispostas na calçada em frente à porta. Havia também uma Vetreria Goethe, que vendia objetos de vidro cafonas. Quando perguntei, nenhum dos proprietários sabia alguma coisa sobre o escritor. O nome das lojas vinha do nome da rua, não do homem.

Deixei minhas roupas sujas na Lavanderia Goethe e, enquanto esperava, perguntei-me como Goethe lavava sua roupa. Folheei seu livro de viagens e encontrei algumas observações sobre o assunto. Aos poucos, ele abandonara suas roupas do norte da Europa, em especial as botas de couro, e tentara se vestir como os locais. Ficou mais alemão, ainda que de modo extravagante, quando mandou fazer seu retrato em Roma — posa elegantemente vestido com um grande chapéu alemão e um sobretudo branco de viajante que deixa exposta de maneira insinuante uma

*Johann Heinrich Wilhelm Tischbein retratou Goethe
em sua viagem à Itália, em 1787.*

perna com culote voltada para o espectador. A pintura que agora adorna muitos de seus livros intitula-se *Goethe na Campagna Romana*. Ele mencionou o traje em seu caderno de viagens, fazendo parecer que tudo havia sido ideia do pintor. Mas quando se lê nas entrelinhas, percebe-se que ele estava encantado com a vestimenta. Aquilo também parecia refletir sua experiência com a literatura universal, que lhe possibilitava habitar outras culturas, ao mesmo tempo que redescobria a sua.

Enquanto aguardava por minha roupa lavada (não consegui encontrar nenhuma informação sobre quem lavava para Goethe), dei-me conta de que ele estava numa missão semelhante à minha, que também ele esperava que a viagem à Sicília mudasse sua visão da literatura. Ele comprara uma edição da *Odisseia* em alemão e em grego, sabendo que a Sicília seria o ponto mais próximo que ele chegaria da origem da Antiguidade grega, já que estava longe demais da Grécia. Na Sicília, Goethe imaginou-se na terra de Homero. Escreveu triunfante em seu caderno de viagens: "não poderia haver melhor comentário à *Odisseia* do que precisamente essa região".[*][22] Foi nesse momento que me ocorreu que Goethe tinha ido à Sicília em busca do que julgava ser o equivalente literário da planta original: Homero.

A ideia de Goethe de que a Sicília fazia parte do mundo homérico não era tão disparatada, porque a ilha fora uma colônia grega. De muitas maneiras, a *Odisseia* é um exemplo precoce de literatura de viagem, motivo provável pelo qual Goethe estava tão interessado nela durante o tempo que passou na ilha (e pelo qual eu, seguindo tanto Goethe como Ulisses, dei atenção a ela). Mas será que Ulisses pôs de fato os pés na Sicília?

A questão do itinerário da viagem de Ulisses tem sido muito discutida desde a Antiguidade. Ele partiu de Troia, mas até mesmo a localização dessa famosa cidade era desconhecida na época de Goethe. Foi somente no final do século XIX, décadas após a morte do escritor, que Heinrich Schliemann, um arqueólogo amador germano-americano que fizera fortuna na corrida do ouro da Califórnia, conseguiu encontrar a antiga Troia na costa ocidental da Turquia.[23] Numa viagem a esse sítio, pude ver a grande vala que Schliemann havia cavado na encosta da montanha. Apesar de ter encontrado ruínas e tesouros antigos, Schliemann também provocou um caos que os arqueólogos vêm destrinchando desde então.

Graças à vala de Schliemann, agora sabemos exatamente onde começou a *Odisseia*, mas assim que Ulisses sai de Troia entramos em um país de fantasia povoado pelos monstros marinhos

---

* A tradução das citações de *Viagem à Itália*, de Johann Wolfgang von Goethe, é de Sergio Tellaroli. São Paulo: Companhia das Letras, 1999.

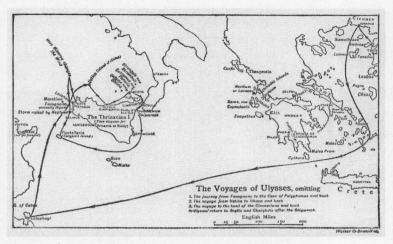

*Uma reconstrução das viagens de Ulisses baseada
em provas circunstanciais.*

Cila e Caríbdis, as Sirenas, Circe e a ilha dos gigantes de um único olho, nenhum dos quais pode ser encontrado em um mapa de verdade.

À medida que a *Odisseia* crescia em importância, mais e mais lugares começaram a reivindicar para si esses sítios, sobretudo a Sicília. O estreito de Messina, entre a Sicília e o continente, tornou-se a localização de Cila e Caríbdis, um que agarra os pobres marinheiros e os esmaga nas rochas, o outro que os suga para um redemoinho de água mortal. A ilha das Sirenas foi reivindicada por Capri, ao largo da costa de Nápoles, mas alguns sicilianos argumentaram que ela se localizava entre as ilhas Eólias, ao largo da costa norte da Sicília. Quando fui de barco até lá, concordei totalmente: as ilhas eram compostas por pedras vulcânicas aguçadas, um lar definitivamente adequado para perigosas harpias.

A teoria mais original que escutei me foi contada em Taormina, uma pequena cidade encravada no alto da montanha que dá vista para o mar e, por sua vez, é vista desde o monte Etna, o vulcão ativo que domina a Sicília. Meu amigável anfitrião, dono de um pequeno albergue, explicou que, além de Cila e Caríbdis e as Sirenas, a Sicília também era a ilha dos gigantes de um único olho. O senhor se lembra, ele perguntou, enquanto eu tentava entender seu italiano rápido, que Ulisses escapou embebedando o Ciclope, depois segurou um tição no fogo até que ficasse vermelho e então enfiou sua ponta ardente no olho do gigante? *Sì*, assenti. E depois que Ulisses escapou, como ele zombou do gigante? *Sì, sì*. E então, o que acontece? Respondi, como um bom aluno, que o gigante irritado joga uma pedra no barco e quase atinge Ulisses, mas não consegui lembrar como se diz em italiano "errar o alvo", então encenei tudo com as mãos. Veja, exclamou meu anfitrião, triunfante: o Ciclope? Com o buraco de um olho ardente? Que joga uma pedra? E apontou para a janela. Fiquei intrigado. "É o monte Etna!" Ele me mostrou, através de uma janela, o vulcão que fumegava perigosamente, e através da outra, rochas no mar, perto da costa. Entendi afinal as voltas de seu pensamento e disse, em tom lento demais: *Certo...* Tenho certeza de que Goethe teria gostado dessa história e escrito sobre ela em seu caderno de viagem.

Inspirado pela Sicília, Goethe escreveu uma peça baseada no episódio de Nausícaa da *Odisseia*, embora não existam provas de que ele se passe na ilha (algumas fontes antigas indicam a ilha de Corfu).[24] Na história, Ulisses, após o naufrágio, é lançado na praia, onde a princesa Nausícaa o encontra. A jovem o leva até o palácio do pai, o rei, e lá o viajante é banhado e vestido, festejado e conduzido ao seu caminho. O episódio é um dos mais felizes de toda a epopeia, mas por algum motivo Goethe achou que era perfeito para uma tragédia.[25] Talvez essa visão distorcida do material tenha sido o motivo de ele nunca ter terminado a peça. Ele continuou trabalhando nela durante suas viagens, queixando-se depois de ter desperdiçado seu tempo em vez de usufruir a Sicília.

Tendo em vista seu fascínio por Homero, eu esperava que Goethe se esforçasse para admirar todas as ruínas gregas da ilha, mas ele foi surpreendentemente crítico. Ao ver o belíssimo templo de Segesta, situado entre encantadoras colinas e bem preservado, observou que ele nunca fora terminado, como se isso tivesse importância 2 mil anos depois, quando a maioria dos outros templos não passava de pilhas de pedras.[26] Ele admirou os templos de Agrigento, na costa meridional, onde ficou por vários dias. Seus relatos brilhantes ajudaram a transformá-los num destino turístico do século XIX. Ele ficou ainda mais entusiasmado com o teatro grego em Taormina, que disse ser uma combinação perfeita de arte e natureza:

> Se nos sentamos no ponto mais elevado onde outrora ficavam os espectadores, temos de admitir que jamais um público de teatro desfrutou de semelhante visão. À direita, sobre rochedos mais altos, erguem-se castelos; mais abaixo jaz a cidade, e, embora essas construções sejam mais recentes, outras semelhantes ter-se-ão assentado no mesmo lugar em tempos passados. Em seguida, vê-se toda a longa extensão da cumeeira do Etna e a costa, à esquerda, até Catânia, ou mesmo Siracusa; por fim, a gigantesca e fumegante montanha de fogo fecha o amplo e largo panorama, não, porém, de forma assustadora, pois a atmosfera a ameniza, fazendo-a mais distante e suave do que é.
>
> Se, dessa visão, voltamos o olhar para as passagens às costas dos espectadores, tem-se a totalidade das paredes rochosas à esquerda, e, entre estas e o mar, a estrada serpenteante que conduz a Messina. Grupos de rochas e seus cimos no próprio mar, a costa da Calábria a grande distância, só com grande atenção distinguível das nuvens erguendo-se suavemente.[27]

Esse talentoso dramaturgo e diretor de teatro descobriu que o melhor espetáculo do mundo era aquele em que o público estava empoleirado entre o Etna e o mar, entre a cidade e a pedra, entre a arte e a natureza.

Goethe é um grande escritor de viagens porque ele nunca é efusivo por muito tempo. Após o trecho citado, sugere que um arquiteto deveria restaurar o teatro, agora em ruínas, refazer seu esplendor antigo, pelo menos no papel, assim como ele pensava que os templos gregos em ruínas deveriam ser reconstruídos.[28] Longe de ser tomado pela reverência em relação à Antiguidade, o escritor era pragmático a respeito de tudo, muito menos preocupado em preservar os originais do que nós. Ocorreu-me que o mesmo valia para sua atitude em relação à literatura, que ele desfrutava principalmente em tradução, o equivalente literário de uma reconstrução histórica (ele também decorou sua casa com cópias em gesso de estátuas clássicas).

Quando circulava pelas cidades costeiras da Sicília, Goethe decidiu abruptamente evitar Siracusa, o assentamento grego mais importante, e voltou-se para o interior. Era impelido por uma ideia, ou melhor, por uma frase: Sicília, o "celeiro do Mediterrâneo". Queria conhecer os campos de cereais, ver como eram, como cheiravam e em que tipo de solo cresciam. Isso fazia parte de seu interesse maior pela configuração do terreno. "Ainda mais estranho pareci a esse meu acompanhante", observou sobre um de seus guias, desconcertado porque o surpreendeu pegando pedrinhas nos trechos mais rasos do rio, em vez de ouvi-lo contar histórias sobre a Antiguidade.[29] O que ele queria estudar nos leitos dos rios eram as formações rochosas. A pedra calcária branca e frágil foi a primeira coisa que o escritor notou ao se aproximar da ilha de barco, e tornou-se um tema em todo o seu diário de viagem.[30] Trazia consigo um livro sobre minerais e levou de volta o que pôde para sua coleção.

Mas quando se tratava de geologia, o maior fascínio de Goethe era pelos vulcões, que lhe davam a rara oportunidade de con-

O antigo teatro de Taormina, com o monte Etna ao fundo.

templar as misteriosas profundezas da Terra. Ele quase morreu quando o Vesúvio, o vulcão ativo perto de Nápoles, entrou em erupção durante sua visita. Mesmo depois dessa experiência, não ficou longe do Etna, o vulcão ativo da Sicília, e insistiu em subir até a metade do monte. Seu interesse pela literatura talvez não fosse tão diferente do seu interesse por rochas, minerais e plantas, ou seja, a paixão de um colecionador que sai pelo mundo e traz tantos espécimes quantos puder encontrar.

A Sicília também lançou as bases para a futura cunhagem da expressão "literatura universal" ao dar ao poeta, que cresceu longe do litoral, a experiência de estar em uma ilha, ou seja, em um mundo em miniatura. "Quem nunca se viu rodeado pelo mar não tem ideia do que seja o mundo e sua relação com ele", assim Goethe resumiu sua experiência.[31] Quarenta anos depois, ele poria os dois, "mundo" e "literatura", juntos em uma única expressão.

12. Marx, Engels, Lênin, Mao: Leitores do *Manifesto do Partido Comunista*, uni-vos!

1844, PARIS-1848, LONDRES

Os dois jovens marcaram um encontro no Café de la Régence, convenientemente localizado no centro de Paris, perto do Louvre.[1] Candelabros elegantes iluminavam um grande espaço com fileiras de mesas, cada uma ocupada por dois homens, um de frente para o outro, extremamente concentrados. De vez em quando alguém ia até o balcão para falar com um atendente, que consultava um livro-razão e combinava um encontro com outro homem. Algumas mesas atraíam espectadores — eles sussurravam uns com os outros ou até faziam comentários em voz alta, atitude repreensível. A atmosfera era silenciosa, mesmo quando ficava tão lotado que era preciso não tirar o chapéu porque não havia onde deixá-los.

Se os dois jovens não estivessem familiarizados com o lugar e se surpreendessem com essas práticas misteriosas, não demorariam muito para descobrir que o Café de la Régence se dedicava ao xadrez, jogo cada vez mais popular. Havia mais de um século que todos os grandes jogadores de xadrez jogavam lá, o que, por sua vez, atraía amadores interessados. Benjamin Franklin jogara ali, assim como Voltaire; poucos meses antes o café acolhera a partida mais famosa da época, entre o funcionário público francês Pierre Saint-Amant e o ator inglês Howard Staunton. O inglês, que aperfeiçoara a arte da abertura, saiu vitorioso.[2]

A lição sobre a importância de uma abertura forte provavelmente não foi entendida pelos dois jovens que se encontraram em 28 de agosto de 1844. Eles marcaram de se ver a fim de elaborar estratégias para um tipo diferente de jogo: a revolução mundial.[3] Traziam habilidades muito diferentes para a mesa. O mais jovem dos dois, Friedrich Engels, de 23 anos, acabara de chegar de Manchester, para onde seu pai, um rico fabricante de algodão, o enviara com o objetivo de estudar técnicas avançadas de manufatura. Manchester era o centro do algodão — alguns a chamavam de Cottonopolis —, o lugar de onde o algodão era expedido para o resto do mundo e onde novos métodos de produção industrial mudaram a forma de seu processamento. Como o algodão e os produtos à base de algodão eram fundamentais para a nova economia fundada em máquinas, as chaminés de Manchester tornaram-se o emblema da revolução industrial.[4]

Engels estudou Manchester de perto e foi profundamente afetado não só pelas maravilhas da industrialização, como seu pai esperava, mas também pelas massas de trabalhadores pobres que labutavam sob a chaminé.[5] Ele começou a investigar as condições de vida e de trabalho desses homens, e convenceu-se de que ali, na cidade industrial mais avançada do mundo, eram visíveis as terríveis consequências da substituição de artesãos por fábricas. A Revolução Industrial estava criando um exército de trabalhadores empobrecidos totalmente dependentes dos donos das máquinas.

O outro jovem, Karl Marx, era três anos mais velho e sabia pouco sobre os trabalhadores de Manchester, ou de qualquer ou-

As chaminés de Crompton, perto de Manchester.

tro lugar. Viera a Paris proveniente de Berlim, onde, contra a vontade do pai, mergulhara na filosofia. Teve sorte na escolha da cidade porque, se Manchester era o centro da Revolução Industrial, Berlim era o centro de uma revolução filosófica. Antes, a filosofia se preocupava com princípios abstratos, com a definição de conhecimento, na esperança de encontrar leis gerais e, mais recentemente, coletar todo o conhecimento em grandes enciclopédias. Mas em Berlim a filosofia tinha aprendido a pensar em termos históricos, reconhecendo que todas as suas definições, abstrações e percepções estavam sujeitas a mudanças, à evolução histórica. A pessoa que ensinou essa lição de história fora Georg Wilhelm Friedrich Hegel. Sua filosofia também estava interessada em leis, só que agora eram as leis da história, as leis que determinavam a ascensão e a queda de civilizações inteiras.

Marx não gostou da história que Hegel contava, que favorecia o Estado prussiano e o status quo, mas apreciou os novos poderes de narração da filosofia. Não estava sozinho. Interesse semelhante pela história levara viajantes ao Oriente Médio para investigar como Jesus havia vivido e compreender a religião em termos históricos. Romancistas escreveram romances históricos e desenvolveram novas técnicas de múltiplas tramas de captação da realidade social. E Charles Darwin obrigou o pensamento histórico a encarar uma nova e grandiosa história da evolução humana. Em retrospectiva, esse novo modo de pensar seria chamado de *historicismo* e, em seu cerne, estava uma luta para ver qual história prevaleceria.

No Café de la Régence, o encontro entre o homem que estudara fábricas e o homem que estudara filosofia foi surpreendentemente proveitoso porque, apesar de suas diferenças de formação e interesse, cada um deles percebeu que tinha muito a aprender com o outro. Começaram a colaborar — combinando o conhecimento de Engels sobre o trabalho fabril e o conhecimento de Marx da narrativa filosófica — numa nova e poderosa visão de uma revolução que mudaria todos os aspectos da sociedade. A colaboração entre eles resultaria em um dos textos mais influentes da era moderna, o *Manifesto do Partido Comunista*.

Tendo crescido durante a Guerra Fria, a oitenta quilômetros da Cortina de Ferro, para mim era difícil lembrar que a União Soviética, uma potência mundial que acumulava uma grande força convencional de tanques e apontava mísseis atômicos de curto alcance em minha direção, começara daquela maneira, com o encontro entre Marx e Engels e o texto que resultou disso. Os outros textos influentes da história da literatura acumularam seu poder ao longo do tempo, às vezes em centenas ou mesmo milhares de anos. O sucesso do *Manifesto do Partido Comunista* foi mais imediato: ele exerceu sua maior influência apenas setenta anos após sua publicação. Nenhum outro texto da história da literatura causou tanto impacto em tão pouco tempo. Como explicar esse sucesso rápido?

NASCE UM NOVO GÊNERO: O MANIFESTO

Marx e Engels escreveram o *Manifesto do Partido Comunista* alguns anos depois do primeiro encontro, quando foram contatados por uma organização chamada Liga dos Justos, composta por artesãos amargurados pela industrialização e pela repressão política, com sede em Londres. Para tornar-se membro, o candidato tinha de jurar segredo, e as reuniões da agremiação se dedicavam a promover complôs, conspirações e revoltas violentas. Em 1839 ela participara de uma insurreição fracassada em Paris e fora forçada a se mudar para Londres a fim de evitar prisões e execuções. Seus membros se voltavam agora para Marx e Engels em busca de conselhos e liderança. Os dois viram imediatamente que a invocação de irmandade universal da liga e sua predileção por segredos e conspirações eram equivocadas. A primeira não levava em conta a situação específica do proletariado industrial que Engels estudara; a segunda ignorava as leis da mudança histórica que Marx havia aprimorado. Em busca de um novo objetivo, a organização ficou satisfeita quando Marx e Engels sugeriram uma mudança de direção.

Em novembro de 1847, os dois amigos viajaram de Bruxelas a Londres com um plano que implicava um novo nome, Liga Comunista, e uma nova visão. A Liga dos Justos concordou e encarregou-os oficialmente de escrever uma declaração que delinearia a nova postura. Engels fizera uma primeira tentativa antes da reunião de Londres escrevendo o texto "Princípios do comunismo", que listava artigos de fé semelhantes aos de um catecismo, na forma conhecida de perguntas e respostas da instrução religiosa.[6] No entanto, esse modelo logo se mostrou inadequado para a tarefa mais ambiciosa que os dois autores tinham em mente. "Pense um pouco sobre a confissão de fé. Creio que a melhor coisa é deixar de lado a forma de catecismo e dar à coisa o título de Manifesto do Partido Comunista", escreveu Engels a seu colaborador.[7] Quando ele propôs o novo título, a palavra "manifesto" não tinha o significado que hoje associamos a ela, pós-*Manifesto do Partido Comunista*. Ela fora usada algumas vezes para declarações importantes de imperadores ou da Igreja católica que explicitavam aos súditos os desejos dessas autoridades. A Liga Comunista improvisada não tinha autoridade nem súditos. Chamar seu texto de manifesto era absurdo, apontava para uma ambição que ainda não havia sido conquistada.[8]

Havia outro significado associado ao novo título: tornar seus pontos de vista manifestos e públicos. Tratava-se de uma mudança importante em relação ao passado conspiratório da liga: Marx e Engels insistiram que a liga precisava divulgar suas concepções para que todos pudessem conhecê-las, o que batia de frente contra seus instintos mais enraizados de sigilo. A fim de ressaltar esse ponto, os dois autores iniciaram com a famosa frase: "Um fantasma circula pela Europa — o fantasma do comunismo".* Era um começo sinistro que lembrava o mundo dos fantasmas, como se o *Manifesto* quisesse espalhar o medo, deleitando-se com seu papel de aparição assustadora (a primeira tradução inglesa advertia: "Um diabrete assustador espreita a Europa"). Mas na verdade era o contrário. Marx e Engels estavam cansados de viver nas sombras, assustando as crianças como se estivessem num conto de fadas. Queriam deixar para trás o mundo de fantasmas e diabretes, de conspirações e assassinatos, e se tornar uma força aberta e legítima. Era isso que o *Manifesto* deveria conseguir: transformar o comunismo de fantasma em coisa real.

Havia outro motivo pelo qual o velho catecismo não funcionava. Mais uma vez, foi Engels quem percebeu o problema: "Co-

---

* A tradução das citações do *Manifesto do Partido Comunista*, de Karl Marx e Friedrich Engels, é de Sergio Tellaroli. São Paulo: Penguin Classics Companhia das Letras, 2012.

mo basicamente temos que contar uma narrativa histórica, a forma atual não funciona. Levo comigo de Paris o que escrevi; é uma história simples, mas muito mal composta, numa pressa terrível".[9] Engels topara com um ingrediente essencial do *Manifesto*, algo que aprendera com Marx: a narrativa. Durante os anos da colaboração entre eles em Paris e Bruxelas, Marx desenvolvera uma poderosa alternativa a Hegel. Na versão hegeliana, a imaginação e as ideias eram as forças motrizes da história universal. Na versão de Marx, eram os seres humanos que transformavam o mundo através do trabalho, o que significava que a nova disciplina fundamental não era filosofia, mas a economia.[10]

A narrativa econômica que Marx escreveu com a ajuda de Engels era impressionante, uma história das forças maciças da industrialização e do comércio que estavam mudando o mundo numa escala assombrosa:

> Graças a sua exploração do mercado mundial, ela [a burguesia] conformou de modo cosmopolita a produção e o consumo de todos os países. Para grande pesar dos reacionários, ela arrancou o solo nacional de debaixo dos pés da indústria. As antiquíssimas indústrias nacionais, ela as aniquilou e segue aniquilando dia após dia. Expulsam-nas novas indústrias, cujo surgimento torna-se questão de vida ou morte para todas as nações civilizadas, indústrias que já não processam matéria-prima nativa, mas aquela proveniente de áreas as mais remotas, e cujos produtos são consumidos não apenas em seu próprio país, mas também, e simultaneamente, em todos os continentes. No lugar das antigas necessidades, antes atendidas por produtos nacionais, surgem outras, cuja satisfação demanda produtos de países e climas longínquos. Em lugar da velha autossatisfação e do velho isolamento local e nacional, surgem relações abrangentes, uma abrangente interdependência entre as nações. E isso tanto no que se refere à produção

material quanto à intelectual. Os produtos intelectuais de cada nação tornam-se bens comuns. Cada vez mais impossível se faz a unilateralidade, a estreiteza nacional, e a partir das muitas literaturas locais, nacionais, forma-se uma literatura universal.[11]

Essa descrição do mercado mundial soa quase como se Marx e Engels admirassem o capitalismo por seu poder inaudito, mas eles adicionaram um toque dramático: no exato momento de seu triunfo, o capitalismo seria subitamente desafiado por um inimigo de sua própria criação, a saber, o proletariado industrial que Engels estudara tão bem. Quanto mais lugares no mundo se parecessem com Manchester, maior seria o proletariado industrial, até que ele fosse grande o bastante para derrubar seus opressores. Era uma narrativa no auge de sua força, transformando vítimas indefesas em heróis que vinham de baixo.

Havia mais um detalhe nessa história da industrialização, a saber, que ela afetava não só os bens materiais, mas também as ideias, como eles dizem na última frase do parágrafo: "E a partir das muitas literaturas locais, nacionais, forma-se uma literatura universal". *Literatura universal*: palavras estranhas para se usar no contexto de minas, máquinas a vapor e ferrovias. Goethe, com suas inclinações aristocráticas, decerto se oporia à revolução proletária que Marx e Engels defendiam. No entanto, poderia muito bem concordar que a literatura universal era uma consequência do comércio mundial. Ao notar um mercado mundial emergente na literatura, o escritor vislumbrara os poderes do capitalismo que Marx e Engels descreviam agora com muito mais detalhes. E através de máquinas de impressão avançadas que se assemelhavam a outros processos de produção industrial, parecia que a literatura saía cada vez mais de lugares como Manchester.

A literatura universal também estava na cabeça de Marx e Engels quando eles contemplaram a fortuna do texto que tinham acabado de escrever. Concluíram o preâmbulo com o anúncio

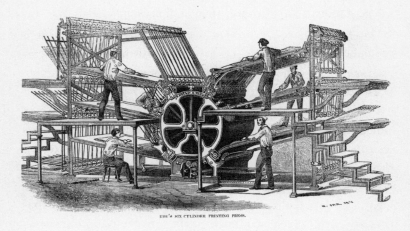

Em 1847 o inventor americano Richard Hoe apresentou sua prensa rotativa litográfica, usada para jornais baratos de circulação em massa.

ousado de que o *Manifesto* seria "publicado em inglês, francês, alemão, italiano, flamengo e dinamarquês".[12] Embora modesto se comparado aos atuais lançamentos, que podem incluir dezenas de idiomas, isso era bastante ambicioso para um grupo de revolucionários em 1848, pois exigiria tradutores, impressores e distribuidores em muitos países diferentes. Assim como a história que contava era internacional, o *Manifesto* também precisava ser lido internacionalmente; precisava tornar-se literatura universal.

Perto do final de janeiro, Marx recebeu uma carta de Londres redigida em termos duros, lembrando-lhe o prazo final: 1º de fevereiro. Os dois autores não respeitariam esse prazo, mas por pouco. Ao longo de alguns meses, tinham conseguido resumir tudo o que haviam aprendido um com o outro num texto incomum que se tornaria o protótipo de todos os manifestos subsequentes. Sem que tivessem essa pretensão, eles contribuíram para a existência de um novo gênero na literatura universal: o gênero do manifesto.

Se a sede da Liga Comunista de Londres se deu conta de que recebera uma obra-prima, não disse nada. No entanto, tratou imediatamente de publicar o texto numa revista — não na íntegra, em partes.[13] Desde a morte de Benjamin Franklin, o número de jornais havia aumentado rapidamente, e eles publicavam artigos mais longos, até romances inteiros, em folhetins periódicos.[14] Indício do poder da serialização, até o *Manifesto do Partido Comunista*, com apenas 23 páginas, foi publicado dessa maneira, embora tivesse sido escrito para ser lido de uma sentada. Por esse motivo, a liga decidiu lançar o texto também como panfleto autônomo. Por esses dois formatos, o mundo saberia pela primeira vez o que exatamente eles pretendiam fazer.

Poucas semanas depois da publicação irromperam revoluções em toda a Europa. Manifestações levaram a greves, e greves a insurreições que resultaram em novas assembleias nacionais que exigiam novas constituições e novos direitos. Marx e Engels ficaram encantados. Não importava que Marx fosse obrigado a deixar Bruxelas — ele simplesmente voltou para Paris, o centro da atividade revolucionária. Na França e na Alemanha, Marx e Engels organizaram, elaboraram estratégias e publicaram jornais e panfletos, tentando desesperadamente conduzir os eventos que se desenrolavam em ritmo acelerado.

O único desapontamento nesses momentos excitantes foi que essas revoluções não tinham absolutamente nada a ver com o *Manifesto*. A obra fora um fracasso. Não houve quase nenhuma reação a ela, que não teve nenhuma influência quantificável nos acontecimentos. Também ficou cada vez mais difícil publicar novas versões do texto, pois os antigos regimes estavam reagindo não só com exércitos e forças policiais, mas com uma censura rígida. A liga foi mais uma vez forçada à clandestinidade, obrigada a retomar a atmosfera secreta que tentara abandonar, e acabou por se dividir. De mãos atadas, Marx e Engels viram a revolução se desvanecer e, com ela, o documento com o qual haviam tentado, sem sucesso, guiar seu curso.

Nas primeiras décadas após 1848, não estava claro se o *Manifesto* sobreviveria. Apesar dos grandiosos planos de publicar o texto simultaneamente em muitos países, muito poucas edições de fato se concretizaram. Entre 1853 e 1863, apenas uma única nova edição foi impressa, pois as gráficas foram empurradas para a clandestinidade e existiam poucos lugares em que literatura subversiva podia sair com impunidade. A primeira tradução russa foi produzida em Genebra, cidade relativamente liberal, e não na Rússia tsarista; uma tradução para o sueco foi impressa nos Estados Unidos. Grupos dispersos de verdadeiros adeptos estavam tentando traduzi-lo para divulgá-lo, mas sem muito sucesso.[15] Naquela época de reação, o *Manifesto* ficou desatualizado, remanescente de uma época revolucionária que se perdia no passado.

Os dois autores tiveram de enfrentar uma escolha dura: deveriam permitir que o *Manifesto* se transformasse num documento histórico, um dos incontáveis panfletos que acompanharam a revolução fracassada de 1848, ou deveriam atualizá-lo para abordar novas realidades políticas? De início, escolheram o segundo caminho. Já em agosto de 1852, Engels admitia: "A Califórnia e a Austrália são dois casos não considerados no *Manifesto*: a criação de novos mercados a partir do nada. Eles precisam ser acrescentados".[16] Os dois autores começaram a escrever prefácios para incorporar novos desdobramentos, ao mesmo tempo que insistiam que as ideias centrais continuavam tão verdadeiras como sempre. As coisas ficaram mais complicadas depois que Marx morreu. Em 1883, Engels escreveu pesarosamente: "Desde a sua morte, pode-se pensar ainda menos em revisar ou complementar o *Manifesto*".[17] O *Manifesto* tornara-se parte do registro histórico — e o legado de seu amigo morto.

A literatura poderosa sempre foi capaz de aguardar o seu

momento, e o *Manifesto* não foi exceção. Após décadas de estagnação, as coisas começaram a melhorar nas décadas de 1870 e 1880. Novas tecnologias de impressão, que levaram todo o poder da industrialização para a literatura, também ajudaram. O processo de impressão teve finalmente melhorias significativas e podia, pela primeira vez, ser automatizado em um grau muito maior. Havia até uma maneira mecânica de selecionar letras e montá-las em uma moldura do tamanho da página pronta para receber tinta e papel. As impressoras tornaram-se mais onipresentes e baratas e, portanto, mais difíceis de suprimir, ao mesmo tempo que o comércio entre as nações facilitava a impressão de uma edição alemã em Londres ou de uma edição russa em Genebra, e o contrabando delas para o local de origem.

À medida que saíam mais edições do *Manifesto*, surgiu um padrão curioso: quanto mais edições eram publicadas em determinado lugar, mais provável a ocorrência de uma revolução. Essa correlação aconteceu em Paris, quando os trabalhadores indignados fizeram barricadas nas ruas e anunciaram a formação da Comuna de Paris em 1871, e foi ainda mais verdadeira em 1905, quando uma coalizão de trabalhadores e uma burguesia em ascensão se rebelaram na Rússia. O *Manifesto* simplesmente se beneficiou do fervor revolucionário ou exerceu influência na incitação desse sentimento? Provavelmente ambos. De qualquer modo, ele se tornou um verdadeiro texto revolucionário, encontrando leitores prontos para tirar suas lições históricas e transformá-las em ação.

OS LEITORES: LÊNIN, MAO, HO, CASTRO

Um dos leitores ávidos do *Manifesto do Partido Comunista* foi Vladímir Uliánov, um revolucionário russo que morava em

Zurique durante a Primeira Guerra Mundial. A Suíça era um dos poucos países da Europa a permanecer fora da guerra, mas isso não significava que fosse pacífica. A cidade fervilhava de diplomatas, traficantes de armas, espiões, desertores e refugiados, mas era o melhor lugar para assistir à guerra causar estragos nos regimes que haviam levado o mundo a ela. E era um bom local para aguardar o momento certo de ir à luta.

Vladímir aprendera a ser paciente.[18] Na Rússia, vira seu irmão mais velho ser preso e executado após uma tentativa precipitada de assassinato do tsar. Resoluto, seguira os passos do irmão, mas percebeu que assassinatos eram ineficazes. Mesmo que fossem bem-sucedidos, um novo tsar tomaria o lugar do antigo, como já havia acontecido. Não era suficiente substituir a cabeça: todo o sistema tinha de mudar. Procurando orientação intelectual, Vladímir mergulhou na literatura revolucionária, mas não encontrou nada inspirador, até topar com o *Manifesto do Partido Comunista*. Ele oferecia uma poderosa perspectiva histórica que lhe mostrava que a luta contra os regimes opressivos vinha acontecendo havia milhares de anos, apontava para as raízes dos problemas e previa que a mudança revolucionária estava logo ali. E o inspirou a agir baseado nessa previsão.

O primeiro ato de Vladímir após ler o *Manifesto do Partido Comunista* foi traduzi-lo para o russo, para que mais conterrâneos pudessem conhecê-lo. Depois tentou pô-lo em prática. Infelizmente, evitar assassinatos como os tramados por seu irmão não o impediu de ser preso, mas pelo menos escapou da execução, embora tenha sido enviado para a Sibéria.

Cumprida sua pena, ele foi para a Europa, onde se dedicou a ler e a escrever, combinando história com apelos à ação, à maneira do *Manifesto*. Também percebeu que esse texto, proveniente de outro tempo e de outro lugar, precisava ser atualizado e relacionado à situação específica da Rússia. Enquanto aguardava o momento certo para pôr o *Manifesto* em ação, Vladímir Uliánov também assumiu um nome novo: Lênin. Décadas após ter sido escrito, o *Manifesto do Partido Comunista* encontrava um leitor ideal, alguém disposto a usar esse texto obscuro para mudar o curso da história.

Durante a Grande Guerra, Lênin morou na Spiegelgasse, nº 14, bem no centro antigo de Zurique. Do outro lado da rua, na Spiegelgasse, nº 1, um grupo de artistas e provocadores de diferentes nacionalidades conseguira convencer o dono de um bar a deixá-los abrir um cabaré. O grupo organizava leituras de poesia e apresentava performances turbulentas de todos os tipos, muitas vezes com trajes geométricos estranhos, músicas dissonantes e tramas que não faziam sentido. Acima de tudo, o grupo recitava e publicava manifestos. Nesses manifestos, anunciaram com grande espalhafato a criação de um novo movimento revolucionário, o dadaísmo, atacando todos os movimentos artísticos que os precederam. Como esse grupo de provocadores escrevera um manifesto na tradição do *Manifesto do Partido Comunista*?

Desde a morte de Marx e Engels, o *Manifesto* encontrara admiradores não só entre revolucionários profissionais como Lênin, mas também entre artistas. A força peculiar de seu texto, sua combinação de grande história com um chamado à ação, atraiu artistas que queriam mudar a face da arte. No início um pouco hesitantes, depois com mais coragem, manifestos de arte começaram a aparecer em toda a Europa, primeiro defendendo o naturalismo e o simbolismo, mais adiante, o futurismo e o dadaísmo. Em cada um desses casos, pequenos grupos de artistas, muitas vezes sob a liderança de uma única figura carismática, atacavam toda a arte tradicional em nome de um futuro ainda não realizado. A pintura realista, a narração tradicional, a música harmônica — era preciso acabar com tudo isso. Estava menos claro o que deveria ocupar o lugar delas. Às vezes os artistas escreviam manifestos anunciando o movimento mais recente antes de qualquer obra de arte ter sido criada, como se escrever manifestos fosse mais importante do que fazer arte. Quando passavam a criar obras de arte, elas se assemelhavam a manifestos em seu tom estridente, na atitude agressiva em relação ao público e na ambição programática.[19]

Os manifestos de arte e seus movimentos começaram antes da Grande Guerra, mas foi durante esses anos brutais que eles ganharam pleno sentido, uma vez que articularam o sentimento de que a cultura europeia estava se desagregando. Era óbvio que as grandes artes do século XIX não podiam dar conta da matança mecanizada da guerra de trincheiras. De todos os grupos da nova vanguarda, os dadaístas e seu Cabaret Voltaire, em Zurique, foram os que melhor captaram a falta de objetivo e o absurdo da guerra. Marx tivera um forte interesse pelas artes — seus textos estavam cheios de citações literárias, sobretudo de Shakespeare —, mas inspirar a arte revolucionária não era uma aspiração sua. Com seu gosto relativamente conservador, ficaria consternado.

É possível que Lênin também tivesse feito objeções, mas ele não sabia que um descendente do *Manifesto do Partido Comunista* estava instalado do outro lado da rua. Estava concentrado demais em acompanhar a guerra e seus efeitos sobre a Rússia, onde a situação era turbulenta. A partir de fevereiro de 1917, irromperam mais greves e manifestações, e policiais e soldados aderiram aos manifestantes em vez de prendê-los. O tsar abdicou em favor de seu irmão, uma honra da qual o irmão sabiamente declinou. A Rússia ficou sem soberano.[20] Formou-se um governo provisório enquanto trabalhadores e soldados criavam conselhos, os sovietes, e elegiam representantes para formar um novo Parlamento. Lênin sentiu que era hora de agir. A Alemanha estava em guerra com a Rússia, mas as autoridades alemãs deixaram Lênin atravessar o país e entrar na Rússia revolucionária via Finlândia.

Ele viajou para Petrogrado (São Petersburgo) com um plano aparentemente impraticável. Em vez de trabalhar com outros

Uma noitada ruidosa em 1916 no Cabaret Voltaire, em Zurique, onde nasceu o dadaísmo. A pintura de Marcel Janco se perdeu, mas esta fotografia dela sobreviveu.

grupos democráticos e revolucionários, ele se concentraria exclusivamente na classe trabalhadora — o *proletariado*, como o *Ma-*

nifesto do Partido Comunista a chamava, era o único grupo genuinamente revolucionário na Rússia, e apenas o Partido Comunista poderia agir em seu nome.

Esse plano imprudente, que fez Lênin romper com muitos de seus aliados naturais, baseava-se na narrativa da história universal tal como feita no *Manifesto do Partido Comunista*. Marx e Engels haviam identificado a burguesia — a classe que controlava a produção industrial — como uma força revolucionária, aquela poderia arrancar o poder das monarquias feudais. Mas o *Manifesto do Partido Comunista* ia adiante e previa que a história avançaria dessa revolução burguesa para outra comandada pelo proletariado, o agente supremo da história. Empobrecido pela industrialização e totalmente dependente dos donos dos meios de produção, ele se levantaria contra seus opressores. Essa era a narrativa que animava Lênin e seus camaradas, e que lhes deu confiança para pôr sua fé no slogan TODO PODER AO PROLETARIADO. Quando chegou à Estação Finlândia de Petrogrado em abril de 1917, Lênin tratou imediatamente de transformar essa narrativa em realidade. Criou um partido capaz de organizar golpes, mas também de vencer a batalha das ideias, e com esse objetivo reviveu um jornal para propagar a narrativa histórica de Marx e Engels.

Em seu trabalho em favor de uma revolução proletária, Lênin e seus camaradas receberam ajuda inesperada dos admiradores artísticos do *Manifesto*. A febre de manifestos que se apoderara dos dadaístas em Zurique se espalhara para a Rússia, onde diferentes grupos de artistas escreveram manifestos em nome da revolução artística. Lênin não prestara atenção aos dadaístas em Zurique, mas tomou conhecimento dos seus homólogos russos, cujos manifestos contribuíram para a atmosfera revolucionária em Petrogrado e Moscou.[21] As duas vertentes do movimento do manifesto reagiram como dois fios, um polarizado para a política, o outro para a arte, que de repente se tocaram, desencadeando

Lênin falando para a multidão em Petrogrado, na véspera da Revolução Russa.

faíscas revolucionárias. (O mesmo aconteceu quando o surrealista francês André Breton e o russo revolucionário Liev Trótski escreveram juntos um manifesto intitulado *Por uma arte revolucionária livre.*) Contra todas as probabilidades, Lênin e seus camaradas conseguiram tirar vantagem do caos político entre fevereiro e outubro de 1917. Quando uma tentativa de golpe da direita falhou, eles decidiram contra-atacar com um golpe da esquerda e tiveram sucesso.[22] A revolução chegou a um ponto de inflexão, deixando subitamente Lênin e seu partido no controle do Estado. Pela primeira vez na história um partido que representava a classe trabalhadora empobrecida mandava num país inteiro.

A Rússia não foi o único país transformado pelo *Manifesto do Partido Comunista*. Mao Tsé-tung também se lembrava de quando havia lido esse texto pela primeira vez. Seu pai, um plantador de arroz, enviou-o a uma escola confucionista para aprender de cor os clássicos confucianos.[23] Decepcionado com a decoreba, Mao decidiu não estudar para o Exame Imperial, que ainda se baseava, como acontecia havia mais de mil anos, nos mesmos textos. Antes mesmo da queda do último imperador, ele cortou sua trança, prescrita pela tradição, num ato de rebelião aberta, e aderiu a um grupo de estudantes armados. Mudando-se para uma cidade maior, estudou os romances chineses e a filosofia ocidental, e manteve-se atualizado com os eventos da Grande Guerra lendo jornais. Quando conseguiu afinal se mudar para Beijing, envolveu-se com intelectuais rebeldes, entre eles os editores da revista *Nova Juventude*, órgão criado para modernizar a cultura chinesa. Mao comparecia a reuniões de grupo em que se discutiam diferentes filosofias políticas e se envolveu com uma revista literária, bem como uma livraria cooperativa.[24] Ao olhar para esse período de seu passado, Mao via apenas a desorientação anterior à sua conversão ao marxismo de estilo russo, e essa conversão ocorreu quando ele leu pela primeira vez o *Manifesto do Partido Comunista*.

Esse texto demorou muito para chegar à China. Ao contrário de Lênin, que sabia alemão, Mao lia somente chinês e, portanto, dependia da demorada tradução do texto para sua língua nativa. O *Manifesto do Partido Comunista* foi mencionado pela primeira vez na China em 1903, e o prefácio foi publicado em 1908. Chen Duxiu, mentor de Mao e editor da revista *Nova Juventude*, publicou uma versão abreviada algum tempo depois, mas uma tradução completa só apareceu no verão de 1920, quando então Mao o leu.[25] Àquela altura, Lênin já conseguira consolidar seu domínio sobre a Rússia.

Com quase oitenta anos de idade, o *Manifesto* não abordava a situação específica da China (assim como não havia dito muita coisa sobre a Rússia), mas alguns meses depois de lê-lo Mao criaria uma célula comunista e se transformaria em líder de uma revolução comunista, certo de que obteria sucesso, pois tinha o *Manifesto do Partido Comunista* e a história do seu lado.

Experiências semelhantes se multiplicaram. O jovem Ho Chi Minh viajara pelo mundo enquanto trabalhava num navio a vapor, mas foi em Paris que ocorreu sua educação política.[26] Criado no Vietnã sob o domínio colonial francês, ele sabia francês e foi nessa língua que leu o *Manifesto do Partido Comunista*, cuja versão francesa estava disponível havia muito tempo. A experiência dessa leitura, que ocorreu pouco antes da Grande Guerra, o convenceu a tornar-se marxista. Entrou para o Partido Comunista francês e começou a adaptar o *Manifesto* à luta contra os colonizadores europeus. Seu texto, *O processo da colonização francesa*, continha um manifesto cujo final ecoava a famosa última frase do *Manifesto do Partido Comunista*: "Trabalhadores de todo o mundo, uni-vos!".[27] (Antes de escrever esse manifesto, ele havia escrito uma declaração de independência para o Vietnã, tendo por modelo a Declaração de Independência americana.)

Fidel Castro também lembrava de sua primeira leitura do *Manifesto*, ocorrida em 1952, quando o ditador Fulgencio Batista, respaldado pelos Estados Unidos, orquestrou um golpe para tomar o poder em Cuba. "Então, um dia, um exemplar do *Manifesto do Partido Comunista* — o famoso *Manifesto do Partido Comunista*! — caiu em minhas mãos e li a respeito de coisas que nunca esquecerei. [...] Que frases, que verdades! E víamos essas verdades todos os dias! Eu me senti como um animal pequeno nascido numa floresta que não entendia. Então, de repente, ele encontra um mapa dessa floresta."[28]

E assim continuou acontecendo: de Lênin, na década de 1880, a Castro, na década de 1950, o *Manifesto do Partido Comunista* forneceu aos revolucionários da Rússia, da China, do Vietnã e de Cuba um mapa para a floresta. Equipados com esse mapa, conseguiram se livrar do tsar da Rússia, do imperador da China, dos colonos franceses e do Exército americano. O *Manifesto do Partido Comunista* continuou a encontrar leitores, convertê-los e incitá-los a agir até se tornar um dos textos mais venerados e temidos da história.

Os ameaçados pelo comunismo reagiram com prisões, execuções e guerras, levando à longa batalha do século xx que só chegou ao fim em 1989 (ou, se quiserem, com a morte de Fidel Castro em 2016). Mas a reação contra o comunismo também assumiu a forma de literatura.

O mais feroz reacionário foi o austríaco Adolf Hitler, que prometeu pôr fim à maré vermelha que varria a Europa. Enquanto esteve preso pelo golpe fracassado de 1923, escreveu uma autobiografia que era também uma biografia de campanha para sua futura carreira política. Depois que tomou o poder, conseguiu impingir esse texto a seus súditos em um gigantesco projeto vaidoso de publicação. No auge do regime nazista, *Mein Kampf* [*Minha luta*] tornou-se o título de maior sucesso na Alemanha, com 1031 edições que totalizaram 12,4 milhões de exemplares; seis em cada dez alemães possuíam o livro, e os condados tinham a obrigação de dar um exemplar a todos os recém-casados.[29]

Os livros podiam ser impingidos a cada família, mas ninguém poderia forçar as pessoas a lê-los. As arengas prolixas de Hitler fizeram de *Mein Kampf* o livro mais não lido da história, em total contraste com o *Manifesto do Partido Comunista*, com o qual tanto competiu. (Outro livro com patrocínio governamental, o *Pequeno livro vermelho* de Mao, teve mais êxito quanto ao público leitor, talvez porque suas citações e reflexões sucintas eram exatamente o oposto da arenga de Hitler.)

Marx e Engels criaram um texto cativante que absorvia lições valiosas da história literária. Com os textos fundamentais, ele aprendeu a contar uma história sobre as origens; com os textos dos antigos mestres, aprendeu a dirigir-se a todos os povos e não apenas a uma nação; com textos quase sagrados como a Declaração de Independência, aprendeu a dar vida a uma nova realidade política; e com Goethe, aprendeu sobre a dinâmica da literatura universal.

Assim como o *Manifesto do Partido Comunista* foi catapultado para a vanguarda da história pela Revolução Russa, seu prestígio sofreu desde a queda da União Soviética. Hoje voltou a ser considerado obsoleto, como o foi nas décadas de 1850 e 1860. No passado, o *Manifesto* conseguiu ressurgir da obscuridade, ajustando-se a novas realidades políticas. Ainda hoje encontra novos leitores que acham que ele previu nossa reação atual contra a globalização. Seja como for, o certo é que o *Manifesto do Partido Comunista* se tornou um dos textos mais influentes da era moderna poucas décadas depois de seu surgimento. Nos primeiros 4 mil anos de literatura, poucos textos conseguiram moldar a história de forma tão eficaz.

13. Akhmátova e Soljenítsin: Escrevendo contra o Estado soviético

c. 1935, LENINGRADO

No começo, a poeta russa Anna Akhmátova costumava trabalhar em seus poemas sempre do mesmo modo. Escrevia à mão, fazia as correções, talvez lesse os versos em voz alta para sentir como soavam.[1] Normalmente produziria uma cópia limpa e a enviaria para uma revista, ou a poria de lado até que todo um ciclo de poemas surgisse, quando então procuraria um editor. Antes da Grande Guerra, publicara vários volumes dessa maneira, recebidos com muitos elogios. Com vinte e poucos anos, tornara-se uma poeta célebre na Rússia; era uma figura elegante com seus longos xales, cabelos pretos e uma postura que traía sua herança aristocrática. Em Paris conhecera Amedeo Modigliani, um pintor já confiante de que um dia obteria sucesso, e ele se apaixonou por ela[2] — fez vários desenhos e pinturas que captavam as linhas elegantes e os traços distintos da poeta que em breve os críticos chamariam de a Safo russa.[3]

Akhmátova guardou um dos desenhos e o pendurou acima

O escultor e pintor Amedeo Modigliani fez vários esboços de Anna Akhmátova quando eles se conheceram em Paris.

de sua cama, um lugar de honra. A época de seu triunfo em Paris, porém, era coisa do passado.[4] Agora, em meados da década de 1930, quando escrevia um poema não lhe passava pela cabeça publicá-lo. O Estado simplesmente não permitiria. Desde que Lutero demonstrara o poder da impressão, as autoridades tentavam controlar editores e autores. Havia muito tempo que se exigia permissão para muitos projetos editoriais, obrigando escritores como Cervantes a solicitar uma licença real. Mas licenças podiam ser contornadas, como Franklin sabia ao publicar uma Bíblia sem autorização, e livros podiam ser impressos no exterior e ter seus exemplares contrabandeados de volta ao território censurado, como Marx e Engels descobriram. Foi somente no século xx que o controle sobre a impressão finalmente ficou ao alcance do Estado, ao menos de alguns deles. Equipados com poder centralizado, Estados totalitários como a União Soviética e a Alemanha nazista tinham armas e meios, além de um grande aparato burocrático, para ficar de olho em seus cidadãos. Incontáveis dossiês eram criados, processados e armazenados. A burocracia, criada 5 mil anos antes com a invenção da escrita, tornara-se uma força com abrangência total. Anna Akhmátova nunca se envolvera em nenhuma atividade política, mas mesmo assim sua ficha policial tinha cerca de novecentas páginas.[5]

Saber que o Estado não permitiria que seu poema fosse impresso não a impedia de escrever, mesmo naqueles tempos perigosos. Depois que um alto funcionário[6] foi assassinado em 1934, prisões e execuções tornaram-se uma ocorrência diária. Ninguém estava a salvo de Guénrikh Iagoda, o chefe da polícia secreta que prendia potenciais rivais de Stálin, antigos camaradas, qualquer um que pudesse nutrir pensamentos de oposição ou que simplesmente estivesse no lugar errado, na hora errada. Iagoda também arrastava prisioneiros torturados para confessar seus pecados a julgamentos de fachada que espalhavam medo por toda a população.[7] Quando o próprio Iagoda foi preso, as pessoas ficaram ainda mais assustadas: se até o chefe da polícia secreta não estava a salvo, então quem? Iagoda foi logo substituído por alguém ainda pior, Nikolai Iejov, que supervisionou o período mais mortal do Grande Expurgo, até que também teve o destino de seu antecessor.

Durante todo esse período, Akhmátova sabia que corria grande risco de prisão. Desde que seu ex-marido fora executado, vítima de acusações forjadas, ela estava na mira do radar das forças de segurança. Seu filho também fora preso, libertado, preso de novo e torturado. A qualquer momento a polícia secreta poderia revistar o apartamento dela, e um único verso, o verso errado de um poema, seria motivo suficiente para colocá-la diante de um pelotão de fuzilamento. Por isso ela memorizava cada parte de um poema assim que a terminava, e depois queimava o papel no qual a escrevera.

Akhmátova estava particularmente exposta porque a União Soviética era um Estado totalitário com um grande interesse por poesia. A fama inicial da poeta vinha de antes da Revolução Russa, o que significava que ela era agora suspeita por ser escritora de outra época, embora nunca tivesse sido uma tradicionalista. Junto com seu primeiro marido e um grupo de jovens artistas de mentalidade semelhante, ela fundara o movimento do acmeísmo, que queria substituir a pesada poesia simbolista da virada do século por mais simplicidade e clareza (a palavra "acmeísmo" talvez tenha sido inspirada pelo nome de Akhmátova).[8] Nos dias inebriantes que se seguiram à revolução, esse movimento relativamente modesto, com seu manifesto relativamente modesto, foi logo ultrapassado por movimentos mais radicais como o futurismo, que queria acabar com o passado inteiro e inundou o mercado com declarações cada vez mais estridentes. (Uma das diferenças entre os acmeístas mais antigos e os novos futuristas foi o papel: os acmeístas usavam um papel caro, enquanto os futuristas gostavam de papel barato e descartável.[9])

Os líderes da Revolução Russa sabiam muito bem que sua revolução fora preparada por textos clandestinos como o *Manifesto do Partido Comunista* e que esse texto se infiltrara no mundo da arte, inspirando movimentos literários e artísticos revolucionários. Liev Trótski, o líder intelectual da Revolução Russa, encontrara tempo para escrever *Literatura e revolução*, um livro sobre os novos movimentos literários, no qual acusava Akhmátova, de apenas trinta anos, de estar ultrapassada.[10] Anatóli Lunatchárski, o poderoso comissário da educação, denunciou-a em termos semelhantes.[11] Após a morte de Lênin em 1924, Stálin conseguiu consolidar seu poder ao forçar Trótski ao exílio, mas manteve o interesse em assuntos poéticos e acompanhou os escritos de Anna Akhmátova (que não era a única poeta que ele lia; um dos seus escritores favoritos era Walt Whitman).[12] Ser o objeto da atenção de Stálin era uma faca de dois gumes. Quando o filho de Akhmátova foi preso em 1935, ela conseguiu escrever diretamente a Stálin e implorar pela vida dele. Para sua própria surpresa, ele foi libertado.[13] Mas, de modo geral, o interesse de Stálin restringia severamente sua capacidade de escrever e publicar. Pior do que um Estado indiferente à poesia era um Estado obcecado por ela.

Para uma poeta como Akhmátova, a poesia era perigosa, mas também necessária: ela lhe possibilitava canalizar a tristeza, o medo e o desespero de um povo inteiro. Escreveu um poema e o chamou de *Réquiem*. Ele não contava uma história direta. Os anos de Stálin eram esmagadores demais, confusos demais, desarticulados demais. Em vez disso, Akhmátova oferecia instantâneos, algumas linhas de diálogo aqui, um incidente lembrado acolá, reduzidos a uma frase ou uma imagem que transformaria a história em momentos minuciosamente criados. O trecho mais revelador falava de mulheres, mães e esposas que se reuniam todos os dias diante de uma prisão, esperando para saber se seus entes queridos tinham sido executados ou exilados. "Queria chamar a todas pelo nome/ Mas tiram-me a lista e não há como saber."*[14]

O poema em construção estava seguro enquanto Akhmátova memorizasse cada seção e a queimasse imediatamente, mas sobreviveria apenas enquanto ela mesma sobrevivesse. Para que vivesse, o poema precisava ser compartilhado, ocupar a memória dos outros. Com cautela, Akhmátova convocou suas amigas mais próximas, não mais que uma dezena de mulheres, e leu o poema para elas muitas vezes até que o decorassem.[15] Mais de 2 mil anos antes, Safo talvez tivesse ensinado assim suas poesias a grupos de amigas. Mas Safo não vivera com medo de escrever seus versos. Restos de seus poemas, registrados em frágeis papiros, sobreviveram ao lon-

---

* Trad. de Aurora Bernardini e Hadasa Cytrynowicz. Anna Akhmátova, *Réquiem*. São Paulo: Aert Editora, 1991.

go dos séculos, testemunhando sua extraordinária imaginação e a durabilidade da escrita. Uma escrita desse tipo, mesmo em papiro, não era algo a que a Safo russa pudesse se arriscar.

Empenhadas em aprender o poema de cor, Akhmátova e suas amigas tiveram de fazê-lo sem as habilidades dos cantores das culturas orais. Esses profissionais treinavam a memória para guardar narrativas longas, mas também sabiam que podiam adaptar o material memorizado a novas circunstâncias. Akhmátova, ao contrário, não queria que suas amigas alterassem uma única palavra. Ela escrevera o poema no papel, preocupando-se com cada verso, e agora insistia na precisão típica de um literato. Suas amigas deveriam se lembrar de *Réquiem* exatamente como ela o criara.

O trabalho delas ficou ainda mais difícil quando Akhmátova fez outra coisa que era típica de um poeta literário, em oposição a um oral: ela continuava fazendo revisões. Uma vez que o poema estava distribuído entre as mentes de suas amigas íntimas, ela precisava se assegurar de que todas se lembrariam da versão atualizada. As amigas não eram poetas orais e cantoras com licença para improvisar; eram o papel em que Akhmátova escrevia, e revisava, sua obra mais importante.

Para lidar melhor com as exigências de Akhmátova, uma de suas amigas visualizou o poema escrito, dividido em seções numeradas com algarismos romanos. Era uma velha técnica de memorização que consistia em separar uma peça longa em segmentos curtos e visualizar a sequência com marcadores ou números distintos. Quando, muitos anos depois, Akhmátova finalmente ousou preparar o poema para publicação, usou a numeração de sua amiga, observando: "Veja, como você disse, algarismos romanos".[16]

A ironia de sua posição de poeta que vivia numa sociedade altamente letrada e era forçada a recorrer à memorização não escapou à Akhmátova. Ela chamou sua situação de "pré-Gutenberg" e declarou com sarcasmo: "Vivemos de acordo com o slogan 'Abaixo Gutenberg'".[17] A poeta estava sintonizada com a história das tecnologias da escrita. Aprendera a ler e escrever na propriedade de sua família com o uso de um livro didático escrito pelo maior escritor russo, Liev Tolstói, de cujas obras literárias mais tarde passou a não gostar.[18] Ela sabia que o alfabeto russo tinha por modelo o alfabeto grego, trazido para a Rússia, ao que consta, por dois monges gregos, são Metódio e são Cirilo, no século IX.

A compreensão mais profunda de Akhmátova a respeito da história da escrita vinha de seu segundo marido, um estudioso da escrita cuneiforme da Suméria. Ocupando dois quartos de um antigo palácio cheios de livros e manuscritos, o casal trabalhava junto, e Akhmátova datilografava as traduções do marido como parte de um projeto para levar a literatura universal às massas.[19] Entre 1918 e 1924, foram publicados 49 volumes de clássicos mundiais, entre eles a coleção de histórias indianas *Panchatantra*: o sonho de Goethe de uma literatura universal era atualizado para a república revolucionária dos trabalhadores.[20] Akhmátova ficou tão impressionada com os textos cuneiformes, entre eles a *Epopeia de Gilgamesh*, que escreveu uma peça baseada no material sumério. Durante um período de perseguição intensa, na década de 1930, ela queimou o rascunho, junto com muitos outros manuscritos, mas durante toda a vida brincou com a ideia de algum dia reescrever a peça de memória.[21]

Considerando sua posição incomum em relação à arte de ler e escrever, Akhmátova percebeu que a história literária não avançava em linha reta, da recitação oral até a escrita cuneiforme e depois à impressão; podia mover-se de lado, parar e até andar para trás, dependendo de quem controlasse os meios de produção literária. Se esses meios estivessem nas mãos de um Estado hostil e totalitário, o escritor poderia ser obrigado a viver numa era pré-Gutenberg ou mesmo num mundo anterior à escrita, como se os dois monges nunca tivessem chegado com o alfabeto grego.

Para Akhmátova, a opressão e a censura estatal abrandaram um pouco nos anos 1940, mas apenas porque o horror maior da Segunda Guerra Mundial agora era o protagonista. Em 1941, Adolf Hitler rompeu o pacto militar que fizera com Stálin e declarou guerra à União Soviética. Stálin teve sua atenção desviada temporariamente de Akhmátova enquanto se preparava para a guerra. Seus expurgos sangrentos tinham minado o corpo de oficiais do exército, que agora precisava ser recomposto da noite para o dia. Muitos dos amigos de Akhmátova tinham ido para o exílio, mas ela se recusou a deixar o país e participou do esforço de guerra lendo poesia patriótica para os soldados. Ela até passou a usar a tecnologia mais recente, o rádio, para encorajar os companheiros residentes em Petrogrado — rebatizada de Leningrado — a defender essa cidade de escritores e poetas russos (antes de ser evacuada). Nada falou a respeito de seu poema *Réquiem*, mas ela e as amigas o mantiveram em segurança durante toda a guerra.

AKHMÁTOVA ENCONTRA BERLIN

Logo após a guerra, Akhmátova viu-se recitando *Réquiem* novamente. Dessa vez não para seu círculo de amigas, mas para uma visita estrangeira, a primeira que recebia em muito tempo. Durante os expurgos, teria sido suicídio se encontrar com alguém de fora, mais perigoso até do que confiar poemas ao papel. Mas a guerra suavizara algumas das piores repressões, e afinal o visitante vinha do Reino Unido, um aliado na luta contra Hitler. Seu nome era Isaiah Berlin. Nascido na Rússia, fora criado na Inglaterra, para onde seus pais fugiram depois da revolução, e ele se tornaria um dos grandes intelectuais de meados do século xx.

Berlin ainda não era famoso como crítico do totalitarismo quando foi ao encontro de Anna Akhmátova, em novembro de

1945; era simplesmente alguém que trazia notícias do Ocidente. Era a primeira vez que voltava à antiga pátria, cuja língua ainda falava com fluência. Estava lá na qualidade de membro oficial do Foreign Office britânico para fazer um relatório sobre a situação daquele país — que sobrevivera aos expurgos brutais realizados por seu líder paranoico, ajudara a derrotar a Alemanha nazista a um enorme custo humano e agora encarava um futuro incerto. Ele também tinha vínculos com o serviço secreto britânico, mas é provável que não estivesse em missão secreta, embora mais tarde tenha falsificado o relato do encontro, sugerindo que fora casual, quando na verdade havia sido marcado por um contato.[22] Em despacho para o governo britânico, Berlin informou que a Rússia, mais do que qualquer outro país, levava a poesia muito a sério.[23]

Em 1945, já fazia muito tempo que Akhmátova se divorciara do marido decifrador de caracteres cuneiformes. Ela morava num apartamento comunal, no qual não gozava de muita privacidade porque o compartilhava com seu ex-companheiro Nikolai Púnin, a filha e a ex-mulher dele, além de um número variável de visitantes. Os alojamentos faziam parte de um centro de pesquisa com medidas especiais de segurança. Quando chegou, antes de entrar Berlin teve de mostrar seus documentos para um guarda. Então atravessou um pátio e subiu as escadas. Quem lhe abriu a porta foi uma mulher com roupas esfarrapadas. Ao entrar no apartamento, se deu conta de que Akhmátova vivia em extrema pobreza. Numa cidade ainda devastada pela guerra, tudo o que ela podia lhe oferecer era uma batata cozida. Mas Berlin ficou encantado. Precisou atender a um chamado, mas voltou mais tarde, naquela mesma noite, ansioso por conversar com a poeta mais aclamada da Rússia. O encontro causou uma impressão profunda também em Akhmátova, que ficou com o visitante até a manhã seguinte. Eles falaram de literatura, do Ocidente e da União Soviética; depois de algumas horas, falaram também de assuntos mais íntimos. Berlin voltou na noite seguinte e por mais uma noite depois disso.

O momento mais memorável foi quando Akhmátova recitou seu poema *Réquiem*. Berlin ficou tão impressionado que por duas vezes implorou que ela o deixasse registrar por escrito. Em vão. Após o abrandamento da repressão, ela planejava publicar um novo volume de poesia; em breve ele poderia lê-lo impresso. Após existir por dez anos em sua cabeça e na de suas amigas, *Réquiem* finalmente ganharia o mundo.

Mas as coisas não aconteceram dessa maneira. O problema foi, mais uma vez, Stálin. Em meio ao esforço para reconstruir a União Soviética derrocada, ele encontrou tempo para se preocupar com o destino da poesia soviética tal como representada por Akhmátova. Quando soube do encontro (um dos amigos de Akhmátova era informante do governo), ficou furioso: "Então a freira [um velho insulto dirigido a Akhmátova] tem se encontrado com espiões estrangeiros?".[24] E tratou de desencadear a força total de seu Estado totalitário contra ela. Poderia tê-la detido e extraído por tortura uma falsa confissão, ou simplesmente deixá-la desaparecer na prisão. Preferiu lutar com armas literárias, mobilizando contra ela o monopólio que o Estado detinha sobre a impressão.

A campanha começou com um discurso do comissário da cultura (nomeado por Stálin) que denunciava duas revistas literárias pelos erros de julgamento ao publicar a obra de Anna Akhmátova. O discurso saiu num jornal de grande circulação e depois foi reeditado como panfleto, com uma tiragem de 1 milhão de exemplares. Tratava-se de um claro sinal para que outros produzissem denúncias semelhantes, o que fizeram rapidamente. Akhmátova, transformada em alvo da ira literária do país, observou com sarcasmo a um amigo: "Pense só, que fama! Até o Comitê Central do Partido Comunista escreve sobre mim".[25]

Publicar *Réquiem* estava agora fora de questão. Mas a campanha contra Akhmátova também teve outras consequências. Inimiga declarada do Estado, ela se viu sob vigilância policial e foi excluída do sindicato dos escritores. Num país em que tudo dependia dessa filiação, isso significava que ela não era mais uma poeta em atividade. Significava também que seus cupons de alimentação seriam suprimidos, uma perda considerável na economia russa racionada do pós-guerra. Não demorou para que seu filho fosse preso de novo, e dessa vez ela não poderia recorrer a Stálin. Seu filho foi condenado a dez anos num campo de trabalho, uma garantia para evitar que Akhmátova voltasse a se encontrar com espiões estrangeiros.

Os três encontros com Berlin custaram caro, mas Akhmátova nunca se arrependeu deles, embora tenha provavelmente se arrependido de não deixar Berlin pôr *Réquiem* no papel. Em vários poemas que Akhmátova escreveu depois sobre o encontro, ela chamou Berlin de seu quase marido e de visitante do futuro. Chegou mesmo a afirmar que o encontro e a reação de Stálin desencadearam a Guerra Fria. Akhmátova pode ter superestimado sua própria importância, no entanto, como poeta bem conhecida, ela sabia que era uma pedra no sapato do líder mais poderoso da Rússia. Seus encontros com Berlin podem muito bem ter sido um gatilho adicional para a Guerra Fria. Seja como for, *Réquiem* continuou a existir exclusivamente na cabeça de sua criadora e de suas amigas.

LITERATURA DE TESTEMUNHO: AKHMÁTOVA
ENCONTRA SOLJENÍTSIN

Dezessete anos depois, em 1962, Akhmátova recitou *Réquiem* para mais um visitante.[26] Dessa vez, não era um estrangeiro: ela aprendera a amarga lição de 1945. Era um conterrâneo mais jovem, também escritor, que estava prestes a testar os limites impostos à literatura publicada na União Soviética. Havia anos que Stálin estava morto e o pior dos expurgos havia acabado. Após uma luta interna pelo poder, Khruschóv vencera e começara a se distanciar dos crimes mais violentos de Stálin. O período, chamado de Degelo, apresentava condições para que um influente editor literário escrevesse a Khruschóv em nome de Akhmátova, sugerindo sua reabilitação após tantos anos de silêncio e exclusão. Mais uma vez o chefe de Estado teve de decidir o que fazer com a Safo da Rússia. Khruschóv concordou: Akhmátova não era mais uma ameaça e poderia até ocupar um lugar menor no universo literário soviético.[27] Pela primeira vez em décadas, ela poderia escrever com a esperança de publicação.

Porém, mesmo nessa nova circunstância, a publicação de *Réquiem* representava um risco muito grande, e por isso Akhmátova o recitou de memória para seu visitante. O escritor se chamava Aleksandr Soljenítsin e não conhecia *Réquiem*, mas conhecia alguns de seus outros poemas graças a um sistema de publicação denominado *samizdat*, palavra russa que significa "autopublicação".[28] O método mais seguro para manter secretos os poemas que eram compostos sob Stálin era guardá-los na memória; após a morte do líder, surgiu a alternativa clandestina de autopublicação. As ferramentas não eram impressoras, difíceis de adquirir num Estado totalitário — o *samizdat* ainda era pré-Gutenberg, como Akhmátova caracterizara a época —, mas outro instrumento mecânico, que mal completara cem anos de existência, relativamente barato e mais difícil de controlar: uma máquina de escrever. Com a ajuda de papel-carbono, uma única sessão de datilografia podia produzir cerca de dez cópias, que eram então passadas para outros leitores que, por sua vez, podiam duplicar o texto em segredo e oferecê-lo a mais leitores ainda.

O *samizdat* começou com a poesia de Akhmátova e alguns

outros.[29] Os poemas eram curtos, o modo mais resumido de captar a impotência e o terror que se infiltraram em todos os cantos da vida soviética. No início, esses poemas não autorizados, escritos à mão, circulavam entre grupos de amigos, cada grupo pouco maior do que aquele a quem Akhmátova havia sussurrado seus poemas na década de 1930. Mas durante o Degelo o *samizdat* experimentou alguma ousadia. As cópias tinham circulação maior e mais pessoas ousavam lê-las — quem a recebia podia ficar com o texto por apenas um dia; lia-o com avidez, a sós, ou varava a noite lendo para amigos antes de passá-lo para o próximo grupo. O processo era primitivo, trabalhoso e de alcance limitado, mas era um começo — em breve ele se expandiu da poesia para ensaios, escritos políticos e até romances, sobretudo do exterior, todos datilografados em papel barato, sem capa, sem costura, cheios de erros e, muitas vezes, divididos em capítulos soltos, para que várias pessoas pudessem ler uma obra ao mesmo tempo.[30] À medida que o *samizdat* aumentava, o método de duplicação melhorava, com a participação de datilógrafos profissionais que ajudavam ao mesmo tempo que complementavam sua renda.

O Estado soviético não estava alheio ao crescente movimento *samizdat*, mas era difícil controlá-lo sem voltar o relógio ao terror do período stalinista. Revistavam-se apartamentos e a simples posse de um folheto recebia uma punição rápida, geralmente com base no artigo 190-1, "Difamação do Estado e sistema social soviético", ou no artigo 162, "Envolvimento em manufatura proibida".[31] No entanto, por mais que leitores e distribuidores fossem presos, não era mais possível frear o *samizdat*, a única literatura que valia a pena ler. Circulava a piada de que uma avó tentara e não conseguira fazer a neta se interessar em ler *Guerra e paz*, de Tolstói.[32] Desesperada, ela datilografou o imenso romance para que parecesse uma publicação *samizdat*.

Quando Akhmátova leu *Réquiem* para Soljenítsin, as obras

de cerca de trezentos autores já circulavam dessa maneira.[33] Soljenítsin era um deles,[34] e fora num *samizdat* que a poeta lera *Um dia na vida de Ivan Deníssovitch*. Enquanto o *Réquiem* de Akhmátova descrevia o que era esperar sem esperança do lado de fora de uma prisão, Soljenítsin levava o leitor ao coração do gulag, o sistema de campos de prisão conhecido por seu acrônimo. O romance era assustadoramente realista. Soljenítsin narrava um único dia na vida de um prisioneiro típico; começava com a chamada para despertar e a disputa por comida extra, e passava à descrição de seu trabalho como pedreiro, vestido com roupas inadequadas em temperaturas muito abaixo de zero.[35] Soljenítsin percebeu que a vida no gulag era tão desumana que não haveria palavras que dessem conta da indignação. A melhor arma era a descrição pura e simples, dando aos leitores a chance de gerar a indignação por conta própria. Sem que ele soubesse, abordagem semelhante tinha sido usada por escritores como Primo Levi, na tentativa de captar a experiência ainda mais desumana dos campos de trabalho e morte nazistas.

Quando penso na fortuna e na função da literatura no século xx, os autores que testemunham os horrores do fascismo e do totalitarismo aparecem com destaque. É certo que escritores anteriores não foram tímidos quanto a retratar a violência. Na *Ilíada*, Homero e seu escriba captam em detalhes terríveis como uma lança pode entrar num corpo humano ou atravessar uma cabeça. Mas descrever o encarceramento sistemático em massa de pessoas comuns era um desafio novo. A literatura estava preparada para enfrentar esse desafio porque aprendera a se preocupar com a vida da gente comum, não apenas com o destino de reis e heróis. No século xx, esses dois acontecimentos — encarceramento em massa e literatura — convergiram na extraordinária literatura de testemunho.

Soljenítsin sabia sobre o que estava escrevendo. Na época em que servia na Segunda Guerra Mundial, fizera uma observação depreciativa sobre Stálin em carta a um amigo, e isso lhe valeu uma condenação a oito anos no gulag.[36] Após sua libertação, possibilitada pela morte do ditador, foi forçado ao exílio no Cazaquistão, onde morou numa cabana primitiva de barro. A primeira coisa que fez foi comprar uma máquina de escrever Moskvá 4 para pôr sua experiência do gulag no papel.[37] Foi um processo penoso porque ele não era um bom datilógrafo. Quando voltou a se casar com sua ex-mulher (divorciaram-se enquanto ele cumpria a sentença), o ritmo de produção aumentou — ela batia à máquina sem olhar para o teclado, como os melhores duplicadores de *samizdat*.[38] Escrever sobre o gulag era tabu, então Soljenítsin queimou todos os rascunhos e conservou somente uma versão, que guardou com cuidado num complicado sistema de esconderijos.[39]

Mas em 1962, quando conheceu Akhmátova, as coisas estavam mudando. O principal motivo da visita de Soljenítsin a Leningrado não era prestar homenagem à poeta, mas o fato espantoso de que *Um dia na vida de Ivan Deníssovitch* seria publicado na *Nóvyi Mir*. A revista ocupava um lugar crucial na literatura russa, na fronteira entre o mundo secreto do *samizdat* e o mundo

Máquina de escrever Moskvá 4, o modelo usado por Soljenítsin quando foi libertado do gulag para escrever seu primeiro livro, Um dia na vida de Ivan Deníssovitch.

oficial da impressão sancionada pelo Estado. O plano de publicar Soljenítsin numa revista oficial quase fracassou. Foi preciso acalmar os editores e o próprio Khruschóv, levado por seus impulsos reformistas, persuadiu o *presidium* (direção do partido) a autorizar a publicação.[40] Os esforços valeram a pena: a tiragem da revista foi de cerca de 1 milhão de exemplares; a do livro, mais de 100 mil.[41] Quando se encontraram, Akhmátova e Soljenítsin não poderiam conhecer esses números, mas sabiam que a publicação causaria sensação. Um texto que canalizava o poder reprimido do *samizdat* estava prestes a explodir diante do público com o poderio de Gutenberg controlado pelo Estado.

Akhmátova também aproveitou essas novas possibilidades. A revista *Nóvyi Mir* publicou alguns de seus poemas, embora não o *Réquiem*, que continuou a circular somente em *samizdat*. No início dos anos 1960, havia outra possibilidade: a publicação no exterior. Surgiram editoras em diferentes países, especialmente na Alemanha, dispostas a editar obras russas. O processo era difícil e perigoso. Os manuscritos deveriam ser contrabandeados para fora da Rússia, com frequência em microfilmes, e os livros impressos eram contrabandeados de volta. Havia também riscos para os autores, motivo pelo qual as publicações estrangeiras, as *tamizdat* (publicar no exterior), costumavam conter uma nota que dizia "publicado sem o consentimento do autor". Depois de ter vivido na memória de Akhmátova e suas amigas íntimas, e circulado através da rede secreta *samizdat*, *Réquiem* foi impresso pela primeira vez sob a forma de *tamizdat* em 1963.[42]

O PRÊMIO NOBEL DE LITERATURA

Havia outra questão subjacente ao encontro entre Akhmátova e Soljenítsin em 1962: o prêmio Nobel de Literatura. Os dois sabiam que a publicação de *Um dia* numa revista soviética oficial poria Soljenítsin no radar da Academia Sueca. Akhmátova fora indicada várias vezes no passado, sendo sempre preterida em favor de seu compatriota Boris Pasternak, forçado a recusar o prêmio em 1958. Com o Degelo em pleno vigor, a academia poderia tentar promover de novo os escritores soviéticos, apoiando Soljenítsin e seus patrocinadores. O prêmio se tornara inegavelmente político, um testemunho da importância da literatura durante a Guerra Fria.

Os primórdios do prêmio Nobel foram muito mais modestos. Ele foi criado por um sueco fabricante de armas e inventor da dinamite que esperava deixar um legado nas ciências e nas artes. A Academia Sueca, órgão responsável pela premiação, escolheu de início muitos escritores que não resistiram à prova do tempo. Mas graças a uma generosa dotação e ao aumento da experiência, ela desenvolveu maneiras de evitar os favoritismos mais flagrantes, bem como outras armadilhas, e conseguiu fazer de seu prêmio o mais importante do mundo.[43] O fato de a Suécia não ser muito grande e de ocupar uma posição periférica também ajudou, assim como uma posição semelhante ajudara Goethe a conceber a literatura universal sem se envolver diretamente na política universal. Mesmo em suas primeiras décadas a Academia Sueca acertara em outra decisão: a literatura abrangia muito mais do que ficção e poesia. Ela concedeu o prêmio a muitos escritores de não ficção, incluindo filósofos e historiadores, bem como autores de autobiografias e ensaios, para sinalizar que o poder da literatura podia ser muito diversificado. (Nos últimos cinquenta anos houve um foco mais estreito em romances, poesias e teatro, embora o prêmio de 2015 tenha ido para a bielorrussa Svetlana Alekséievitch, escritora-jornalista, e o prêmio de 2016, para o americano Bob Dylan, cantor e autor de canções.)

Enfim, em 1970 o prêmio Nobel de Literatura foi para o autor de *Um dia*. Àquela altura a União Soviética não forçava mais seus escritores a renunciar ao prêmio, mas não permitiu que o homenageado fosse à cerimônia. O prêmio lhe seria entregue quatro anos depois, numa pequena cerimônia organizada para esse fim — naquele momento ele já fora expulso da União Soviética e se instalara no Ocidente, morando as décadas seguintes nos Estados Unidos.

Akhmátova não viveu para ver Soljenítsin ganhar o prêmio. Ela morreu quatro anos antes, em 1966; seu poema mais importante, *Réquiem*, continuava inédito em seu país natal. Mas pelo menos ela tivera permissão para viajar à Itália a fim de receber um prêmio literário na Sicília (em Taormina, que Goethe tanto admirava), bem como um diploma honorário de Oxford, tramado por Isaiah Berlin. No caminho de volta fez uma escala em Paris, cheia de lembranças de seu caso com Modigliani. Nesse meio--tempo, recitara *Réquiem* para alguns novos amigos. As guardiãs do poema na década de 1930 sofreram pontadas de emoção; ser portadora do poema havia sido um fardo, mas também um privilégio que agora estava desaparecendo.[44]

A reabilitação oficial de Akhmátova demorou mais 22 anos e envolveu outro secretário-geral do Partido Comunista da União Soviética. Numa cerimônia realizada em 1988,[45] Mikhail Gorbatchóv revogou a nota oficial de censura de 1946, que Akhmátova creditava à visita de Isaiah Berlin. Já então a União Soviética estava em processo de dissolução, enfraquecida pela afoita corrida armamentista da Guerra Fria, mas também pelo sistema secreto de publicação *samizdat*, com o qual Anna Akhmátova estava tão identificada. Essa teimosa poeta, que talvez tenha exagerado seu papel no desencadeamento da Guerra Fria, fizera sua parte para provocar seu desfecho.

14. A *Epopeia de Sundiata* e os artífices da palavra da África Ocidental

A *Epopeia de Sundiata*[1] se passa na África Ocidental, onde hoje se localizam o Mali e a Guiné, e conta a história da fundação do Império Mali (ou dos mandingas) em algum momento do final da Idade Média.

Assim como muitos mitos de fundação, a epopeia começa com o drama em torno do nascimento do herói. Um rei mandinga tentava localizar a mulher que uma profecia dizia que seria sua esposa e lhe daria um filho, o filho que viria a ser Sundiata e que unificaria o povo mandinga. Ele toma muitas esposas, mas nenhuma delas dá à luz o menino anunciado. As dificuldades aumentam quando um búfalo começa a aterrorizar a região. O nascimento de Sundiata parece quase impossível. Desesperado, o chefe oferece a mulher mais desejável para quem vencer o búfalo.

Como em muitas histórias, a ajuda chega de um lugar inesperado. Dois caçadores do norte, atraídos pela recompensa, chegam à região. Na beira da estrada encontram uma feiticeira, que não é outra senão o búfalo que tomou outra forma. Inesperadamente essa feiticeira está disposta a, em troca de uma promessa, revelar aos caçadores o segredo de como ela, sob a forma de búfalo, poderia ser morta: dentre as moças da aldeia oferecidas como prêmio, eles teriam de escolher a menos atraente.

Os jovens caçadores matam o búfalo com as armas fornecidas pela feiticeira e cumprem a promessa, escolhendo como recompensa uma mulher deformada. Observando tudo, o chefe então se dá conta de que essa mulher deve ser a futura mãe de Sundiata. Ele recompensa os dois caçadores do norte e faz da mulher sua esposa. Em pouco tempo nasce o jovem Sundiata.

O drama do nascimento do herói acabou, mas as dificuldades de Sundiata só estão começando. Tal como sua mãe, ele é deformado, não consegue ficar em pé nem caminhar. Como acontece com muitos outros heróis, ele precisa provar seu valor. Durante sete longos anos ele suporta essa condição, esperando o momento certo, e por fim consegue erguer-se pelo puro poder de sua vontade, quebrando o feitiço que o mantinha no chão.

Seu poder crescente atrai inveja, em particular das muitas esposas de seu pai. Quando um de seus meios-irmãos tenta matá-lo, sua mãe percebe que a única maneira de salvar o filho é levá-lo para o exílio. Sundiata precisa suportar as dificuldades do exílio, que durará 27 longos anos; enquanto isso, seu meio-irmão deixa o país ser dominado por um feiticeiro hostil. Desesperados, os parentes vão atrás de Sundiata e o persuadem a voltar para casa. Ele reúne uma força de homens, liberta sua terra natal e unifica-a num império regional.

Tal como ocorre com muitos outros mitos de fundação, não há nenhuma prova histórica de que Sundiata tenha existido (assim como não há provas, fora dos textos fundamentais, de que Gilgamesh ou Moisés existiram). A *Epopeia de Sundiata* tem muitas semelhanças com outros textos fundamentais, que com frequência retratam um herói, aparentemente sobrepujado por adversários fortes, erguendo-se para enfrentar um desafio. Tal qual

Ulisses, Sundiata experimenta um período de exílio e perambulação antes de poder reivindicar sua pátria, uma história que também lembra o exílio do povo judeu. E, como o *Popol Vuh* maia, a epopeia faz uma lista retrospectiva dos nomes de ancestrais importantes, partindo do início da vida.

O que é incomum em relação à *Epopeia de Sundiata* é que ela sobreviveu como literatura oral até nossa época. Não existe uma versão única, fixada por meio da escrita, mas muitas variantes locais apresentadas para plateias ao vivo por contadores de histórias treinados [griots]. Esses narradores às vezes usam instrumentos musicais, como o corá, uma espécie de harpa, para acompanhar sua apresentação, e nela incluem as linhagens das famílias importantes presentes. Cada performance é diferente, pois cada narrador seleciona dentre os episódios lembrados os mais relevantes para determinado momento e plateia. Esses contadores de histórias gozam de uma posição elevada na sociedade mandinga. Uma vez que a profissão requer um treinamento longo e habilidades complexas, eles são considerados artesãos. Ao lado dos homens que trabalham com madeira, couro ou metal, eles trabalham com palavras e são chamados de artesãos das palavras.[2]

Ainda viva como literatura oral, a *Epopeia de Sundiata* foi escrita somente em nossa época. Isso nos dá a oportunidade única de observar um processo que se repetiu muitas vezes desde Gilgamesh e Homero: aquele pelo qual histórias orais são transformadas em literatura escrita.

UMA EPOPEIA É APRESENTADA

Minha versão preferida de *Sundiata* foi apresentada por um narrador e registrada por um escriba em 1994.[3] A apresentação ocorreu na aldeia de Fadama, perto do rio Niandan, na Guiné,

Este detalhe de um mapa de 1375 da África Ocidental mostra Mansa Musa, um sucessor de Sundiata, sentado em seu trono.

África Ocidental. A aldeia tinha cerca de cem habitantes, a maioria dos quais vivia em pequenas cabanas redondas de tijolos de barro com telhados de palha em forma de cone. Dependendo do tamanho da família, um conjunto poderia conter meia dúzia de barracas de habitação, uma área de cozinha coberta, mas sem paredes, e um ou dois celeiros.

O narrador era Djanka Tassey Condé, que fora treinado à maneira tradicional, por seu pai e seu irmão. O pai, o famoso Babu Condé, comandou por muito tempo o conjunto familiar e tornou-se o *jeli nagara*, chefe dos bardos da região, posto que acabou passando ao filho.

Tassey Condé se apresentou em sua cabana, lotada com uma dúzia ou mais de pessoas sentadas de costas contra a parede curva, em esteiras e peles de cabra. Durante a longa interpretação, os homens da família e os vizinhos entravam e saíam à medida que se abria espaço, com os mais jovens sempre dando lugar aos mais velhos, e as mulheres espiavam do lado de fora. Vestido com uma bata tradicional estampada sobre calças largas, Condé anunciou a chegada dos visitantes antes de iniciar a história.

Tendo em vista o tempo limitado, ele teria de escolher e decidir quais linhas da história seguir, quais detalhar e quais deixar para outros momentos. Ao longo de quatro dias da apresentação, distribuídos por várias semanas, ele criaria uma versão de *Sundiata* fiel à tradição, mas também sua.

A participação da audiência era incentivada. Dois ou três bardos de outras linhagens da aldeia alternavam-se no papel de respondedores formais, proferindo exclamações encorajadoras no final de cada frase. Praticamente todas as palavras eram saudadas por um *naamu* ("Nós ouvimos isso!") ou *tinyé* ("Verdade!"), expressando a apreciação do público — da história e da perícia do artista.

Havia um sujeito incomum na plateia: alguém que escreveria essa história. O escriba era o estudioso americano David Conrad.

Não fora fácil para Conrad chegar àquela aldeia remota. Ele viajou de jipe, desviou de gado no pasto, cruzou um córrego numa canoa e finalmente percorreu o último trecho a pé. Sabia o que queria, ou seja, transformar *Sundiata* em literatura. E era esse o objetivo primeiro da apresentação de Condé — não o recital ao vivo para uma comunidade, mas uma performance que acabaria no livro de David Conrad.

Para registrar a versão de Condé, Conrad dispensou a caneta, pelo menos de imediato. Ele se valeu de um pequeno gravador Sony TCS-430, bem como de um Marantz PMD-430, gravador portátil um pouco maior. Provenientes da Nigéria, os gravadores, conhecidos dos contadores de histórias desde a década de 1970, estavam se popularizando na África Ocidental — possibilitavam a gravação de histórias contadas oralmente, sem traduzi-las para gêneros literários (transformando-as em peças de teatro, romances ou histórias infantis, por exemplo), ou seja, sem impor expectativas literárias.[4] As fitas cassete, em geral pirateadas, eram vendidas em feiras de toda a região (muitas vezes sem caixa ou rótulos adequados), beneficiando também quem não sabia ler.[5]

Como outras tecnologias novas, as fitas mudaram a cultura da apresentação oral — permitiam que os contadores chegassem a públicos distantes, expandindo radicalmente o alcance de sua influência (desse ponto de vista, semelhante aos efeitos da escrita). Antes os bardos recitavam para plateias reunidas num determinado lugar; agora competiam entre si em toda a região. Resultado: cada um tentava impor sua personalidade sobre o material, produzindo interpretações distintas para se diferenciar dos rivais — o que Condé também estava fazendo.[6]

As fitas cassete, junto com o rádio e a televisão, também tiveram um efeito sobre a posição social dos contadores. Tradicionalmente eles estavam vinculados a clientes poderosos, sistema que foi interrompido pela chegada dos colonos franceses. A estrutura econômica e social em torno dos narradores foi alterada mais uma vez quando o Mali e os países vizinhos ganharam a independência depois da Segunda Guerra Mundial, e os bardos tiveram de lutar para encontrar clientes na nova elite política e econômica.[7] Nessa situação, a fita cassete, ao lado do rádio e da televisão, oferecia uma nova fonte de renda para complementar o que os bardos ganhavam ao recitar em cerimônias de batismo e casamentos.

O incentivo financeiro para o desempenho de Condé em 1994 não era a venda para emissoras de rádio ou o registro em fitas cassetes, mas o mercado mundial de literatura. Conrad pagara a Condé entre 25 e 50 mil francos guineenses por performance (cerca de 25 a cinquenta dólares americanos), quantia significativa na época. Após a gravação, as fitas foram transcritas e depois traduzidas para o inglês. Conrad editou o resultado, reduzindo-o a cerca de um terço da duração, para produzir uma versão que funcionasse como peça literária, sem perder as cadências da narração oral, inclusive as interjeições da plateia (Conrad também publicou, mais tarde, uma excelente versão em prosa). Escreveu então o texto em versos, como uma epopeia homérica. Uma história oral foi assim transformada em texto literário.

A PRIMEIRA ONDA DE CULTURA ESCRITA

Final da Idade Média, territórios dos mandingas

A transcrição da gravação de David Conrad não foi o primeiro encontro de *Sundiata* com a escrita. A epopeia coexistira com diferentes culturas escritas por séculos, e essas culturas influenciaram a história oral. Bardos como Condé não rejeitavam a escrita, antes, incorporavam histórias escritas — e a própria escrita — à narrativa deles. Esse é o segundo processo que *Sundiata* nos permite observar em detalhe: como a narrativa oral pode coexistir com as culturas escritas.

Condé começou sua história falando da origem da humanidade, de Adão e Eva, os quais chamou pelos nomes árabes Adama e Hawa. Depois avançou para Abraão e seus descendentes, até Jesus e Maomé. Essas figuras haviam chegado aos territórios dos mandingas através do islamismo e seu texto sagrado, o Alcorão.

Bardos como Condé não só incorporaram histórias das escrituras sagradas à narrativa oral, como também relacionaram a genealogia de Sundiata à do islã. Para tanto, focaram no acompanhante de Maomé, Bilal ibn Rabah. Graças a sua bela voz, Ibn Rabah chamava as pessoas para a oração e passou a ser conhecido no islã como o primeiro muezim, aquele que conclama às orações. Interessados nesse intérprete vocal, os bardos mandingas puseram-se a descrever Ibn Rabah como um antepassado de Sundiata, entrelaçando assim sua própria tradição à crença islâmica.[8] Mas isso não foi tudo. Consciente de que o islamismo dependia de escrituras sagradas, em sua versão Condé também homenageou a escrita como uma força cultural importante na pessoa de Manjan Bereté. Profeta e conselheiro do pai de Sundiata, Bereté previra que os estrangeiros identificariam a mulher destinada a dar à luz Sundiata. Ressalte-se que toda a sabedoria de Bereté derivava de livros escritos. Condé contou à plateia que Bereté trouxera um livro sagrado para o pai de Sundiata e o persuadira a converter-se ao islamismo.[9] A *Epopeia de Sundiata* manteve sua natureza oral, incluindo muitos aspectos da escrita árabe.

Tassey Condé estava respondendo a uma longa tradição de cultura escrita da África Ocidental. Nos séculos posteriores à morte de Maomé em 632, as tribos de língua árabe disseminaram as palavras do profeta pelo Oriente Médio mediante uma série de conquistas militares. Depois, os exércitos árabes e berberes conquistaram a costa norte da África e atravessaram o Mediterrâneo, estendendo seu império à península Ibérica, até que os exércitos cristãos conseguissem retomá-la por meio da chamada reconquista da Espanha, em 1492. Por fim, o islã chegaria à Índia, onde os governantes de Deli se converteram, dando origem ao Império Mogol.

Apenas o caminho para o sul continuava impedido pelo Saara, uma das barreiras naturais mais impiedosas do mundo. Mas os árabes, especialistas em tecnologia do deserto, descobriram como atravessá-lo importando o dromedário, o camelo de apenas uma corcova. E, em caravanas desses animais, eles comercializaram para o Mali os produtos de sua vasta rede, inclusive especiarias e artesanato.

Levaram também uma cultura escrita baseada num texto sagrado, o Alcorão, e uma rica tradição de comentários e erudição sobre esse texto. Reconhecendo as vantagens de se tornar parte dessa grande esfera cultural, os governantes mandingas converteram-se ao islamismo durante a Idade Média.

IBN BATTUTA VISITA O MALI

1352, Tânger

A melhor testemunha do contato inicial entre os mandingas e o mundo árabe é Abu Abdullah Muhammad ibn Battuta, um dos grandes escritores de viagens da literatura universal — foi dos primeiros árabes a escrever sobre o Império Mali, cuja fundação era celebrada na *Epopeia de Sundiata*.

O jovem, nascido em Tânger, no Marrocos, em 1304, começou a se encantar pelas viagens quando fez a peregrinação à Meca exigida pelo islamismo. E depois ele não teve vontade de voltar para casa imediatamente. Ibn Battuta passaria os 23 anos seguintes na estrada, viajando milhares de quilômetros para o leste, cruzando o vasto território dominado pelo islã, que se estendia até a Índia.

Ibn Battuta entrou na terra dos mandingas em 1352, em sua última jornada, da qual escreveu uma narrativa que é uma das primeiras sobre os sucessores de Sundiata. A epopeia oral — e agora escrita — desse fundador mítico é o único relato sobre ele, mas o livro de viagens de Ibn Battuta mostra que ela talvez tivesse alguma base histórica.

O marroquino partiu com dois camelos, um para montar e outro para carregar provisões, e observou várias coisas estranhas ao longo do caminho, entre elas uma mina de sal, camelos carregando lajes de sal, uma de cada lado, e uma aldeia cujas construções eram feitas inteiramente de pedra de sal.[10]

A principal preocupação do viajante era permanecer vivo. A única maneira de sobreviver à provação de atravessar o deserto era integrar uma caravana, e mesmo assim era perigoso. A parte mais difícil consistia num trecho de dez dias sem nenhuma fonte de água. Um homem de sua caravana ficou para trás depois de uma discussão, perdeu-se e morreu. Ibn Battuta encontrou outra caravana que fez menção a membros desaparecidos. Ele e seus companheiros logo os encontraram, mortos, ao longo do caminho, um lembrete terrível dos perigos que todos enfrentavam. Ninguém de seu grupo se afastou da caravana depois disso.

A única coisa com a qual eles não precisavam se preocupar era com outras pessoas: não havia ladrões no Saara. Ibn Battuta ficou agradavelmente surpreso ao ver que as estradas continuavam seguras depois de atravessarem o deserto e decidiu prosseguir por conta própria. Os caminhos eram controlados pelos governantes mandingas, mas o comércio estava nas mãos dos muçulmanos, inclusive berberes e árabes que haviam se instalado ali, levando sua cultura, seu know-how e sua escrita. O viajante absorveu tudo, admirando a devoção com que alguns jovens estudavam o Alcorão, e notou particularmente um menino que estava acorrentado até que o soubesse de cor.[11] E observou com satisfação uma leitura cerimonial do Alcorão.

Um evento em especial atraiu sua atenção: uma festa da qual participava um grupo de cantores vestidos com fantasias feitas de penas. Eles ficaram diante do rei e recitaram uma poesia que contava os feitos de antepassados da casa real. Então o cantor principal se aproximou do rei e encostou a cabeça no colo dele, depois em cada um dos ombros, sempre recitando a história ancestral. O que impressionou Ibn Battuta nessa exibição oral foi sua antiguidade — aquele tipo de recitação "já era antigo antes do islã".[12]

Uma ilustração de livro do século XIII de Al-Wasiti mostra um grupo de peregrinos a caminho de Meca.

Embora a escrita tivesse sido introduzida havia muito tempo em alguns segmentos da sociedade mandinga, essas tradições orais mais antigas continuavam inalteradas, ainda que adaptadas à nova religião baseada em livros. Graças a Ibn Battuta sabemos que a relação dinâmica entre a escrita islâmica e a oralidade mandinga que se desenrolava em 1994 na versão de Tassey Condé de *Sundiata* vinha acontecendo pelo menos desde o século xiv.

Ibn Battuta chegou afinal à presença do rei mandinga Mansa Sulayman, um sucessor do mítico Sundiata. O encontro não acabou bem. Ao longo de seus anos de estrada, Ibn Battuta tornara-

-se um viajante exigente — esperava receber muitos presentes, como acontecera na Índia, onde também haviam lhe pedido para ir à China em missão diplomática. O rei mandinga não lhe deu muita bola, oferecendo-lhe como boas-vindas apenas três pedaços de pão, um pedaço de carne frita e uma cabaça de leite azedo. Ibn Battuta gargalhou de raiva e surpresa.[13]

Infelizmente o ofendido não era um viajante qualquer, mas alguém que formaria a visão que o mundo árabe teria da África subsaariana por décadas e até séculos, uma vez que Ibn Battuta fazia anotações copiosas de suas viagens, com impressões de seus encontros e aventuras. Ele as transformou numa das histórias de viagem mais influentes de todos os tempos.

Ibn Battuta não escreveu a história de suas viagens de próprio punho: ditou-as para um escriba profissional, enquanto trabalhava com outro colaborador. O resultado foi o maior relato de testemunha ocular que temos do mundo islâmico no final da Idade Média, para azar do rei mandinga e seus presentes insignificantes. Sem nunca hesitar em dizer o que pensava, ele denunciou o rei em termos inequívocos, chamando-o de o rei mais miserável que conhecera e relatando grande insatisfação entre seus súditos.

Apesar de suas invectivas contra o rei, Ibn Battuta prestou um serviço aos mandingas ao nos legar a informação sobre seus contadores de histórias.[14] Nos séculos que se seguiram a essa visita, esses bardos continuaram a praticar sua arte incorporando material islâmico, mas sem sentir necessidade de aprender a ler e escrever.[15] A escrita árabe permaneceu quase que confinada ao número relativamente pequeno de falantes da língua árabe, estudiosos do Alcorão como o Bereté da história de Sundiata. Uma cultura literária significativa desenvolveu-se em lugares como Timbuktu, que se tornou um centro de conhecimento árabe, mas não afetou fundamentalmente a narrativa oral.[16]

Por sua vez, os cantores mandingas não sentiram necessidade de traduzir as histórias de Sundiata para o árabe com a finalidade de escrevê-las. Talvez até temessem, como sucedeu a bardos de outras culturas orais, perder o controle de sua história mais importante caso ela fosse escrita.[17] Assim, esses contadores de histórias continuaram a transmitir as histórias oralmente ao longo dos séculos, apresentando-as em ocasiões especiais, como a que Ibn Battuta testemunhara em sua viagem.

A escrita árabe e a narrativa mandinga, pois, coexistiram simultaneamente em mundos paralelos — como ocorre ainda hoje. O próprio Tassey Condé poderia ter frequentado uma das muitas escolas corânicas, aprendido letras árabes e transformado sua versão oral de Sundiata numa história escrita nesse idioma. Mas não o fez. E por que deveria? Ele foi treinado para lembrar e recitar a história de Sundiata em apresentações ao vivo, como seu guardião oficial, e foi o que fez até sua morte, em 1997.

A SEGUNDA ONDA DE CULTURA ESCRITA

Mesmo que as culturas orais e escritas possam coexistir durante séculos, elas acabam se entrecruzando. Foi o que aconteceu entre o final do século XIX e o início do século XX. No entanto, a cultura escrita com a qual as narrativas orais se entrecruzaram não foi a árabe, mas a europeia.

Os europeus fizeram o primeiro contato com a África Ocidental no século XV e depois estabeleceram postos comerciais ao longo da costa, deixando o interior relativamente intacto. Isso mudou com a Conferência de Berlim de 1884-5, quando as potências europeias, encorajadas pela tecnologia de guerra e pelos navios a vapor, dividiram a África entre si. O centro do Império Mali ficou para a França. A política, o comércio e o poder mundano passaram a falar — e escrever — em francês.

Ao mesmo tempo que levavam a escrita e a cultura francesas para a África, alguns colonos e oficiais militares franceses se interessaram pela cultura de sua última aquisição, inclusive pelas histórias de Sundiata, e começaram a escrevê-las.[18] (Talvez se baseassem nos escritores árabes do final do século xix, que finalmente se interessaram pela cultura mandinga.[19]) Esses primeiros relatos franceses apresentaram a vida de Sundiata como uma lenda local, ou até mesmo como um história infantil, sem o reconhecimento de que sua figura central era reverenciada como o fundador de um grande e antigo império.[20] Não foi um começo glorioso para a carreira literária de *Sundiata*, mas foi um começo.

A próxima etapa da vida literária da epopeia foi iniciada por estudantes da École Normale William Ponty, localizada onde hoje é o Senegal. As escolas tinham sido o principal veículo para afrancesar a África, embora somente um pequeno número de africanos tivesse recebido uma educação francesa — apenas o suficiente para atender à demanda para cargos administrativos de nível inferior.[21] Em algumas dessas escolas, os colonos resolveram prestar atenção na cultura e na tradição africana, e foi assim que os alunos da Ponty tiveram contato com as histórias de Sundiata.[22] Em 1937, por ocasião de uma festa, eles decidiram apresentar *Sundiata* como peça de teatro. O drama combinava as vantagens da escrita com as da apresentação ao vivo, possibilitando aos alunos interpretar a história com acompanhamento musical, ao modo dos narradores tradicionais.

A primeira versão amplamente lida de *Sundiata* foi publicada décadas depois, em 1960, pelo escritor e historiador Djibril Tamsir Niane, que também frequentara o sistema escolar francês na África Ocidental antes de obter um diploma da Universidade de Bordeaux. Trabalhando com o contador de histórias Mamoudou Kouyaté, os dois produziram em francês o que chamaram de *Soundjata ou l'épopée mandingue* [Sundiata ou a epopeia man-

347

dinga]. Niane transformou o material fornecido pelo bardo num romance. Essa forma, porém, apresentava algumas dificuldades, pois os personagens e a trama de *Sundiata* careciam do estilo realista e da penetração psicológica que os leitores esperavam dos romances. O historiador tentou corrigir essa situação, acrescentando toques realistas e a motivação dos personagens típicos dos romances (ele também estabeleceu relações entre Sundiata e outras figuras históricas, como Alexandre, o Grande).[23] O resultado foi uma versão de leitura fácil, que pela primeira vez desfrutou de um público leitor mais amplo. *Sundiata* sem dúvida havia se transformado em literatura.

Tanto a peça como o romance estavam escritos em francês porque a cultura escrita permanecia confinada aos que frequentavam as escolas francesas (além do árabe para aqueles que frequentavam as escolas corânicas), o que significava que as línguas dos mandingas continuavam a ser sobretudo faladas.

UMA NOVA ESCRITA

Um dos críticos mais proeminentes da importação da escrita europeia foi Souleymane Kanté, um reformista determinado e empreendedor linguístico que vivia na Guiné, África Ocidental. Ele estava convencido de que a única maneira de difundir a cultura escrita de modo mais amplo era transformar em escrita o mandinga, uma família de línguas e dialetos intimamente relacionados falados em casa e na rua.

Kanté estava a par das tentativas no final do século XIX para adaptar às línguas locais o alfabeto latino trazido pelos franceses.[24] Mas tal alfabeto tinha desvantagens significativas: não era projetado para captar línguas tonais como o mandinga (a escrita árabe tampouco era adequada). Ainda mais problemático era seu background cultural e político na condição de alfabeto dos colonizadores. Os estudantes africanos se lembravam com ressentimento das lições dos professores sobre a superioridade da língua francesa. Uma reação negativa era inevitável.[25] Para Kanté e muitos outros, a independência política significava rejeitar o francês como língua da educação, da administração e do comércio, e, com ela, seu alfabeto.

A única solução era criar um alfabeto novo, destinado especificamente a dar conta das línguas faladas pelo povo, isento de uma história colonial. Em 1949, Kanté apresentou um feito sob medida para o idioma que deveria representar, obviamente distanciado do francês, muito mais semelhante ao árabe, tendo letras conectadas escritas da direita para a esquerda. Ele o chamou de N'ko, que em mandinga significa "eu falo", expressão muito usada nas histórias de Sundiata.

Embora se tratasse de um alfabeto concebido para a independência da Guiné, quando ela afinal chegou, onze anos depois, em 1960, o novo Estado — em nome do pragmatismo, sobretudo — optou pelo alfabeto latino, apesar da bagagem colonial. Por sessenta anos a alfabetização do país, embora limitada, se baseara nesse alfabeto, e agora ele se oferecia como o caminho mais fácil.[26] Sem se deixar abater pela falta de apoio estatal, Kanté decidiu iniciar seu próprio movimento clandestino, recrutando voluntários para montar escolas apoiadas no novo alfabeto.

Para firmar-se, esse alfabeto precisava de um corpo de literatura. Uma vez mais, Kanté decidiu tomar a si a tarefa e deu início à produção heroica de uma literatura para ser escrita com o novo sistema N'ko — inclusive uma gramática, o Alcorão e as *Leis Matrimoniais do Islã*, além de folhetos de autoajuda. Um dos volumes oferecia conselhos sobre "Amamentação e a melhor maneira de evitar a gravidez (anticoncepcionais)". Finalmente, o movimento N'ko voltou-se para as histórias mais antigas dessa cultura, aquelas anteriores à chegada do islamismo.

Em 1997, foi publicada em N'ko uma história da região durante a época de *Sundiata* — a epopeia enfim passa a integrar uma literatura produzida por um alfabeto destinado especificamente a captar os tons e as cadências da linguagem em que era apresentada.

Hoje a *Epopeia de Sundiata* existe em várias versões escritas, excelentes, que entraram no cânone literário, em programas de faculdades e antologias. A versão que Condé e Conrad produziram é em inglês, a nova *lingua franca* da literatura universal. Ao mesmo tempo, a epopeia continua a ser apresentada ao vivo por narradores qualificados nas línguas dos mandingas.

A história de como *Sundiata* se tornou literatura exprime as maneiras pelas quais as culturas orais sobrevivem, adaptando-se às realidades da escrita. Faz também lembrar que o processo dinâmico entre a narrativa oral e as tecnologias da escrita continua até hoje. O mar de histórias não escritas ainda é infinito e está à espera de ser transformado em literatura.

15. Literatura pós-colonial: Derek Walcott, poeta do Caribe

2011, SANTA LÚCIA

Nações novas precisam de histórias para lhes dizer quem são, e isso nunca ficou tão claro quanto em meados do século XX, quando as nações europeias perderam o controle sobre suas colônias e dezenas de novas nações nasceram praticamente da noite para o dia.[1] O número de Estados-nação do mundo quadruplicou — eram cerca de cinquenta, chegaram a duzentos. E a independência se revelou um tempo de prosperidade para a literatura. As novas nações enfrentaram desafios consideráveis porque os colonizadores europeus haviam traçado limites territoriais de acordo com sua conveniência, muitas vezes forçando grupos, comunidades linguísticas e tribos rivais a ficar dentro de uma única entidade administrativa. Esses desafios tornaram ainda mais importante que se criasse uma coesão e uma identidade cultural por meio de textos fundamentais. Histórias orais antigas foram revividas e transformadas em epopeias escritas, como aconteceu com *Sundiata* na África Ocidental. Mas nem todas as novas nações tinham a sorte de ter uma tradição épica nativa, o que significava que textos novos precisavam ser escritos, como Virgílio fizera para Roma. Decorre disso a explosão do que na segunda metade do século xx chamamos de literatura pós-colonial.

Sempre me fascinou o caso mais extremo disso: a pequena ilha caribenha de Santa Lúcia e seu escritor Derek Walcott, vencedor do prêmio Nobel de Literatura de 1992, autor de *Omeros*, um poema épico na tradição de Homero.

Ao contrário de muitas outras ex-colônias com tradições literárias antigas, Santa Lúcia tinha pouca literatura antes de Walcott. Com a população nativa aniquilada nos dois séculos decorridos desde a chegada dos colonos europeus e a importação forçada de escravos da África para trabalhar nas plantações de cana-de-açúcar, a ilha existia para propósitos agrícolas. Walcott foi, para todos os efeitos, o primeiro escritor do país a se destacar.[2] Quando ganhou o Nobel, pôde se regozijar com a ideia de ser o laureado de uma nação de apenas 160 mil habitantes. Ainda mais notável era o fato de ele ter efetivamente levado a ilha do zero ao Nobel em uma única geração. A Islândia, com uma população de cerca de 300 mil habitantes, possui também um vencedor do prêmio Nobel — Halldór Laxness o recebeu em 1955 —, mas ela tem uma tradição literária que remonta às sagas da Idade Média. Walcott, sozinho, conseguiu inscrever sua nação pós-colonial na literatura universal. Resolvi lhe fazer uma visita.

Vista de cima, a ilha é impressionante, uma erupção de montanhas verdes empilhadas até o céu, cobertas por um buquê de nuvens. Não parecia haver lugar para pousar, mas depois de alguns volteios descemos subitamente numa pista na ponta meridional, no aeroporto de Hewanorra, um dos poucos nomes ameríndios no mapa. A maioria era francês. O aeroporto fica em

Vieux Fort. Ao sair, passamos por pequenas aldeias e vilas — Laborie, Choiseul — e pontos de referência, como Soufrière, onde a atividade vulcânica cria fontes quentes borbulhantes e libera um cheiro de enxofre no ar.

O ÚNICO VULCÃO DRIVE-IN DO CARIBE — VENHA SENTIR O PULSAR DO CORAÇÃO DESTA ILHA TROPICAL, prometia uma placa. Exceto pela placa, Walcott incorporou tudo isso em sua obra. Choiseul é onde seu avô morava — ele chega a citar o endereço num poema —, e a cratera do vulcão representa em sua obra a entrada para o submundo. Todos os lugares que visitei, sempre os vi através da obra de Walcott, sobretudo de sua obra maior, *Omeros*, sua tentativa de escrever um texto fundamental para sua nação.

Fui com minha companheira Amanda e nossa amiga Maya, e ficamos no Fond Doux, uma fazenda que cultiva cacau, canela e outras flores e frutas tropicais. Algumas nativas, outras trazidas de outros lugares, da África ou do Pacífico, junto com escravos.

A fazenda, com cinco ou seis construções principais e várias cabanas espalhadas pela propriedade, fica no sopé das montanhas verdes de Santa Lúcia. Logo conhecemos Lyton, o administrador, homem alto de seus quarenta e poucos anos. Assim que soube de meu interesse por Derek Walcott, começou a nos oferecer drinques por conta da casa. Walcott era claramente moeda de grande valor.

Lyton contou que ele visitou a fazenda muitas vezes; uma vez com outro laureado do Nobel que não conseguiu lembrar o nome (Walcott me disse mais tarde que se tratava do poeta irlandês Seamus Heaney). Com um sorriso conspiratório, o administrador nos informou que, em uma das visitas, Walcott reclamou que não havia fotos dele em nenhum lugar da fazenda. Depois que olhei ao redor, entendi sua queixa. A propriedade estava forrada de fotografias do príncipe Charles. Príncipe Charles com Lyton (várias); príncipe Charles com o pessoal da fazenda; príncipe

Charles no terraço; príncipe Charles olhando as prateleiras móveis nas quais se seca o cacau; príncipe Charles ao lado do recipiente de ferro no qual os grãos de cacau são batidos. Não havia um único prédio ou parede que não tivesse um príncipe Charles de aparência arrogante, acompanhado de Camilla, olhando para você. Sem dúvida, no meio desse apego à antiga potência colonial, como haveria espaço para o poeta nacional da ilha? Lyton prometera a Walcott que corrigiria a situação, mas não achara tempo para isso.

Walcott fracassou em Fond Doux, mas venceu no centro simbólico de Santa Lúcia, a praça central de Castries, a capital. Sob o domínio britânico, a praça recebera o nome de Columbus Square (embora Cristóvão Colombo jamais tenha pisado na ilha), mas a maioria dos santa-lucenses se recusou a reconhecer esse nome e a chamava simplesmente de "a praça". Agora tem uma estátua de Derek Walcott e foi batizada com seu nome. Walcott, o filho da ilha, conseguiu expulsar o italiano. Pela literatura.

Para aprofundar minha pesquisa, Lyton promoveu gentilmente um encontro com o historiador não oficial da ilha, o dr. Gregor Williams, que foi aluno de Walcott. "Diga a seu motorista para me encontrar no posto de gasolina no Morne", ele havia dito ao telefone e, na falta de um motorista, eu dirigi até o que parecia ser o posto de gasolina indicado, no alto de uma colina íngreme. Não demorou e um carro pequeno estacionou e dele saiu o que me pareceu uma representação livresca da imagem de um intelectual caribenho: um idoso com grandes óculos de aros grossos que pareciam ter sido feitos em Moscou por volta de 1962, uma barba e uma juba de cabelos brancos. Ele entrou no meu carro e me orientou a subir a colina até o campus de Santa Lúcia da Universidade das Índias Ocidentais, instalada no antigo quartel colonial do exército britânico.

Busto de Derek Walcott na praça Colombo, em Castries, Santa Lúcia. Em 1993, a praça foi rebatizada com o nome do escritor.

Assim que saímos, ele iniciou uma descrição dramática da história colonial de Santa Lúcia, partindo da Revolução Americana. Estávamos no lugar de onde a ilha poderia ser governada, explicou Williams — Morne Fortuné, "Colina Afortunada". O afortunado que a detiver dominará duas baías importantes, uma que agora é ocupada por petroleiros, a outra, pela capital da ilha, Castries, que abriga metade da população e o melhor porto natural do Caribe. Caminhando com gestos expansivos, Williams explicou o drama das marinhas britânica e francesa que se dirigiam para Santa Lúcia sem saber uma da outra durante a Guerra Revolucionária norte-americana. Quando finalmente se encontraram, as duas frotas travaram uma batalha feroz, ali mesmo. Depois, franceses e britânicos se alternaram no controle da ilha, e cada mudança envolvia sitiar o lugar onde estávamos. Por essa razão, Santa Lúcia era às vezes referida como "Helena das Índias Ocidentais", um lindo prêmio disputado por potências coloniais rivais.

UM HOMERO DO CARIBE

Durante a aula de história, tive uma sensação de déjà-vu: eu tinha ouvido tudo aquilo antes, e do próprio Walcott. Sua grande obra foi *Omeros*, que buscava contar a história da ilha em sua totalidade.

Os escritores que viviam em culturas com longas histórias literárias podiam se basear em obras anteriores para contar a história coletiva de um povo — obras como a *Ilíada* grega ou o *Ramayana* indiano, ou as Eddas islandesas. Escritores de nações novas, especialmente no Novo Mundo, tinham muitas vezes pouca literatura fundamental em que se basear e foram obrigados a criar uma para si mesmos (os maias e seu *Popol Vuh* são uma exceção). Tratava-se de um projeto que podia dar terrivelmente errado, produzindo obras que soam empoladas ou apenas falsas. Para cada Virgílio, autor de um texto fundamental bem-sucedido para Roma, havia um Joel Barlow, cuja *Columbíada* de 1807 não se tornou a obra fundamental para os Estados Unidos.

Walcott teve sucesso onde Barlow falhou. Em *Omeros*, aprendemos sobre a conquista europeia do Novo Mundo desde os primeiros conquistadores espanhóis, como Pizarro e Cortés. Depois vieram os escravos, com suas tradições da África Ocidental.[3] Walcott menciona até a cultura mandinga e seus bardos, cujo legado está vivo no Caribe porque muitos escravos trazidos para o Novo Mundo vieram da África Ocidental. Sir George Rodney, comandante da frota britânica, faz uma aparição na obra, assim como a batalha por Morne Fortuné, a Guerra Revolucionária e a abolição da escravidão.

Mas, mesmo quando está contando uma história do Novo Mundo, Walcott se baseia em modelos do Velho Mundo — Homero em especial. Embora haja milhares de quilômetros e milhares de anos entre a Grécia da Idade do Bronze e a Santa Lúcia do século xx, o poeta reconhece semelhanças subjacentes, sobretudo a vida insular exposta aos caprichos do mar.[4]

Longe de ser uma reencenação da *Ilíada* ou da *Odisseia* no Caribe (embora Walcott tenha escrito mais tarde uma adaptação teatral desta última), *Omeros* cria personagens santa-lucenses contemporâneos com nomes homéricos. Temos o pescador Aquiles e o motorista de caminhão de entrega Heitor, que disputam a despreocupada Helena dos quadris balançantes. Engenhosamente, Walcott deixa seus nomes heroicos entrarem em conflito com a realidade da ilha. E, no entanto, nesse processo ele eleva o prosaico ao mítico (como James Joyce fez com o irlandês comum protagonista de seu romance *Ulysses*).

O resultado é um poema épico que tenta dar sentido à volátil história de Santa Lúcia usando todos os recursos literários disponíveis. A *Ilíada* e a *Odisseia* de Homero estão ali não tanto como histórias particulares quanto para sinalizar uma ambição, ou seja, escrever um texto fundamental para o Caribe. Se Santa Lúcia foi chamada de Helena do Caribe devido à luta das potências coloniais por sua posse, Derek Walcott declarou-se o Homero da ilha.

Entre as muitas tentativas de textos fundamentais no século xx, o *Omeros* de Walcott é a mais audaciosa. É também a mais bem realizada, e foi reconhecida, com justiça, com o prêmio literário mais importante, pois é um modelo para a literatura pós-colonial.

GROS ISLET

Gros Islet, a ponta norte da ilha, onde se passa parte da ação, é também onde Walcott mora, e fui até lá para encontrá-lo. Não fora fácil marcar o encontro. Quando liguei pela primeira vez, o próprio Walcott, de 83 anos, atendeu. Sua voz parecia frágil e ele não sabia como lidar comigo. "Ligue de novo quando Sigrid estiver aqui", disse e desligou. De fato, voltei a ligar e Sigrid, sua companheira de longa data, iria organizar a visita. Walcott escutava na extensão, pude ouvi-lo respirar, mas ele não disse palavra. Sigrid não podia me dar uma data, apenas um horizonte de vários dias.

Assim que desembarquei na ilha, telefonei de novo. Walcott parecia ter esquecido tudo sobre o combinado. Depois de algumas idas e voltas, ele se lembrou vagamente. "Ligue de novo quando Sigrid estiver aqui." Quando o fiz, Sigrid foi muito eficiente e ficou feliz por combinar o encontro. "Você não sabe como chegar aqui", anunciou. "É complicado demais. Me encontre no posto Shell, três quilômetros ao norte de Castries." (Aparentemente, os postos de gasolina eram o lugar de encontro em Santa Lúcia.) Depois que achei um posto que parecia o certo, esperei e não demorou para que uma mulher branca aparecesse: Sigrid. "Então, você é alemão ou é só o seu nome? Derek e eu estávamos discutindo isso" — foram suas primeiras palavras. Murmurei alguma coisa afirmativa. Ela pareceu tranquilizada pela resposta e acenou: "Me siga".

Derek Walcott e Sigrid Nama moram junto à água, num terreno que abriga três construções bem-proporcionadas — uma delas é o estúdio de pintura do poeta. O interior é simples, modernista, com belas estantes de livros. Do terraço se tem uma visão da água tão admirável que quase não vi Walcott sentado a uma mesa, no canto. Ele era velho, curvado, pequeno. Não se levantou e me fez sinal para sentar perto dele. Sigrid estava saindo para comprar algumas cadeiras. "*Bis später*", ela disse, e acrescentou: "Traduza!". "Vejo você mais tarde?", arrisquei, e então ela se foi.

"Em que você está interessado?", perguntou Walcott, e tentei explicar alguma coisa sobre a viagem de Goethe à Sicília e como ela me inspirara a viajar em busca de vestígios literários onde fosse possível. Eu não estava me saindo muito bem. "Estou interessado em literatura e lugares", resumi. "Você quer dizer geograficamente?" Sim, assenti com firmeza. Ele parou um momento para pensar sobre o que Santa Lúcia significava para ele, geograficamente, e a primeira coisa que lhe veio à mente foi a língua. Explicou que o idioma da maioria das pessoas dali era o crioulo francês, uma língua falada sem conexão com a literatura escrita.[5] Um aspirante a escritor de Santa Lúcia precisava transformar essa fala em linguagem literária. Walcott teve que criar não apenas um texto fundamental, mas também o idioma em que seria escrito.

O próprio Walcott não falava crioulo em casa — isto é, não falava com sua mãe, somente com uma viúva que a ajudava em casa (o pai morreu quando ele tinha um ano). Sua relação com o crioulo era um tanto distante. "Não penso em crioulo", admitiu, mas acrescentou: "Quando escrevo, meu instinto é o crioulo francês". A diferença entre as duas coisas ficou no ar.

Encontrar o idioma certo estava ligado a encontrar a forma literária certa. Walcott foi educado na literatura inglesa, e era tentador combinar o crioulo francês com as tradições literárias ocidentais. Ele experimentou baladas, mais perto das canções folclóricas do crioulo francês, e também metros e esquemas mais formais, como quadras, para forjar um novo inglês. Alguns resenhistas criticaram o casamento de convenções literárias ocidentais com o vernáculo de Santa Lúcia, embora outros o tenham defendido, entre eles seu amigo Joseph Brodsky (o poeta e protegido russo de Anna Akhmátova forçado a deixar a União Soviética em 1972). Essas controvérsias deixaram Walcott desconfiado dos debates acadêmicos. "Não confio nos intelectuais", ele me disse, "eles não têm senso de humor", e passou a descrever noites alegres de humor grosseiro com Joseph Brodsky e Seamus Heaney. Este último deveria visitá-lo dentro de algumas semanas. Pensei que seria uma cena interessante, três prêmios Nobel no terraço contando piadas. Em seu estúdio, Walcott me mostrou

359

um retrato que fez de Heaney, pintado com cores fortes e marcantes.

Afastamo-nos da geografia, observei. "Tudo bem, posso falar sobre lugar", ele disse, mas continuou a falar da língua. "Agora que você mencionou, lembro de uma tremenda emoção ao pôr o nome de um lugar no papel, ou mesmo dar nome às coisas. Houve um tempo, no início, que se numa peça alguém dissesse a palavra 'fruta-pão', por exemplo, a plateia riria, de reconhecimento e quase constrangimento." A fruta-pão era familiar ao público mas desconhecida da arte — em geral importada, sem apresentar vestígios da ilha e da vida nela. Sim, ele fizera um esforço para representar Santa Lúcia, continuou; tudo fazia parte do projeto de inscrever a ilha na história literária, adicionando novos nomes de lugares, novos personagens, novas frutas ao léxico literário. É isto que um texto fundamental tem de fazer: traduzir pela primeira vez um lugar, uma cultura e um idioma para literatura.

NA ESTRESSANTE COSTA ATLÂNTICA

Meu texto preferido de Derek Walcott, depois de *Omeros*, sempre foi *O mar em Dauphin*, peça em um ato, escrita em 1954. Muito mais modesta que *Omeros*, transcorre no mesmo mundo do poema épico, mas sem o interesse por sua história profunda — e sem Homero. No entanto, para mim, revela a imaginação literária de Walcott em sua forma mais refinada. A rubrica inicial define: "Uma ilha a barlavento nas Índias Ocidentais, em sua estressante costa atlântica".[6] Eu não sabia o que era uma ilha a barlavento quando li pela primeira vez essa frase, mas a imagem ficou comigo, talvez por ser tão difusa, exigindo um exame mais preciso.

Antes de chegar a Santa Lúcia, num mapa da costa atlântica eu procurara por Dauphin, a pequena aldeia de pescadores onde se passa a peça. A julgar pelo mapa, uma pequena estrada atravessava as montanhas e terminava pouco antes da aldeia, que simplesmente estava lá, um ponto abandonado exposto ao vento e ao mar.

Prestes a encerrar nossa conversa, eu trouxe à baila *O mar em Dauphin*. O teatro representava um desafio particular no Caribe, disse Walcott, porque não era apenas uma questão de criar uma linguagem apropriada para o lugar, mas também ter um teatro para se apresentar, bem como um público disposto a comparecer. Ele tentou criar essa cultura com seu irmão gêmeo, primeiro em Santa Lúcia, depois em Trinidad, ao fundar a aclamada Oficina de Teatro de Trinidad em Port of Spain.[7] Essa cidade era então a maior do Caribe Oriental, e no discurso por ocasião da entrega do Nobel, Walcott prestou homenagem a ela. Uma cidade adequada era precisamente o necessário para que o teatro prosperasse; uma ilha por si só não era suficiente. Agora que voltara para Santa Lúcia, depois de ter passado um tempo em Port of Spain e Boston, onde lecionara dramaturgia, Walcott sentia muito a falta de um teatro adequado. Até mesmo a Oficina de Teatro de Trinidad, outrora o epítome do teatro caribenho, vivia tempos difíceis.

Walcott explicou que, apesar de todas as dificuldades, o teatro também tinha uma vantagem sobre a poesia épica ou outras formas de literatura. Embora Santa Lúcia não tivesse uma cultura teatral, tinha outra coisa: o Carnaval. Uma festa que não era produto de um único autor, mas de um coletivo — era a principal forma de arte da própria Santa Lúcia, e a razão pela qual Walcott se interessara por teatro.

A voz de Walcott se iluminou quando falou sobre isso.[8] O personagem central do Carnaval, explicou, era uma criatura chamada Papa Jab (uma forma abreviada do *Diable* francês), um homem velho, de barba, como o Papai Noel, como o próprio Deus, mas que na verdade era o Diabo, com chifres.[9]

No decurso da ação, Papa Jab é morto, mas ressuscita três

dias depois. "Você conhece algum outro exemplo de Diabo ressuscitado?", ele perguntou, encantado com essa reviravolta. Outro momento de que gosta muito é quando Papa Jab se queixa que o inferno é quente demais para ele e pede água. "As crianças cantam junto", disse Walcott, e começou a falar em crioulo: "*Voyé glo ba mwê/ Mwê ka bwilé*" (Mande água para mim/ eu estou queimando). Ele achava hilariante a ideia do Diabo queimando em seu próprio inferno e pedindo água. Papa Jab também tem um tridente, e, quando as crianças ficam muito irritantes, ele as persegue. Todo mundo participa da brincadeira.

"Andei pensando em ir a Dauphin", disse finalmente, cauteloso, explicando minha admiração pela peça e a curiosidade em conhecer o lugar, com sua localização distante e isolada. Walcott achou absurda a ideia de ir a Dauphin. "Não, não vá, é muito longe na costa; você provavelmente só verá penhascos. Não há aldeia ou povoado."

Fiquei surpreso. "Nenhuma aldeia?" "Acho que não", ele disse, mas já não parecia ter tanta certeza. Fiquei confuso e desapontado.

Antes que pudesse me recompor, Sigrid voltou. "Eu trouxe água de coco para você. É muito saudável. É a única bebida que tem os mesmos eletrólitos do sangue humano." Todos nós bebemos, pensando em seus efeitos para a saúde. Tinha um ótimo gosto. Mas Walcott estava ficando cansado, apesar dos eletrólitos. "É o suficiente?", ele me perguntou, de um modo que me enterneceu. Eu o pressionara para falar sobre sua relação com Santa Lúcia, sua língua e geografia, por quase uma hora e meia, e ele aguentara valentemente. Ao sair, ouvi Walcott falando em crioulo francês. Surpreso, olhei em volta: era assim que ele conversava com Sigrid? Não, ele estava falando com a empregada. Walcott talvez não pensasse em crioulo, mas o crioulo ainda era o idioma em que ele falava com muitas pessoas, assim como uma versão inglesa dele era a língua dos pescadores em *O mar em Dauphin*. Fechei a porta, entrei no carro e voltei para Fond Doux.

A reação de Walcott a Dauphin estava me incomodando. "O que há de errado?", perguntou Amanda quando voltei. "Nada." Amuado, abri o Google Earth e ampliei o mapa de Dauphin. Tal como Walcott previra, não vi nada. Uma pequena baía coberta de vegetação. Nenhum sinal de povoado ou aldeia. Eu deveria ir mesmo assim? Perguntei a um jovem que trabalhava na fazenda se meu pequeno carro alugado poderia enfrentar a estrada para Dauphin. "Sim, com certeza você pode ir de carro até lá." Ele ficou surpreso que alguém quisesse ir àquele lugar. Ele já havia estado lá? Não, na verdade nunca pusera os pés em Dauphin.

Naquela noite, depois do jantar, fomos ao porto de Soufrière, uma pequena cidade na costa. Muita gente passeava com bebidas na mão. Havia um posto de gasolina (é óbvio) e um boteco lotado. Nós hesitamos, mas o barman havia nos notado. "Venham tomar uma bebida com o pessoal do lugar", disse bem-humorado. Foi o que fizemos, e pedimos Piton, a cerveja santa-lucense. Todos estavam bebendo Heineken: tentávamos ser do lugar, enquanto eles tentavam ser cosmopolitas.

Perguntei-lhe sobre Dauphin. "Você quer ir a Dauphin?", ele respondeu com incredulidade. "Fale com aquele cara lá, ele conhece toda a ilha." Falei com ele. A estrada era transitável? Sim, claro que sim, mas a aldeia estava abandonada desde os anos 1960. Ou 1950. Mas, sim, dava para ir de carro até lá. Sem problemas. Ele estivera lá? Não, não estivera lá pessoalmente. Muito estranho: numa ilha de menos de sessenta quilômetros quadrados, ninguém tinha ido a Dauphin.

Naquela noite decidi que iria de qualquer maneira. Depois de não ter conseguido chegar a tantos destinos em minhas viagens (queria muito ir ao Mali, mas não pude por causa da guerra civil, idem em relação a Mossul), ninguém me impediria de ir a Dauphin. Levantei cedo e o dia começou bem. Entrei no carro e fui para o norte, pelas estradas da montanha. Havia poucos carros no sul, somente os micro-ônibus que a maioria das pessoas tomava e uma ou outra limusine de um dos resorts exclusivos. Era domingo e as pessoas caminhavam pela estrada com suas melhores roupas, a caminho da igreja. A estrada era muito esburacada, mas alguns trechos estavam em excelente estado; inevitavelmente, uma placa me informou que a estrada estava sendo custeada pela União Europeia. Quando deixei a estrada costeira, descobri que havia inúmeros povoados no interior, pelo menos ali em cima, não a floresta selvagem que eu imaginava. Pedindo orientação várias vezes, atravessei as montanhas. As casas se tornaram menos frequentes, e a estrada, menos boa. Então as casas sumiram e logo a pavimentação também, mas continuei a dirigir alegremente, evitando os buracos cada vez maiores. À distância era possível ver o mar: o mar em Dauphin, tal como descrito de modo tão vivo na peça de Walcott.

E então o carro inclinou para o lado, ouvi um desagradável som vindo de debaixo da carroceria, e atolei.

Procurei manter a calma. Com um macaco que encontrei no porta-malas tentei livrar os pneus da frente, sem sucesso. Fazia um calor infernal. Já não via ninguém na estrada fazia um bom tempo. Lembrei de ter recusado qualquer tipo de seguro de carro, e agora provavelmente eu o havia destruído.

Caminhei de volta. Quando cheguei à primeira casa, três adolescentes se ofereceram para ajudar. Ao voltar ao carro, eles sacudiram a cabeça diante da situação, mas começaram a discutir uma estratégia entre eles. Fizeram um sinal para que eu ligasse a ignição e começaram a me dar instruções, empurrando e levantando o carro em todos os sentidos. Para a frente; pare; vire as rodas para este lado; recue um pouco. Nada disso fazia sentido para mim, mas obedeci, nem sempre com rapidez suficiente, o que me valeu olhares exasperados. Eles sabiam o que estavam fazendo e o carro desatolou. Só então percebi que o carro estava bem. Voltamos para a casa deles e até conseguimos entrar com o carro na estrada estreita. Fiquei exultante. Na minha euforia pós--susto, decidi fazer mais uma tentativa. Contei a meus novos amigos que ia caminhar até Dauphin. Eles não fizeram nenhum comentário. Agradeci e nos despedimos.

Era evidente que a estrada de terra estava esquecida havia décadas e fora entregue aos furacões. Eu começava a entender por que ninguém tinha ido até Dauphin. Mas estava de bom humor, pulando de pedra em pedra. Após cerca de dez minutos, surgiu um novo problema: meus pés começaram a doer — calçava sapatos de lona, que não eram apropriados a caminhadas, como estava descobrindo. Tentei seguir com mais cuidado, perguntando--me se os adolescentes ainda podiam me ver, e desci pela estrada de terra vazia pisando em ovos, me sentindo um idiota.

Mas logo me vi pensando na peça. *O mar em Dauphin* se passa entre um punhado de pescadores que enfrentam o mar hostil. Há troca de palavras ásperas entre Afa, o pescador mais forte da aldeia, e Augustin, seu companheiro; há o velho Hounakin, um indígena que pede para ir junto com eles, mas ele é velho demais, bêbado demais e medroso demais. Deixado para trás, ele cai dos penhascos: provavelmente suicídio. Abalado por esses acontecimentos, Afa concorda em levar um jovem a bordo como aprendiz.

O drama real, o protagonista da peça, é o mar, uma força estranha que dá forma a tudo, dobrando plantas, casas e seres humanos a seu bel-prazer. Gacia, o personagem mais razoável, resume em seu crioulo inglês ritmado: "Este mar não é feito para os homens".[10] Com certeza não é, mas os pescadores têm de lidar com ele. No processo, se endurecem e ficam acabados. "O mar é muito engraçado, papai", Afa diz ao velho, "mas não me faz rir."[11] Fazendo eco ao início do poema de Yeats "Viajando para Bizâncio" — "Aquela não é terra para velhos" —, Afa adverte: "Este mar não é cemitério para velhos".[12] Por fim, Augustin observa: "O mar é o mar", expressando a resignação de que devemos aceitar o mar como ele é, em toda a sua estranha crueldade.[13]

Pensando nesses personagens e em sua luta contra o mar, vi-me em meio a um devaneio, imaginando Dauphin como uma ruína romântica: uma vila de pescadores simples e fustigada pelo vento, abandonada mas pitoresca. Talvez houvesse um único velho pescador que se recusava a sair, segurando as pontas. Ele estaria ali, junto ao mar, pescando e me contando como todos foram embora para tentar a sorte em Castries ("Pergunte-lhe por que ele não vai para Castries a fim de aprender mecânica", Afa diz na peça sobre o menino). Na minha imaginação, na sequência da peça de Walcott todos teriam ido embora, exceto esse velho. Seu pai e seu avô tinham vivido e morrido aqui, e ele também morreria em Dauphin, assim como Dauphin morreria com ele.

Minhas reflexões foram interrompidas quando me vi de repente no sopé da estrada; havia um pequeno riacho, e me dei conta de que estava perto do oceano. Fazia apenas uma hora que o carro havia quebrado. Via-se uma pequena clareira, com bananeiras; uma cabra, amarrada a um poste, pastava preguiçosamente. Um pouco mais adiante, uma fogueira ardia junto à estrada. Por fim vi um barraco, um casebre de madeira com telhado de zinco ondulado. Chamei, ninguém respondeu. Depois de outra curva na estrada, cheguei a Dauphin.

E não pude acreditar em meus olhos: lá estava ele, a figura solitária que eu imaginara em meu devaneio, de pé na praia, pescando. Eufórico, caminhei em sua direção. Quando me aproximei, notei que ele vestia a camiseta da seleção brasileira de futebol. Não era exatamente a roupa desgastada, costurada à mão, com a qual eu revestira meu solitário pescador imaginário (em Walcott, os personagens usam suéteres velhos comidos pelas traças). Chamei em voz alta, para não assustá-lo, e ele se virou, com a vara de pesca na mão. Pareceu apenas levemente surpreso ao me ver; devia ter me avistado enquanto eu me aproximava. Tinha cerca de cinquenta anos e físico forte. Ao caminhar em sua direção e estender o braço para cumprimentá-lo, meus olhos bateram em seu cinto — havia um coldre e uma arma. Com a outra mão, comecei a tatear em busca do celular. Ciente do que se passava em minha cabeça, ele sorriu. "Oi, sou George. Costumo vir aqui para pescar. Sou policial."

Aliviado, contei que tinha vindo dar uma olhada em Dauphin. A pequena baía não era uma paisagem bonita. Era pantanosa e estava cheia de lixo: garrafas e sacos de plástico, tudo que se pudesse imaginar. O mesmo sistema de ventos que impulsionara Colombo para as Índias Ocidentais agora entregava o lixo dos oceanos às suas margens. Assim se via a costa estressante da ilha a barlavento hoje em dia: coalhada de detritos do Atlântico.

George disse que aquele era o local dos primeiros assentamentos na ilha: marinheiros naufragados chegaram e ficaram. Supus que ele se referisse a exploradores espanhóis. "Há algumas ruínas logo ali, se você caminhar ao lado do pântano", acrescentou. Fui até lá, andando com cautela ao longo do perímetro do pântano repleto de lixo, que não poderia ser mais repugnante. O terreno não dava passagem, a menos que se caminhasse por um pequeno riacho, que combinava forças com o mar para inundar tudo. Caminhei pela água, debaixo de árvores e arbustos, tentando não notar como eu estava ficando imundo. Depois de dez minutos, avistei os restos de duas estruturas de pedra. Três paredes, nenhum telhado, nada mais. Aquilo poderia ser o remanescente da igreja que Walcott menciona na peça? Encorajado por minha descoberta, e na esperança de escapar do pântano, subi uma colina íngreme, coberta de arbustos, raízes e árvores pequenas. Quase caí várias vezes. Mas não consegui achar mais ruínas. Havia grandes pedras espalhadas no terreno: seriam de casas? Era difícil imaginar construções naquela encosta.

Essa escalada me fez lembrar o outro lado de *O mar em Dauphin*: a terra. A peça contrasta o mar perigoso e os pescadores calejados que o enfrentam com aqueles que permanecem em terra, buscando sobreviver com a lavoura. Os pescadores grosseiros desprezam a agricultura, embora ela não seja muito mais fácil do que aquilo que eles fazem: a terra em Dauphin é rochosa, como eu estava descobrindo agora, e não particularmente fértil. As cabras poderiam sobreviver comendo capim seco — pensando bem, a cabra que encontrei pelo caminho estava muito magra.

Escalei um pouco mais para olhar em volta e para baixo, em direção à água, mas tudo o que pude ver foram arbustos e vegetação rasteira agreste. Desci com cautela, muitas vezes de quatro, de volta ao pântano, ao lixo e a George. Mas de repente havia uma segunda picape com mais dois homens. Dauphin estava ficando realmente lotada naquela ensolarada tarde de domingo. "Fale com ele, ele conhece Dauphin", gritou George quando me viu. Aproximei-me da caminhonete surrada. O dono, de macacão azul, se apresentou como Rogence. Ele e seu companheiro estavam jogando areia na carroceria: acabavam de matar porcos, explicou. Quando terminaram, o companheiro tirou a roupa e entrou na água marrom e repulsiva.

Eu não sabia como abordar o tópico de Dauphin e o que me trouxera ali. Rogence, o matador de porcos, teria uma ideia de quem era Derek Walcott? Perguntei sobre o povoado. Dauphin estava às moscas desde os anos 1950, Rogence confirmou. Algumas pessoas mantiveram barcos de pesca ali até os anos 1970, mas desde então o lugar estava praticamente abandonado. Ele próprio só ia lá porque tinha uma fazenda nas proximidades.

Achei que tinha de explicar o que me levara àquele lugar remoto e finalmente mencionei Derek Walcott e *O mar em Dauphin*. "Claro, *O mar em Dauphin*. Meu avô é o menino na peça." "Como assim?" "Sim, meu avô viveu aqui. Ele era capataz da fazenda. Ele está na peça." "Qual era o nome do seu avô?" "Duncan." Minha cabeça estava a mil e eu nem conseguia lembrar os nomes dos personagens, mas tinha certeza de que nenhum deles se chamava Duncan. "Mas não há nenhum personagem chamado Duncan", eu disse hesitante. "Ele é o menino", repetiu Rogence. A questão estava resolvida. Eu estava falando com o neto de um personagem de peça de teatro.

Seu companheiro silencioso havia voltado, pelo visto revigorado, e vestia lentamente suas roupas; seu corpo musculoso tinha uma aparência heroica. Ele não havia pronunciado uma única palavra. Rogence não lhe deu atenção e me ofereceu uma carona. Entrei na cabine; seu companheiro pulou para a carroceria, junto com a areia. Fiquei de algum modo gratificado ao ver que até mesmo aquela picape grande estava tendo problemas para ultrapassar os buracos — quase atolamos algumas vezes. Ao longo do caminho, Rogence me contou sobre sua fazenda. Ela pertencera originalmente a um francês, depois a um inglês, e depois que seu avô a comprou havia permanecido na família. Seu principal ganha-pão não vinha dos porcos, mas da mandioca. Ele tinha mão para cultivar mandioca, com a qual fazia pão. Mostrou alguns pés de mandioca no caminho, e alguns pães mofados no carro. Os pães ele vendia diretamente às pessoas da região, mas também moía a mandioca e vendia o produto no mercado, em Castries.

De repente, entre um buraco e outro, catou o celular e ligou para a filha. "Alguém vai passar aí para pegar um pacote", foi tudo o que ele disse, e então voltou-se para mim: "Pergunte às pessoas onde mora Rogence. É uma casa verde. Minha filha lhe dará mandioca". Ele me deixou e virou à direita em direção a sua fazenda, em algum lugar no alto da montanha. Quando desci, o sujeito na carroceria falou pela primeira vez e exigiu que eu tirasse uma foto dele. Levantou a pá bem acima da cabeça, fazendo uma pose triunfante. Eu nem sabia seu nome. Quis perguntar, mas eles já tinham ido embora. A imagem dele, com a pá levantada, ficou na minha cabeça. Das três pessoas que conheci em Dauphin, esse homem silencioso era o único que tinha a postura de um personagem homérico.

Caminhei até meu carro, entrei e comecei a voltar, ainda um pouco preocupado. Mas tudo correu bem. A estrada melhorou, mais casas apareceram, e parei para perguntar a duas mulheres por Rogence. "Você foi com este carro a Dauphin?" Elas deram uma risadinha. Então as reconheci: já havia pedido informações a elas. "Não, atolei", admiti, o que elas acharam engraçadíssimo. Eu sorri e não me queixei que elas poderiam ter me avisado. Em troca do meu comedimento, elas me explicaram como chegar à casa de Rogence. Uma adolescente abriu a porta e me olhou com suspeita. "Rogence me disse para pegar um pacote", eu disse. Sem uma palavra, ela desapareceu. Depois de um minuto, voltou com um pacote do tamanho de um punhado de mandioca finamente moída e me entregou, com um sorriso tímido. Fiquei encantado com meu troféu, agradeci e voltei para casa. O rótulo do pacote informava: DAUPHIN HARVEST. Na batalha entre mar e terra, a terra vencera.

No resto do tempo que passei em Santa Lúcia, não parei de pensar em Dauphin. Se Rogence estivesse certo, Dauphin fora abandonada quando Walcott estava escrevendo a peça. Ele sabia que estava imortalizando uma vila de pescadores à beira do colapso ou já abandonada? A peça não retrata Dauphin em cores róseas. Os pescadores arriscam a vida todo dia, saem mesmo quando o mar está agitado. Mas, por mais dura que seja essa vida, não há menção na peça de que aldeia esteja sendo abandonada ou condenada. Pensando bem, não está claro sequer a época em que a se passa a ação. Seus ingredientes são atemporais: pescadores pobres, numa aldeia isolada, vivendo do mar e da terra.

Repassei a peça, observando cuidadosamente qualquer coisa que pudesse fixar sua ação no tempo. Parece haver latas (como há hoje, flutuando na baía), mas as latas existem há duzentos anos. Encontrei outra pista: os pescadores fumam cigarros americanos. Isso também era genérico demais para datar a peça.

Em casa, descobri duas informações adicionais sobre Dauphin. A primeira estava num artigo recente de jornal que mencionava que a água em Dauphin parecia conter grumos de petróleo. Até Rogence era citado, dizendo que a água sempre foi escura, bastante oleosa. Ao que parece, há negociações em andamento sobre exploração de petróleo. A história pode entrar em erupção novamente em Dauphin, e agora que Walcott morreu, em março de 2017, outra pessoa terá de escrever uma sequência de sua peça: *O petróleo em Dauphin*.

A segunda informação era um relatório sobre um achado arqueológico do período pré-colombiano.[14] Acontece que um dos primeiros sinais de assentamento humano na ilha se encontra em Dauphin. É a isso que George devia estar se referindo. Walcott havia captado alguma coisa arcaica em relação a Dauphin — a luta contra o mar, as canoas simples. Ao fazê-lo, pusera Dauphin no mapa, transformando-a em literatura.

16. De Hogwarts à Índia

Quando minhas pesquisas, viagens e explorações da literatura chegaram ao fim e me vi de volta a Boston, um aluno da graduação me convidou para jantar no Annenberg Hall, o refeitório dos calouros de Harvard. É um salão imponente, com pé-direito alto, em estilo gótico. Quando nos encontramos, ele mencionou, orgulhoso, que Annenberg serviu de modelo para o Grande Salão de Hogwarts. Assenti gentilmente, escondendo meu ceticismo. Era evidente que meu aluno estava vivendo no mundo de Harry Potter — assim como eu. Embora tivesse movido mundos e fundos em busca de literatura, a literatura me apanhara bem aqui em casa. Era hora de encarar o Potterworld.

Como um jovem mago novato, comecei com *Os contos de Beedle, o bardo*, o livro de contos de bruxaria, lançado em 2007. O volume saiu numa edição limitada de sete exemplares, encadernados em couro marroquino e cravejado com pedras preciosas e peças de prata.[1] O que o tornou mais valioso, no entanto, foi o fato de que J. K. Rowling escreveu cada exemplar à mão, para ser leiloado pela Sotheby's. Seria uma versão capitalista do *samizdat*?

Contentei-me com uma versão impressa, que comprei por 7,92 dólares (mais impostos) na Amazon.[2]

Gostei do livro muito mais do que esperava. Rowling usa muito bem a estrutura e o tom moral do conto de fadas. Gostei mesmo do comentário — sou professor, logo é uma deformação profissional, sem dúvida: havia o comentário de Dumbledore e, depois, o comentário de Rowling sobre o comentário de Dumble-dore, e tudo captava a maneira como textos simples acumulam significados graças a interpretações posteriores.

Antes de começar a ler os livros de Harry Potter, fui ao Pot-termore.com, o site oficial de Potter, para ser classificado em uma das casas: os aspirantes a alunos, com base em suas personalida-des, são designados para uma de quatro casas.[3] Nos romances, isso é feito por um chapéu mágico; no site, ocorre por meio de um questionário. Me envergonho em informar que fui enviado para Sonserina (Harvard abandonou a classificação e distribui os estudantes por loteria). Na ocasião, não compreendi bem o que isso significava a meu respeito, tendo vivido mais ou menos ex-clusivamente entre trouxas, ignorando o mundo da magia e seus rituais. Mas até eu podia ver, pelo jeito como o site tentava me fazer sentir melhor em relação a isso, que Sonserina não tinha uma boa reputação. Era moralmente suspeito. Sofri meu próxi-mo golpe quando descobri a respeito de meu patrono, o mágico em forma de animal que pode derrotar criaturas da escuridão. Meu patrono, com base no questionário que eu preenchera, era a hiena. Me senti um pouco consolado quando o site decidiu me atribuir uma varinha de louro de 36 centímetros com um núcleo de pelo de unicórnio. Ao contrário da hiena, o unicórnio era uma criatura mágica elegante — fiquei feliz por estar associado a ele.

Terminada a penosa iniciação, decidi que estava pronto para a experiência completa de Hogwarts e iniciei um programa in-tensivo de ler e assistir as histórias de Harry Potter. Demorou cerca de um mês, e terminei um pouco sonolento e com meus ouvidos ressoando o modo como Severus Snape, o mestre de minha casa, dizia "Harry P'otter", um desdenhoso *P* explodindo num perverso *O*.

Depois que terminei o último volume, minha reação imediata foi de imenso alívio. Como um Sonserina, fiquei traumatizado pela ideia de que o mestre de minha casa se passara para o lado de Você-Sabe-Quem, como nós, os magos, chamamos o senhor das trevas, cujo nome próprio é tabu entre nós. Imagine, portanto, meu deleite quando descobri, nas últimas páginas do último volume, que Snape era um agente duplo dirigido por Dumbledore para espionar Você-Sabe-Quem.[4]

De modo geral, no entanto, não recomendo ler ou assistir compulsivamente Harry Potter, pois ele se torna repetitivo — há sempre um novo professor para a defesa contra as artes das trevas; outra câmara escondida; outra tarefa que Harry deve realizar, aparentemente abandonada por adultos. Isso me fez perceber como deve ser melhor crescer com Harry Potter, começar a ler os livros quando se tem a idade dele, ou talvez um ou dois anos mais jovem, e então amadurecer enquanto ele e seu mundo ficam mais complexos. Suponho que a geração que cresceu dessa maneira foi a daqueles que tinham nove ou dez anos em 1997, quando saiu o primeiro tomo, e que teve de aguardar pela publicação de cada volume enquanto ficava mais velho.

Afora isso, Harry Potter me lembrou uma miscelânea que se serve dos romances medievais de uma maneira que teria enlouquecido Cervantes (quando pergunto a romancistas sobre Potter, eles em geral reagem de forma alérgica, como se ainda estivessem travando a luta de Cervantes contra os romances medievais). A esse mix medieval, Rowling acrescenta o romance de internato, fazendo com que Harry e seus amigos se preocupem com popularidade, bullying escolar e professores excêntricos que os iniciam no estranho mundo da idade adulta. O mundo da fantasia se baseia na realidade vivida dos adolescentes.

Embora a história de Potter esteja oficialmente completa, Rowling não conseguiu ficar longe de sua criação de uma vez. Ela continua acrescentando novas informações (como a revelação de que Dumbledore é gay) e escreveu há pouco tempo uma sequência na forma de uma peça de teatro. Mas o universo de Potter continua se expandindo sobretudo pela comercialização. Enquanto escrevia essas linhas, no Halloween de 2016, fui abordado por uma vizinha disfarçada de Hermione Granger (a qual sempre admirarei como a tradutora dos *Contos de Beedle, o bardo*, minha primeira introdução ao mundo de Potter). Infelizmente não pude ir ao The Wizarding World of Harry Potter™ em Orlando, onde poderia comprar uma verdadeira varinha na Ollivanders [Olivaras], ou melhor, na Ollivanders™, por apenas 49 dólares.[5] O parque temático recriou não só a própria Hogwarts, mas também o vilarejo Hogsmeade™ e o Diagon Alley™ [Beco Diagonal]. Depois de refletir um pouco, me dei conta do porquê dessa expansão: em Hogwarts não há nada para vender, enquanto Hogsmeade e o Beco Diagonal são os dois destinos de compras no universo de Harry Potter.

Tal como o conteúdo dos livros de Potter, a forma de publicação é uma mistura estranha de velho e novo. Um dos sete exemplares manuscritos de *Os contos de Beedle, o bardo* foi comprado pela Amazon por 4 milhões de dólares, talvez para reconhecer como Rowling e a Amazon lucraram uma com a outra.

Mas quem será o principal beneficiário dos serviços da Amazon e das novas tecnologias oferecidas hoje? Os autores de best-sellers como Rowling? As plataformas da internet? Os editores? E que tipos de histórias prosperarão nesse novo ambiente?

UMA NOVA REVOLUÇÃO NAS TECNOLOGIAS DE ESCRITA

A atual revolução nas tecnologias de escrita tem suas raízes em duas invenções interligadas — ambas relacionadas à Apollo 8. Fazer um homem descer na Lua e trazê-lo de volta vivo, como John F. Kennedy exigiu, requeria cálculos complicados a bordo da nave espacial. Os computadores necessários para essa façanha estavam disponíveis, mas eram grandes demais. Fazer computadores menores, mais rápidos e mais leves para a missão espacial, acabou possibilitando que eles entrassem nas casas das pessoas, onde logo passaram a ser usados para tudo, da contabilidade à escrita de histórias.

Ainda mais transformador foi um segundo invento, criado menos de um ano depois da Apollo 8, quando pesquisadores da UCLA conseguiram se comunicar com um computador em Stanford através de uma linha telefônica comum, operação possibilitada por uma nova tecnologia que permitia alternar voz e pacotes de dados. A mensagem, LOGIN, não passou, porque a rede caiu quando chegaram à letra G, mas a ideia de uma rede de computadores, a Arpanet, estava estabelecida.[6] Os computadores pessoais e as redes de informática mudaram tudo, desde o modo como a literatura é escrita ao modo como é distribuída e lida. É como se o papel, o livro e a impressão tivessem surgido todos ao mesmo tempo.

Alguns editores olham para a época da impressão como uma era de ouro em que eles tinham quase um monopólio da literatura. É verdade que qualquer escritor podia pagar uma gráfica, mas o problema era conseguir pôr o livro nas mãos dos leitores. Isso é o que as editoras faziam, conectando gráficas com clientes. Ao longo do caminho, eles arcaram com alguns dos riscos e embolsaram grande parte do lucro. Mas hoje, graças aos computadores e à internet, aplicativos baratos permitem que autores sem experiência produzam belos e-books e os comercializem diretamente via Amazon e sites similares. É claro que as editoras e livrarias on-line também ficam com uma parte significativa, muitas vezes mais de 30%, mas isso é pouco se comparado às porcentagens engolidas pelo modo tradicional de publicação.

Embora essas mudanças preocupem os editores, elas parecem ser uma boa notícia para os autores. Os computadores — outrora chamados processadores de texto — tornam seu trabalho diário mais eficiente, permitindo que apaguem e acrescentem palavras, mudem de lugar seções inteiras e revisem documentos inteiros.

A internet também possibilita que os autores acessem informações e literatura como jamais fizeram. Ao escrever este livro, pude ler e fazer buscas num considerável volume de literatura de domínio público posto on-line pelo Internet Archive, gratuitamente.[7] Seu modelo explícito é a Biblioteca de Alexandria. (Uma cópia de backup do Internet Archive está guardada na Bibliotheca Alexandrina, a biblioteca reconstruída de Alexandria, a primeira dessas instalações de armazenamento fora dos Estados Unidos.[8]) Fiz uso também de outro site sem fins lucrativos, iniciado em 1971, quando o estudante Michael S. Hart digitou a Declaração da Independência num computador conectado à Arpanet. Seis usuários baixaram o documento e Hart decidiu chamar sua empresa de Projeto Gutenberg (embora Gutenberg estivesse muito mais próximo de nossos empreendedores da internet movidos pelo lucro).[9]

O novo veículo mais influente para organizar o conhecimento é a enciclopédia on-line. Lembro dos primeiros dias da Wikipedia, quando seu sistema de *crowdsourcing* [colaboração coletiva] foi ridicularizado por acadêmicos. As risadinhas cessaram porque agora aqueles mesmos acadêmicos usam rotineiramente a Wikipedia como sua primeira fonte de informação, este autor incluído. Gosto de pensar que Benjamin Franklin e os enciclopedistas franceses teriam abraçado o Internet Archive, o Projeto Gutenberg e a Wikipedia.

Mas, embora os autores pareçam ser os vencedores da nossa revolução escrita, eles estão tão preocupados quanto os editores. Gutenberg tomou as ferramentas de escrita dos autores e as entregou aos editores, mas a impressora também foi um grande benefício para os autores — aos que conseguiram se tornar escritores profissionais, ela permitiu que um grande público tivesse acesso a ela, a baixo custo. Mas agora, de repente, todo mundo pode se tornar escritor e encontrar leitores pelas mídias sociais. Outros autores acham que, no futuro, eles se tornarão meros fornecedores de conteúdo, cujos produtos não serão considerados contribuições originais de mentes independentes, mas uma forma de serviço de atendimento ao cliente, projetada para atender a uma determinada demanda. No topo, alguns desses provedores de serviços poderão se transformar em celebridades, trabalhando com uma oficina inteira de assistentes, mas eles também não serão autores no sentido tradicional de indivíduos criando novas histórias. É verdade que os computadores podem facilitar a criação de conteúdo original, mas se prestam com muito mais facilidade para remixar o que já existe.[10] Em que medida a época de Cervantes, ou seja, a época da autoria de impressão moderna, está desaparecendo, dando lugar ao curador, à celebridade e ao provedor de serviços ao cliente com a esperança de se manter à tona num mar de conteúdo gerado pelo usuário?

Quando meus pensamentos voltaram a Rowling, percebi que talvez fosse demasiado fácil ridicularizar o merchandising fora de controle de Harry Potter, seu surgimento em todos os tipos possíveis de entretenimento, do cinema e do teatro à internet e aos parques temáticos. Afinal, Potter não nasceu na sala de reuniões de uma empresa nem foi imaginado por um departamento de marketing — foi inventado por uma autora desconhecida que, trabalhando por conta própria, criou um universo inteiro.

UM FESTIVAL DE LITERATURA

2014, Jaipur, Rajastão

A fim de avaliar a literatura contemporânea — e sair um pouco do Potterworld —, decidi fazer uma última viagem: para Jaipur, uma cidade de médio porte do Rajastão, a cerca de 270 quilômetros de Nova Delhi.[11] Dez anos antes, o escritor britânico William Dalrymple e a escritora e editora indiana Namita Gokhale deram início a uma série de eventos que em poucos anos se transformaram num festival que fez da cidade um polo onde a literatura universal acontece.[12]

A viagem de Delhi a Jaipur foi praticamente o que eu esperava: carros na contramão, caminhões adornados com contas e pinturas coloridas, incentivando outros viajantes a buzinar para eles, e muitos animais vagando, entre eles vacas, camelos, cabras, burros, elefantes, ovelhas, porcos e cães. Era difícil imaginar a literatura acontecendo ali. Mas, de repente, lá estava o festival, e nada parecido com o que eu havia imaginado. Nada de encontros deprimentes em hotéis de convenções ou grandes instalações comerciais: parecia mais um festival de rock, com barracas de comida em todo canto e gente acampada ou reunida em tendas e prédios. Não era pouca coisa, com seus perto de 100 mil visitantes.

Entre eles, encontrei um mecânico de automóveis dos arredores que tomou emprestada uma motocicleta para ir até lá, um estudante de engenharia que tirou um dia de folga e um condutor de riquixá que falava sem parar sobre as celebridades enquanto abria caminho a buzinadas. "Oprah muito boa senhora, pele escura como eu", ele gritou, referindo-se à estrela do ano anterior, Oprah Winfrey. Nem todos estavam ali pela literatura. Alguns foram para ver estrelas de Bollywood e entrevistadores de tevê, enquanto outros ainda estavam à caça de convites para festas e jantares privados exclusivos. Mas a principal atração era a literatura em todas as suas formas. Poetas, dramaturgos, romancistas e escritores de não ficção estavam ali para leituras, palestras, discussões, diálogos, entrevistas e conversas informais. Goethe, com sua defesa da literatura universal extensa, teria ficado satisfeito.

Nem todas as partes do mundo estavam igualmente representadas. Talvez devido aos antecedentes dos dois fundadores, o festival girava em torno de um eixo britânico-indiano, embora houvesse um punhado de escritores de outros rincões, inclusive dos Estados Unidos. O inglês dominava, e havia uma boa dose de consternação, sobretudo em inglês, sobre o domínio do inglês global. Mas houve sessões em línguas indianas, desde o tâmil do sul até as línguas do Himalaia, no norte. O mais impressionante, talvez, fosse a quase ausência de escritores da China, o rival asiático da Índia.

O festival cresceu, mas teve de enfrentar várias crises. A mais significativa ocorreu dois anos antes da minha visita e envolveu Salman Rushdie, cujo romance *Os versos satânicos* foi (e ainda é) banido na Índia, em deferência à sua população minoritária muçulmana. A controvérsia em relação a Rushdie foi um choque típico da literatura universal. Rushdie tinha feito seu nome com *Os filhos da meia-noite*, romance ambientado no momento da independência da Índia, um gesto clássico de escrever um texto fundamental numa situação pós-colonial.

Esse sucesso azedou quando seu romance seguinte, *Os versos satânicos*, foi considerado pelo aiatolá Khomeini do Irã ofensivo ao texto sagrado do Alcorão. Em reação, o líder lançou um famoso édito religioso e uma sentença de morte contra o escritor, que foi obrigado a se esconder.

Ainda que o édito tivesse sido revogado quando fui a Jaipur, a controvérsia não terminara. Em 2012, o festival convidara Rushdie, que prontamente recebeu ameaças de morte. Mesmo a solução de compromisso — uma palestra via Skype — não havia aplacado os manifestantes. Em nome da segurança, os organizadores decidiram cancelar a participação de Rushdie.[13] Indignados com essa forma de censura, alguns participantes começaram a recitar trechos do romance no festival, uma leitura ilegal que os obrigou a deixar Jaipur e a Índia imediatamente depois.[14]

Quando estive lá, a crise ainda pairava no ar. Durante uma das sessões que girava em torno da censura, vários participantes fizeram referências veladas ao incidente e a certa altura alguém se levantou e disse: "Você quer dizer Rushdie; não tenho medo de dizer o nome dele". O *affaire* Rushdie lembrava a história da literatura, uma história de velhos textos fundamentais e outros mais recentes lutando pela proeminência.

O caso, apesar de preocupante, não conseguiu empanar a atmosfera festiva. Havia autores demais, famosos ou obscuros, gente demais ansiosa para celebrar a literatura. Comecei a pensar nesse festival literário como outra (e melhor) versão do Potterworld, um ponto de encontro onde as pessoas vinham demonstrar seu entusiasmo pela literatura. Para alguém preocupado com o futuro da leitura e da escrita, recomendo muito essa verdadeira combinação de literatura e festival.

O NOVO E O VELHO

A atmosfera festiva em Jaipur me fez dar uma última olhada na história da literatura. Ela começou nos férteis vales dos rios da Mesopotâmia e seguiu sua marcha triunfal por todo o mundo. Ao longo do caminho, deixou de ser posse exclusiva de escribas e reis e alcançou um número cada vez maior de leitores e escritores. Essa democratização teve o auxílio de tecnologias, do alfabeto e do papiro ao papel e à impressão, que reduziram as barreiras de entrada, franqueando o acesso ao mundo literário a mais pessoas, que então introduziram novas formas — romances, jornais, manifestos — ao mesmo tempo que afirmavam a importância dos textos fundamentais mais antigos. Jaipur, com seus leitores de todo tipo e o choque entre textos antigos e novos, parecia um bom suporte de livros para essa história.

Lembrei também que essa expansão abrigava muitas voltas e reviravoltas, e muitas surpresas, pelo menos para mim: a história da literatura não era uma linha reta, mas tinha movimentos laterais e até para trás. A escrita foi inventada tanto no continente euroasiático como nas Américas. Histórias iam para lá e para cá na rede de coletâneas que se estendiam da Ásia à Europa. O surgimento da escrita provocou a oposição de professores carismáticos em diferentes partes do mundo. Novas tecnologias levaram a guerras de formatos, como aquela entre o rolo de papiro e o livro em pergaminho, enquanto textos sagrados eram muitas vezes os primeiros a adotar novos métodos de reprodução. Mas, apesar da enorme explosão da literatura, a narrativa oral persistiu, como mostra o exemplo dos bardos mandingas, com a história de Sundiata.

A maior dificuldade em escrever uma história da literatura não eram essas surpresas e narrativas complexas. Foi o reconhecimento de que ainda estamos no meio disso, numa história em andamento. Até mesmo a ideia de uma literatura universal única cuja história possa ser contada tem apenas duzentos anos. Quando inventou a expressão "literatura universal", Goethe não conhecia o *Popol Vuh* maia, que vegetava em alguma biblioteca, nem a *Epopeia de Gilgamesh*, enterrada na Mesopotâmia; tampouco sabia do *Romance de Genji*, desconhecido fora do Japão e do Leste Asiático, ou da *Epopeia de Sundiata*, da África Ocidental, que ainda não fora escrita. E é óbvio que Goethe jamais poderia ter previsto que sua ideia de literatura universal inspiraria os autores do *Manifesto do Partido Comunista*. Com cada novo acréscimo e cada descoberta do passado, a história da literatura continua mudando.

O mesmo se aplica às tecnologias. Talvez você esteja lendo estas palavras num livro impresso em papel ou numa tela, a menos que esteja usando óculos que, de algum modo, projetem palavras no seu campo de visão. Mas, a despeito do dispositivo que esteja usando, você irá virar páginas ou rolar um texto contínuo. Note a combinação de velho e novo. A maioria das pessoas parou de fazer rolar desde que o rolo de papiro deu lugar ao livro de pergaminho, mas agora, depois de dois milênios, esse movimento de rolagem voltou porque a infindável sequência de palavras armazenadas pelos computadores está mais próxima de um pergaminho contínuo do que de páginas separadas. Da mesma forma, as pessoas não escreviam em tabuletas havia centenas de anos, mas agora as vemos por toda parte. Quando olho de soslaio, os usuários de tablets de hoje lembram escribas antigos sentados de pernas cruzadas com seus instrumentos de escrita no colo.

Quanto mais olho para trás, mais vejo o passado no presente. Os 140 caracteres do Twitter talvez sejam versões brutas dos poemas curtos com os quais a corte Heian se comunicava na época de *Genji* e Murasaki, e os romances retornaram como best-sellers nas plataformas eletrônicas de autopublicação, o que desagrada alguns modernos que escrevem na tradição de Cervantes. A internet possibilitou novas formas de vigilância e de driblar a censura, como um sistema moderno de *samizdat*. A narração oral também retornou, como você bem sabe se estiver ouvindo estas palavras em um dispositivo de áudio. Os bardos mandingas, que preferem fitas cassete a escrever, ficariam satisfeitos.

Em minhas viagens, procurei momentos em que poderia observar a literatura moldando a história. Achei-os ao encontrar os vestígios de leitores extraordinários como Assurbanípal e Alexandre, que transformaram suas experiências de leitura em ação, bem como de analfabetos como Pizarro, que levou orgulhosamente livros para o Novo Mundo. A história também foi moldada pelos crentes em escrituras sagradas, que transformaram sua adoração da escrita numa poderosa força histórica, às vezes provocando confrontos entre textos sagrados, bem como entre diferentes interpretações de um mesmo texto. E me vi viajando na infraestrutura estabelecida para a divulgação da literatura, como as estradas postais de Franklin, bem no meu quintal.

A característica mais marcante da literatura sempre foi sua capacidade de projetar o discurso no espaço e no tempo. A internet se encarregou do primeiro, permitindo que enviássemos a escrita para qualquer lugar da Terra em segundos. Mas e quanto ao tempo? Quando passei a usar os últimos 4 mil anos de literatura como um guia para as mudanças que acontecem ao meu redor, comecei a imaginar arqueólogos literários do futuro. Serão capazes de descobrir obras-primas esquecidas, como a *Epopeia de Gilgamesh*?

A resposta está longe de ser inquestionável. A duração da mídia eletrônica ao longo do tempo já é vista como um problema devido à rápida obsolescência de programas e formatos de computador. Se tivermos sorte, os futuros historiadores serão capazes de transcodificar conjuntos de dados obsoletos ou reconstruir computadores antigos para acessar arquivos de outra forma ilegíveis (tanto quanto o código cuneiforme teve que ser reconstruído no século XIX). Os bibliotecários advertem que a melhor maneira de preservar a escrita dos caprichos das futuras guerras de formatos é imprimir tudo em papel. Talvez devêssemos esculpir nossos cânones em pedra, como fizeram os imperadores chineses. Mas a lição mais importante é que a única garantia de sobrevivência é o uso contínuo: um texto precisa permanecer relevante o suficiente para ser traduzido, transcrito, transcodificado e lido pelas gerações para persistir ao longo do tempo. É a educação, e não a tecnologia, que vai assegurar o futuro da literatura.

A despeito do que os futuros historiadores encontrem, eles

384

entenderão melhor do que nós o poder transformador de nossa atual revolução da escrita. O que podemos dizer com certeza é que a população mundial cresceu e que as taxas de alfabetização aumentaram acentuadamente, o que significa que muitíssimo mais escrita está sendo produzida por mais pessoas e publicada e lida de forma mais ampla do que nunca. Estamos à beira de uma segunda grande explosão — o mundo da escrita está prestes a mudar mais uma vez.

Agradecimentos

Enquanto escrevia este livro, que se baseia na obra de escritores e estudiosos desde o início da literatura, me sentia naturalmente mais como um escriba montando um texto a partir de fontes existentes do que um autor moderno inventando uma história nova. Dou crédito em notas às centenas de pessoas que contribuíram para minha história de literatura, mas a ajuda enorme que recebi de algumas merece ser mencionada aqui.

Uma rodada especial de agradecimentos vai para minha agente Jill Kneerim, que me ajudou a botar este livro em pé em seu início, e minha editora na Random House, Kate Medina, que tanto contribuiu para dar a este livro sua forma final, junto com Erica Gonzalez e minha editora na Granta, Bella Lacey. Minha gratidão particular vai para os amigos e colegas que leram alguns capítulos, especialmente Peter Burgard, David Conrad, David Damrosch, Wiebke Denecke, Barbara Fuchs, Stephen Greenblatt, Paulo Horta, Maya Jasanoff, Luke Menand, Parimal Patil, Elaine Scarry, David Stern e Bill Todd. O livro também foi inspirado no curso que dei com meu amigo e colega David Damrosch sobre literatura universal para estudantes em Harvard e em outros 155 países, graças à nova tecnologia de educação on-line. Eu não poderia ter escrito este livro sem a experiência de reunir uma grande antologia da literatura universal com uma maravilhosa equipe de colegas da qual fizeram parte Suzanne Akbari, David Conrad, Wiebke Denecke, Vinay Dharwadker, Barbara Fuchs, Caroline Levine, Pericles Lewis, Pete Simon e Emily Wilson.

Muitos amigos me deram ouvidos e ofereceram conselhos sábios, como Tim Baldenius, Leonard Barkan, Michael Eskin, Ariane Lourie Harrison, Seth Harrison, Ursula Heise, Noah Herringman, Sam Haselby, Maya Jasanoff, Caroline Levine, Sharon Marcus, Luke Menand, Bernadette Meyler, Klaus Mladek, Franco Moretti, Bruce Robbins, Freddie Rokem, Alison Simmons, Matthew Smith, Kathrin Stengel, Henry Turner e Rebecca Walkowitz, bem como meus irmãos Stephan e Elias e minha mãe, Anne-Lore.

Amanda Claybaugh fez mais do que qualquer outra pessoa para dar forma a esta história da literatura — e trazer prazer, significado e amor para a história de minha vida. Este livro é dedicado a ela.

Notas

INTRODUÇÃO: O NASCER DA TERRA [pp. 9-23]

1. *Apollo 8 Technical Air-to-Ground Voice Transcription* (Manned Spacecraft Center, Houston, Texas: National Aeronautics and Space Administration, dez. 1968), fita 3, p. 3.

2. A injeção translunar ocorreu a 10 822,04 m/s. Ver "Apollo 8, The Second Mission: Testing the CSM in Lunar Orbit", 21-27 dez. 1968. Disponível em: <history.nasa.gov/SP-4029/Apollo_08a_Summary.htm>. Acesso em: 10 jan. 2017.

3. *Apollo 8 Onboard Voice Transcription as Recorded on the Spacecraft Onboard Recorder* (*Data Storage Equipment*) (Manned Spacecraft Center, Houston, Texas: National Aeronautics and Space Administration, jan. 1969), p. 41.

4. *Apollo 8 Technical Air-to-Ground Voice Transcription*, fita 37, p. 3.

5. Ibid., fita 57, p. 6.

6. Ibid.

7. Ibid.

8. Pat Harrison, "American Might: Where 'the Good and the Bad Are All Mixed Up'". *Radcliffe Magazine*, 2012. Disponível em: <radcliffe.harvard.edu/news/radcliffe-magazine/american-might-where-good-and-bad-are-all-mixed>. Acesso em: 5 ago. 2016.

9. *Apollo 8 Technical Air-to-Ground Voice Transcription*, fita 57, p. 5.

10. Ibid., fita 46, p. 5.

11. *Apollo 8 Onboard Voice Transcription*, p. 177.

12. Ibid., p. 195.

13. Ibid., p. 196.

14. Jack Roberts, District Judge, United States District Court, W. D. Texas, Austin Division, Memorandum Opinion, 1º dez. 1969. O'Hair v. Paine Civ. A. nº A-69-CA-109.

15. A frase é objeto de controvérsia e pode ser de um discurso de Nikita Khruschóv.

1. O LIVRO DE CABECEIRA DE ALEXANDRE [pp. 25-47]

1. Plutarch, *Lives*. Trad. de Bernadotte Perrin. Cambridge, Mass.: Harvard University Press, 1919, v. VII, cap. VIII, seção 2. (Loeb Classical Library 99) [Ed. bras.: Plutarco, *Vidas paralelas*. São Paulo: Paumape, 1992.]

2. Ibid., cap. VIII, seções 2-3.

3. Este relato do casamento e da morte de Filipe da Macedônia se baseia em Diodorus Siculus, *The Library of History*. Trad. de C. H. Oldfather. Cambridge, Mass.: Harvard University Press, 1933, livro XVI, seções 91-4. (Loeb Classical Library 422). As principais fontes clássicas sobre Alexandre são Arriano e Plutarco, além de Diodoro Sículo. Esses relatos se baseiam em fontes mais antigas e perdidas.

4. Plutarco, *Vidas*, cap. VI, seções 1-6.

5. Ibid., cap. LI, seção 4.

6. Ibid., cap. X, seções 1-2.

7. Ibid., cap. IX, seções 4 ss.

8. Circularam diversas teorias sobre quem estaria por trás do ataque. Plutarco acredita que tenha sido Pausânias, um guarda maltratado. Plutarco, *Vidas*, cap. X, seção 4. Ver também Diodorus Siculus, *Library*, cap. XVI, seção 93 ss.

9. Plutarco, *Vidas*, cap. XI. Consultei também Arriano, *Anabasis of Alexander*. Trad. de P. A. Brunt. Cambridge, Mass.: Harvard University Press, 1976, livro I, cap. 1 ss. (Loeb Classical Library 236).

10. Homer, *Iliad*. In: *Norton Anthology of World Literature*. Trad. de Stanley Lombardo. Org. de Martin Puchner. Nova York: Norton, 2012, p. 254, livro VI: linhas 491-500. [Ed. bras.: Homero, *Ilíada*. Trad. de Frederico Lourenço. São Paulo: Penguin/Companhia das Letras, 2013.]

11. Plutarco, *Vidas*, cap. VII, seções 2 ss.

12. Ibid., cap. VIII, seções 2-3.

13. Arriano, *Anabasis*, livro I, cap. 11, seção 5. Diodoro Sículo, *Biblioteca histórica*, cap. XVII, seções 17, 11.

14. Arriano, *Anabasis*, livro i, cap. 12, seção 1.

15. Plutarco, *Vidas*, cap. xv, seção 4.

16. Aelian, *Historical Miscellany*. Org. e trad. de N. G. Wilson Cambridge, Mass.: Harvard University Press, 1997, livro 9, seção 38. (Loeb Classical Library 486) [Ed. bras.: Eliano, o Sofista, *Histórias diversas de Eliano*. São Paulo: Martins Fontes, 2009]; Plutarco, *Vidas*, cap. xvi, seção 5.

17. Arriano, *Anabasis*, livro i, cap. 11.

18. Ibid., caps. 13 ss.

19. Joseph Roisman e Ian Worthington, *A Companion to Ancient Macedonia*. Nova York: Wiley, 2010, p. 449.

20. Plutarco, *Vidas*, cap. lxiii, seção 2 ss.

21. Arriano, *Anabasis*, livro ii, caps. 5 ss.; Plutarco, *Vidas*, caps. xx-xxi.

22. Sobre a identificação de Alexandre com Aquiles, ver também Andrew Stewart, *Faces of Power: Alexander's Image and Hellenistic Politics*. Berkeley: University of California Press, 1993, pp. 80 ss, v. 11.

23. Quintus Curtius Rufus, *History of Alexander*. Trad. de J. C. Rolfe. Cambridge, Mass.: Harvard University Press, [s. d.], livro iv, p. 29. (Loeb Classical Library 368).

24. Arriano, *Anabasis*, livro iii, caps. 9 ss.

25. Ibid., caps. 14-6.

26. Plutarco, *Vidas*, cap. xxi, seções 2-3.

27. Arriano, *Anabasis*, livro iii, cap. 21.

28. Ibid., livro iii, cap. 23, seções 1 ss.; cap. 25, seção 8.

29. Há uma única referência à escrita na *Ilíada*, quando Proito envia Belerofonte, que deseja ver morto, ao rei da Lícia com uma mensagem escrita "numa tabuleta de asa dupla", instruindo o rei a matar o portador da mensagem. Homer, *Iliad*, livro vi, pp. 155-203. [A trad. do trecho é da ed. bras.]

30. Para um relato fascinante da decifração do Linear B minoico, ver Margalit Fox, *The Riddle of the Labyrinth: The Quest to Crack an Ancient Code*. Nova York: HarperCollins, 2013.

31. A ideia de que o material homérico foi composto e preservado oralmente foi proposta por Milman Parry e Albert Lord na década de 1920. Consultei também Walter J. Ong, *Orality and Literacy: The Technologizing of the Word*. Nova York: Methuen, 1982.

32. A revolução mental que levou a um sistema puramente alfabético foi captada por Robert K. Logan, ainda que as consequências atribuídas a essa inovação sejam exageradas, em *The Alphabet Effect: A Media Ecology Understanding of the Making of Western Civilization*. Cresskill, N. J.: Hampton Press, 2004.

33. Henri-Jean Martin, *The History and Power of Writing*. Trad. de Lydia G. Cochrane. Chicago: University of Chicago Press, 1994, p. 31.

34. Esse argumento se baseia no fato de que não existem usos anteriores do alfabeto grego específicos para transações econômicas, com exceção dos textos Linear B.

35. Essa teoria é defendida por Barry B. Powell em *Homer and the Origin of the Greek Alphabet*. Cambridge, Reino Unido: Cambridge University Press, 1991.

36. Martin, *History and Power*, p. 37.

37. Plutarco, *Vidas*, cap. xxviii; Arriano, *Anabasis*, livro vii, cap. 29.

38. Arriano, *Anabasis*, livro vii, cap. 23.

39. Eliano, *Histórias diversas*, livro ii, seção 19.

40. Plutarco, *Vidas*, cap. xlv, seção 1.

41. Ibid., cap. xlvii.

42. Arriano, *Anabasis*, livro iv, caps. 5-6.

43. Plutarco, *Lives*, cap. l, seções 5-6.

44. Arriano, *Anabasis*, livro iv, cap. 12; Plutarco, *Vidas*, cap. liv, seção 4.

45. Ibid., cap. 14, seção 7.

46. William V. Harris, *Ancient Literacy*. Cambridge, Mass.: Harvard University Press, 1991, pp. 118 ss.

47. Ibid., p. 138.

48. Ibid., p. 61.

49. George Derwent Thomson, *The Greek Language*. Cambridge, Reino Unido: W. Heffer and Sons, 1972, p. 34; Leonard R. Palmer, *The Greek Language*. Londres: Faber and Faber, 1980, p. 176.

50. Thomson, *Greek Language*, p. 35; F. E. Peters, *The Harvest of Hellenism: A History of the Near East from Alexander the Great to the Triumph of Christianity*. Nova York: Simon and Schuster, 1970, p. 61.

51. Amélie Kuhrt e Susan Sherwin-White (Orgs.). *Hellenism in the East: The Interaction of Greek and Non-Greek Civilizations from Syria to Central Asia After Alexander*. Berkeley: University of California Press, 1988, p. 81; Peter Green, *Alexander the Great and the Hellenistic Age: A Short History*. Londres: Weidenfeld and Nicolson, 2007, p. 63. Consultei também M. Rostovtzeff, *The Social and Economic History of the Hellenistic World*. Oxford: Clarendon Press, 1941, v. 1, pp. 446 ss.

52. Peters, *Harvest of Hellenism*, pp. 61, 345. Consultei também Jonathan J. Price e Shlomo Naeh, "On the Margins of Culture: The Practice of Transcription in the Ancient World". In: Hannah M. Cotton et al. (Orgs.). *From Hellenism to Islam: Cultural and Linguistic Change in the Roman Near East*. Cambridge: Cambridge University Press, 2009, pp. 267 ss., e Peter T. Daniels e William Bright (Orgs.). *The World's Writing Systems*. Oxford: Oxford University Press, 1996, pp. 281, 515, 372.

53. Harry Falk, *Schrift im alten Indien: Ein Forschungsbericht mit Anmerkungen*. Tübingen: Gunter Narr Verlag, 1993, p. 127.

54. Ibid., pp. 81-3.

55. Plutarco, *Vidas*, cap. LXII, seções 1 ss.

56. Arriano, *Anabasis*, livro I, cap. 12, seção 2; Plutarco, *Vidas*, cap. XV, seção 5.

57. Arriano, *Anabasis*, livro IV, cap. 12, seção 5.

58. Ibid., caps. 12-4.

59. A ambição homérica mais explícita é a de Arriano, que observa que Alexandre não teve um poeta à altura de um Homero para fazer seu elogio e se oferece para preencher o vazio com seu relato. Arriano, *Anabasis*, livro I, cap. 12, seções 4-5.

60. Peters, *Harvest of Hellenism*, p. 550.

61. *The Greek Alexander Romance*. Trad., introd. e notas de Richard Stoneman. Londres: Penguin, 1991, p. 35. Consultei também Joseph Roisman e Ian Worthington, *A Companion to Ancient Macedonia*. Nova York: Wiley, 2010, p. 122.

62. Abolquasem Ferdowsi, *Shahnameh: The Persian Book of Kings*. Trad. de Dick Davis. Pref. de Azar Nafisi. Nova York: Penguin, 1997, pp. 454-5.

63. Plutarco, *Vidas*, cap. XXIX, seção 2.

64. Ibid., cap. XXVI, p. 3.

65. Roy MacLeod (Org.). *The Library of Alexandria: Centre of Learning in the Ancient World*. Londres: Tauris, 2000.

66. Galeni [Cláudio Galeano], *In Hippocratis Epidemiarum librum III commentaria III*, Corpus Medicorum Graecorum. Org. de Ernst Wenkebach. Berlim: Teubner, 1936, v. 10, 2.1. Comentário II 4 [III 1 L.], 606.5-17, 79. Consultei também Roy MacLeod, *The Library of Alexandria*, p. 65.

67. Harris, *Ancient Literacy*, p. 122.

68. Daniels e Bright, *The World's Writing Systems*, p. 287.

69. Price e Naeh, "On the Margins of Culture", p. 263. Consultei também Rostovtzeff, *Social and Economic History*, p. 423, e Kuhrt e Sherwin-White, *Hellenism in the East*, pp. 23 ss.

2. REI DO UNIVERSO: A RESPEITO DE GILGAMESH E ASSURBANÍPAL [pp. 48-70]

1. Agradeço a meu amigo e colega David Damrosch pela generosa ajuda neste capítulo (bem como em vários outros). Ministrar com David o curso "Obras-primas da literatura universal" em Harvard foi fundamental para a feitura deste livro.

2. Sir Austen Henry Layard, *Discoveries among the Ruins of Nineveh and Babylon*, resumo da obra maior. Nova York: Harper, 1853, p. 292.

3. Sir Austen Henry Layard, *Nineveh and Its Remains*. Londres: John Murray, 1849, v. 1, p. 70. 2 v.

4. Id., *Discoveries among the Ruins of Nineveh and Babylon: Being the Result of a Second Expedition*. Londres: John Murray, 1853, p. 347.

5. Id., *Nineveh and Its Remains*, v. 1, p. 327.

6. Um excelente relato da descoberta e decifração da escrita cuneiforme se encontra em David Damrosch, *The Buried Book: The Loss and Rediscovery of the Great Epic of Gilgamesh*. Nova York: Henry Holt, 2006.

7. Herman Vanstiphout, "Enmerkar and the Lord of Aratta". *Epics of Sumerian Kings: The Matter of Aratta*. Atlanta: Society of Biblical Literature, 2003, pp. 49-96.

8. *The Epic of Gilgamesh*. Trad. de Benjamin R. Foster. Nova York: Norton, 2001. Rep. em Puchner, *Norton Anthology of World Literature*, pp. 99-150. Consultei também Stephen Mitchell, *Gilgamesh: A New English Version*. Nova York: Simon and Schuster, 2006. [Ed. bras.: *A epopeia de Gilgámesh*. São Paulo: Autêntica, 2017.]

9. Foster, *Gilgamesh*, tabuleta i, verso 20.

10. Jeffrey H. Tigay, *The Evolution of the Gilgamesh Epic*. Filadélfia: University of Pennsylvania Press, 1982.

11. Foster, *Gilgamesh*, tabuleta xi, verso 110.

12. Ibid., tabuleta i, verso 10. Há certa ambiguidade neste trecho, no modo como a atividade de escrever é atribuída diretamente a Gilgamesh, mas o herói e a tabuleta escrita estão intimamente associados em todas as leituras.

13. Informações biográficas baseadas principalmente em Daniel Arnaud, *Assurbanipal, Roi d'Assyrie*. Paris: Fayard, 2007. Fontes primárias podem ser encontradas em Benjamin R. Foster, *Before the Muses: An Anthology of Akkadian Literature*. Bethesda, Md.: CDL Press, 1993.

14. Jane A. Hill, Philip Jones e Antonio J. Morales, *Experiencing Power, Generating Authority*. Filadélfia: University of Pennsylvania Press, 2013, p. 337.

15. "To Ishtar of Nineveh and Arbela". In: Foster, *Before the Muses*. v. 2: p. 702; e "Assurbanipal and Nabu". In: Ibid., v. 2, pp. 712-3.

16. Pierre Villard, "L'Éducation d'Assurbanipal", *Ktèma*, v. 22, pp. 135-49, 141, 1997.

17. Samuel Noah Kramer, "Schooldays: A Sumerian Composition Relating to the Education of a Scribe", *Journal of the American Oriental Society*, v. 69, n. 4, pp. 199-215, 205, out./dez. 1949.

18. "A Supervisor's Advice to a Young Scribe". *The Literature of Ancient Sumer*. Trad. e introd. de Jeremy Black, Graham Cunningham, Eleanor Robson e Gábor Zólyomi. Oxford: Oxford University Press, 2004, p. 278.

19. Refere-se a um texto egípcio, "Reminder of the Scribe's Superior Status". In: William Kelly Simpson (Org.). *The Literature of Ancient Egypt*. New Haven: Yale University Press, 2003, pp. 438-9.

20. Martin, *History and Power*, p. 44.

21. Samuel Noah Kramer, *History Begins at Sumer: Thirty-nine Firsts in Recorded History*. Filadélfia: University of Pennsylvania Press, 1956, pp. 3 ss.

22. Alasdair Livingstone, "Ashurbanipal: Literate or Not?", *Zeitschrift für Assyriologie*, v. 97, pp. 98-118, 104. DOI 1515/ZA.2007.005.

23. Villard, "L'Éducation d'Assurbanipal", p. 139.

24. Eckart Frahm, "Royal Hermeneutics: Observations on the Commentaries from Ashurbanipal's Libraries at Nineveh". *Iraq*, v. 66; *Nineveh. Papers of the 49th Rencontre Assyriologique Internationale*, parte 1, pp. 45-50, 2004. Livingstone, "Ashurbanipal: Literate or Not?", p. 99.

25. Eleanor Robson, "Reading the Libraries of Assyria and Babylonia". In: Jason König, Katerina Oikonomopoulou e Greg Woolf (Orgs.). *Ancient Libraries*. Cambridge: Cambridge University Press, 2013, pp. 38-56.

26. Frahm, "Royal Hermeneutics", p. 49.

27. Arnaud, *Assurbanipal*, p. 68.

28. "Pious Scholar". In: Foster, *Before the Muses*, v. 2, p. 714.

29. Arnaud, *Assurbanipal*, p. 75.

30. Sami Said Ahmed, *Southern Mesopotamia in the Time of Ashurbanipal*. Haia: Mouton, 1968, p. 74.

31. Ahmed, *Southern Mesopotamia*, p. 87. Consultei também Jeanette C. Fincke, "The Babylonian Texts of Nineveh". In: *Archiv für Orientforschung*, v. 50, pp. 111-48, 122, 2003-4.

32. Arnaud, *Assurbanipal*, p. 270.

33. Grant Frame e A. R. George, "The Royal Libraries of Nineveh: New Evidence for King Ashurbanipal's Tablet Collecting". *Iraq*, v. 67, n. 1, pp. 265-84.

34. Robson, "Reading the Libraries", p. 42, nota 32.

35. Arnaud, *Assurbanipal*, pp. 259 ss.

36. Fincke, "Babylonian Texts of Nineveh", pp. 129 ss.

37. Daniel C. Snell, *Life in the Ancient Near East, 3100-332 B.C.E.* New Haven: Yale University Press, 1997, pp. 30 ss. Consultei também Martin, *History and Power*, p. 11.

38. Isso fazia parte de um padrão mais amplo de adoção da escrita por conquistadores nômades. Ver, por exemplo, Robert Tignor et al., *Worlds Together,*

Worlds Apart: A History of the World. 2. ed. Nova York: Norton, 2008, pp. 99, 105, 252.

39. Daniel David Luckenbill, *Ancient Records of Assyria and Babylonia*. Chicago: University of Chicago Press, 1927, v. 2, p. 379. Tradução adaptada por mim.

40. Sobre a universidade medieval e seu foco nas línguas mortas, ver Martin, *History and Power*, p. 150.

41. David M. Carr, *Writing on the Tablet of the Heart: Origins of Scripture and Literature*. Oxford: Oxford University Press, 2005, pp. 47-56.

42. Arnaud, *Assurbanipal*, p. 278.

43. Foster, *Before the Muses*, v. 2, p. 714.

44. Ver Damrosch, *Buried Book*, p. 194.

3. ESDRAS E A CRIAÇÃO DA ESCRITURA SAGRADA [pp. 71-88]

1. Agradeço a meu colega David Stern pelos comentários a este capítulo. Sobre a relação entre a literatura mesopotâmica e a Bíblia hebraica, ver David Damrosch, *The Narrative Covenant: Transformations of Genre in the Growth of Biblical Literature*. San Francisco: Harper and Row, 1987, pp. 88 ss.

2. Joseph Blenkinsopp, *Judaism, the First Phase: The Place of Esdras and Nehemiah in the Origins of Judaism*. Grand Rapids, Mich.: William B. Eerdmans Publishing, 2009, p. 117. Os assentamentos começaram já em 597, centralizados em Nippur.

3. Haim Gevaryahu, "Esdras the Scribe", *Dor le Dor: The World Jewish Bible Society*, v. 6, n. 2, pp. 87-93, 90, inverno 1977-8. Esdras é descrito como um *unmanu*, o tipo de escriba que fora conselheiro de Assurbanípal.

4. Sobre a redação no exílio, ver Martin, *History and Power*, pp. 105 ss.

5. Frank H. Polak, "Book, Scribe, and Bard: Oral Discourse and Written Text in Recent Biblical Scholarship", *Prooftexts*, v. 31, n. 1-2, pp. 118-40, 121, inverno-primavera 2011. Consultei também William M. Schniedewind, *How the Bible Became a Book: The Textualization of Ancient Israel*. Cambridge, Reino Unido: Cambridge University Press, 2004; e David M. Carr, *Writing on the Tablet*.

6. Juha Pakkala, Esdras the Scribe: *The Development of Esdras 7-10 and Nehemia 8*. Berlim: Walter de Gruyter, 2004, p. 256.

7. Há um debate sobre qual seria exatamente o texto que Esdras traz de volta. É apenas o Deuteronômio? É difícil saber. Tendo a concordar com aqueles, como Lisbeth S. Fried, em *Esdras and the Law in History and Tradition* (Columbia, S.C.: University of South Carolina Press, 2014), que sustentam que ele trouxe o Pentateuco inteiro, ou pelo menos o impulso narrativo dele.

8. Carr, *Writing on the Tablet*, p. 169.

9. Alguns chegam a dizer que Esdras e seus colegas escribas na verdade produziram a Bíblia hebraica no exílio babilônio, usando como base a tradição escrita relativamente pequena até então existente. Ver Gevaryahu, "Esdras the Scribe".

10. Martha Himmelfarb, *Between Temple and Torah: Essays on Priests, Scribes, and Visionaries in the Second Temple Period and Beyond*. Tübingen: Mohr Siebeck, 2013. Himmelfarb descreve como Moisés se torna retrospectivamente o primeiro escriba (p. 105).

11. Êxodo 19,20.

12. Êxodo 24,4.

13. Êxodo 24,12, 31,18.

14. Êxodo 32,19.

15. Êxodo 34,1.

16. Na maioria das leituras desse episódio, é Moisés que escreve nesse momento, mas resta certa ambiguidade.

17. Êxodo 34,27-8.

18. Relato baseado nos livros bíblicos de Esdras e Neemias, conforme a *Bíblia do rei Jaime*. As datas são contestadas com base na suposição de que o Artaxerxes mencionado seja Artaxerxes I.

19. Esdras 8,15-20.

20. Esdras 8,22.

21. Esdras 7,11-28. Sobre a disseminação do aramaico, consultei também Falk, *Schrift im alten Indien*, pp. 77 ss.

22. Fried, *Ezra and the Law*, pp. 13, 27. Esdras é descrito como um das centenas de *gaushkaiya*, "ouvidos do rei".

23. Pakkala, *Ezra the Scribe*, p. 13. Esdras estaria protegendo o Levante depois das revoltas egípcias de 464-54 a.C.

24. Donna J. Laird, *Negotiating Power: The Social Contours of Esdras-Nehemiah*. Ann Arbor: UMI, 2013. Número UMI 3574064, p. 338.

25. Ibid., pp. 21 ss.; Pakkala, *Ezra the Scribe*, p. 253.

26. Ralf Rothenbusch, "... *abgesondert zur Tora Gottes hin": Ethnisch-religiöse Identitäten im Esra/Nehemiabuch*. Freiburg: Herder, 2012, p. 268.

27. Sigo a sequência bíblica segundo a qual Esdras precede Neemias, o reconstrutor das muralhas da cidade. Essa opinião é confirmada, entre outros, por Pakkala (*Ezra the Scribe*), e Blenkinsopp (*Judaism, the First Phase*). Outros estudiosos, entre eles Fried, sustentam que Neemias chegou primeiro e reconstruiu as muralhas da cidade, e só então Esdras entrou em cena (Fried, *Ezra and the Law*). De um ângulo teatral, eu diria que os redatores queriam reunir os dois eventos

sinalizadores, a reconstrução da muralha e a leitura da Torá. Conseguiram isso colocando a leitura de Esdras em Neemias, antes do término da muralha.

28. Sigo a sequência sugerida na Bíblia, em que Esdras e Neemias são contemporâneos (Neemias 2,13).

29. Esdras 1,1-6.

30. Pakkala descreve tensões entre os exilados que retornavam da Babilônia, o grupo da *golah* e o chamado "povo da terra", que havia permanecido (Pakkala, *Ezra the Scribe*, p. 265). Consultei também Blenkinsopp, *Judaism, the First Phase*, pp. 48 ss.

31. Esdras 9.

32. Esdras 10.

33. Neemias 8.

34. Neemias 8,5-6.

35. Fried, *Ezra and the Law*, pp. 37-8, 43. Pakkala, *Ezra the Scribe*, p. 279. Ver também Jeffrey H. Tigay, "The Torah Scroll and God's Presence". In: Maxine L. Grossman (Org.). *Built by Wisdom, Established by Understanding: Essays on Biblical and Near Eastern Literature in Honor of Adele Berlin*. Bethesda: University Press of Maryland, 2013, pp. 323-40, 328 ss. Tigay examina como o rolo passou a encarnar a presença de Deus. Karel van der Toorn compara o culto do rolo no judaísmo com o culto da imagem nas religiões da Babilônia em "The Iconic Book: Analogies Between the Babylonian Cult of Images and the Veneration of the Torah". In: Karel van der Toorn (Org.). *The Image and the Book: Iconic Cults, Aniconism, and the Rise of Book Religion in Israel and the Ancient Near East*. Leuven: Peeters, 1997, pp. 229-48.

36. John J. Collins, "The Transformation of the Torah in Second Temple Judaism". *Journal for the Study of Judaism*, v. 43, pp. 455-74, 461, 2012. Consultei também Neemias 8,8.

37. Mark F. Whitters, "Baruch as Ezra in 2 Baruch". *Journal of Biblical Literature*, v. 132, n. 3, pp. 569-84, 582, 2013.

38. Martha Himmelfarb, *A Kingdom of Priests: Ancestry and Merit in Ancient Judaism*. Filadélfia: University of Pennsylvania Press, 2006, p. 12.

39. Neemias 13.

40. Himmelfarb, *Kingdom of Priests*, p. 171.

41. Martin Whittingham, "Ezra as the Corrupter of the Torah? Re-Assessing Ibn Hazm's Role in the Long History of an Idea". *Intellectual History of the Islamicate World*, v. 1, pp. 253-71, 253, 2013.

42. Esdras 4,10.

43. Whittingham, "Ezra as the Corrupter", p. 260. Consultei também Gevaryahu, "Ezra the Scribe", p. 92.

398

44. Whittingham, "Ezra as the Corrupter", p. 261.

45. Ibid., p. 264.

46. Agradeço a Freddie Rokem por ter me servido de guia na Cidade Antiga de Jerusalém.

47. Wolfgang Iser, *The Act of Reading: A Theory of Aesthetic Response*. Baltimore: Johns Hopkins University Press, 1980.

4. APRENDENDO COM BUDA, CONFÚCIO, SÓCRATES E JESUS [pp. 89-127]

1. Agradeço a Parimal G. Patil e Wiebke Denecke pela ajuda neste capítulo. Wiebke Denecke me ensinou muito sobre literatura do Leste Asiático, inclusive sobre a tradição chinesa dos professores mestres, da qual tratou em seu excelente livro *The Dynamics of Masters Literature: Early Chinese Thought from Confucius to Han Feizi*. Cambridge, Mass.: Harvard University Press, 2011. (Harvard--Yenching Institute Monograph Series n. 74).

2. Esse padrão se relaciona com a noção de era axial de Karl Jaspers, embora ele não dê atenção à dinâmica da literatura e à influência das tecnologias da escrita. Karl Jaspers, *The Origin and Goal of History*. Basingstoke: Routledge, 2011. (Routledge Revivals).

3. Um dos poucos intelectuais que relacionaram a noção de era axial de Jaspers com a escrita é Jan Assmann, "Cultural Memory and the Myth of the Axial Age". In: Robert N. Bellah e Hans Joas (Orgs.). *The Axial Age and Its Consequences*. Cambridge, Mass.: Harvard University Press, 2012, pp. 337-65, 397 ss.

4. A maioria dos estudiosos ocidentais supõe que Buda morreu no ano 400 a.C., aos oitenta anos (K. R. Norman, *A Philological Approach to Buddhism*. Lancaster, Reino Unido: Pali Text Society, 2006, p. 51). A tradição budista situa a data cerca de oitenta anos antes.

5. Relato baseado em várias fontes, principalmente *Buddha-Karita: Or Life of the Buddha, by Asvaghosha, Sanskrit text, edited from a Devanagari and Two Nepalese Manuscripts, with variant readings, and English translation by Edward B. Cowell*. Nova Delhi: Cosmo Publications, 1977. Ver também a nova tradução desse texto: Ashvaghosha, *Life of the Buddha*. Trad. de Patrick Olivelle, Clay Sanskrit Library. Nova York: New York University Press, 2008. Utilizei também Peter Harvey, *An Introduction to Buddhism: Teachings, History and Practices*. 2. ed. Cambridge, Reino Unido: Cambridge University Press, 2013.

6. *Buddha-Karita*, 3:1.

7. *Buddha-Karita*, 3:3 ss.

8. *Buddha-Karita*, 3:23.

9. *Buddha-Karita*, 10:34.

10. Plutarco, *Vidas*, cap. LXIV, seção 1.

11. *Buddha-Karita*, 12:89 ss.

12. *Buddha-Karita*, 12:111.

13. *Buddha-Karita*, 12:101.

14. Peter Harvey (Org.). *Buddhism*. Londres: Continuum, 2001.

15. *The Collection of the Middle Length Sayings* (Majjhima-Nikaya), v. 1; *The First Fifty Discourses*. Trad. do páli de I. B. Horner. Londres: Pali Text Society, 1954.

16. Atos desse tipo são descritos em muitos sutras, entre eles *The Diamond of Perfect Wisdom*. Trad. de Chung Tai Translation Committee, jan. 2009. Disponível em: <buddhajewel.org/teachings/sutras/diamond-of-perfect-wisdom-sutra/>. Acesso em: 13 nov. 2016.

17. Richard F. Gombrich, *How Buddhism Began: The Conditioned Genesis of the Early Teachings*. 2. ed. Londres: Routledge, 1996, p. 15.

18. Ibid., p. 16. Ver também Richard Gombrich, "Did the Buddha Know Sanskrit? Richard Gombrich's Response to a Point in the BSR Review of His What the Buddha Thought". *Buddhist Studies Review*, v. 30, n. 2, pp. 287-8, 2013. Consultei também Norman, *Philological Approach*, p. 34.

19. Shi Zhiru, "Scriptural Authority: A Buddhist Perspective", *Buddhist-Christian Studies*, v. 30, pp. 85-105, 88, 2010.

20. Essa questão é objeto de debates acalorados. Richard Gombrich, "How the Mahayana Began" (*The Buddhist Forum*, v. 1, pp. 21-30, 27, 1990), afirma que não existia escrita. Consultei também Falk, *Schrift im alten Indien*, p. 337. Peter Skilling, "Redaction, Recitation, and Writing: Transmission of the Buddha's Teachings in India in the Early Period" — em Stephen C. Berkwitz, Juliane Schober e Claudia Brown (Orgs.). *Buddhist Manuscript Cultures: Knowledge, Ritual, and Art*. Basingstoke: Routledge, 2009, pp. 53-75, 63 —, supõe que existiria alguma escrita, que seria usada apenas com propósitos administrativos. Há também o enigma da chamada escrita do vale do Indo, consideravelmente mais antiga, que pode ou não ser uma escrita linguística e que ainda não foi decifrada (Daniels e Bright, *World's Writing Systems*, pp. 165 ss.).

21. Berkwitz et al., *Buddhist Manuscript Cultures*, v. 3. Um argumento a favor de uma transmissão oral fixada foi apresentado por Alexander Wynne, "The Oral Transmission of the Early Buddhist Literature". *Journal of the International Association of Buddhist Studies*, v. 27, n. 1, pp. 97-127, 2004. Consultei também Norman, *Philological Approach*, p. 57.

22. Falk, *Schrift im alten Indien*, p. 243.

23. Sobre as diferenças entre as duas formas de transmissão oral, em especial

a grande variação na transmissão budista, ver Wynne, "The Oral Transmission", p. 123. Sobre a influência das técnicas brâmanes de recitação, ver Gombrich, "How the Mahayana Began". *Journal of Pali and Buddhist Studies*, pp. 29-46, 31 ss., 1988.

24. Falk, *Schrift im alten Indien*, pp. 287 ss.

25. Ver Gombrich, *How Buddhism Began*.

26. Zhiru, "Scriptural Authority", p. 98.

27. *The Original Analects: Sayings of Confucius and His Successors*. Trad. e comentário de E. Bruce Brooks e A. Taeko Brooks. Nova York: Columbia University Press, 1998, pp. 3 ss.

28. Brooks e Brooks, *Original Analects*, p. 11.

29. Ibid. Consultei também o Chinese Text Project. Disponível em: <ctext. org/analects>. Acesso em: 17 jul. 2015.

30. Confúcio, *Analects*. Trad. e introd. de D. C. Lau. Londres: Penguin, 1979, pp. 2-17. [Ed. bras.: *Os analectos*. Trad. Giorgio Sinedino. São Paulo: Ed. da Unesp, 2012.]

31. Ibid., 2:9, 5:9, 6:3, 11:7, 11:11.

32. Ibid., 3:19, 3:23.

33. Ibid., 3:24.

34. Ibid., 14:44.

35. O cap. 10 de *Os analectos* é dedicado exclusivamente às ações e hábitos de mestre Kong; não registra nenhuma palavra dele.

36. *Os analectos*, 16:13. Outras menções positivas de Odes em *Os analectos* podem ser encontradas em 1:15, 3:8, 7:18, 8:8 e 17:9.

37. Ibid., 13:5.

38. Ibid., 13:3.

39. Ibid., 7:19.

40. Ibid., 13:3.

41. Daniels e Bright, *World's Writing Systems*, pp. 191 ss.

42. *Os analectos*, 10.

43. Ver Denecke, *Dynamics of Masters Literature*.

44. Michael Nylan, *The Five "Confucian" Classics*. New Haven: Yale University Press, 2001, pp. 1 ss., 36.

45. Relato baseado em Plato [Platão], *Phaedo* [*Fédon*]. In: *Euthyphro, Apology, Crito, Phaedo, Phaedrus*. Trad. Harold North Fowler. Cambridge, Mass.: Harvard University Press, 1914. 64a. (Loeb Classical Library 36).

46. Platão, *Apology*, em *Euthyphro, Apology, Crito*, 18b ss.

47. Ibid., 31d.

48. Id., *Crito*, em *Euthyphro, Apology, Crito*, 45b ss.

49. Id., *Phaedo*, em *Euthyphro, Apology, Crito*, 61b ss.

50. Id., *Republic*: livros 6-10. Org. e trad. de Chris Emlyn-Jones; William Preddy. Cambridge, Mass.: Harvard University Press, 2013, vii, 514a. (Loeb Classical Library 276).

51. Id., *Phaedo*, em *Euthyphro, Apology, Crito*, 85a.

52. Ibid., 116c.

53. Ibid., 77d-e.

54. Ibid., 117e.

55. Para os debates sobre alfabetização, ver Harris, *Ancient Literacy*, pp. 8, 13 ss., 100.

56. Ibid., p. 95.

57. Ibid., p. 86.

58. Platão, *Simposyum*, em *Lysis, Symposium, Gorgias*. Trad. de W. R. M. Lamb. Cambridge, Mass.: Harvard University Press, 1925, 174a. (Loeb Classical Library 166).

59. Id., *Ion*, em *Statesman, Philebus, Ion*. Trad. de Harold North Fowler; W. R. M. Lamb. Cambridge, Mass.: Harvard University Press, 1925, 537b. (Loeb Classical Library 164).

60. Id., *Simposym*, em *Lysis, Symposium*, 219e.

61. Id., *Phaedrus*, em *Euthyphro, Apology, Crito*, 227a.

62. Ibid., 257e.

63. Ibid., 274a ss.

64. Ibid., 275b-c.

65. Ibid., 175d-e.

66. Id., *Phaedo*, 59b.

67. Martin Puchner, *The Drama of Ideas: Platonic Provocations in Theater and Philosophy*. Nova York: Oxford University Press, 2010.

68. Mateus 4,1 ss.

69. Mateus 4,1-11.

70. Mateus 5-7.

71. João 8,6.

72. Mateus 5,17.

73. Mateus 3,3.

74. Lucas 22,37.

75. João 1,14.

76. Atos dos Apóstolos 2,1 ss.

77. Atos dos Apóstolos 9,4-18.

78. Sobre a importância das cartas para os primeiros cristãos, ver Harris, *Ancient Literacy*, p. 221.

79. A Biblioteca de Pérgamo talvez até tenha sido o modelo para a de Ale-

xandria. Thomas Hendrickson, "The Invention of the Greek Library". *Transactions of the American Philological Association*, v. 144, n. 2, pp. 371-413, 387 ss., outono 2014.

80. Strabo [Estrabão], *Geography*. Trad. de Horace Leonard Jones. Cambridge, Mass.: Harvard University Press, 1917, VIII, 1. v. 1, pp. 54-5. (Loeb Classical Library 49).

81. Carr, *Writing on the Tablet*, p. 283.

82. Daniels e Bright, *World's Writing Systems*, p. 487.

83. Abraham Wasserstein e David J. Wasserstein, *The Legend of the Septuagint: From Classical Antiquity to Today*. Cambridge, Reino Unido: Cambridge University Press, 2006.

84. Rudolf Pfeiffer, *History of Classical Scholarship: From 1300 to 1850*. Nova York: Oxford University Press, 1976, p. 236.

85. Jonathan M. Bloom, *Paper Before Print: The History and Impact of Paper in the Islamic World*. New Haven: Yale University Press, 2001, p. 25.

86. Ibid., p. 27.

87. Carr, *Writing on the Tablet*, p. 279; Bloom, *Paper Before Print*, p. 25. Ver também Harris, *Ancient Literacy*, p. 296.

88. Martin, *History and Power*, pp. 59 ss.

89. Colin H. Roberts e T. C. Skeat, *The Birth of the Codex*. Londres: Oxford University Press, 1983, p. 22.

90. Há um excelente relato da descoberta do *Sutra do diamante* em Frances Wood e Mark Barnard, *The Diamond Sutra: The Story of the World's Earliest Dated Printed Book*. Londres: British Library, 2010.

91. Ibid., p. 32.

92. Joyce Morgan e Conrad Walters, *Journeys on the Silk Road: A Desert Explorer, Buddha's Secret Library, and the Unearthing of the World's Oldest Printed Book*. Guilford, Conn.: Lyons Press, 2012, p. 134.

93. *The Diamond of Perfect Wisdom Sutra*. Trad. do Chung Tai Translation Committee, jan. 2009, da tradução chinesa de Tripitaka Master Kumarajiva, p. 11. Disponível em: <buddhajewel.org/teachings/sutras/diamond-of-perfect--wisdom-sutra/>. Acesso em: 13 nov. 2016.

94. Ibid., p. 12.

95. Sarah Allan, *Buried Ideas: Legends of Abdication and Ideal Government in Early Chinese Bamboo-Slip Manuscripts*. Albany: State University of New York Press, 2015.

96. Tsien Tsuen-Hsuin, *Paper and Printing, in Science and Civilisation in China*. Org. de Joseph Needham. v. 5: *Chemistry and Chemical Technology*. Cam-

bridge, R. U.: Cambridge University Press, 1985. Consultei também Dard Hunter, *Papermaking: The History and Technique of an Ancient Craft*. Nova York: Dover, 1978.

97. Morgan e Walters, *Journeys on the Silk Road*, p. 135.

98. *Sacred Texts*, British Library Online Gallery. Disponível em: <bl.uk/onlinegallery/sacredtexts/diamondsutra.html>. Acesso em: 13 nov. 2016.

99. Martin, *History and Power*, p. 393.

100. The International Dunhuang Project. Disponível em: <idp.bl.uk/>. Acesso em: 8 nov. 2016.

101. A principal fonte a respeito desse incidente é o grande historiador chinês Sima Qian, que escreveu cem anos depois (Nylan, *Five Confucian Classics*, p. 29).

102. Ibid., p. 33.

103. Ibid., pp. 32-41.

104. Simon Eliot; Jonathan Rose, *A Companion to the History of the Book*. Malden, Mass.: Wiley-Blackwell, 2007, p. 104.

105. Liang Cai, "Excavating the Genealogy of Classical Studies in the Western Han Dynasty (206 B.C.E.-8 C.E.)". *Journal of the American Oriental Society*, v. 131, n. 3, pp. 371-94, 383, jul./set. 2011.

106. Katherine R. Tsiang, "Monumentalization of Buddhist Texts in the Northern Qi Dynasty: The Engraving of Sutras in Stone at the Xiangtangshan Caves and Other Sites in the Sixth Century". *Artibus Asiae*, v. 56, n. 3-4, pp. 233-61, 1966.

107. Nylan, *Five Confucian Classics*, p. 53. Consultei também Tsien Tsuen-Hsuin, *Paper and Printing*, pp. 156 ss.

108. Entre as outras, há uma biblioteca entalhada durante a dinastia Wei (220-265). P. J. Ivanhoe, "The Shifting Contours of the Confucian Tradition". *Philosophy East and West*, v. 54, n. 1, pp. 83-94, 89, jan. 2004.

5. MURASAKI E O *ROMANCE DE GENJI*: O PRIMEIRO GRANDE ROMANCE DA HISTÓRIA UNIVERSAL [pp. 128-52]

1. Agradeço a meu ex-colega Haruo Shirane pela ajuda neste capítulo.

2. Murasaki Shikibu, *Her Diary and Poetic Memoirs*. Trad. e estudo de Richard Bowring. Princeton, N. J.: Princeton University Press, 1982, p. 139.

3. Ibid., p. 137.

4. Ibid., p. 139.

5. Richard Bowring, *Murasaki Shikibu: The Tale of Genji*. Cambridge, Reino Unido: Cambridge University Press, 1988, p. 12.

6. *Okagami, the Great Mirror: Fujiwara Michinaga (966-1027) and His Times*. Estudo e trad. de Helen Craig McCullough. Princeton: Princeton University Press, 1980.

7. Ivan Morris, *The World of the Shining Prince: Court Life in Ancient Japan*. Nova York: Knopf, 1964, p. 22.

8. Kazuko Koizumi, *Traditional Japanese Furniture: A Definitive Guide*. Tóquio: Kodansha International, 1986, pp. 158-60. Consultei também Joseph T. Sorensen, *Optical Allusions: Screens, Paintings, and Poetry in Classical Japan (ca. 800-1200)*. Leiden: E. J. Brill, 2012.

9. Bowring, *Murasaki Shikibu*, p. 68.

10. Morris, *The World of the Shining Prince*, p. 178.

11. Murasaki Shikibu, *The Tale of Genji*. Trad. de Dennis Washburn. Nova York: Norton, 2015, p. 109.

12. Ibid., pp. 122-3.

13. Ibid., p. 125.

14. Ibid., pp. 125-6.

15. Wiebke Denecke, *Classical World Literatures: Sino-Japanese and Greco--Roman Comparisons*. Nova York: Oxford University Press, 2014.

16. Morris, *The World of the Shining Prince*, p. 97.

17. Ibid., p. 67.

18. Ibid., pp. 426-7.

19. Ibid., p. 675.

20. Morris, *The World of the Shining Prince*, pp. 101, 110.

21. Murasaki, *The Tale of Genji*, pp. 260-1.

22. Ibid., p. 677.

23. Ibid., p. 678.

24. Ibid., p. 121.

25. Haruo Shirane, *The Bridge of Dreams: A Poetics of "The Tale of Genji"*. Stanford: Stanford University Press, 1978, p. 58.

26. Morris, *The World of the Shining Prince*, p. 280.

27. Bowring, *Murasaki Shikibu*, p. 78.

28. Sobre a história da recepção do *Romance de Genji*, ver o excelente livro de Haruo Shiranes, *Envisioning The Tale of Genji: Media, Gender, and Cultural Production*. Nova York: Columbia University Press, 2008.

29. Bowring, *Murasaki Shikibu*, p. 86.

30. Morris, *The World of the Shining Prince*, p. 79.

31. Murasaki, *Diary*, p. 141.

6. MIL E UMA NOITES COM SHERAZADE [pp. 153-78]

1. Agradeço a meu amigo Paulo Horta pela ajuda neste capítulo.

2. Nabia Abbott, "A Ninth-Century Fragment of the 'Thousand Nights': New Light on the Early History of the Arabian Nights". *Journal of Near Eastern Studies*, v. 8, n. 3, pp. 129-64, jul. 1949.

3. Robert Irwin, *The Arabian Nights: A Companion*. Londres: Palgrave Macmillan, 2004, p. 51.

4. Ibid., pp. 120 ss. Consultei também Richard G. Hovannisian e Georges Sabagh (Orgs.). *The "Thousand and One Nights" in Arabic Literature and Society*. Introd. de Fedwa Malti-Douglas. Cambridge, Reino Unido: Cambridge University Press, 1997; Eva Sallis, *Sheherazade Through the Looking Glass: The Metamorphosis of the "Thousand and One Nights"*. Richmond, Surrey: Curzon, 1999; Paul McMichael Nurse, *Eastern Dreams: How the "Arabian Nights" Came to the World*. Toronto: Viking, 2010; John Barth, *Chimera*. Nova York: Random House, 1972; e Marina Warner, *Stranger Magic: Charmed States and the Arabian Nights*. Cambridge, Mass.: Harvard University Press, 2013.

5. Richard F. Burton, *The Book of the Thousand Nights and a Night: A Plain and Literal Translation of the Arabian Nights Entertainments*. EUA: Printed by the Burton Club for Private Subscribers Only, 1885-8, v.1, pp. 82-4.

6. *The Fihrist of al-Nadim: A Tenth-Century Survey of Muslim Culture*. Org. e trad. de Bayard Dodge. Nova York: Columbia University Press, 1970, livro 8, v. 2, p. 714.

7. Ibid.

8. No ensaio "As mil e uma noites", Jorge Luis Borges também menciona a conexão entre Alexandre e *As mil e uma noites*. Jorge Luis Borges, *Seven Nights*. Trad. de Eliot Weinberger. Nova York: New Directions, 1984, pp. 43 ss. [Ed. bras.: *Borges oral & Sete noites*. São Paulo: Companhia das Letras, 2011.]

9. Yuriko Yamanaka, "Alexander in the Thousand and One Nights and the Ghazali Connection". In: Tetsuo Nishio e Yuriko Yamanaka, *The Arabian Nights and Orientalism: Perspectives from East and West*. Londres: Tauris, 2006, pp. 93-115.

10. *The Book of the Thousand Nights*, Burton, v. 5, pp. 252-4.

11. Irwin, *The Arabian Nights*, p. 63.

12. Ibid., p. 64.

13. Jerome Bruner, *Making Stories: Law, Literature, Life*. Cambridge, Mass.: Harvard University Press, 2003, pp. 3 ss. Consultei também Steven Pinker, *The Language Instinct: How the Mind Creates Language*. Nova York: Harper, 1995, p. 6. [Ed. bras.: *O instinto da linguagem: Como a mente cria a linguagem*. São Paulo: Martins, 2002.]

14. Donald E. Polkinghorne diz que os seres humanos se envolveram num "monólogo quase ininterrupto", em *Narrative Knowing and the Human Sciences*. Albany: State University of New York Press, 1988, p. 160.

15. Joseph Campbell, *The Hero with a Thousand Faces*. Princeton: Princeton University Press, 1949.

16. Aboubakr Chraïbi (Org.). *Arabic Manuscripts of the "Thousand and One Nights": Presentation and Critical Editions of Four Noteworthy Texts; Observations on Some Osmanli Translations*. Paris: espaces&signes, 2016. Chraïbi classifica esse tipo de literatura de "literatura média" (p. 63).

17. Sobre a narrativa em moldura, ver Mia Irene Gerhardt, *The Art of Story-Telling: A Literary Study of the "Thousand and One Nights"*. Leiden: E. J. Brill, 1963, pp. 389 ss.

18. Sobre Harun como protagonista, ver Gerhardt, *Art of Story-Telling*, p. 466.

19. Esse conto é do *Suka Saptati*, que foi traduzido do sânscrito para o persa como *Tutinama*. Irwin, *Arabian Nights*, pp. 67 ss. Esse texto, por sua vez, foi traduzido para o turco e constituiu a base para uma tradução alemã com o título de *Papagaienbuch*, a primeira versão traduzida para uma língua ocidental, em 1858. *Tuti-Nameh: Das Papagaienbuch, Eine Sammlung orientalischer Erzählungen, nach der türkischen Bearbeitung zum ersten Mal übersetzt von Georg Rosen*. Leipzig: Brockhaus, 1858.

20. Essa narrativa em moldura, para ganhar tempo, era de origem indiana e foi transmitida via Pérsia no século xiv, de acordo como Gerhardt, *Art of Story-Telling*, p. 397.

21. Richard F. Burton, *Vikram and the Vampire: Classic Hindu Tales of Adventure, Magic, and Romance*. Rochester, Vt.: Park Street Press, 1993.

22. Tsien Tsuen-Hsuin, *Paper and Printing*.

23. A história é provavelmente falsa, mas revela a importância estratégica de Samarcanda e do papel, ao mesmo tempo que busca explicar o atraso na difusão dessa tecnologia. Bloom, *Paper Before Print*, pp. 42 ss. Consultei também Elizabeth ten Grotenhuis, "Stories of Silk and Paper", *World Literature Today*, v. 80, n. 4, pp. 10-2, jul./ago. 2006.

24. Bloom, *Paper Before Print*, pp. 48-51.

25. Nicholas A. Basbanes, *On Paper: The Everything of Its Two-Thousand-Year History*. Nova York: Vintage, 2013, pp. 48-9.

26. Bloom, *Paper Before Print*, p. 117.

27. Embora se afirme com frequência que Maomé era analfabeto, isso não é incontestável. Claude Gilliot, "Creation of a Fixed Text". In: Jane Dammen McAuliffe (Org.). *The Cambridge Companion to the Qur'an*. Cambridge, Reino Unido: Cambridge University Press, 2009, p. 42.

28. Fred M. Donner, "The Historical Context". In: McAuliffe (Org.), *Cambridge Companion to the Qur'an*, pp. 31 ss. Consultei tambĕm Fernand Braudel, que compara Maomé a Homero em *A History of Civilizations*. Trad. de Richard Mayne. Londres: Penguin, 1993, p. 48.

29. Gilliot, "Creation of a Fixed Text", p. 44.

30. Fred Leemhuis, "From Palm Leaves to the Internet", em McAuliffe, *Cambridge Companion to the Qur'an*, p. 146. Consultei também Bloom, *Paper Before Print*, p. 27.

31. Bloom, *Paper Before Print*, p. 68. Consultei também Oliver Leaman, "The Manuscript and the Qur'an". *The Qur'an: An Encyclopedia*. Londres: Routledge, 2006, p. 385.

32. Bloom, *Paper Before Print*, p. 9.

33. Paulo Lemos Horta, *Marvellous Thieves: Secret Authors of the Arabian Nights*. Cambridge, Mass.: Harvard University Press, 2016.

34. Leemhuis, "From Palm Leaves to the Internet", p. 151.

35. Peer Teuwsen, "Der meistgehasste Türke", *Tages-Anzeiger*, 5 fev. 2005. Disponível em: <web.archive.org/web/20090116123035/http://sc.tagesanzeiger. ch/dyn/news/kultur/560264.html>. Acesso em: 10 ago. 2016.

36. Orhan Pamuk, *The Naïve and the Sentimental Novelist: The Charles Eliot Norton Lectures*. Trad. de Nazim Dikbas. Cambridge, Mass.: Harvard University Press, 2010. [Ed. bras.: *O romancista ingênuo e o sentimental*. São Paulo: Companhia das Letras, 2011.]

7. GUTENBERG, LUTERO E O NOVO PÚBLICO DA IMPRENSA [pp. 179-206]

1. *The Holy Relics of Aix-la-Chapelle with Copies of Them: To Which Is Added a Short Description of the Town, Its Curiosities and Its Environs*. Aix-la-Chapelle: Printer and Editor M. Urlichs Son, 19-?.

2. *Gutenberg: Aventur und Kunst: Vom Geheimunternehmen zur ersten Medienrevolution*, herausgegeben von der Stadt Mainz anlässlich des 600. Geburtstages von Johannes Gutenberg. Mainz: Hermann Schmidt, 2000, p. 97.

3. Ibid., p. 126.

4. Ibid., p. 309.

5. Albert Kapr, *Johannes Gutenberg: Persönlichkeit und Leistung*. Munique: Beck, 1987, p. 80.

6. Kapr, *Johannes Gutenberg*, pp. 35 ss.

7. *Gutenberg: Aventur und Kunst*, p. 119. Consultei também Michael Giesecke, *Der Buchdruck in der frühen Neuzeit: Eine historische Fallstudie über die Durch-*

setzung neuer Informations-und Kommunikationstechnologien. Frankfurt am Main: Suhrkamp, 1991.

8. Kapr, *Johannes Gutenberg*, p. 28.

9. Ibid., p. 80; *Gutenberg: Aventur und Kunst*, p. 126.

10. Andreas Venzke, *Johannes Gutenberg*. Zurique: Benziger, 1993, p. 78.

11. Ibid., p. 71.

12. Ibid., p. 93.

13. *The Holy Relics of Aix-la-Chapelle*, p. 6.

14. Venzke, *Johannes Gutenberg*, p. 135.

15. Kapr, *Johannes Gutenberg*, p. 113.

16. Ibid., p. 107.

17. Venzke, *Johannes Gutenberg*, p. 113.

18. Stephan Füssel, *Johannes Gutenberg*. Reinbeck bei Hamburg: Rowohlt, 1999, p. 35.

19. *Gutenberg: Aventur und Kunst*, p. 163.

20. Venzke, *Johannes Gutenberg*, p. 113.

21. *Gutenberg: Aventur und Kunst*, pp. 172 ss.

22. Ibid., p. 178.

23. Füssel, *Johannes Gutenberg*, p. 20.

24. Ibid., p. 61.

25. Stephan Füssel, *Gutenberg und seine Wirkung*. Frankfurt am Main: Insel Verlag, 1999, p. 26.

26. *Gutenberg: Aventur und Kunst*, p. 444.

27. John Edwards, "'España es diferente'? Indulgences and the Spiritual Economy in Late Medieval Spain". In: R. N. Swanson (Org.). *Promissory Notes on the Treasury of Merits: Indulgences in Late Medieval Europe*. Leiden: E. J. Brill, 2006, pp. 147-68, 147.

28. Füssel, *Johannes Gutenberg*, p. 54.

29. Guy Bechtel, *Gutenberg et l'invention de l'imprimerie: Une enquête*. Paris: Fayard, 1992, p. 87. Marco Polo não diz se o papel-moeda que viu era impresso, mas era certamente carimbado. *The Travels of Marco Polo*. Trad. e introd. de Ronald Latham. Londres: Penguin, 1958, p. 147.

30. Eckehard Simon, *The Türkenkalender (1454), Attributed to Gutenberg and the Strasbourg Lunation Tracts*. Cambridge, Mass.: Medieval Academy of America, 1988.

31. Venzke, *Johannes Gutenberg*, p. 55.

32. É possível que tenha existido uma relação pessoal entre Gutenberg e Nicolau de Cusa. Albert Kapr, "Gab es Beziehungen zwischen Johannes Gutenberg and Nikolaus von Kues?", *Gutenberg-Jahrbuch*, pp. 32-40, 1972.

33. Martin Brecht, *Martin Luther: Sein Weg zur Reformation, 1483-1521*. Stuttgart: Calwer Verlag, 1981, p. 177. Consultei também Heiko A. Oberman, *Luther: Mensch zwischen Gott und Teufel*. Berlim: Severin und Siedler, 1981.

34. Füssel, *Johannes Gutenberg*, p. 54.

35. Swanson, *Promissory Notes*, p. 225.

36. Brecht, *Martin Luther*, p. 121.

37. Ibid., p. 176.

38. Ibid., pp. 177 ss.

39. Ibid., pp. 199 ss.

40. Ibid., p. 213.

41. Rudolf Hirsch, *Printing, Selling and Reading, 1450-1550*. Wiesbaden: Harrassowitz, 1974, pp. 67-78.

42. Elizabeth L. Eisenstein, *The Printing Press as an Agent of Change: Communications and Cultural Transformations in Early Modern Europe*. Cambridge, Reino Unido: Cambridge University Press, 1979, v. 1 e 2.

43. Ibid., p. 46.

44. Brian Moynahan, *God's Bestseller: William Tyndale, Thomas More, and the Writing of the English Bible: A Story of Martyrdom and Betrayal*. Nova York: St. Martin's Press, 2002, p. 55.

45. Christina Anderson, "Pope Francis, in Sweden, Urges Catholic-Lutheran Reconciliation". *New York Times*, 31 out. 2016. Disponível em: <https://www.nytimes.com/2016/11/01/world/europe/pope-francis-in-sweden-urges-catholic-lutheran-reconciliation.html>. Acesso em: 13 nov. 2016.

8. O *POPOL VUH* E A CULTURA MAIA: UMA SEGUNDA TRADIÇÃO LITERÁRIA INDEPENDENTE [pp. 207-29]

1. O relato a seguir se baseia em muitas fontes, das quais somente uma é de um inca, Titu Cusi Yupanqui, ditada a um escriba mestiço. Titu Cusi Yupanqui, *History of How the Spaniards Arrived in Peru*. Trad. e introd. de Catherine Julien. Indianapolis: Hackett, 2006. Consultei também Edmundo Guillén et al., *Versión Inca de la Conquista*. Lima: Carlos Milla Batres, 1974. Outros relatos: Francisco de Xeres, *Narrative of the Conquest of Peru*. Trad., org., notas e introd. de Clements R. Markham. Nova York: Burt Franklin, 1872; Pedro Pizarro, *Relation of the Discovery and Conquest of the Kingdoms of Peru*. Trad. para o inglês e notas de Philip Ainsworth Means. Nova York: Cortés Society, 1921, v. 1; e Augustín de Zárate, *Histoire de la découverte et de la conquête du Pérou*. Trad. do espanhol de S. de Broë. Paris: Compagnie des Libraires, 1714. Outras fontes se encontram

em Robert Grün; Evamaria Grün (Orgs.). *Die Eroberung von Peru: Pizarro und andere Conquistadoren, 1526-1712*. Tübingen: Horst Erdmann Verlag, 1973; Felipe Guaman Poma de Ayala, *The First New Chronicle and Good Government: On the History of the World and the Incas up to 1615*. Trad. e org. de Roland Hamilton. Austin: University of Texas Press, 2009; e Pedro de Cieza de León, *The Discovery and Conquest of Peru: Chronicles of the New World Encounter*. Org. e trad. de Alexandra Parma Cook e Noble David Cook. Durham, N. C.: Duke University Press, 1998. Utilizei também Francisco Cervantes de Salazar, *Crónica de la Nueva España*, Biblioteca de Autores Españoles. Madri: Atlas, 1971.

2. Entre as várias testemunhas oculares, Xeres, *Narrative of the Conquest of Peru*, diz que o livro era uma "Bíblia" (p. 95) e "escritura sagrada". Pedro de Cieza de León, *Discovery and Conquest of Peru*, o chama de "breviário". Zárate, *Histoire de la découverte*, fala de um "breviário" (v. 2, p. 173). Mas também de um "livro" que contém "a palavra de Deus" (p. 177). Titu Cusi Yupanqui, *History of How the Spaniards*, fala de um "livro". Pizarro, *Relation of the Discovery*, diz que era um "breviário" (p. 182). Guaman Poma de Ayala, *First New Chronicle*, se refere a um "breviário" (p. 387).

3. Somente 51 dos companheiros de Pizarro sabiam ler e escrever. Rafael Varón Gabai, *Francisco Pizarro and His Brothers: The Illusion of Power in Sixteenth-Century Peru*. Trad. de Javier Flores Espinoza. Norman: University of Oklahoma Press, 1997, p. 4. Consultei também Michael Wood, *Conquistadors*. Berkeley: University of California Press, 2000, e Stuart Stirling, *Pizarro: Conqueror of the Inca*. Phoenix Mill, Gloucestershire, Reino Unido: Sutton, 2005.

4. Dennis Tedlock, *2000 Years of Mayan Literature*, com novas traduções e interpretações do autor. Berkeley: University of California Press, 2010, p. 239.

5. Frei Diego de Landa, *Yucatan Before and After the Conquest*. Trad. e notas de William Gates. Nova York: Dover Publications, 1978, p. 7. Utilizei também Bernal Díaz del Castillo, *Historia verdadera de la conquista de la Nueva España*. Introd. e notas de Joaquín Ramírez Cabañas. México: Editorial Porrúa, 1966, pp. 26, 29, 2 v., e Francisco Cervantes de Salazar, *Crónica de la Nueva España II*. Madri: Atlas Ediciones, 1971, p. 186. Ver também Inga Clendinnen, *Ambivalent Conquests: Maya and Spaniard in Yucatan, 1517-1570*. 2. ed. Cambridge, Reino Unido: Cambridge University Press, 2003, p. 17.

6. Bernal Díaz del Castillo, *The History of the Conquest of New Spain*. Org. e introd. de Davíd Carrasco. Albuquerque: University of New Mexico Press, 2008, pp. 31, 36.

7. Hernán Cortés, *Letters from Mexico*. Trad. org. e nova introd. de Anthony R. Pagden. New Haven: Yale University Press, 2001, p. 45.

8. J. R. McNeill e William H. McNeill, *The Human Web: A Bird's-Eye View of World History*. Nova York: Norton, 2003, pp. 41 ss.

9. Talvez tenha havido quinze sistemas diferentes de escrita. Martha J. Macri, "Maya and Other Mesoamerican Scripts". In: Daniels e Bright, *World's Writing Systems*, p. 172.

10. Evidentemente, a grande exceção é Dennis Tedlock com seu livro fantástico *2000 Years of Mayan Literature*.

11. Macri, "Maya and Other Mesoamerican Scripts", p. 175.

12. Clendinnen, *Ambivalent Conquests*, pp. 66 ss. O primeiro biógrafo de Diego de Landa, que escreveu um século depois, foi Diego López de Cogolludo, *Los tres siglos de la dominación española en Yucatán, o sea Historia de esta provincia, desde la Conquista hasta la Independencia (1654)*. Mérida: Manuel Aldana Rivas, 1867-8, 2 v.

13. De Landa, *Yucatan Before and After the Conquest*, pp. 12 ss.

14. Ibid., pp. 12, 19.

15. Tedlock, *2000 Years of Mayan Literature*, pp. 146 ss.

16. Ibid., p. 154.

17. De Landa, *Yucatan Before and After the Conquest*, p. 13.

18. Tedlock, *2000 Years of Mayan Literature*, pp. 130-6.

19. De Landa, *Yucatan Before and After the Conquest*, p. 68.

20. Ibid., p. 71.

21. Clendinnen, *Ambivalent Conquests*, p. 76.

22. Inga Clendinnen, "Reading the Inquisitorial Record in Yucatán: Fact or Fantasy?", *The Americas*, v. 38, n. 3, pp. 327-45, jan. 1982.

23. De Landa, *Yucatan Before and After the Conquest*, p. 82.

24. O primeiro impressor foi Juan Pablos, e o primeiro livro do qual ainda temos fragmentos foi impresso por ele em 1540. Agustín Millares Carlo e Julián Calvo, *Juan Pablos: Primer impresor que a esta tierra vino*. México: Librería de M. Porrúa, 1953; Antonio Rodríguez-Buckingham, "Monastic Libraries and Early Printing in Sixteenth-Century Spanish America", *Libraries and Culture*, v. 24, n. 1, Libraries at Times of Cultural Change, pp. 33-56, 34, inverno 1998; e José Ignacio Conde e Díaz Rubín, *Artes de México*, n. 131, Libros Mexicanos, pp. 7-18, 7, 1970. Ver também *Colonial Printing in Mexico: Catalog of an Exhibition Held at the Library of Congress in 1939 Commemorating the Four Hundredth Anniversary of Printing in the New World*. Washington, DC: U.S. Government Printing Office, 1993, pp. 3 ss.

25. Tedlock, *2000 Years of Mayan Literature*, p. 299.

26. Utilizei *Popol Vuh: The Definitive Edition of the Mayan Book of the Dawn of Life and the Glories of Gods and Kings*. Ed. rev. e aumentada. Trad. de Dennis Tedlock. Nova York: Simon and Schuster, 1969, p. 63 (a tradução foi levemente modificada por mim). Consultei também *Popol Vuh: The Sacred Book of the An-*

cient Quiché Maya traduzido para o inglês por Delia Goetz e Sylvanus Griswold Morley, a partir da tradução de Adrián Recinos (Los Angeles: Plantin Press, 1954). [Ed. bras.: *Popol Vuh*. Org. de Sérgio Medeiros e Gordon Brotherston. São Paulo: Iluminuras, 2007; *Popol Vuh*. Trad. de Josely Vianna Baptista. São Paulo: Ubu, 2019.]

27. Tedlock, *Popol Vuh*, p. 128.

28. Frank G. Menke, *The Encyclopedia of Sports*. Nova York: A. S. Barnes, 1939, p. 147.

29. Tedlock, *Popol Vuh*, p. 142.

30. Ibid., p. 198.

31. Id., *2000 Years of Mayan Literature*, p. 300.

32. Nick Henck, *Subcommander Marcos: The Man and the Mask*. Durham, N. C.: Duke University Press, 2007, p. 319. Consultei também Marc Lacey, "10 Years Later, Chiapas Massacre Still Haunts Mexico", *New York Times*, 23 dez. 2007. Disponível em: <nytimes.com/2007/12/23/world/americas/23acteal.html>. Acesso em: 12 nov. 2016. Ver também Anne Huffschmid (Org.). *Subcomandante Marcos: Ein Maskierter Mythos*. Berlim: Elefanten Press, 1995.

33. Nicholas P. Higgins, *Understanding the Chiapas Rebellion: Modernist Visions and the Invisible Indian*. Austin: University of Texas Press, 2004, pp. 84 ss.

34. Henck, *Subcommander Marcos*, p. 71.

35. *Shadows of Tender Fury: The Letters and Communiqués of Subcomandante Marcos and the Zapatista Army of National Liberation*. Trad. de Frank Bardacke, Leslie López, e a Comissão de Direitos Humanos de Watsonville, Califórnia. Nova York: Monthly Review, 1995, p. 13.

36. Ibid., p. 13.

37. Subcomandante Marcos, *Zapatista Stories*. Londres: Katabasis, 2001, p. 23.

38. Deborah Esch, "Of Typewriters and Masking Tape: A Media History of the Zapatistas". *Al Jazeera*, 19 abr. 2013. Disponível em: <aljazeera.com/indepth/opinion/2013/04/2013415112152991530.html>. Acesso em: 16 jun. 2015.

39. Subcomandante Insurgente Marcos, *Our Word Is Our Weapon: Selected Writings*. Org. de Juana Ponce de León. Pref. de José Saramago. Nova York: Seven Stories, 2002, p. 407.

40. Jeff Conant, *A Poetics of Resistance: The Revolutionary Public Relations of the Zapatista Insurgency*. Oakland, Califórnia: AK Press, 2010.

41. Henck, *Subcommander Marcos*, pp. 77 ss.; Higgins, *Understanding* the Chiapas Rebellion, p. 158.

42. Henck, *Subcommander Marcos*, p. 94.

9. DOM QUIXOTE E OS PIRATAS [pp. 230-50]

1. Agradeço a Barbara Fuchs por sua generosa ajuda neste capítulo.

2. William Byron, *Cervantes: A Biography*. Nova York: Doubleday, 1978, p. 115.

3. Relato baseado em Byron, *Cervantes: A Biography*, pp. 124 ss.

4. Melveena McKendrick, *Cervantes*. Boston: Little, Brown, 1980, pp. 63 ss.

5. Byron, *Cervantes: A Biography*, p. 246; McKendrick, *Cervantes*, p. 85.

6. María Antonia Garcés, *Cervantes in Algiers: A Captive's Tale*. Nashville: Vanderbilt University Press, 2002.

7. Nabil Matar, "English Accounts of Captivity in North Africa and the Middle East: 1577-1625". *Renaissance Quarterly*, v. 54, n. 2, pp. 553-72, 556, verão 2001.

8. Melveena McKendrick, *Theatre in Spain 1490-1700*. Cambridge, Reino Unido: Cambridge University Press, 1989, pp. 196 ss.

9. Jean Canavaggio, "A propos de deux 'comedias' de Cervantès: Quelques remarques sur un manuscrit récemment retrouvé". *Bulletin Hispanique*, v. 68, n. 1, pp. 5-29, 1966. Consultei também, de Barbara Fuchs, o excelente *Passing for Spain: Cervantes and the Fictions of Identity*. Urbana-Champaign: University of Illinois Press, 2002, pp. 10-1.

10. Roger Chartier, *The Author's Hand and the Printer's Mind: Transformations of the Written Word in Early Modern Europe*. Malden, Mass.: Polity Press, 2013, p. 101. [Ed. bras.: *A mão do autor e a mente do editor*. São Paulo: Ed. da Unesp, 2014.]

11. Miguel de Cervantes, *Don Quixote*. Trad. de P. A. Motteux. Introd. de A. J. Close. Nova York: Knopf, 1991, parte I, pp. 48 ss. (Everyman's Library).

12. Oriol Valls i Subirà, *The History of Paper in Spain: XVII-XIX Centuries*. Trad. de Sarah Nicholson. Madri: Empresa Nacional de Celulosas, 1982, pp. 14-5.

13. Robert I. Burns, "Paper Comes to the West, 800-1400". In: Uta Lindgren (Org.). *Europäische Technik im Mittelalter, 800 bis 1400: Tradition und Innovation*. 4. ed. Berlim: Gebr. Mann Verlag, 1996, pp. 413-22, 417.

14. Chartier, *The Author's Hand*, p. 131.

15. Subirà, *The History of Paper in Spain*, pp. 15, 82.

16. Chartier, *The Author's Hand*, p. 99.

17. Ibid., p. 99; Subirà, *The History of Paper in Spain*, p. 82.

18. Há uma excelente análise da influência da literatura espanhola na Inglaterra em Barbara Fuchs, *The Poetics of Piracy: Emulating Spain in English Literature* (Filadélfia: University of Pennsylvania Press, 2013).

19. Irving A. Leonard, "Don Quixote and the Book Trade in Lima, 1606". *Hispanic Review*, v. 8, n. 4, pp. 285-304, out. 1940.

20. Ronald Hilton, "Four Centuries of Cervantes: The Historical Anatomy of a Best-Selling Masterpiece". *Hispania*, v. 30, n. 3, pp. 310-20, 312, 1947.

21. Chartier, *The Author's Hand*, p. 17.

22. Ver também Frederick A. de Armas, "Cervantes and the Italian Renaissance". In: Anthony J. Cascardi (Org.). *The Cambridge Companion to Cervantes*. Cambridge, Reino Unido: Cambridge University Press, 2002, pp. 32-57, 44.

23. Robert S. Stone, "Moorish Quixote: Reframing the Novel". *Cervantes: Bulletin of the Cervantes Society of America*, v. 33, n. 1, pp. 81-110, 2013.

24. Para uma excelente discussão da relação entre a Espanha de Cervantes e o mundo árabe, ver Fuchs, *The Poetics of Piracy*.

25. Adrian Johns, *Piracy: The Intellectual Property Wars from Gutenberg to Gates*. Chicago: University of Chicago Press, 2009, p. 23.

26. Tom Lathrop, "The Significance of Don Quijote's Discovery of a New Edition of Avellaneda". *Cervantes: Bulletin of the Cervantes Society of America*, v. 29, n. 2, pp. 131-7.

27. *The History of the Renowned Don Quixote de la Mancha, in Four Volumes, Written in Spanish by Miguel de Cervantes Saavedra, Translated by Several Hands: And Publish'd by Peter Motteux*. R. Knaplock et al.: Black Bull in Cirnhill, 1719, pp. 268-70.

28. Armas, "Cervantes and the Italian Renaissance", p. 58.

10. BENJAMIN FRANKLIN: EMPRESÁRIO DOS MEIOS DE COMUNICAÇÃO NA REPÚBLICA DAS LETRAS [pp. 251-72]

1. Chris Coelho, *Timothy Matlack: Scribe of the Declaration of Independence*. Jefferson, N. C.: McFarland, 2013, p. 55.

2. Ibid., p. 60.

3. Walter Isaacson, *Benjamin Franklin: An American Life*. Nova York: Simon and Schuster, 2004, p. 348. [Ed. bras.: *Benjamin Franklin: Uma vida americana*. São Paulo: Companhia das Letras, 2015.]

4. David D. Hall, "Readers and Writers in Early New England". In: Hugh Amory e David D. Hall (Orgs.). *A History of the Book in America*. Cambridge, Reino Unido: Cambridge University Press, 2000, v. 1: *The Colonial Book in the Atlantic World*, pp. 117-51, 120.

5. Carol Sue Humphrey, *The American Revolution and the Press: The Promise of Independence*. Pref. de David A. Copeland. Evanston, Ill.: Northwestern University Press, 2013, p. 23.

6. Amory e Hall, *History of the Book in America*, p. 380.

7. Isaacson, *Benjamin Franklin*, p. 440.

8. James N. Green e Peter Stallybrass, *Benjamin Franklin: Writer and Printer*. Filadélfia: Library Company of Philadelphia, 2006, p. 70.

9. Bernard Bailyn e John B. Hench (Orgs.). *The Press and the American Revolution*. Worcester, Mass.: American Antiquarian Society, 1980, p. 328.

10. Isaacson, *Benjamin Franklin*, p. 25; Isabel Hofmeyr, *The Portable Bunyan: A Transnational History of "The Pilgrim's Progress"*. Princeton: Princeton University Press, 2004.

11. George Simpson Eddy, "Dr. Benjamin Franklin's Library". *American Antiquarian Society*, pp. 206-26, 224, out. 1924.

12. Humphrey, *The American Revolution and the Press*, p. 23.

13. Jürgen Habermas, *Strukturwandel der Öffentlichkeit* (Frankfurt am Main: Suhrkamp, 1962). [Ed. bras.: *Mudança estrutural da esfera pública*. Rio de Janeiro: Tempo Brasileiro, 1984.]

14. *Miscellaneous Writings of G. W. F. Hegel*. Trad. de Jon Bartley Stewart. Evanston, Ill.: Northwestern University Press, 2002, p. 247.

15. Robert G. Parkinson, "Print, the Press, and the American Revolution". *American History: Oxford Research Encyclopedias*, data da publicação on-line 5 ago. 2015. Disponível em: <10.1093/acrefore/9780199329175.013.9>, p. 2. Acesso em: 2 nov. 2015.

16. Bailyn e Hench, *The Press and the American Revolution*, p. 334.

17. Parkinson, "Print, the Press, and the American Revolution", p. 2. Acesso em: 2 nov. 2015; Richard Buel, Jr., "Freedom of the Press in Revolutionary America: The Evolution of Libertarianism, 1760-1820", em Bailyn e Hench, *The Press and the American Revolution*, pp. 59-97, 69.

18. Parkinson, "Print, the Press, and the American Revolution", p. 2.

19. Robert A. Ferguson, "The Commonalities of Common Sense". *William and Mary Quarterly*, v. 57, n. 3, pp. 465-504, 466, jul. 2000; Craig Nelson, "Thomas Paine and the Making of Common Sense", *New England Review*, v. 27, n. 3, pp. 228-50, 243, 2006.

20. Bernard Bailyn, *The Ideological Origins of the American Revolution*. Ed. ampliada. Cambridge, Mass.: Harvard University Press, 1992.

21. Rutherfoord Goodwin, "The Williamsburg Paper Mill of William Parks the Printer". *The Papers of the Bibliographical Society of America*, v. 31, n. 1, pp. 21-44, 26, 1937.

22. Ralph Frasca, *Benjamin Franklin's Printing Network: Disseminating Virtue in Early America*. Columbia: University of Missouri Press, 2006, pp. 76 ss.

23. Frasca, *Benjamin Franklin's Printing Network*, p. 19.

24. Karl J. R. Arndt, "The First Translation and Printing in German of the American Declaration of Independence". *Monatshefte*, v. 77, n. 2, pp. 138-42, 140, verão 1985.

25. Joyce E. Chaplin, *The First Scientific American: Benjamin Franklin and the Pursuit of Genius*. Nova York: Basic Books, 2006, p. 46.

26. Frasca, *Benjamin Franklin's Printing Network*, p. 52.

27. Disponível em: <en.wikipedia.org/wiki /United_States_Postmaster_General>. Acesso em: 16 out. 2016.

28. Trish Loughran, *The Republic in Print: Print Culture in the Age of U.S. Nation Building, 1770-1870*. Nova York: Columbia University Press, 2007, pp. 6-15.

29. Isaacson, *Benjamin Franklin*, p. 207.

30. Para uma discussão de Franklin como cientista, ver Chaplin, *First Scientific American*.

31. Benjamin Franklin, carta a William Strahan, 19 ago. 1784. In: *A Benjamin Franklin Reader*. Org. e notas de Walter Isaacson. Nova York: Simon and Schuster, 2003, p. 340.

32. Ver Ann M. Blair, *Too Much to Know: Managing Scholarly Information Before the Modern Age* (New Haven: Yale University Press, 2010), que compara a gestão da informação antes e depois da imprensa.

33. Denis Diderot et al., *Encyclopédie, ou Dictionnaire raisonné des sciences, des arts et des métiers, par une société des gens de lettres*. Paris: Le Breton, 1755, v. 5, pp. 635-48A.

34. Chaplin, *The First Scientific American*, p. 55.

35. C. William Miller, *Benjamin Franklin's Philadelphia Printing, 1728-1766: A Descriptive Bibliography*. Filadélfia: American Philosophical Society, 1974, p. xxxviii.

36. Humphrey, *The American Revolution and the Press*, p. 49.

37. Frasca, *Benjamin Franklin's Printing Network*, p. 152.

38. Julian P. Boyd, *The Declaration of Independence: The Evolution of the Text*. Ed. rev. de Gerard W. Gawalt. Washington, DC: Library of Congress, 1999, p. 65.

39. Green e Stallybrass, *Benjamin Franklin: Writer and Printer*, p. 23.

40. Ibid., pp. 117 ss.

41. David Armitage, *The Declaration of Independence: A Global History*. Cambridge, Mass.: Harvard University Press, 2007.

42. *Beinecke Rare Book and Manuscript Library, Beinecke Digital Collections*. Disponível em: <brbl-dl.library.yale.edu/vufind/Record/3437127>. Acesso em: 10 jan. 2017.

11. LITERATURA UNIVERSAL: GOETHE NA SICÍLIA [pp. 273-93]

1. Agradeço a Peter J. Burgard por sua ajuda neste capítulo. O relato biográfico a seguir se baseia na autobiografia de Eckermann, em Johann Peter Eckermann, *Gespräche mit Goethe in den letzten Jahren seines Lebens*. Leipzig: Brockhaus, 1837. v. 1 e 2. pp. 1-34. [Ed. bras.: *Conversações com Goethe nos últimos anos de sua vida: 1823-1833*. São Paulo: Ed. da Unesp, 2016.]

2. Ralph Waldo Emerson, *Representative Men: Seven Lectures*. Introd. de Andrew Delbanco. Cambridge, Mass.: Harvard University Press, 1996. [Ed. bras.: *Homens representativos: Sete conferências*. Rio de Janeiro: Imago, 1996.]

3. Em *What Is World Literature?* (Princeton: Princeton University Press, 2003), David Damrosch descreve como as *Conversações com Goethe*, de Eckermann, nome original da publicação, se transformaram cada vez mais em *Conversações com Eckermann*, pondo Goethe na posição de autor (p. 33).

4. Eckermann, *Gespräche mit Goethe*, p. 322.

5. Ibid., p. 324.

6. "Die Epoche der Welt-Literatur ist an der Zeit und jeder muß jetzt dazu wirken, diese Epoche zu beschleunigen." Eckermann, *Gespräche mit Goethe*, p. 325.

7. Karl Otto Conrady, *Goethe: Leben und Werk*. Königstein: Athenaeum, 1985, v. 1, pp. 224-5.

8. Ibid., v. 2, pp. 333-5.

9. Bishop Thomas Percy, *Hau Kiou Choaan or The Pleasing History: A Translation from the Chinese Language*. Londres: Dodsley in Pall-Mall, 1761. As informações sobre o manuscrito se baseiam no prefácio de Percy a essa edição.

10. *The Fortunate Union: A Romance, Translated from the Chinese Original, with Notes and Illustrations by John Francis Davis*. Londres: Parbury, Allen and Co., 1829.

11. Para mais detalhes sobre a relação de Goethe com a China, ver Günther Debon e Adrian Hsia (Orgs.). *Goethe und China, China und Goethe*. Frankfurt am Main: Peter Lang, 1985.

12. Peter Perring Thoms, *Chinese Courtship. In Verse. To Which Is Added, an Appendix, Treating of the Revenue of China*. Londres: Parbury, Allen, and Kingsbury; Macau: East India Company Press, 1824.

13. Wilhelm Grimm escreve a seu irmão em 14 out. 1815: "Ele [Goethe] está metido nessa coisa persa, escreveu uma coleção de poemas no estilo de Hafiz, lê e explica Haoh Kioh Tschwen e está aprendendo persa com Paulus" (tradução para o inglês do autor). "Letter of Wilhelm Grimm to Jacob Grimm". In: *Goethe--Jahrbuch*. Org. do dr. Ludwig Geiger. Frankfurt am Main: Rütten and Loening,

1880, v. 1, p. 339. Para mais informações sobre essa leitura, ver Günther Debon, "Goethe erklärt in Heidelberg einen chinesischen Roman", em Debon e Hsia, *Goethe und China — China und Goethe*, pp. 51-62.

14. Ver Franco Moretti, "The Novel: History and Theory". *New Left Review*, n. 52, pp. 111-24, jul./ago. 2008.

15. Johann Wolfgang von Goethe, *West-Östlicher Divan*. In: *Gesamtausgabe*, Munique: DTV, 2000, v. 2, pp. 7-125, 25.

16. "Letter of Jacob Grimm to Wilhelm Grimm", Paris, 10 nov. 1815, em Geiger, *Goethe-Jahrbuch*, p. 339.

17. Rüdiger Safranski, *Goethe: Kunstwerk des Lebens*. Munique: Carl Hanser Verlag, 2013, p. 551.

18. Anant Kakba Priolkar, *The Printing Press in India: Its Beginnings and Early Development* (Mumbai: Marathi Samshodhana Mandala, 1958), pp. 6 ss. O primeiro livro numa língua do sul da Ásia foi impresso em tâmil, em 1578. Consultei também o dr. J. Mangamma, *Book Printing in India* (Nellore: Bangorey Books, 1975), pp. 17 ss.

19. Edward W. Said, *Orientalism*. Nova York: Pantheon Books, 1978. [Ed. bras.: *Orientalismo: O Oriente como invenção do Ocidente*. São Paulo: Companhia das Letras, 2007.]

20. Johann Wolfgang von Goethe, "Preface to German Romance". *Sämtliche Werke*, Münchner Ausgabe. Org. de Karl Richter. Munique: Carl Hanser Verlag, 1985-8, v. 18.2, pp. 85-7.

21. Johann Wolfgang von Goethe, *Italienische Reise*, em *Autobiographische Schriften III, Hamburger Ausgabe in 14 Bänden*. Munique: Verlag H. C. Beck, 1994, v. 11, p. 252. [Ed. bras.: *Viagem à Itália*. São Paulo: Companhia das Letras, 1999.]

22. Goethe, *Reise*, p. 299.

23. David A. Traill, *Schliemann of Troy: Treasure and Deceit*. Nova York: St. Martin's Press, 1996. Para um resumo da controvérsia em torno de Schliemann, ver Wolfgang Schindler, "An Archaeologist on the Schliemann Controversy", *Illinois Classical Studies*, v. 17, n. 1, pp. 135-51, primavera 1992; e D. F. Easton, "Heinrich Schliemann: Hero or Fraud?". *Classical World*, v. 91, n. 5, *The World of Troy*, pp. 335-43, maio/jun. 1998.

24. Goethe, *Reise*, pp. 266, 298.

25. Ibid., pp. 299-300.

26. Ibid., p. 270.

27. Ibid., pp. 296-7. A tradução para o inglês é minha.

28. Ibid., p. 297.

29. Ibid., p. 233.

30. Sobre pedras e vulcanismo na literatura, ver Noah Heringman, *Romantic Rocks, Aesthetic Geology*. Ithaca, NY: Cornell University Press, 2004.

31. Goethe, *Reise*, p. 230.

12. MARX, ENGELS, LÊNIN, MAO: LEITORES DO *MANIFESTO DO PARTIDO COMUNISTA*, UNI-VOS! [pp. 294-315]

1. Além das fontes citadas, este capítulo se baseia em pesquisa para meu livro *Poetry of the Revolution: Marx, Manifestos, and the Avant-Gardes*. Princeton: Princeton University Press, 2006. Uma excelente biografia intelectual de Karl Marx e do marxismo é a de Isaiah Berlin, *Karl Marx: His Life and Environment*, 4. ed. Oxford: Oxford University Press, 1969.

2. Philip Walsingham Sergeant, *A Century of British Chess*. Londres: Hutchinson and Co., 1934, p. 51.

3. Sobre a história do xadrez, ver David Shenk, *The Immortal Game: A History of Chess, or How 32 Carved Pieces on a Board Illuminated Our Understanding of War, Art, Science, and the Human Brain*. Nova York: Doubleday, 2006.

4. Sven Beckert, *Empire of Cotton: A Global History*. Nova York: Knopf, 2014.

5. W. G. Sebald, *Die Ausgewanderten*. Frankfurt am Main: Fischer, 1992, p. 283. [Ed. bras.: *Os emigrantes*. São Paulo: Companhia das Letras, 2009.]

6. Friedrich Engels, "Grundsätze des Kommunismus". *Karl Marx und Friedrich Engels*, Gesamtausgabe. Berlim: Dietz Verlag, 1977, pp. 361-80.

7. *Birth of the "Communist Manifesto": With Text of the Manifesto, All Prefaces by Marx and Engels, Early Drafts by Engels, and Other Supplementary Material*. Org., notas e introd. de Dirk J. Struik. Nova York: International Publishers, 1971, p. 60.

8. Puchner, *Poetry of the Revolution*, pp. 69 ss.

9. Carta de Friedrich Engels, em Paris, para Karl Marx, em Bruxelas, 23-24 nov. 1847, em: *Der Bund der Kommunisten: Dokumente und Materialien*. Berlim: Dietz Verlag, 1970, v. 1: 1826-49, p. 612. Tradução minha.

10. Berlin, *Karl Marx*, p. 124.

11. Karl Marx e Friedrich Engels, *The Communist Manifesto and Other Writings*. Introd. e notas de Martin Puchner. Nova York: Barnes and Noble, 2005, pp. 10-1. Trad. baseada em Samuel Moore, mas atualizada por mim.

12. Marx e Engels, *The Communist Manifesto*, p. 5.

13. Puchner, *Poetry of the Revolution*, p. 59.

14. Sobre a publicação em folhetins no século XIX, ver Amanda Claybaugh, *The Novel of Purpose: Literature and Social Reform in the Anglo-American World*. Ithaca, NY: Cornell University Press, 2007.

15. Informações sobre a publicação do *Manifesto do Partido Comunista* se

encontram em *Le Manifeste communiste de Marx et Engels: Histoire et Bibliographie, 1848-1918*. Org. de Bert Andréas. Milão: Feltrinelli, 1963.

16. Karl Marx e Friedrich Engels, *Gesamtausgabe*, III. Berlim: Dietz Verlag, 1977. v. 5: Briefe, p. 186.

17. Struik, *Birth of the "Communist Manifesto"*, p. 132.

18. Para uma biografia intelectual de Lênin, ver Georg Lukács, *Lenin: A Study on the Unity of His Thought*. Trad. de Nicholas Jacobs. Londres: Verso, 1998. Para uma biografia mais completa, ver Robert Service, *Lenin: A Biography*. Cambridge, Mass.: Harvard University Press, 2000.

19. Puchner, *Poetry of the Revolution*, pp. 89 ss.

20. Sheila Fitzpatrick, *The Russian Revolution*. 2. ed. Nova York: Oxford University Press, 1994, p. 45. [Ed. bras.: *A Revolução Russa*. São Paulo: Todavia, 2017.]

21. Ibid., p. 85.

22. Marc Ferro, *October 1917: A Social History of the Russian Revolution*. Trad. de Norman Stone. Londres: Routledge, 1980, pp. 174 ss.

23. Edgar Snow, *Red Star over China*. 1. ed. rev. e ampliada. Nova York: Grove, 1938.

24. Alexander V. Pantsov com Steven I. Levine, *Mao: The Real Story*. Nova York: Simon and Schuster, 2007, pp. 90 ss.

25. Snow, *Red Star*, p. 155.

26. Jean Lacouture, *Ho Chi Minh: A Political Biography*. Trad. do francês de Peter Wiles. Ed. da trad. de Jane Clark Seitz. Nova York: Random House, 1968, p. 18.

27. Nguyen Ai Quoc, *Le Procès de la colonisation française et autres textes de jeunesse*. Sel. e apres. de Alain Ruscio. Paris: Les Temps des Cerises, 1925, p. 116.

28. Fidel Castro, "How I Became a Communist: From a Question-and-Answer Period with Students at the University of Concepción, Chile", 18 nov. 1971. Disponível em: <historyofcuba.com/history/castro.htm>. Acesso em: 13 jan. 2017.

29. A melhor informação acadêmica sobre esse texto e suas edições se encontra na nova edição crítica *Hitler, Mein Kampf: Eine kritische Edition*. Org. de Christian Hartmann et al. Munique: Im Auftrag des Instituts für Zeitgeschichte, 2016.

13. AKHMÁTOVA E SOLJENÍTSIN: ESCREVENDO CONTRA O ESTADO SOVIÉTICO [pp. 316-33]

1. Agradeço ao meu colega William Mills Todd III por sua ajuda neste capítulo.

2. Roberta Reeder, *Anna Akhmatova: Poet and Prophet*. Nova York: Picador, 1994, pp. 35-6. Consultei também György Dalos, *Der Gast aus der Zukunft: Anna Achmatowa und Sir Isaiah Berlin, Eine Liebesgeschichte*, deutsche Bearbeitung von Elsbeth Zylla. Hamburgo: Europäische Verlagsanstalt, 1969, p. 28.

3. Amanda Haight, *Anna Akhmatova: A Poetic Pilgrimage*. Oxford: Oxford University Press, 1976, p. 80.

4. Tomas Venclova e Ellen Hinsey, "Meetings with Anna Akhmatova". *New England Review*, v. 34, n. 3/4, p. 171, 2014.

5. Dalos, *Gast aus der Zukunft*, p. 9.

6. Reeder, *Anna Akhmatova: Poet and Prophet*, pp. 199-200.

7. Sobre a cumplicidade ideológica de alguns prisioneiros, ver Jochen Hellbeck, *Revolution on My Mind: Writing a Diary Under Stalin*. New Haven: Yale University Press, 2006.

8. Haight, *Anna Akhmatova: A Poetic Pilgrimage*, p. 19. Ver também Clarence Brown, "Mandelshtam's Acmeist Manifesto". *Russian Review*, v. 24, n. 1, pp. 46-51, jan. 1965.

9. Haight, *Anna Akhmatova: A Poetic Pilgrimage*, p. 71.

10. Liev Trótski, *Literature and Revolution*. Org. de William Keach. Trad. de Rose Strunsky. Chicago: Haymarket Books, 1925, p. 50. [Ed. bras.: *Literatura e revolução*. Rio de Janeiro: Zahar, 2007.]

11. Haight, *Anna Akhmatova: A Poetic Pilgrimage*, p. 71.

12. Dalos, *Gast aus der Zukunft*, p. 71.

13. Reeder, *Anna Akhmatova: Poet and Prophet*, pp. 202-3.

14. Anna Akhmátova, "Requiem". *The Complete Poems of Anna Akhmatova*. Ed. atual. e ampliada. Trad. de Judith Hemschemeyer. Org. e int. de Roberta Reeder. Boston: Zephyr Press, 1997, p. 393.

15. Haight, *Anna Akhmatova: A Poetic Pilgrimage*, p. 98.

16. Ibid.

17. Ann Komaromi, "The Material Existence of Soviet Samizdat". *Slavic Review*, v. 63, n. 3, pp. 597-618, 598, outono 2004.

18. Anna Akhmátova, *My Half Century: Selected Prose*. Trad. e org. de Ronald Meyer. Ann Arbor, Mich.: Ardis, 1992, p. 25.

19. Reeder, *Anna Akhmátova: Poet and Prophet*, pp. 122, 119.

20. Ibid., p. 125.

21. Venclova e Hinsey, "Meetings with Anna Akhmatova", p. 178.

22. Informação baseada em Olga Voronina, *A Window with an Iron Curtain: Cold War Metaphors in Transition, 1945-1968*. Ann Arbor: UMI, 2010. Informações adicionais baseadas em L. Kopylov; T. Pozdniakova; N. Popova, *"I eto bylo tak": Anna Akhmatova i Isaiia Berlin* (São Petersburgo: Anna Akhmatova Museum at the Fountain House, 2009). A caminho de Moscou, Berlin encontrara

um amigo associado ao serviço secreto britânico chamado Noel Annan. Anne Deighton, "Berlin in Moscow. Isaiah Berlin: Academia, Diplomacy and Britain's Cultural Cold War", Oxford Sciences Po Research Group, Oxpo Working Paper, 5. Disponível em: <berlin.wolf.ox.ac.uk/lists/onib/deighton.pdf>. Acesso em: 27 dez. 2015. Foi Noel Annan que mais tarde editou o ensaio de Berlin sobre seu encontro com Akhmátova.

23. Akhmátova, *My Half Century*, p. 53.

24. Isaiah Berlin, *Personal Impressions*. Org. de Henry Hardy. Introd. de Noel Annan. Londres: Hogarth Press, 1980, pp. 201-2.

25. Sophie Kazimirovna Ostrovskaya, *Memoirs of Anna Akhmatova's Years, 1944-1950*. Trad. de Jessie Daves. Liverpool: Lincoln Davies, 1988, p. 52.

26. Michael Scammell, *Solzhenitsyn: A Biography*. Nova York: Norton, 1984, p. 447.

27. Dalos, *Gast aus der Zukunft*, pp. 158-60.

28. Scammell, *Solzhenitsyn: A Biography*, p. 440.

29. Ludmilla Alexeyeva, *Soviet Dissent: Contemporary Movements for National, Religious, and Human Rights*. Middletown, Conn.: Wesleyan University Press, 1985, p. 13.

30. Ibid., p. 15.

31. Ibid., p. 379.

32. Komaromi, "Material Existence of Soviet Samizdat", p. 609.

33. Alexeyeva, *Soviet Dissent*, pp. 13-5.

34. Scammell, *Solzhenitsyn: A Biography*, p. 440.

35. Alexander Soljenítsin, *One Day in the Life of Ivan Denisovich*. Trad. do russo de H. T. Willetts. Introd. de John Bayley. Nova York: Everyman, 1995. [Ed. bras.: *Um dia na vida de Ivan Deníssovitch*. São Paulo: Sextante, 2012.]

36. Scammell, *Solzhenitsyn: A Biography*, p. 142.

37. Ibid., p. 319.

38. Ibid., p. 370.

39. Ibid., p. 376.

40. Ibid., pp. 433, 436.

41. Z. K. Vodopianova e T. M. Goriaeva (Orgs.). *Istoriia sovetskoi politicheskoi tsenzury: Dokumenty i kommentarii*. Moscou: Rosspen, 1997, p. 587.

42. Haight, *Anna Akhmatova: A Poetic Pilgrimage*, p. 181.

43. James F. English, *The Economy of Prestige: Prizes, Awards, and the Circulation of Cultural Value*. Cambridge, Mass.: Harvard University Press, 2008.

44. Reeder, *Anna Akhmatova: Poet and Prophet*, pp. 500, 371.

45. Dalos, *Gast aus der Zukunft*, p. 217.

14. A *EPOPEIA DE SUNDIATA* E OS ARTÍFICES DA PALAVRA DA ÁFRICA OCIDENTAL [pp. 334-50]

1. Agradeço a David C. Conrad por sua inestimável ajuda neste capítulo.

2. Barbara G. Hoffman, *Griots at War: Conflict, Conciliation, and Caste in Mande* (Bloomington: Indiana University Press, 2000), p. 10.

3. O relato a seguir se baseia em notas que me foram generosamente fornecidas por David C. Conrad, bem como em conversas telefônicas com ele. Ver também a introdução de Conrad a *Sundiata: A New Prose Version*. Org., trad. e introd. de David C. Conrad. Indianapolis; Cambridge, Mass.: Hackett, 2016. Todas as discussões sobre Sundiata se baseiam nessa versão, exceto indicação contrária.

4. Robert C. Newton, *The Epic Cassette: Technology, Tradition, and Imagination in Contemporary Bamana Segu.* Dissertação (Mestrado). University of Wisconsin, Madison. Ann Arbor: UMI, 1997, p. 15.

5. David C. Conrad (Org.). *Epic Ancestors of the Sundiata Era: Oral Tradition from the Maninka of Guinea.* Madison: University of Wisconsin, Madison, African Studies Program, 1999, p. 3.

6. Conrad, *Epic Ancestors*, p. 8.

7. Robert C. Newton, "Out of Print: The Epic Cassette as Intervention, Reinvention, and Commodity". In: Ralph A. Austen (Org.). *In Search of Sundiata: The Mande Oral Epic as History, Literature, and Performance.* Bloomington: Indiana University Press, 1999, pp. 313-28, 325. Ver também Conrad, *Epic Ancestors*, p. 2.

8. Para um relato de como as histórias de *Sundiata* incorporaram material islâmico, ver David C. Conrad, "Islam in the Oral Traditions of Mali: Bilali and Surakata". *Journal of African History*, v. 26, n. 1, pp. 33-49.

9. Conrad, *Sundiata: A New Prose Version*, p. 11.

10. *Corpus of Early Arabic Sources for West African History.* Trad. de J. F. P. Hopkins. Org. e notas de N. Levtzion e J. F. P. Hopkins. Cambridge, Reino Unido: Cambridge University Press, 1981, p. 282.

11. Levtzion e Hopkins, *Corpus of Early Arabic Sources*, pp. 286, 296.

12. Ibid., p. 293.

13. Ibid., p. 289.

14. Conrad, "Islam in the Oral Traditions", p. 37.

15. Ver Stephen P. D. Bulman, "*Sundiata* as Written Literature: The Role of the Literary Mediator in the Dissemination of the *Sundiata* Epic". In: Austen, *In Search of Sundiata*, pp. 231-51, 232. Consultei também Jan Jansen, "An Ethnography of the Epic of *Sundiata* in Kela". In: Austen, *In Search of Sundiata*, pp. 297-311, 308.

16. Joshua Hammer, *The Bad-Ass Librarians of Timbuktu and Their Race to*

Save the World's Most Precious Manuscripts. Nova York: Simon and Schuster, 2016, p. 17.

17. Massa Makan Diabaté menciona a arte secreta dos griôs em Diabaté, *L'Aigle et l'épervier, ou La geste de Sundiata.* Paris: Pierre Jean Oswald, 1975, p. 17.

18. David C. Conrad, "Oral Sources on Links Between Great States: Sumanguru, Servile Lineage, the Jariso, and Kaniaga". *History in Africa*, v. 11, pp. 35-55, 37, 1984.

19. Bulman, "Sundiata as Written Literature", p. 235.

20. Stephen Bulman, "A School for Epic? The 'École William Ponty' and the Evolution of the Sunjata Epic, 1913-c. 1960". In: Jan Jansen e Henk M. J. Maier (Orgs.). *Epic Adventures: Heroic Narrative in the Oral Performance Traditions of Four Continents.* Münster: LIT Verlag, 2004, pp. 35-45, 41 ss.

21. Peggy R. Sabatier, "'Elite' Education in French West Africa: The Era of Limits, 1903-1945". *International Journal of African Historical Studies*, v. 11, n. 2, pp. 247-66, 265, 1978.

22. Ibid., p. 247.

23. D. T. Niane, *Sundiata: An Epic of Old Mali.* Trad. de G. D. Pickett. Harlow, Reino Unido: Longman, 1965, p. 23. O original francês usa o nome mandinga Djoulou Kara Naini e explica em nota de rodapé que se trata de uma corruptela de Dhu'l Quarnein, o nome dado a Alexandre. Djibril Tamsir Niane, *Soundjata ou l'épopée mandingue.* Paris: Présence Africaine, 1960, p. 50. David C. Conrad me contou que, numa conversa com Niane, este afirmou que os bardos mandingas não tinham conhecimento de Alexandre, o Grande. Talvez usassem o nome árabe sem reconhecer a relação com Alexandre.

24. A única tentativa anterior de escrever a língua mandinga, o silabário Vai, fora feita no início do século XIX para registrar cargas de navios, principalmente de escravos. Maurice Delafosse, *Les Vaï: Leur language et leur système d'écriture* (Paris: Masson et Cie, 1899).

25. Sabatier, "'Elite' Education in French West Africa", p. 265.

26. Dianne White Oyler, *The History of the N'ko Alphabet and Its Role in Mande Transnational Identity: Words as Weapons.* Cherry Hill, NJ: Africana Homestead Legacy Publishers, 2005.

15. LITERATURA PÓS-COLONIAL: DEREK WALCOTT, POETA DO CARIBE [pp. 351-71]

1. Agradeço a Maya Jasanoff pelos comentários sobre este capítulo.

2. O outro escritor importante, Garth St. Omer, nasceu um ano depois de

Walcott. Patricia Ismond, "The St. Lucian Background in Garth St. Omer and Derek Walcott". *Caribbean Quarterly*, v. 28, n. 1/2, pp. 32-43, mar./jun. 1982.

3. Derek Walcott, *Omeros*. Nova York: Farrar, Straus and Giroux, 1990, p. 150. [Ed. bras.: *Omeros*. São Paulo: Companhia das Letras, 2011.]

4. Ibid., p. 14.

5. Para mais detalhes sobre esse tema, ver Douglas Midgett, "Bilingualism and Linguistic Change in St. Lucia". *Anthropological Linguistics*, v. 12, n. 5, pp. 158-70, maio 1970.

6. Derek Walcott, *The Sea at Dauphin*. In: *Dream on Monkey Mountain and Other Plays*. Nova York: Farrar, Straus and Giroux, 1971, p. 45.

7. Errol Hill, "The Emergence of a National Drama in the West Indies". *Caribbean Quarterly*, v. 18, n. 4, pp. 9-40, dez. 1972.

8. Para mais detalhes sobre o Carnaval, ver Daniel J. Crowley, "Festivals of the Calendar in St. Lucia". *Caribbean Quarterly*, v. 4, n. 2, pp. 99-121, dez. 1955.

9. Ver também Daniel J. Crowley, "Song and Dance in St. Lucia", *Ethnomusicology*, v. 1, n. 9, pp. 4-14, jan. 1957.

10. Walcott, *The Sea at Dauphin*, p. 59.

11. Ibid., p. 57.

12. Ibid., p. 64.

13. Ver também Sandra Sprayberry, "Sea Changes: Post-Colonialism in Synge and Walcott". *South Carolina Review*, v. 33, n. 2, pp. 115-20, primavera 2001.

14. C. Jesse, "Rock-Cut Basins on Saint Lucia". *American Antiquity*, v. 18, n. 2, pp. 166-8, out. 1952.

16. DE HOGWARTS À ÍNDIA [pp. 372-85]

1. "Amazon.com Buys J. K. Rowling Tales for $4 Million", Reuters, 14 dez. 2007. Disponível em: <reuters.com/article/us-amazon-rowling-idUSN14273759 20071214>. Acesso em: 10 ago. 2016.

2. J. K. Rowling, *The Tales of Beedle the Bard, Translated from the Ancient Runes by Hermione Granger, Commentary by Albus Dumbledore, Introduction, Notes, and Illustrations by J. K. Rowling*. Nova York: Scholastic, 2007. [Ed. bras.: *Os contos de Beedle, o bardo*. Rio de Janeiro: Rocco, 2008.]

3. Disponível em: <Pottermore.com>. Acesso em: 2 nov. 2016.

4. J. K. Rowling, *Harry Potter and the Deathly Hallows*. Londres: Bloomsbury, 2007, pp. 748, 811. [Ed. bras.: *Harry Potter e as relíquias da morte*. Rio de Janeiro: Rocco, 2007.]

5. Disponível em: <universalorlando.com/Shopping/Islands-of-Adventure/Ollivanders.aspx>. Acesso em: 3 nov. 2016.

6. Cade Metz, "Leonard Kleinrock, the TX-2 and the Seeds of the Internet". *Wired*, 1º out. 2012. Disponível em: <internethalloffame.org/blog/2012/10/01/leonard-kleinrock-tx-2-and-seeds-internet>. Acesso em: 10 ago. 2016. Ver também Walter Isaacson, *The Innovators: How a Group of Hackers, Geniuses, and Geeks Created the Digital Revolution* (Nova York: Simon and Schuster, 2014), pp. 242 ss. [Ed. bras.: *Os inovadores: Uma biografia da revolução digital*. São Paulo: Companhia das Letras, 2014.]

7. Disponível em: <archive.org/about/>. Acesso em: 13 nov. 2016.

8. Disponível em: <archive.org/about/bibalex_p_r.php>. Acesso em: 13 nov. 2016. Ver também <bibalex.org/en/project/details?documentid=283&-keywords=internet% 20archive>. Acesso em: 13 nov. 2016.

9. Jeffrey Thomas, "Project Gutenberg Digital Library Seeks to Spur Literacy", Bureau of International Information Programs, U. S. Department of State, 20 jul. 2007. Baixei este arquivo do Internet Archive. Disponível em: <web.archive.org/web/20080314164013/http://www.america.gov/st/washfile-english/2007/July/200707201511311CJsamohT0.6146356.html>. Acesso em: 13 nov. 2016.

10. Lev Manovich, *Software Takes Command*. Londres: Bloomsbury, 2013, p. 46.

11. Agradeço a Homi Bhabha, Namita Gokhale e William Dalrymple por me convidarem para o Festival de Literatura de Jaipur.

12. Sheela Reddy, "Pen on the Rostrum". *Outlook India*, 17 abr. 2006. Disponível em: <outlookindia.com/magazine/story/pen-on-the-rostrum/230952>. Acesso em: 15 nov. 2016.

13. William Dalrymple, "Why Salman Rushdie's Voice Was Silenced in Jaipur", *The Guardian*, 26 jan. 2012. Disponível em: <theguardian.com/books/2012/jan/26/salman-rushdie-jaipur-literary-festival>. Acesso em: 10 ago. 2016.

14. Hari Kunzru, "Why I Quoted from *The Satanic Verses*". *The Guardian*, 22 jan. 2012. Disponível em: <theguardian.com/commentisfree/2012/jan/22/i--quoted-satanic-verses-suport-rushdie>. Acesso em: 10 ago. 2016.

Créditos das imagens

CAPA

(Da esquerda para a direita, de cima para baixo)

1. klikk/ iStock/ Getty Images Plus.

2. Artista desconhecido, *Mulher escrevendo uma carta de amor*, 1700-1800, 185 × 240 mm, Nova Delhi. Coleção Museu Nacional da Índia.

3. LeitnerR Creative. iStock/ Getty Images Plus.

4. Antonello da Messina, *São Jerônimo em seu estúdio, c.* 1475, 45,7 × 36,2 cm. National Gallery.

5. William Hogarth, *David Garrick e sua esposa, Eva-Maria Veigel*, 1757, óleo sobre tela, 132,6 × 104,2 cm. Royal Collection Trust © Her Majesty Queen Elizabeth II, 2019.

6. Francesco del Cossa, *São Vicente Ferrer, c.* 1473-5, têmpera, 153,7 × 59,7 cm, Date made: probably about 1473-5. National Gallery.

7. Gentile Bellini, *Escriba sentado*, 1479-81, séc. xv, pena e tinta sobre papel, 18,2 × 14 cm. Isabella Stewart Gardner Museum, Boston, MA.

8. Tabuleta cuneiforme: carta particular. Idade do Bronze – Colônia mercantile do Império Assírio, *c.* séc. xx–xix a.C. Anatólia, provavelmente de Kültepe (Karum Kanesh). Metropolitan Museum of Art.

9. Artista desconhecido, *Retrato de Johannes Gutenberg*, início do séc. XVII. Coleção Biblioteca da Universidade Keio.

10. Kuzmik_A/ iStock/ Getty Images Plus.

11. Luca Signorelli, *Retrato de Dante Alighieri*, séc. xiv, afresco. Catedral de Orvieto, Capela da Madonna di San Brizio, Úmbria, Itália. De Agostini Picture Library.

12. Giuseppe Arcimboldo, *Retrato de um bibliotecário, c.* 1566, óleo sobre tela, 98 × 71 cm. Castelo Skokloster, Suécia.

LOMBADA

1. Ciro Ferri, *Alexandre, o Grande, lendo Homero*. Galleria degli Uffizi, Florença. Scala/ Art Resource, NY.

2. Jean-Honore Fragonard, *Jovem lendo, c.* 1770, óleo sobre tela, 81,1 × 64,8 cm. National Gallery of Art, Washington, DC.

3. koosen/ iStock/ Getty Images Plus.

QUARTA CAPA

(Da esquerda para a direita, de cima para baixo)

1. Painel de quatro telhas caligráficas, séc. xiv-início do séc. xv, pasta pedra entalhada e esmaltada, 12,4 cm × 56,5 cm. Metropolitan Museum of Art.

2. *Verse of the Divine Throne and heavenly protection.*

3. Georg Reimer, *Na biblioteca*, antes de 1866, óleo sobre painel, 45,5 × 33 cm. Museu Nacional de Varsóvia.

4. David Martin, *Benjamin Franklin*, 1767, óleo sobre tela. Casa Branca, Washington, DC/ Pictures from History.

5. Alfabeto maia, Palenque. Museu Nacional do México.

6. Kuzma Sergeevich Petrov-Vodkin, *Retrato de Anna Akhmátova*, 1922, óleo sobre tela, 54 × 43 cm. Museu Russo, São Petersburgo.

7. Karl Marx, *O capital*. Editora Otto Meisner, 1867, Alemanha.

8. Suzuki Harunobu, *Murasaki Shikibu escrevendo no Ishiyama-dera, inspirada pela lua, c.* 1767, xilogravura.

9. Gustave Dore, ilustração da edição de 1880 de *Dom Quixote*, de Cervantes. IanDagnall Computing.

10. Pintura de um vendedor ambulante do século xvii. Musée des Traditions Populaires, Paris. Foto: Gérard Blot.

11. Leonardo da Vinci, *Anunciação*, 1472-5, óleo sobre painel (pós-restauração), 98 × 217 cm. Galleria degli Uffizi, Florença.

12. Estante, moldura. urfinguss/ iStock/ Getty Images Plus.

IMAGENS NO TEXTO

p. 2: *Escriba sentado*, atribuído a Gentile Bellini (*c.* 1429-1507). Crédito da imagem: Museu Isabella Stewart Gardner, Boston, Mass., EUA/Bridgeman Images.

p. 11: *Earthrise: 1968*, de William Anders. Crédito da imagem: Nasa.

p. 21: Fotografia de uma taça grega do século IV a VI a.C. que mostra um escriba escrevendo numa tabuleta de cera. Museus Estatais de Berlim. Crédito da foto: M. Tiverios, Elliniki Techni.

pp. 22-3: Mapa de David Lindroth.

p. 36: Tabuleta com inscrição Linear B de Heraklion, Creta. Museu Arqueológico de Heraklion. Crédito da imagem: Jebulon.

p. 42: Tetradracma de Alexandre, o Grande. Crédito da imagem: Sailko.

p. 50: F. C. Cooper, desenho de um touro com cabeça humana escavado em Nínive. Crédito da imagem: A. H. Layard, *A Second Series of the Monuments of Nineveh*, 1853.

p. 51: Baixo-relevo e inscrição cuneiforme encontrados em Nimrud no palácio de Assurnasirpal II. Museu Metropolitano de Arte.

p. 52: Henry Austen Layard, *Lowering the Bull*. Crédito da imagem: A. H. Layard, *Nineveh and Its Remains*, 1867.

p. 57: Tabuleta sobre o dilúvio encontrada em Nínive. Crédito da imagem: E. A. Budge, *The Babylonian Story of the Deluge*. Londres: Museu Britânico, 1920, p. 25.

p. 61: Escola egípcia de escribas.

p. 84: Torá de 1155-1225. Crédito da foto: Universidade de Bolonha.

p. 97: Selo do terceiro milênio a.C. com escrita do vale do Indo.

p. 101: Osso de oráculo chinês, entre 1600 e 1050 a.C. British Library.

p. 123: *Sutra do diamante*, 868 d.C. British Museum.

p. 123: Paul Pelliot nas Cavernas dos Mil Budas. Crédito da foto: RMN-Grand Palais/Art Resource, Nova York.

p. 148: Biombo de Genji de Kanō Tsunenobu (1636-1713). Crédito da imagem: Isabella Stewart Gardner Museum, Boston, MA, EUA/Bridgeman Images.

p. 157: Rua do mercado de Cairo, xilogravura de William Harvey. Copyright: Edward William Lane, *Arabian Nights' Entertainments*, 1853, p. 371.

p. 160: Litografia do século xix de 'Ali-Khân incluída em *Hezâr dâstân,* de Mirzâ Abul-Fath Khân Dehqân Sâmâni, p. 6. Coleção particular do prof. dr. Ulrich Marzolph. Crédito da imagem: Ulrich Marzolph.

p. 187: Xilogravura de uma gráfica, *c.* 1520.

p. 190: Indulgência para a expedição contra os turcos e a defesa de Chipre. Impressão de Johannes Gutenberg, 1455. Musée Condé.

p. 219: Glifos maias, em Sylvanus Griswold Morley, *An Introduction to the Study of the Maya Hieroglyphs,* 1915, p. 49.

p. 225: Mural de escola zapatista em Chiapas, México.

p. 247: Gravura de Jan van der Straet de uma gráfica do século xvi.

p. 255: Declaração de Independência publicada em *The Pennsylvania Evening Post* em 6 jul. 1776. Biblioteca do Congresso.

p. 262: Mapa de antiga estrada postal. S. Jenkins, *The Old Boston Post Road,* 1913, p. 434.

p. 265: Denis Diderot e Jean Le Rond d'Alembert, "Compositors", *Encyclopédie* (1751-72). Houghton Library, Universidade Harvard.

p. 287: Johann Heinrich Wilhelm Tischbein, *Goethe na Campagna Romana,* 1787. Städelsches Kunstinstitut.

p. 289: Reconstrução das viagens de Ulisses por Walter e Boutall. Crédito da imagem: Samuel Butler, *The Authoress of the Odyssey.* Nova York: Dutton, 1922, p. 150.

p. 293: Ferdinand Georg Walmüller, *O antigo teatro de Taormina,* 1944.

p. 296: Fotografia do século xix de Crompton, perto de Manchester.

p. 302: A rotativa de Richard March Hoe, 1864.

p. 309: Marcel Janco, *Cabaret Voltaire,* 1916. Direitos da imagem: 2017 Artists Rights Society (ars), Nova York/adagp, Paris.

p. 311: Lênin falando para a multidão em Petrogrado na véspera da Revolução Russa em 1917.

p. 317: Amedeo Modigliani, desenho de Anna Akhmátova, 1911. Heritage Image Partnership Ltd/Alamy Stock Photo.

p. 330: Máquina de escrever Moskvá Modelo 4.

p. 337: Atlas catalão de 1375 que mostra a África Ocidental. Bibliothèque Nationale de France.

p. 344: Caravana para Meca, do ilustrador do século xiii Al-Wasiti, para o Maquamat de al-Hariri.

p. 355: Busto de Derek Walcott em Castries, Santa Lúcia. Crédito da imagem: Art Directors & trip/Alamy Stock Photo.

CADERNO EM CORES

1. Ciro Ferri (1634-89), *Alexandre, o Grande, lendo Homero*. Crédito da imagem: Scala/Art Resource, Nova York.

2. Albrecht Altdorfer (*c.* 1480-1538), *Batalha de Isso*. Alte Pinakothek, Munique.

3. Representação da morte de Iskander (Alexandre, o Grande) do *Great Mongol Shahnameh, The Book of Kings*. Freer Art Gallery.

4. Estátua de um escriba egípcio. Terceiro milênio antes de Cristo. Neues Museum, Berlim.

5. Tabuleta e envelope cuneiformes, *c.* 1927-1836 a.C. Crédito da foto: Harvard Art Museum/ Arthur M. Sackler Museum, Doação de Leslie Cheek, Jr. e compra graças a generosidade de Sol Rabin and the Marian H. Phinney Fund, 1000.197.A-C. Foto: Imaging Department, President and Fellows of Harvard College.

6. James Fergusson, Palácios de Nimrud, restaurados. Crédito da imagem: H. A. Layard, *The Monuments of Nineveh*, 1853.

7. Esdras escrevendo a Bíblia, *Codex Amiatinus*, século VIII. Biblioteca Medicea Laurenziana. Crédito da imagem: Scala/Art Resource, Nova York.

8. Pintura do século XVIII de Shakyamuni Buddha. Tibete. Rubin Museum of Art.

9. Gravura de Yashima Gakutei (1768?-1868) dos dez discípulos de Confúcio.

10. Jacques-Louis David (1748-1825), *Morte de Sócrates*. Metropolitan Museum of Art. Coleção Catharine Lorillard Wolfe, Wolfe Fund, 1931.

11. Domenico Ghirlandaio, *Jesus e seus discípulos*, 1481. Capela Sistina. Crédito da imagem: web gallery of art.

12. Mulher com tabuletas de cera e estilete, Pompeia. Museu Arqueológico Nacional de Nápoles.

13. Cópia da época da dinastia Tang (618-907) de Gu Kaizhi, *Admoestações da instrutora às damas do palácio*. British Museum.

14. Suzuki Harunobu, *Murasaki Shikibu at Ishiyama-dera*, 1767.

15. Parte do diário de Murasaki, século XIII. Museu Nacional de Tóquio.

16. Leque representando Murasaki, século XVII. Academia de Artes de Honolulu. Crédito da imagem: Honolulu Academy of Arts, doação de John Gregg Allerton, 1984 (5264.1).

17. Representação de eruditos de Yahya ibn Mahmud al-Wasiti encontrada no *Maquama* de 1237 de Al-Hariri. Bibliothèque Nationale de France. Crédito da imagem: Zereshk.

433

18. *Escriba sentado*, atribuído a Gentile Bellini (*c.* 1429-1507). Crédito da imagem: Isabella Stewart Gardner Museum, Boston, Mass., EUA/Bridgeman Images.

19. Alcorão do leste do Irã ou do Afeganistão, *c.* 1180. Metropolitan Museum of Art.

20. Retrato de Eadwine, o Escriba, do Eadwine Psalter, *c.* 1155, Canterbury, Inglaterra.

21. Bíblia em latim de 42 linhas impressa por Johannes Gutenberg, *c.* 1455. Staatsbibliothek Berlin.

22. Bíblia em alemão de Martinho Lutero, publicada em 1534 por Hans Lufft. Klassik Stiftung Weimar.

23. *Códice de Dresden*, *c.* 1200. Sächsische Universitätsbibliothek.

24. Fotografia *rollout* do jogo de bola maia tal como representado numa vasilha. Crédito da foto: Justin Kerr File nº 1209.

25. Segunda parte nãoº autorizada de *Dom Quixote*, em tradução para o inglês. Crédito da imagem: Cushing Memorial Library and Archives, Texas A&M University.

26. Pintura de um vendedor ambulante do século XVII. Musée des Traditions Populaires, Paris. Foto: Gérard Blot. Crédito da foto: RMN-Grand Palais/Art Resource, Nova York.

27. Jean-Honoré Fragonard, *A leitora*. National Gallery of Art. Crédito da imagem: Base de dados on-line da National Gallery of Art.

28. Johann Joseph Schmeller, *Goethe ditando para seu escriba*, 1834. Biblioteca Duquesa Anna Amalia. Crédito da imagem: haiotthu.

29. Salão Rococó da Biblioteca Duquesa Anna Amalia, Weimar.

30. Eugène Atget, *Chiffonier* (Trapeiro), *c.* 1900. Getty Center.

31. Rasmus Malling-Hansen, bola de escrever. Tekniska Museet, Estocolmo. Crédito da foto: Daderot.

32. Aleksei Radakov, *O conhecimento romperá as correntes da escravidão*, 1920.

33. Nathan Altman, *Anna Akhmátova*, 1914. Museu Estatal Russo.

34. Parafernália *samizdat*, Museu Sákharov, Moscou. Crédito da foto: Jelena Prtoric.

35. Um microcomputador de mesa CPT 8100 Word Processor. Crédito da foto: Lehmanum.

36. Annenberg Hall, Universidade Harvard. Crédito da foto: Katherine Taylor/Harvard Staff Photographer; President and Fellows of Harvard College.

Índice remissivo

Números de páginas em *itálico* referem-se a ilustrações

Abel-Rémusat, Jean-Pierre, 280
Academia Imperial (China), 125, 127, 138
Academia Sueca, 332
acadiano, 67-8
acmeísmo, 319
adivinhação (civilização mesopotâmica), 63, 67, 84-5
Afeganistão, 42; Alexandre, o Grande no, 38-9
África, 10, 345-7, 352-3; norte da, 233, 341; Ocidental, 18, 334, 337, 339, 341, 346-8, 351, 356, 382; *ver também Epopeia de Sundiata* (poema africano); mandingas
Afrodite (mitologia grega), 29
Agamêmnon (mitologia grega), 29, 37
Agostinho, Santo, 150
Aguilar, Gerónimo de, 211

Akhmátova, Anna, 316-27, 359; censura e, 317-23; encontros com Isaiah Berlin, 323-5; Modigliani e, 316, *317*; poesia oral, 321-2, 327, 331; *Réquiem* (poema), 321, 323, 325-6, 328-9, 333; risco de prisão, 318-9; Soljenítsin e, 326, 328-9, 331; Stálin e, 318, 325, 327
Aladim (história), 174
Alcorão, 86, 172-5, 195, 340, 342-3, 345, 349, 380; origens do, 171-2; *ver também* islã
Alemanha, 179, 195, 202, 205, 274, 277, 303, 308, 331; nazista, 314, 317, 324, 329
Alexandre, o Grande (Alexandre da Macedônia), 25-47, 390*n*; Aquiles e, 31, 34, 39, 391*n*; caixa sempre com ele, 25-6, 34; Calístenes e, 40,

435

43-4; conquista da Ásia, 38-41; conquista da Ásia Menor, 34-5, 38-41; conquista do Egito, 34, 45; estilo de guerrear de, 32-3; exército de, 32; Guerra de Troia e, 28-31; Guerras Persas, 32-4; Homero e, 31, 33, 43, 45; *Ilíada* e, 25-6, 28, 158; língua dos soldados e dos colonizadores, 40; *Mil e uma noites* e, 158; monumentos literários de, 45-6; morte de, 43; objetos que sempre levava consigo, 25, 34; origem do nome, 25; punhal de, 25-7; relatos de sua vida, 43-4; retorno da Ásia, 42-3; Romance de Alexandre, 44

Alexandria (Egito), *23*, 45-6, 115-7, 377; Biblioteca de, 46, 114, 117, 158, 377; *ver também* Egito

Alf Layla (tradução árabe de *Hazar Afsan*), 154, 167

alfabetização: Assurbanípal e, 62; cultura grega da, 38; na China, 138; na Guiné, 349; na Nova Inglaterra na época dos puritanos, 256; no México, 225; nos Estados Unidos, 257; taxas mundiais de, 385

alfabeto: escrita fonética, 42; fonético, 37, 42, 47, 139, 391n; grego, *22*, 37-8, 41, 322; história do, 17-8, 20, 37; latino, *22*, 220, 224, 229, 348-9; N'ko (africano ocidental), 349-50; russo, 322; Vai (silabário mandinga), 425n; *ver também* escrita

Ali Babá (história), 153, 174

Almanaque do Pobre Ricardo (Franklin), 269-70

Al-Nadim, Muhammad Ibn Ishaq, 154, 157-9

Altdorfer, Albrecht, 33

Amazon, 9, 373, 375, 377

American Philosophical Society, 263

Américas, 18, 212-3, 242, 382; América do Norte, 226; América do Sul, 208, 215

amoreira, papel de, 121, 170

Anders, William Alison, 10-4, 16

Andrômaca (mitologia grega), 29, 32-3

Antigo Testamento, 116, 194, 204; *ver também* Bíblia hebraica

Apollo, astronautas da, 10-3, 15, 17, 20, *23*, 205, 221, 228, 376

Aquiles (mitologia grega), 31; Alexandre, o Grande e, 31, 34, 39, 391n; calcanhar de Aquiles, 29; Guerra de Troia, 29, 31

árabes/civilização árabe, 17-8, 154, 167-8, 170-1, 173-5, 186, 193, 240, 244, 340-3, 346-7; batalha de Talas, 170; caligrafia árabe, 172, 175; Casas da Sabedoria, 171; época de ouro das letras árabes, 171; escribas árabes, 174; fabricação e uso do papel, 170-4, 186; *ver também* literatura árabe

Arábia, 43, 157, 170, 176

aramaico, 72-3, 79, 83, 115-6, 194

Aristóteles, 31, 40-1, 43, 114, 158

armênios, genocídio de, 175

Artaxerxes I (rei da Pérsia), 76, 78

ascetas da Índia, 92

Ásia, 25-6, 28, 30-2, 40, 43, 212-3, 279, 382; Leste Asiático, 20, 42, 170, 172, 185, 187-8, 190-1, 382, 399n; primeiro livro numa língua do sul da, 419n

Ásia Menor, 20, 26-8, 38, 42, 113

Asoka (imperador indiano), 42
Assaradão (rei assírio), 59, 62-3
Assíria, 51; escribas assírios, 60-1, 62; Império Assírio, 65-6; *ver também* Nínive
Assmann, Jan, 399*n*
Assurbanípal (rei da Assíria), 58-9, 62, 84; biblioteca de, 64-9; como príncipe herdeiro, 62; coroação de, 63; e alfabetização, 62; educação de, 60-3; *Epopeia de Gilgamesh*, 59, 66-9; império de, 63-6; na Bíblia hebraica, 82; papel da escrita em sua vida, 64; Sardanápalo (nome romanizado na Bíblia), 82; tabuletas e escrita cuneiforme, 58, 60, 64-6
Asvaghosa (poeta indiano), 97
Atahualpa (imperador inca), 207-10
Atena (mitologia grega), 29
auto de fé (México, 1562), 216-8
Autobiografia de Benjamin Franklin, A, 270-1
autobiográfica, escrita, 150
autopublicação, 242-3, 327, 383
autoria, 230-1, 234-5; e máquina de escrever e, 327, 330; *ver também* escrita; literatura; livros

Babilônia, 40, 43, 59, 64-7, 71-2, 75-7, *84*, 398*n*; Assurbanípal e, 64-5; história da, 71, 398*n*
Bagdá, 15, 124, 154-7, 163-4, 167, 169-71, 175-6
baghdadi (papel fino), 171
bardos, 18, 35, 37, 53-4, 106, 337-9, 341, 345-6, 356, 382-3
Barlow, Joel, 356
barro para tabuletas, 56, 66

Baruc (escriba judeu), 73
Batalha de Isso (333 a.C.), 33
Batalha de Lepanto (1571), 232-4, 236
Batalha de Talas (751 d.C.), 170
Batis (comandante de Gaza), 34
Batista, Fulgencio, 313
Bereté, Manjan, 341, 345
Berlim, Conferência de (1884-85), 346
Berlin, Isaiah, 323-5, 333
Bíblia: como texto fundamental, 80-2; de Genebra, 256-7; de Gutenberg, 190-5, 202-3; do rei Jaime (tradução inglesa oficial), 257; edição da Vulgata por Gutenberg, 194-5, 203; ensinamentos de Jesus, 115-6; leitura pelos astronautas da Apollo, 205; línguas da, 194; Lutero e, 203, 206; mito da criação, 75; puritanos e, 256; rolo *versus* códice (livro), 118-9; textos fundamentais como escrituras sagradas, 72; tradução latina de são Jerônimo (Vulgata), 194, 203-4; traduzida para o alemão moderno por Lutero, 204; uso dos termos Velho e Novo Testamento, 116; versões inglesas da, 205, 256
Bíblia hebraica, 19, *22-3*, 38, 57, 79-83, *84*, 86, 109, 114-9, 121, 266; dilúvio descrito na *Epopeia de Gilgamesh*, 55-7, 69, 85; disputa entre cristãos e judeus pela, 116-7; em forma de rolo, 118; ensinamentos de Jesus, 115-6; escribas judeus e, 72-3, 80-1; Esdras (escriba judeu), 78-82, 203, 396*n*; Gênesis, 17, *23*, 75, 228; Moisés como escriba, 73; Septuaginta (tradução grega da Bíblia

hebraica), 117, 266; Torá, *84*; traduzida para o grego (Septuaginta), 117, 266; *ver também* hebraico

bibliomania, 266

Biblioteca de Alexandria, 46, 114, 117, 158, 377

Biblioteca de Assurbanípal (Assíria), 64-9

Biblioteca de Pérgamo, 21, 114-5

biombos japoneses, *148*

Boccaccio, Giovanni, 173

Borges, Jorge Luis, 406*n*

Borman II, Frank Frederick, 10, 12-4, 16-7, 19, 205

Boston: como terra natal de Benjamin Franklin, 252-3; Festa do Chá de, 267-8; impressão e, 253-4; Trilha da Liberdade, 252

Botta, Paul-Émile, 49, 70

brâmanes, 93-6; escribas, 166

Braudel, Fernand, 408*n*

Breton, André, 311

breviários, 195-6, 209-11, 213

Briseís (mitologia grega), 29

British Library, 119

Brodsky, Joseph, 359

Buda, 19, 23, 89, 93-7, 100-2, 111, 114, 119-20, 122-3, 165; ensinamentos de, 89-90, 93-6, 119; vida de, 91-4, 399*n*

budismo, 86, 96, 120-2, 124-5, 127, 132, 138-9, 145-6, 159, 165, 169-70, 249, 283; *Contos Jataka*, 159, 165; Diamante da Sabedoria Perfeita (ensinamento), 94-5; e silabário *kana*, 139-140; escribas budistas, 96, 122; escrituras sagradas do, 96-7, 119-24, *123*; filosofia do,

138-9; impressão e, 122, 138-9; na China, 120; *Sutra do diamante*, *22*, 119-22, *123*, 124, 139, 191; *Sutra do lótus*, 139; transmissão oral dos ensinamentos, 95-6, 400-1*n*

Bunyan, John, 257

burguesia, 300, 305, 310

burocracia, 318

Cabaret Voltaire (Zurique), 308, *309*

Café de la Régence (Paris), 294, 297

Cai Lun (suposto inventor do papel), 121

calcanhar de Aquiles, 29

calendário maia, 215, 223

caligrafia, 172, 251, 254; árabe, 172, 175; Bíblia de Gutenberg e, 192; cuneiforme, 60; japonesa, 129, 132-3, 135, 137, 140, 143, 149, 151; papel e, 169

Calístenes (historiador grego), 40, 43-4

Caminho para a riqueza, O (Franklin), 270

capitalismo, 301

Caribe, poetas do, 351-71

"Carregador e as três jovens de Bagdá, O" (conto de *As mil e uma noites*), 154-7

Casas da Sabedoria (civilização árabe), 171

Castries (Santa Lúcia, Caribe), 354-5, 358, 366, 369

Castro, Fidel, 17, 313-4

Catedral de Aix-la-Chapelle (Aachen), 179-81, 183

cavalaria, romances de, 235-40, 245, 248-9

Cavalo de Troia, 29

Cavernas dos Mil Budas (China), 119-24, *123*

Cazaquistão, 170, 330

censura, 204, 264, 303, 323, 333, 381, 383; Akhmátova e, 317-23

Cervantes, Miguel de, 19, *23*, 231-5, 237-40, 242-5, 247-9, 257, 270, 317, 374, 378, 383; capturado por piratas, 232-3; *Dom Quixote*, *23*, 145, 237-49, *247*, 257, 266, 280; romances de cavalaria, 235-6; sequência de *Dom Quixote*, 243; vida de, 231-6

Chaucer, Geoffrey, 173

Chen Duxiu, 312

China: Academia Imperial, 125, 127, 138; alfabetização na, 138; amoreiras e fabricação de papel, 121, 170; batalha de Talas (751 d.C.), 170; budismo na, 120; Cavernas dos Mil Budas, 119-24, *123*; clássicos confucianos gravados em pedra, 127, 404n; dinastia Han, 121; escrita chinesa, 100, *101*, 137, 139, 266; Império Chinês, 125; invenção do papel, 17-8, 20, 121-2, 125, 169-70; invenções que mudaram o mundo atribuídas à, 122; Mao Tsé-tung e, 311-2; processo de impressão, 184; queima de livros (213 a.C), 125; *ver também* literatura chinesa

Chipre, 189

cidades-Estados gregas, 25-6, 28, 39

Cirilo, são, 322

civilização mecânica, 240

civilizações baseadas no barro: Assurbanípal da Assíria e, 62-70; barro para tabuletas, 56, 66; dilúvio e, 56-7, 69, 85; tabuletas e escrita

cuneiforme, 47, 50-2, 57, 59-60, 64-7, 322, 394n

Clássico dos poemas (coletânea chinesa), 100, 130

Cocom, Nachi (d. Juan Cocom, nativo maia), 214, 217

códice, 118-9

colonialismo, 282-3; colonialismo francês, 313, 347-8; colonialismo francês, 313; *Epopeia de Sundiata* e, 347, 351; Ho Chi Minh e, 313; literatura e, 283, 351-2; literatura pós-colonial, 352, 357

colônias britânicas (Estados Unidos): folhetos e panfletos nas, 258-9; impressão nas, 256-61; jornais nas, 254-60, 266-7; *ver também* Estados Unidos

Columbíada (Barlow), 356

Common Sense (Paine), 259

Companhia das Índias Orientais, 279, 283

computadores, 20, 240, 376-8, 383-4

comunismo, 17, 298-9, 314; Hitler e o, 314; Liga Comunista, 298-9, 303; *ver também Manifesto do Partido Comunista* (Marx e Engels)

Condé, Babu, 337

Condé, Djanka Tassey, 337-41, 344, 346, 350

Conferência de Berlim (1884-85), 346

Confúcio, 98-9, 102, 111, 114, 119, 124-5, 130; clássicos confucianos, 124-7, 137, 146, 312; ensinamentos de, 89-90, 98-101; estátua de, 127; vida de, 98-9

confucionismo, 100, 139

Conrad, David, 338-40, 350

Constantinopla, 49, 185, 189, 195,

439

232, 234, 236; queda de, 188-90, 197, 199

Constituição dos Estados Unidos, 87, 254

Contos de Beedle, o bardo (Rowling), 372, 375

Contos de fadas (irmãos Grimm), 282

Contos Jataka (texto budista), 159, 165

conversa de pincéis, 137

Cooper, Frederick Charles, *50*

corá (instrumento musical africano), 336

Coreia, 16, 137, 139, 169; impressão na, 122

Corte chinesa (romance chinês), 280-1

Cortés, Hernán, 211-2, 356

Creta, ilha de (Grécia), 35

criação, mitos da, 220; civilização maia, 220-1, 223; Livro do Gênesis, 75

crioulo francês (idioma), 359

cristianismo, 84, 86, 90, 113, 115, 150, 188, 194-5, 205, 217; Bíblia de Gutenberg e, 190-1, 193-5, 202-3; como religião do livro, 84, 86; disputa entre cristãos e judeus pela Bíblia hebraica, 116-7; e a forma de códice de pergaminho da Bíblia, 118-9; escribas cristãos, 114; escrituras sagradas do, 109-11, 115; lições de Sócrates refletidas no, 115; línguas da Bíblia, 194; Lutero e, 196-205; origem do, 113-4; *ver também* Jesus Cristo

Croker, Deborah, 260

Cuba, 211, 313-4

Cuesta, Juan de la, 241

cuneiforme, escrita: Assurbanípal e, 58, 60, 64-6; marido de Akhmáto-

va e, 322; Suméria e, 47, 50-2, 67, 394*n*; treinamento para ser escriba, 60-1, *62*

Cyclopedia (enciclopédia inglesa), 264, 266-7

D'Alembert, Jean Le Rond, 264-5

dadaísmo, 307-8, *309*, 310

Dalrymple, William, 379

Damrosch, David, 393*n*, 396*n*, 418*n*

Darab (rei da Pérsia), 44

Dario III (rei da Pérsia), 26, 28, 34; Guerras Persas, 32-4; morte de, 35; tática de batalha de, 33

Darwin, Charles, 297

Dauphin (Santa Lúcia, Caribe), 360-71

Davis, John Francis, 279

Declaração de Independência (EUA, 1776), 262-3, 271, 313; assinatura da, 251-2; impressão da, 254, *255*, 268-9

Denecke, Wiebke, 399*n*

Dia na vida de Ivan Deníssovitch, Um (Soljenítsin), 329-30

diálogos platônicos, 109, 115; *ver também* Platão

Diamante da Sabedoria Perfeita (ensinamento budista), 94-5

Diários de Tosa (literatura japonesa), 150

diários na cultura japonesa, 150-1

Diderot, Denis, 264-6

dilúvio: descrito na Bíblia hebraica, 55-7, 72, 85; descrito na *Epopeia de Gilgamesh*, 55-8, *57*, 68, 85; descrito no *Popol Vuh*, 223

dinheiro (papel-moeda), impressão de, 190, 261, 409*n*

discípulos, literatura escrita por, 102

Divã ocidental-oriental (Goethe), 282

Diyab, Hanna, 174

Dom Quixote (Cervantes), *23*, 145, 237-49, *247*, 257, 266, 280

Donato (gramático latino), 188, 194, 199

Duas primas, As (romance chinês), 280

Dunlap, John, 254, 260

Dunlap, William, 260

Durito, don ("dom Quixote da selva de Lacandon", personagem), 227

e-books, 377

Eckermann, Johann Peter, 273-7, 280

Eddas (coletânea islandesa), 356

Egito, 25, 36, 39, 41, 45-6, 61, 68, 76, 100, 116-7, 156, 212; Alexandre, o Grande no, 34, 45; conquista por Assurbanípal, 63-4; escribas no, 61; escrita egípcia, 35, 46, 107; êxodo israelita do, 72; hieróglifos, 107; lenda egípcia sobre a origem da escrita, 107; *ver também* Alexandria

Emerson, Ralph Waldo, 274

enciclopédias, 266-7, 296; enciclopedistas franceses, 264, 378; on-line, 377-8

Encyclopédie (Diderot e D'Alembert), 264, *265*, 266-7

Eneida (Virgílio), 244

Engels, Friedrich, 17, 294-5, 297-301, 303-4, 307, 310, 315, 317; *ver também Manifesto do Partido Comunista* (Marx e Engels)

Enkídu (mitologia suméria), 54-6

entalhe em pedra de clássicos chineses, 127, 404*n*

Epopeia de Gilgamesh (poema sumério), 19, 52, 56-8, 60, 67-9, 71-3, 82, 121, 129, 146, 223, 322, 382, 384; Assurbanípal e, 59, 66-9; como primeira grande narrativa escrita, 54, 57; descrição do dilúvio, 55-8, *57*, 68, 85

Epopeia de Sundiata (poema africano), 334-51; alfabeto N'ko (africano ocidental), 349; colonialismo europeu e, 347, 351; como literatura oral, 335-6, 338; e contadores de histórias treinados (*griots*), 336, 338; enredo da, 335-6, 340; gravação de Conrad, 338-40; islã e, 340-1; versões escritas, 350

epopeias homéricas, *22*, 45-6, 57, 71, 73, 107, 121; *ver também Ilíada*; *Odisseia*

era axial, 399*n*

escravos, 249, 352-3, 356; narrativas de, 234

escribas: árabes, 174; assírios, 60-1, *62*; Baruc (escriba judeu), 73; brâmanes, 166; budistas, 96, 122; cristãos, 114; Esdras (escriba judeu), 71-2, 75, 203, 396*n*; exilados (hebreus), 73; gregos, *21*; Jesus e, 110; judeus, 110-1; judeus, 72-3, 80-1; maias, 215, 219; maias, 220; maias, 228; Moisés como escriba, 73, 397*n*; poder dos, 63; sacerdotes judeus e, 80; sumérios, 67

escrita: alfabeto fonético, 37, 42, 47, 139; alfabeto grego, *22*, 37-8, 41, 322; alfabeto grego, 37; alfabeto latino, *22*, 220, 224, 229, 348-9; alfabeto russo, 322; autobiográfica, 150; caligrafia, 60, 129, 132-3, 135,

137, 140, 143, 149, 151, 169, 172, 175, 192, 251, 254; chinesa, 100, *101*, 137, 139, 266; clássicos confucianos gravados em pedra, 127, 404*n*; códice, 118-9; como instrumento para construir impérios, 68; conversa de pincéis, 137; cuneiforme, *22*, 47, 49-52, 60, 64, 66-70, 72, 82, 322, 324, 384; cuneiforme, 394*n*; do vale do Indo, 95, *97*, 400*n*; egípcia, 35, 46, 107; escribas budistas e, 96; escritores de viagens, 284-5; fenícia, 35-7, 42; glifos maias, 42, *219*; hieróglifos egípcios, 35, 42, 46-7, 107; história da, 35, 37-8, 46, 53-4, 400*n*; *Ilíada* e, 38, 391*n*; invenção da, 382; Jesus e, 111, 114; *kana* (silabário japonês), 138-40, 143, 150; lenda egípcia sobre a origem da, 107; Linear B, 35-6, 391-2*n*; linear minoica, 35-6; línguas antigas preservadas pela, 68; maia, 212-3, 215, 218, 224; mídia eletrônica e, 384; N'ko (alfabeto africano ocidental), 349; na Mesopotâmia, 53-4; Nínive e, 50-1, *52*, 57, 59; no Novo Mundo, 212; para registrar histórias, 53-4; para registrar transações econômicas e políticas, 53; poder imperial de Assurbanípal garantido pela, 63-4; recusa de Sócrates a escrever, 105-8; sistemas de escrita não fonética, 137; tradição budista, 95, 120; Vai (silabário mandinga), 425*n*; vogais na escrita fenícia, 37; *ver também* alfabeto; escribas; impressão; literatura; papel; tecnologias da escrita

escrituras sagradas, 84, 86, 203; códice em pergaminho, 118; do budismo, 96-7, *123*; do confucionismo, 100-1, 124-6; do cristianismo, 109-11, 115; Evangelhos, 89, 111-5; fundamentalismo textual, 86-7, 116; impressão usada principalmente para, 191; Septuaginta (tradução grega da Bíblia hebraica), 117, 266; *Sutra do diamante*, *22*, 119-22, *123*, 124, 139, 191; sutras budistas, 120, *123*, 139; textos fundamentais como, 71, 80; Vedas, 95; *ver também* Bíblia

Esdras (escriba judeu), 71-2, 75; Bíblia hebraica e, 78-82, 203, 396*n*; como emissário do rei persa, 76; fala aos exilados que retornaram a Jerusalém, 78-9; retorno a Jerusalém, 76-9

Espanha, 19, 173, 209, 212-4, 217-8, 233, 235, 240, 242, 244, 282, 341; conquista do México, 210-3; influência da literatura espanhola na Inglaterra, 414*n*; primeiro contato com os incas, 207-11

"espelhos de peregrinos", 181

Estados totalitários, 317, 319, 322, 325, 327

Estados Unidos: Constituição dos, 87, 254; Declaração de Independência (1776), 251-2, 254-5, 262-3, 268-9, 271, 313; Festa do Chá de Boston, 267-8; Franklin como diretor dos correios, 261-2; jornais nas colônias britânicas, 258; Lei do Selo (1765), 267-8

Eurásia, 212, 214-5, *219*, 382

Europa, 17, 20, 28, 30, 147, 168, 171,

173, 176, 185, 190, 210, 212-3, 240, 283, 286, 299, 303, 306-7, 314, 382; papel levado para a, 173-4, 186, 188, 193

Evangelhos, 89, 111-4; Evangelho de São João, 115

fascismo, 329

Fedro, 107

Fenícia, 35, 42; sistemas de escrita dos fenícios, 35-7, 42

Festa do Chá de Boston, 267-8

Filhos da meia-noite, Os (Rushdie), 380

Filipe II (rei da Macedônia), 26-8, 31-2, 44

filosofia: chinesa, 90, 98-101, 124-6; ensinamentos dos grande líderes religiosos, 89-126; indiana, 90; Marx e, 296; ocidental, 90, 312; Sócrates e, 102-3

florestas na Mesopotâmia, 55

folhetos, impressão de, 259

fonético, alfabeto, 37, 42, 47, 139, 391n

Fox, Vicente, 229

França, 179, 237, 254, 278, 282, 303, 346; *As mil e uma noites* vertidas para o francês, 174; colonialismo francês, 313, 347-8; enciclopedistas franceses, 264, 378

Francisco, papa, 206

Franklin, Benjamin, 19, 251-72, 295, 303, 378; *Almanaque do Pobre Ricardo*, 269-70; atividades científicas de, 263; autobiografia de, 270-1; biblioteca de, 256, 266; como diretor dos correios, 261-2; Declaração de Independência e, 251-2, 254, *255*, 262-3; *Encyclopé-*

die e, 264, 266; epitáfio falso, 271-2; impressão e, 254, *255*, 256; jornais e, 257-60, 267; livros e, 256-7; *O caminho para a riqueza*, 270; República das Letras, 251-2, 263, 267, 272; *The Pennsylvania Gazette* (jornal), 258, 266

fuga, narrativas de, 234

Fujiwara, clã, 131

fundamentalismo textual, 86-7, 116, 172, 206, 271

fundição de metais, 181

Fust, Johann, 183, 189

Gagárin, Iúri, 17

Galland, Antoine, 174, 176

Gaza, 34

Genebra: Bíblia Puritana de, 256-7; e *Manifesto do Partido Comunista* (Marx e Engels), 304-5

Gênesis, Livro do, 17, *23*, 75, 228

Gensfleisch, Johannes *ver* Gutenberg, Johannes

Gilgamesh (rei de Úruk), 54, 67; *ver também Epopeia de Gilgamesh* (poema sumério)

glifos maias, 42, *219*

globalização, 315

Goddard, Mary Katherine, 254

Goethe na Campagna Romana (pintura de Tischbein), *287*

Goethe, Johann Wolfgang von, 277-93; *Divã ocidental-oriental*, 282; e a civilização grega, 288-92; e *As mil e uma noites*, 281-2; e Homero, 288-90; e literatura universal, 279-83, 293, 301, 382-3; e romances chineses, 279-80; Eckermann e, 273-6; na Sicília, 284-93; *Viagem à Itália*, 285; vulcões e, 290, 292, *293*

443

Gokhale, Namita, 379

Google, 46, 363

Gorbatchóv, Mikhail, 333

Grande Guerra *ver* Primeira Guerra Mundial

Granger, Hermione (personagem), 375

gravações de epopeias orais em fita cassete, 338-9

Grécia/civilização grega, 17, 20, 25, 28, 36, 38-9, 41, 90, 115, 159, 189, 199, 210, 232, 288, 356; bibliotecas e teatros, 45-6, 114-5; Goethe e, 288-92; língua grega, 40-2, 49, 117, 194, 288; monumentos literários de Alexandre, 44-6; sistema de escrita da, 37, 40, 42, 105, 107; Sócrates e, 102-9; táticas de batalha de Alexandre, 32; *ver também* Alexandre, o Grande; Império Grego

Grimm, Jacob, 282, 418*n*

Grimm, Wilhelm, 282, 418*n*

griots (africanos contadores de histórias), 336

Gros Islet (Santa Lúcia, Caribe), 357-9

Guerra de Troia, *22*, 28, 31, 35, 37-8, 106; Alexandre, o Grande e, 28-31; Cavalo de Troia, 29; narração oral sobre, 35, 37

Guerra Fria, 17, 297, 326, 332-3

Guerras Persas, 32-4; Batalha de Isso (333 a.C.), 33; táticas de batalha nas, 32-3

Guerrero, Gonzalo, 211

Guillén, 229

Guiné, 334, 336, 348-9

gulag soviético, 329, 330

Gutenberg, Johannes (Johannes Gensfleisch), 183-91; criação de processo de impressão, 183-9; "espelhos de peregrinos", 181; impressão da Bíblia, 202-3; impressão da Bíblia, 190-5; impressão de folheto antiturco, 190; indulgências e, 189, *190*, 197-8; Museu Gutenberg (Mainz), 185, 193, 205; Nicolau de Cusa e, 195-6, 409*n*

Hafez (poeta persa), 281-2

Haiti, 271

Harry Potter (personagem), livros de, *23*, 372-5, 378

Hart, Michael S., 377

Harun al-Rashid (califa de Bagdá), 154, 164, 167, 170-1

Hau Kiou Choaan ou A história agradável: Uma tradução da língua chinesa (romance chinês), 279-80

Hazar Afsan [Mil histórias] (coletânea persa), 154

Heaney, Seamus, 353, 359-60

hebraico, 37, 73, 79, 105-6, 116-7, 194; *ver também* Bíblia hebraica

Heféstion (nobre macedônio), 31

Hegel, Georg Wilhelm Friedrich, 258, 296, 300

Heian, corte (Japão), 130, 137, 139, 144, 146, 150, 383

Heitor (mitologia grega), 29-30

Helena de Troia (mitologia grega), 29

hexâmetros (versos gregos), 37, 117

hieróglifos egípcios, 35, 42, 46-7, 107

História agradável: uma tradução da língua chinesa, A (romance chinês), 279-80

história moldada pela literatura, 383

historicismo, 297

Hitler, Adolf, 314, 323

Ho Chi Minh, 17, 313

Hoe, Richard, 302

Homero, 19, 26, 28, 30-2, 34, 38, 41, 43-6, 48, 89, 96, 106-7, 115, 117, 158-9, 244, 288, 291, 329, 336, 352, 356-7, 360; Alexandre, o Grande e, 31, 33, 43, 45; epopeias homéricas, 22, 45-6, 57, 71, 73, 107, 121; Goethe e, 288-90; Sócrates e, 106-7; ver também Ilíada; Odisseia

Hong Kong, 279

Horta, Paulo, 177

humanistas italianos, 199

Humbaba (mitologia suméria), 55

Huston, John, 159

Iagoda, Guénrikh, 318

Ibn Battuta, Abu Abdullah Muhammad, 342-6

Ibn Rabah, Bilal, 340-1

Idade Média, 44, 146, 334, 340, 342, 345, 352

Igreja católica, 239, 241, 299; Bíblia de Gutenberg e, 194-6, 202-3; indulgências, 189, 190, 191, 194, 197-201, 203; Martinho Lutero e, 200-5; relíquias cristãs, 179-81, 183; ver também cristianismo

Ilíada (Homero), 19, 25-6, 28-31, 34-5, 38, 43, 106, 239, 329, 356-7; Alexandre, o Grande e, 25-6, 28, 158; como narrativa oral, 35, 38; como texto fundamental, 41; como veículo para a disseminação da língua e do alfabeto gregos, 41; impacto da, 38; referência à escrita na, 38, 391n; Troia e, 28

Iluminismo, 263-4, 267, 269, 281

imperialismo, 283-4

Império Assírio, 65-6

Império Chinês, 125

Império Grego: cidades-Estados gregas, 25-6, 28, 39; Guerras Persas, 32-4; língua grega no, 40-1; moedas do, 41, 42; na Ásia Menor, 34, 38; no Egito, 34, 45; ver também Alexandre, o Grande; Grécia/civilização grega

Império Mali, 334, 342

Império Otomano, 176, 232, 234

Império Persa, 27, 34, 81

Império Romano, 81, 172, 194

Império Sumério, 67

impressão, 122; Bíblia de Gutenberg, 190-5, 202-3; budismo e, 122, 138-9; controle estatal sobre, 317-8; da Declaração de Independência (EUA, 1776), 254, 255, 268-9; da gramática de Donato, 188; de dinheiro (papel-moeda), 190, 261, 409n; de folhetos, 259; de jornais, 254; de panfletos, 258; de textos de Lutero, 200; fundição dos tipos, 185-6; Gutenberg e, 183-91; humanistas italianos, 199; invenção pelos chineses, 184; na Europa, 179-206; nas colônias britânicas (Estados Unidos), 256-61; no México, 412n; prensa (prelo), 187-8, 191, 201; prensa rotativa litográfica, 302; primeiro livro numa língua do sul da Ásia, 419n; produção em massa de livros, 185; tintas, 186, 192; tipos móveis, 122, 184-6, 210; usada principalmente para textos religiosos, 191; xilogravura, 123, 124, 126, 145, 184, 187, 188; ver também jornais; livros

445

incas, 207-9

Índia, 25, 41, 49, 90-2, 95-6, 119-21, 139, 159, 165, 169, 176, 283, 341-2, 345, 372, 380-1; Alexandre, o Grande na, 39; ascetas da, 92; festival literário de Jaipur, 379-80; filosofia indiana, 90; inscrições em grego, 42; literatura indiana, 172, 379-80; narrativas em moldura, 165

Indo, rio, 38; escrita do vale do Indo, 95; escrita do vale do Indo, *97*, 400*n*

indulgências católicas, 189-91, 194, 197-201, 203

industrialização, 295, 298, 301, 305, 310; Engels e, 295; *Manifesto do Partido Comunista* e, 300-1

Inglaterra, 56, 168, 196, 204, 236, 249, 254, 257-8, 278-9, 282, 323; Bíblia inglesa de Tyndale, 205; de Shakespeare, 235; influência da literatura espanhola na, 414*n*

instrumentos musicais usados em narrativas orais, 336

internet, *23*, 206, 226, 250, 375, 377-8, 383-4; enciclopédias on-line, 377-8; literatura e, 377-8; Projeto Gutenberg (plataforma on-line), 285, 378

Internet Archive, 377-8

Irã, 42, 124, 380

Iraque, 34, 48

Isaías, profeta, 111

islã: como religião do livro, 84, 86; cultura da África Ocidental e, 340-1; *Epopeia de Sundiata* e, 340, 341; muçulmanos, 83, 173, 213, 234, 343, 380; *ver também* Alcorão

Islândia, 11, 352; *Eddas* (coletânea), 356

Isso, Batalha de (333 a.C.), 33

Istambul, 21, 173, 175-8; Orhan Pamuk em, 175-7; queda de Constantinopla, 188-9

Istambul (Pamuk), 177

Itália, 48, 173, 199, 284, 287-8, 333; humanistas na, 199

Jaime, rei da Inglaterra, 257

Jaipur, festival literário de (Rajastão, Índia), 379-80

Janco, Marcel, *309*

Japão/cultura japonesa: biombos, *148*; caligrafia japonesa, 129, 132-3, 135, 137, 140, 143, 149, 151; clã Fujiwara, 131; conversa de pincéis, 137; corte Heian, 130, 137, 139, 144, 146, 150, 383; diários, 150-1; escrita chinesa e, 129-30, 137-8; escrita *kana*, 138-40, 143, 150; literatura chinesa e, 129-30, 137; papel e, 169, 172; poemas, 143; romances japoneses, 146-7; *ver também Romance de Genji* (Murasaki)

Jaspers, Karl, 399*n*

Jefferson, Thomas, 251, 268

Jeremias, profeta, 73

Jerônimo, são, 194, 195

Jerusalém, *22*, 71-2, 76-82, 85-6, 112, 117, 180; água em, 85-6; Cidade Antiga, 85; conquistada por Grécia e Roma, 81, 86; destruição do templo de, 77, 81, 85; Muro das Lamentações, 85; retorno de Esdras a, 76-9

Jesus Cristo, 19, *23*, 83, 85, 89-90, 102, 109-18, 194, 201, 297, 340; aramai-

co como língua de, 194; e os escribas judeus, 110-1; ensinamentos
de, 89-90, 110, 115-6; escrevendo
na areia, 111, 114; morte de, 112;
ver também cristianismo; Evangelhos; Novo Testamento
João Batista, são, 111, 180
João, São, 115
jornais, 267, 303; Benjamin Franklin
e, 257-60, 267; impressão de, 254
judaísmo, 82, 84-6, 115-6, 398n
Judeia, 68, 72, 77, 81; escribas da, 72,
80-1; história da, 72, 76; importância da, 76; sacerdotes na, 80-1
judeus, 71, 74-8, 80-3, 115-8; Bíblia
hebraica e, 81-3, 116-7; como grupo étnico, 81; de língua grega, 117;
disputa entre cristãos e judeus pela
Bíblia hebraica, 116-7; em Alexandria, 116-7
Junto (clube de amantes dos livros,
EUA), 256

Kalila e Dimna (versão persa do *Pan-
chatantra*), 172
kana (escrita japonesa), 138-0, 143,
150
Kanté, Souleymane, 348-9
Katha Sarit Sagara (contos indianos),
166
Kennedy, John F., 376
Khomeini, aiatolá, 380
Khruschóv, Nikita, 327, 331
Kivrak, Pelin, 177
Kneerim, Jill, 231
koiné (grego comum), 41, 115-6
Kong, Mestre *ver* Confúcio
Kouyaté, Mamoudou, 347

Landa, Diego de, 213-9, 229
latim, 60, 181, 188, 194, 197, 199,
203-4, 273
Laxness, Halldór, 352
Layard, Austen Henry, 48-51, *52*,
58-60, 64-6, 68, 70, 82, 214
Lei do Selo (EUA, 1765), 267-8
Lênin, Vladímir, 17, 113, 294, 305,
307-8, 310, *311*, 312-3, 319
Lepanto, batalha de (1571), 232-4, 236
Levi, Primo, 329
Li Si (chanceler chinês), 125
Líbano, 35, 68; como fonte de madeira
da Mesopotâmia, 55
Library Company (EUA), 256, 267
Liga Comunista, 298-9, 303
Liga dos Justos, 298
Linear B (sistema de escrita), 35-6,
391-2n
língua grega, 41-2, 49, 117, 194, 288;
grego comum (*koiné*), 41, 115-6;
Ilíada como veículo para a disseminação da língua e do alfabeto
gregos, 41; no Império Grego, 40-1
línguas antigas, escrita preservando
as, 68
Lísias, 107
literatura: Alexandre, o Grande e, 31;
autoria, 230-1, 234-5; colonialismo europeu e, 282-3; compartilhada na Biblioteca de Alexandria,
46; compartilhada na Biblioteca de
Assurbanípal, 64-70; computadores e, 376; de testemunho, 326-9;
ensinamentos dos grandes líderes
religiosos, 89-126; escrita árabe,
345; escrita autobiográfica, 150;
escrita por discípulos, 102; escritores de viagens, 284-5; evolução da,

381-5; história da, 19, 381-5; história moldada pela, 383; internet e, 377-8; interseção da narrativa oral com a escrita para produzir, 18; literatura dos mestres, 91, 102; mesopotâmica, 48-70; narrativa em moldura, 159, 163-7, 169; narrativas de escravos, 234; narrativas de fuga, 234; novelas, 240; piratas literários, 242-3, 248; pós-colonial, 352, 357; quatro fases da história da, 19; religião e, 84; romances, 146-7, 247, 278-9; romances de cavalaria, 235-40, 245, 248-9; violência representada na, 329

literatura árabe: *As mil e uma noites*, 153-78, *157*, *160*; Goethe e, 281

literatura chinesa: *Clássico dos poemas* (coletânea), 100, 130; clássicos confucianos, 124-7, 137, 146, 312; *Corte chinesa* (romance chinês), 280-1; cultura japonesa e, 129-30, 137; *Duas primas, As* (romance), 280; estudo secreto de Murasaki Shikibu, 129; *Hau Kiou Choaan ou A história agradável: Uma tradução da língua chinesa* (romance chinês), 279-80; romances, 279-80; *União afortunada, A* (romance chinês), 279

literatura indiana, 172, 379-80; *Oceano das ondas de história* (contos indianos), 166; *Ramayana* (epopeia indiana), 356; *Suka Saptati* (contos indianos), 407*n*; Vedas (escrituras hindus), 95

literatura russa: poesia guardada na memória, 320-2, 326-7, 331; *samizdat* ("autopublicação"), 327-31,

333, 372, 383; *tamizdat* (publicações russas no exterior), 331

literatura universal: colonialismo e, 282-3; Goethe e, 279-83, 293, 301, 382-3; uso da expressão, 276, 293, 301

Literatura e revolução (Trótski), 319

litografia, *160*

Livro do travesseiro, O (Shonagon), 150

Livro negro, O (Pamuk), 177

livros: autopublicação, 242-3, 327, 383; autoria, 230-1, 234-5; bibliomania, 266; civilização maia, 211-2, 214-6, 218; códice como forma primitiva, 118-9; e-books, 377; Franklin e, 256-7; no Novo Mundo, 212; primeiro texto impresso (Sutra do diamante), 122; produção em massa de, 185; *ver também* impressão; queima de livros

Lope de Vega, Félix, 235

Lovell Jr., James Arthur, 10, 12, 14, 16

Lunatchárski, Anatóli, 319

Lutero, Martinho, 179, 196-205, 206, 217, 239, 317

maçonaria, 263

maias/civilização maia: auto de fé (1562), 216-8; calendário maia, 215, 223; contato de Cortés com, 211-2; escribas, 215, 219-20, 228; escrita maia, 212-3, 215, 218, 224; glifos maias, 42, *219*; livros e, 211-2, 214-6, 218; mito da criação, 220-1, 223; papel fabricado pelos, 214-5; *Popol Vuh* (epopeia), 21, 219-25, 228-9, 336, 356, 382

448

Mainz (Alemanha), 179, 181-5, 187-9, 191, 193, 197-8, 201-2, 205

Mali, 334, 339, 341, 346, 363

Manchester (Inglaterra), 295-6, 301

mandingas (africanos ocidentais), 334, 340-3, 345, 348, 350, 382-3; cultura mandinga, 347, 356; Império Mali, 334, 342; língua mandinga, 425*n*; *ver também Epopeia de Sundiata* (poema africano)

Manifesto do Partido Comunista (Marx e Engels), 17, 19, 294, 297-315, 319, 382; e reação contra o comunismo, 314; Fidel Castro e, 313; Ho Chi Minh e, 313; impressão do, 302-3; Lênin e, *311*; Lênin e, 305-11; Mao Tsé-tung e, 311-2; resposta ao, 303-4; revolucionários e, 304-13; traduções do, 304

manifestos de arte, 307, *308*, 310

Mao Tsé-tung, 17, 294, 312-4

Maomé, profeta, 83, 171, 281, 340-1, 407*n*

máquina de escrever, 226-7, 330

máquinas, *Dom Quixote* e, 240

Mar em Dauphin, O (Walcott), 360, 362, 364-5, 368

Marco Polo, 190, 280, 409*n*

Marcos ("El Sub"), 224, 226-9

Marduk (mitologia mesopotâmica), 65

Marx, Karl, 17, 113, 294-304, 307-8, 310, 315, 317; *ver também Manifesto do Partido Comunista* (Marx e Engels)

Maryland Journal, The (jornal), 254

Matlack, Timothy, 251

Medina, Kate, 230

Mein Kampf [Minha luta] (Hitler), 314

Menelau (mitologia grega), 29

Mesoamérica, *219*

Mesopotâmia, 15, 18, 34, 38, 41, 49, 55, 58, 100, 210, 212-3, 381-2; adivinhação na, 63, 67, 84-5; Alexandre, o Grande na, 34; invenção da escrita na, 53-4; literatura antiga da, 48-70; *ver também* Assíria; Babilônia; Nínive; Suméria

metalurgia, 181

Metódio, são, 322

método de ensino socrático, 103-4, 106, 109; *ver também* Sócrates

México, 15, 211, 224-5, 228-9, 256; auto de fé (1562), 216-8; conquista espanhola do, 210-3; impressão no, 412*n*; rebelião zapatista, 21, 225, 228-9; Subcomandante Marcos ("El Sub"), 226-8; zonas autônomas no México moderno, 225; *ver também* maias/civilização maia

Micenas (Grécia)

mídia eletrônica, escrita e, 384

Mil e uma noites, As (contos árabes), 153-78, *157*, *160*; Alexandre, o Grande e, 158; "Carregador e as três jovens de Bagdá, O" (conto), 154-7; final de, 164; Goethe e, 281-2; na França, 174; Orhan Pamuk e, 176; origens de, 154-9, 163, 167-9, 173-4; primeira versão impressa, 175; primeiras versões de, 173; Sherazade (personagem), 158- 65, 167, 169, 174-5, 281

Mil histórias (coletânea persa), 154

minoica, escrita linear, 35-6

Modigliani, Amedeo, 316, *317*, 333

Moisés (patriarca hebreu), 72-4, 102, 335; como escriba, 73, 397*n*

moldura, narrativas em, 159, 163-7, 169, 407n
Montaigne, Michel de, 274
Mossul (Iraque), 34, 48-9, 363
muçulmanos, 83, 173, 213, 234, 343, 380
Murasaki Shikibu, sra., 19, *22*, 128-52, 163, 172, 249, 270, 383; autobiografia de, 150; casamento de, 129; diário de, 149-51; estudo em segredo da literatura chinesa, 129; morte do marido, 130; *ver também Romance de Genji, O* (Murasaki)
Muro das Lamentações (Jerusalém), 85
Museu Britânico (Londres), 60
Museu Gutenberg (Mainz), 185, 193, 205
música, 100, 307, 347; instrumentos musicais usados em narrativas orais, 336

N'ko (alfabeto africano ocidental), 349-50
Nabu (mitologia mesopotâmica), 59, 69
Nabucodonosor II (rei da Babilônia), 71, 76
Nama, Sigrid, 358, 362
não fonética, sistemas de escrita, 137
Napoleão Bonaparte, 274, 277
narração, 162-3; em moldura, 159, 163-7, 169, 407n; Engels e, 300; interseção com escrita para produzir literatura, 18; narrativas de escravos, 234; narrativas de fuga, 234; primeira escrita para registrar histórias, 53-4
narrativa oral, 54, 382; Akhmátova e,

321-2, 327, 331; culturas africanas, 335-6, 343; ensinamentos budistas, 95-6; *Epopeia de Sundiata*, 335-6, 338; gravações em fita cassete de, 338-9; *Ilíada* como, 35, 38; instrumentos musicais usados na, 336; material homérico, 391n; sobre a Guerra de Troia, 35, 37
"Nascer da Terra" (fotografia), 11
nazismo, 314, 317, 324, 329
Niane, Djibril Tamsir, 347
Nicolau de Cusa, 195-6, 203, 409n
Nicolau V, papa, 189
Nigéria, 338
Nínive (cidade assíria), *23*, *50*, 52, *57*, 58-9, 63-6, 69-70, 82, 85; Assurbanípal e, 59, 69; escavações de, 49-52, *52*; na Bíblia hebraica, 82
Nisaba (mitologia mesopotâmica), 74
Nixon, John, 251
Nobel, prêmio: Laxness, 352; Soljenítsin, 331-3; Walcott, 352, 359, 361
Nova Inglaterra, 256, 260, 262; alfabetização na época dos puritanos, 256
Nova Juventude (revista chinesa), 312
novelas, 240
Novo Mundo, escrita no, 212
Novo Testamento, 86, 116, 191, 204, 257; *ver também* Bíblia
Nóvyi Mir (revista russa), 330-1
Nuremberg (Alemanha), fábrica de papel em, 173

O'Hair, Madalyn Murray, 16
Oceano das ondas de história (contos indianos), 166
Ocidente, 98, 147, 171, 176, 232, 236, 280, 283, 324, 333

Odisseia (Homero), 19, 29, 106, 129, 287-90, 357
Omeros (Walcott), 352-7, 360
on-line, enciclopédias, 377, 378
Oriente Médio, 20, 48-9, 90, 100, 109, 115, 296, 341
Oriente Próximo, 83, 116, 194, 212, 214, 283

Pablos, Juan, 412*n*
Paine, Thomas, 259
Pamela (Richardson), 257
Pamuk, Orhan, 21, 175-8
Panchatantra (histórias indianas), 172, 322
panfletos, 258, 259
Papa Jab (Carnaval de Santa Lúcia, Caribe), 361-2
papel, 169; "baghdadi", 171; Bíblia de Gutenberg impressa em, 194; de amoreira, 121, 170; fábrica em Nuremberg (1390), 173; fabricação do, 240-1; história do, 121-2, 125, 169-70, 240; na China, 17-8, 20, 121, 125, 137, 169-70; na civilização árabe, 17, 170-5; na civilização maia, 214-5; na Europa, 17, 173-4, 186, 188, 193; no Japão, 169, 172; para escritura sagrada ou para o uso cotidiano, 171; sem impressão, 174
papel-moeda, impressão de, 190, 261, 409*n*
papiro, 38, 46, 82, 106, 111, 114, 117-8, 171, 243, 320-1, 381-3
Páris (mitologia grega), 29, 31
Pátroclo (mitologia grega), 31
Paulo, São (apóstolo), 113-4, 116, 118
pedra, clássicos confucianos gravados em, 127, 404*n*

Pelliot, Paul, *123*
Pennsylvania Evening Post (jornal), 254, *255*
Pennsylvania Gazette, The (jornal), 258, 266
Pennsylvanischer Staatsbote (jornal), 260
Pentecostes, 112
Pequeno livro vermelho (Mao Tsé-tung), 314
Percy, Thomas, 279-80
pergaminho, 20-1, 73, 114-5, 118-9, 171-3, 187-9, 193, 199, 251, 253-4, 271, 382-3; Bíblia de Gutenberg impressa em, 192-3
Pérgamo, 45, 114-5, 117-8, 193, 254; Biblioteca de, 21, 114-5
Pérsia, 27-8, 38-9, 49, 68, 76, 120, 157, 159, 169-71, 282; Guerras Persas, 32-4; Império Persa, 27, 34, 81
Peru, 207
Pilgrim's Progress (Bunyan), 257
piratas literários, 242-3, 248
Pizarro, Francisco, 207-12, 242, 356, 383
Platão, 105, 108-9, 113, 115, 274-5; diálogos de, 109, 115; Sócrates e, 108-9
poesia: acmeísmo, 319; Akhmátova e, 316-27; hexâmetros gregos, 37, 117; no Japão, 143; oral, 321-2, 327, 331; poetas caribenhos pós-coloniais, 351-71; soviética, 324-5
Polkinghorne, Donald E., 407*n*
Popol Vuh (epopeia maia), 21, 219-25, 228-9, 336, 356, 382
Por uma arte revolucionária livre (Breton e Trótski), 311

Portugal, 282
Pottermore.com (site), 373
Powell, Barry B., 392*n*
prensa rotativa litográfica, 302
Primeira Guerra Mundial, 175, 306-8, 312-3, 316
"Princípios do comunismo" (Engels), 298
Processo da colonização francesa, O (Ho Chi Minh), 313
Projeto Gutenberg (plataforma on-line), 285, 378
proletariado, 298, 301, 309-10
Protesilau (mitologia grega), 31
Púnin, Nikolai, 324
puritanos, 256; Bíblia Puritana de Genebra, 256-7

Qin Shi Huang (imperador chinês), 125
queima de livros: China (213 a.C), 125; dos maias (1562), 216, 218; por Martinho Lutero, 202

Ramayana (epopeia indiana), 356
"Reflexões sobre a poesia com particular referência a Goethe" (Eckermann), 273
religiões: ensinamentos dos grandes líderes religiosos, 89-126; "religiões do livro", 84, 86
relíquias católicas, 179-81, 183
República das Letras (EUA), 251-2, 263, 267, 272
Réquiem (Akhmátova), 321, 323, 325-6, 328-9, 333
Revolução Russa, *311*, 315, 319
Richardson, Samuel, 257, 275, 278
Robles, Francisco de, 241

Rodney, George, 356
rolos, 117-8, 398*n*; *ver também* papiro; pergaminho
Roma, 20, 81, 118, 171, 199, 210, 286, 352, 356; e a cultura grega, 137; Império Romano, 81, 172, 194
Romance de Genji, O (Murasaki), 128-52, *148*, 172; enredo, 131-6; escrita do, 130; escrita *kana* e, 138-40; poemas no, 143; tamanho do, 145; vida na corte japonesa, 140-5
romances: chineses, 279-80; de cavalaria, 235-40, 245, 248-9; espanhóis na época de *Dom Quixote*, 247-8; japoneses, 146-7
Rota da Seda, 120, 124, 170-1, 185
Rowling, J. K., 372-5, 378; livros de Harry Potter, 372-4, 378; *Os contos de Beedle, o bardo*, 372, 375
Rushdie, Salman, 380-1
Rússia, 305-6, 308, 310-4, 316, 322-4, 326-7, 331; alfabeto russo, 322; após a morte de Stálin, 328; e o *Manifesto do Partido Comunista* (Marx e Engels), 315; gulag, 329-30; Revolução Russa, *311*, 315, 319; tsarista, 304; *ver também* literatura russa; União Soviética

sacerdotes judeus, 80-1
samizdat ("autopublicação" na Rússia), 327-31, 333, 372, 383
Sancho Pança (personagem), 238, 241-2
sânscrito, 120, 139, 281
Santa Lúcia (Caribe): Carnaval em, 361-2; Derek Walcott e, 352-71

Sardanápalo *ver* Assurbanípal (rei da Assíria)

Saunders, Richard, 270

Schliemann, Heinrich, 288

Schöffer, Peter (pai), 184, 192, 205

Schöffer, Peter (filho), 205

Segunda Guerra Mundial, 271, 323, 329, 339

Senegal, 347

Septuaginta (tradução grega da Bíblia hebraica), 117, 266

Serpente Emplumada Soberana (mitologia maia), 220

Shakespeare, William, 235, 241, 256, 274, 278, 308

Shamhat (mitologia suméria), 55

Sherazade (personagem), 158-65, 167, 169, 174-5, 281; *ver também Mil e uma noites, As* (contos árabes)

Shonagon, Sei, 150

Sicília: fabricação de papel na, 173; Goethe na, 284-93; teatro grego em Taormina, 291, *293*

silabário japonês (*kana*), 138-40, 143, 150

Sima Qian (historiador chinês), 404*n*

sistema de exames da Academia Imperial chinesa, 125-6, 138

Sócrates, 18-9, *23*, 89-90, 102-15; aparência, 106, 109; ensinamentos de, 102-9; Homero e, 106-7; método socrático de ensino, 103-4, 106, 109; na prisão, 102-3, 105; Platão e, 108-9; recusa a escrever, 105-8

Soljenítsin, Aleksandr, 316, 327-33

Somadeva (escriba brâmane), 166

St. Omer, Garth, 425*n*

Stálin, Ióssif, 31-20, 323, 325-7, 330

Stein, Aurel, *123*, 124

Sterne, Laurence, 278

Suécia, 206, 332; Academia Sueca, 332

Suíça, 48, 256, 306

Suka Saptati (contos indianos), 407*n*

Sulayman, Mansa (rei mandinga), 344

Suméria, 47, 68, 322; escribas sumérios, 67; escrita cuneiforme, 47, 50-2, 67; Império Sumério, 67; *ver também Epopeia de Gilgamesh* (poema sumério), 47

Sundiata (rei mandinga), 334; *ver também Epopeia de Sundiata* (poema africano)

Sutra do diamante (texto budista), *22*, 119-22, *123*, 124, 139, 191

Sutra do lótus (texto budista), 139

sutras budistas, 119-24, *123*, 139

Swedenborg, Emanuel, 274

tabuletas, 20, 51-2, 54, 57, 59-60, 64-7, 69-70, 383; de cera (na Grécia), *21*; *ver também* civilizações baseadas no barro; cuneiforme, escrita

Taiwan, 121

Talas, batalha de (751 d.C.), 170

tâmil (idioma), 380, 419*n*

tamizdat (publicações russas no exterior), 331

Taormina (Sicília): teatro grego em, 291, *293*

tecnologias da escrita: computadores e internet, 375-6, 384; história das, 381-3; máquina de escrever, 226, 327, 330; *ver também* escrita; impressão

Tedlock, Dennis, 412*n*

Templo de Jerusalém, 77, 81, 85

Tesouro de Sierra Madre, O (filme), 159

tetradracma (moeda grega), 41, *42*

textos fundamentais: *As mil e uma noites*, 153-78, *157*, *160*; Bíblia hebraica, 81-3, 121; características dos, 72, 80; como escritura sagrada, 71, 80; de grandes mestres religiosos, 89-27; *Epopeia de Gilgamesh* (poema sumério), 52, 54-8, 66-9, 71, 82; epopeias homéricas, 57, 71, 121; escritos hebreus, 79-80; papel para impressão de, 172; sutras budistas, 119-24, *123*, 139; *ver também* escrituras sagradas

Tigay, Jeffrey H., 398*n*

tintas: para impressão, 186, 192; usadas pelos maias, 215

tipos móveis, impressão com, 122, 184-6, 210

Tischbein, Johann Heinrich Wilhelm, *287*

Torá, *84*; *ver também* Antigo Testamento; Bíblia hebraica

totalitarismo, 317, 319, 322-3, 325, 327, 329

Trilha da Liberdade (Boston), 252

Troia: Alexandre, o Grande e, 28; ruinas de, 30; *ver também* Guerra de Troia

Trótski, Liev, 311, 319

Tsunenobu, Kanō, *148*

Turquia, 21, 33, 45, 114, 175, 288; Orhan Pamuk na, 175-6

Twitter, 383

Tyndale, William, 205

Uliánov, Vladímir *ver* Lênin, Vladímir

União afortunada, A (romance chinês), 279

União Soviética, 17, 297, 315, 317, 319, 323-5, 327, 333, 359; poesia soviética, 324; *ver também* Rússia

Universidade Harvard, 256

Úruk (cidade da Suméria e da Babilônia), 53-5, 64-5, 67

Uta-napíshti (mitologia suméria), 56

Vai (silabário mandinga), 425*n*

Valverde (frade dominicano), 209, 211

Van der Straet, Jan, *247*

Van der Toorn, Karel, 398*n*

Vedas (escrituras hindus), 95

Velho Testamento *ver* Antigo Testamento; Bíblia hebraica

Versos satânicos, Os (Rushdie), 380

Viagem à Itália (Goethe), 285

Viagens (Marco Polo), 280

Vietnã, 313; declaração de independência do, 313; domínio colonial francês do, 313

Virgílio, 244, 352, 356

vogais na escrita fenícia, 37

Von Braun, Wernher, 12

Vulgata (tradução latina da Bíblia), 194, 203-4

Walcott, Derek, 352-71; Gros Islet e, 357-9; *O mar em Dauphin*, 360, 362, 364-5, 368; *Omeros*, 352-3, 356-7, 360; prêmio Nobel, 352, 359, 361

Waley, Arthur, 147

Wang Jie, 122

Wang Yuanlu, 119

Whitman, Walt, 319

Wikipedia, 377-8
Wilkinson, James, 279
Williams, Gregor, 354
Wizarding World of Harry Potter™, The (parque temático em Orlando, Flórida), 375

xadrez, jogo de, 294-5, 420*n*
Xenofonte, 109

xilogravura, *123*, 124, 126, 145, 184, *187*, 188

Yan Hui, 99
Yucatán, 210-4, 218; *ver também* maias/ civilização; México

zapatistas, 21, 225, 228-9
Zurique, 306-8, *309*, 310

1ª EDIÇÃO [2019] 5 reimpressões

ESTA OBRA FOI COMPOSTA EM MINION PELO ACQUA ESTÚDIO E
IMPRESSA PELA GEOGRÁFICA EM OFSETE SOBRE PAPEL PÓLEN NATURAL DA
SUZANO S.A. PARA A EDITORA SCHWARCZ EM FEVEREIRO DE 2023

A marca FSC® é a garantia de que a madeira utilizada na fabricação do papel deste livro provém de florestas que foram gerenciadas de maneira ambientalmente correta, socialmente justa e economicamente viável, além de outras fontes de origem controlada.